가족들과 정신화 치료하기

Eia Asen · Peter Fonagy 공저 | 이준득 역

Mentalization Based Treatment With Families

학지사

역자 서문

마침내 심리치료에 대한 책을 번역해서 세상에 내놓게 되었다. 긴 시간을 병원에 머무르며 심리평가에 주력했던 탓인지 앞선 두 권의 책(『정신증의 로샤 평가』, 『심리평가 보고서 작성의 핵심』)은 심리평가에 관한 것이었다. 그 두 책의 번역은 우선 내가 제대로 알고 싶고, 두 번째로는 현재 우리나라 심리학계에 꼭 필요한 책이라는 기준으로 선택했기에 당연히 기쁘고 보람 있는 일이었다. 하지만 시간적 여유가 있었다면, 나는 먼저 심리치료에 대한 책을 번역하고 싶었다. 과거의 내가 평가자, 연구자로서의 정체성이 강했다면, 현재는 상담자, 치료자로서의 정체성이 더 강하기 때문이다. 그렇기 때문에 지금 이 책의 역자 서문을 쓰는 지금은 행복한 순간이다.

심리평가자로서 나는 비교적 단순한 길을 밟았다. 훌륭한 환경을 제공하는 좋은 병원에서 배웠고, 좋은 수련감독자를 통해 다듬어졌으며, 갖춰진 체계 내에서 하나하나 경력을 쌓아 나갔었다. 하지만 심리치료자로서의 나는 긴 방황의 궤적을 그리며 여기까지 왔다. 우선 임상심리학자로 출발한 나는 인지행동치료의 문화와 전통 속에서 심리상담을 시작했다. 고전적인 Beck의 인지치료에서 시작해서, Young의 심리도식치료가 가장 아래의 기반이 되었다. 여기까지는 심리평가와 마찬가지로 정해진 교육과정을 따라 습득한 이론들이었다.

그렇게 실습 경험을 쌓으며 병원을 나온 후 본격적 상담을 하면서 긴 이론적 여정이 시작되었다. 우선 연구의 시작은 당시 유행하던 3세대 인지행동치료 이론인 Hayes의 수용전념치료(ACT)였다. 수용전념치료는 고전적 인지치료가 가진 한계를 극복하게 해 주는 면이 분명히 있었다. 수용전념치료의 이론과 실제에 대한 공부를 통해서, 그 이론 속 기능적 맥락주의와 관계틀 이론의 학습이 필요함을 느꼈고 그에 대한 이론서를 따로 학습했다. 그래서 그 결과, 급진적 행동주의(radical behaviorlism)라고 부르는 1세대 행동주의 이론에 대한 장이 열렸다.

꽤 긴 시간 동안 1세대 행동주의 서적을 광범위하게 탐독했다. 행동주의의 오래된 치료법과 더불어 우리 심리학자에게는 다소 생소한 기능적 행동평가(Functional Assessment)라는 정교한 행동치료 이론을 배울 수 있었다. 이렇게 나는 행동주의 접근에 한동안 매료되어 있었다. 그런 흐름 속에서 나는 그 후손이라고 볼 수 있는 변증법적 행동치료(DBT)나 기능분석치료(FAP)도 같이 공부하게 되었다. 변증법적 행동치료는 기법적 다양성에서 많은 도움을 주었고, 기능분석치료는 3세대 행동주의 치료 이론의 기저를 관통하는 '행동주의적으로 내담자와 소통하는 법'에서 큰 도움을 주었다. 대체로 행동주의 기법은 효과적이었고 즉각적이었다. 하지만 역설적으로 너무나 효과적이기에 뭔가 부족했다.

그래서 다시 인지치료로 회귀하되, 인지 재구성을 대표적 기법으로 삼는 Beck의 인지치료가 아닌 새로운 인지 레퍼토리를 추가해 주는 또 다른 형태의 인지치료, 하지만 의외로 잘 알려져 있지는 않은 문제해결치료를 연구했다. ACT가 인지 재구성에 대한 대척점에 있었기 때문에, 그곳으로 돌아갈 수는 없었다. 문제해결치료는 확실히 도움이 되는 부분이 있었다. 특정한 문제에 대해 아이디어를 도출하여 평가하고 실행에 옮기는 지극히 합리적인 접근이 가능했기 때문이었다. 하지만 임상 실제에서는 특히 내가 활동하고 있는 개인치료실에서는 적용이 힘들었다.

이번에는 방향을 달리하여 정서에 초점을 둔 치료법을 찾았다. 당연히 정서도식치료나 정서중심치료가 초점이 되었지만, 당시 정서적 불안정성이 극심한 내담자를 다수 다루고 있던 나에게는 부담스러운 접근처럼 느껴졌다. 그래서 역시 3세대 인지행동치료의 연장선에 있는 Guilbert의 자비중심치료에 희망을 걸었다. 그리고 효과는 대단했다. 한 인간이 갖는 자기 자신에 대한 혐오와 공격성을 직접적으로 치료할 수 있는 방법을 습득할 수 있었다. 기법적으로도 철학적으로도 만족스러운 치료였다. 어쩌면 치료적 연구의 여정이 여기서 끝날 수 있겠다고도 생각했다.

그 당시에 치료자로서는 그런 여정을 밟았지만, 학교에서 강의를 하는 입장에서는 과목을 마음대로 선택할 수 없었기 때문에 전혀 다른 길을 걸어야 했다. 우선 초반에는 대학원에서 인지행동치료 강의를 많이 했다. 그건 크게 어려운 일은 아니었다. 그러나 대학원 상담이론 과목은 큰 도전이었다. 당연히 정신분석부터 대상관계이론, 인간중심상담, 분석심리학, 실존주의 상담 등을 가르쳐야 했고, 다소 생소한 교류분석이나 현실치료, Milton Erickson의 최면까지 공부해야 했다. 그 시기가 지난 후에는 인간중심상담과 정신역동치료를 따로 한 학기 길이로 수년간 강의해야 했다. 기본적으로는 이 시기의 전혀 다른 이론적 전통을 따르는 치료법을 접한 것이 좋았다. 왜냐하면 다른 전통의 치료법에 대한 편견이 거의 사라졌다고 봐도 좋을 것 같기 때문이다. 그렇게 실제로 그 이론들이 내 상담의 일부가 되었다.

그리고 그러한 강의 경험은 자비중심치료에서 반복적으로 언급되던 '정신화'라는 말이 영국 정신분석의 고전적 전통을 따르는 이론적 배경에서 나온 것임을 쉽게 이해하게 해 주었다. 이미 이 책을 펼쳐 본 독자는 아시겠지만, 저자 Asen과 Fonagy 박사는 정신분석가다. 그것도 정신분석 전통의 적통인 안나 프로이트 연구소의 핵심 운영자들이기도 하다. 정신분석은 많은 사람들이 오해하는 것과는 달리(일정 부분은 Sigmund Freud의 싸움닭 같은 고집 때문이기도 하지만), 자신의 이론을 수정하고 오래되고 시대에 맞지 않는 것은 폐기해 가면서 지속적인 발전을 이루어 왔다. 인지행동치료의 전통을 벗어날 줄 몰랐던 나와 같은 사람들만 옛 이미지에 갇혀 있었을 뿐이었다.

정신역동이론은 욕동심리학, 자아심리학, 영국중간학파, 대상관계이론, 대인관계심리학을 거쳐 자기심리학까지 폭넓은 변주를 인정하면서 발전해 왔으며, 정신화 기반치료(MBT)도 그 진화의 한 말단에 있다고 볼 수 있을 것이다. 만약 내가 그런 역사적 흐름을 수업을 맡는 일을 통해 반강제적으로라도 깊이 있게 개관할 일이 없었다면 정신화가 이렇게 가치 있는 것임을 깨닫지 못했을 수도 있다. 하지만 그런 일은 일어났고, 난 진짜 정신화를 만나게 되었다.

정신화의 가치는 국내에 번역된 약 4권 정도의 정신화 관련 책을 읽으면서 이미 알고 있었지만, 번역에 도전하는 데는 생각보다 많은 용기가 필요했다. 일단 앞서 밝힌 대로 이론적 전통에 대한 존중은 있으되, 내가 그 진영에 속한 사람이 아니기 때문이다. 그런데 다행히 이 책은 온전히 정신화 이론만을 다룬 것은 아니다. 이 책은 가족치료 중 체계이론에 기반을 둔 정신화치료(Mentalization-Informed Systemic Therapy: MIST)를 다루고 있다. 원래 체계이론이 가족을 하나의 유기적 단위로 보고 그 하위 단위와 전체 단위들 간의 촘촘한 의사소통을 기반으로 치료를 전개해 나가는 이론이므로, 의사소통 방식의 근본을 다루는 정신화와 정확히 들어맞는 것이라고 할 수 있다. 그 둘이 결합해서, 좋은 것과 좋은 것이 만나 더 좋아지는 일이 일어났다. 세상을 살다 보면 꼭 그렇게 되는 경우가 아닌 일도 보게 되는데, 이 경우에는 그렇게 된 것 같다. 어찌 되었든 이 책이 갖는 그러한 미덕도 새로운 도전에 용기를 내는 데 도움이 되었다.

역자가 이런 말을 하는 것도 지극히 당연한 일이기는 하지만, 이 책은 무척 좋은 책이다. 상담실에 온 내담자를 하나의 체계로 보는, 시야를 넓혀 준다는 점에서도 큰 장점이 있다. 이 책을 통해 나는 단순히 상담실에 온 한 명만이 아니라 그 사람을 둘러싼 체계를 변화시키려는 시도로서 내담자를 볼 수 있게 되었다. 그리고 정신화 기반 치료를 이해하는 데도 도움이 된다. 사실 정신화는 지극히 감각적인 부분이고 내담자와의 내밀한 상호작용을 전제로 하기 때문에, 이론으로 접하면 이해하기 쉽지 않다. 하지만 이 책은 사람과 사람 간에 일어나는 현상을 통해 정신화를 설명하기 때문에 비교적 명료하게 알아들을 수 있다. 결국, 정신화라는 것은 관계와 상호작용 속에서 일어나는 것이기 때문이다. 그런 의미에서 이 책은 그 어떤 정신화 관련 이론서보다도 정신화에 대해 명료한 감각을 전달해 준다.

앞서 장황하게 설명한 내 여정의 일단의 현재 기착지로 이 책을 한국에 소개하고자 한다. 나 개인에게도 의미가 있는 일이지만, 많은 상담자와 치료자들, 근본적으로는 고통을 겪는 내담자들에게도 기여하고 싶은 마음이 크다. 그런 선한 의도로 이 책이 기능하기를 희망한다.

마지막으로, 정신화와 가족체계에 대한 감각적·경험적 이해에 결정적으로 기여해 주신 윤수연 임상심리전문가와 이지수, 이강진 학생에게도 무한한 감사의 말씀을 전한다.

2024년
역자 이준득

저자 서문

30년 전 우리 저자들은 현저히 다른 치료 세계에 살았었다. 우리 중 일부는 전적으로 체계치료 패러다임에 전념했고, 나머지는 정신분석과 정신역동치료를 시행했다. 하지만 우리는 점점 이 두 세계가 더 작고 배타적이라고 느끼게 되었다. 약 15년 전에 시작된 연구 프로젝트에서 협력 작업을 하면서, 우리는 서로의 임상 작업과 그 기저의 이론과 개념을 비판적으로 검토해 보기로 했다. 우리는 스칸디나비아에서 이틀간 진행된 'Psyche Meets Systems' 워크숍에 초대받아 서로 다른 지향을 가진 많은 치료자들 앞에서 우리 각자의 접근 방식을 '실시간'으로 면밀히 검토하고 비교할 수 있는 감사한 기회를 갖게 되었다. 이 기회를 시작으로 우리는 수년 동안의 협력을 거쳐 지금은 이 책의 주제가 된 정신화 정보에 근거한 체계치료(mentalization-informed systemic therapy: MIST)라고 불리는 것을 개발할 수 있었다. 이것은 가족과 함께 정신화 기반 치료를 하는 우리의 방식이며, 이후로 이 책에서는 MIST라고 부를 것이다. 이 치료법은 체계치료의 구조를 가지고, 정신화의 개념과 기술로 강화한 것이다. 정신화 정보에 근거한 체계치료는 체계치료 개념과 기술로 강화된 체계적 정신화 기반 치료(systemic mentalization-based treatment: SMBT)라고 해도 같은 내용이 되겠지만, 그래도 아마도 이것이 조금은 더 정확한 명칭일 것이다. 그러한 용어의 가역성은 우리가 통합적 작업을 시도하는 데 있어서의 유연성을 나타낸다. 우리의 최우선 목표는 아동, 청소년, 가족을 지원하는 효과적이고 효율적인 방법을 찾는 것이지, 심리치료를 하는 또 다른 '학교'를 만드는 것이 아니다.

우리의 새로운 접근법이 수년 전 스칸디나비아의 청중들에게 관심을 불러일으켰던 이후에 여러 유럽 국가들과 북미에서는 많은 워크숍이 개최되었다. 우리는 이 책에서 애쓴 것들이 개인, 부부, 가족 및 더 큰 체계 안에서 사람들과 함께하는 작업에 대한 다양한 입장의 치료자와 임상가들의 고민에는 안전한 환경을, 자신의 작업을 혁신하는 데에는 영감을 제공하길 바란다. 그렇다고 해서 MIST가 완전히 새로운 것은 아니다. 우리가 가족이나 한 사람의 정신적 기능에 대해 새로운 발견이나 통찰을 했다고 주장하는 것은 아니다. MIST의 정신은 치료적 지향과는 거의 무관하게 치료자 대부분의 현재 임상 실제에 통합될 수 있는 개념과 실제들을 하나로 끌어모았다. MIST는 내담자의 정신화를 막는 장벽을 찾아내고 극복할 수 있게 지원한다는 단일한 목표를 가지고 있다. 이 모델은 마음에 대한 낙관적인 관점을 갖는데, 그 관점은 정신화가 회복되면 해결책은 발견될 수 있으며 이를 통해 장애물과 장벽을 이겨낸 자연스러운 치유 과정이 일어날 것이라고 가정하는 것이다.

나는 이 책의 구조와 내용에 대한 간략한 개요로 독자에게 방향을 알려 주려고 한다. 각 장에는 전형적인 시나리오들과 치료적 딜레마가 기술되어 있는 '매우 조심스럽게 개인 정보를 숨긴' 실제 임상 사례와 MIST 작업을 안내하는 개념과 원칙, 우리가 사용하는 기법에 대한 설명이 포함되어 있다. 제1장에서 우리는 한쪽으로는 의도적인 정신상태라는 측면에서 '정신화 렌즈(mentalizing lens)'를 도입하는 것이 인간의 행동과 상호작용을 지각하고 해석하는 데 어떻게 도움이 되는지를 설명하면서, 다른 한쪽으로는 정신화가 근본적으로 양방향인(교류적, transactional) 사회적 과정이라는 우리의 기본 가정을 확립할 것이다. 반면 '체계이론적 렌즈(systemic lens)'는 맥락 속에서의 개인과 관계를 볼 수 있게 해 준다. MIST에서 두 렌즈의 결합은 임상 실습을 위한 혁신적인 로드맵을 만들어 준다. 효과적인 정신화와 비효과적인 정신화의 차이는 제2장에서 설명되며, 우리는 정신화가 제대로 작동하지 않을 때 사람들이 자신과 타인의 행동에 대해 생각하는 방식과 이것이 임상적 맥락에서 드러나는 방식을 설명하는 데 중점을 둘 것이다. 그리고 우리는 임상 경험을 구성하는 데 도움이 될 여러 차원(또는 극성, polarity)을 활용해서 정신화를 평가하는 몇몇 방식을 제안할 것이다. 제3장에서는 전문가 및 가족 연결망(networks)을 소집하고 치료적 목적에 맞게 많은 사람의 마음을 하나로 모아 정신화에 초점을 둔 개입을 설정해 나가는 방식을 기술할 것이다. 치료 과정의 모든 후속 단계들과 마찬가지로, 우리는 이러한 초기 단계에서 임상적 환경 내 각성이 증가하더라도 흔들림 없는 '정신화 자세'를 유지해야 한다. 제4장에서 우리는 효과적인 정신화의 출현을 촉진하기 위해 설계된 실용적인 도구인 '정신화 루프(mentalizing loop)'를 소개할 것이다.

제5장과 제6장이 이 책의 중추가 된다. 이 두 장은 문제가 있는 가족관계 패턴을 극복하기 위해 효과적인 정신화를 자극하는 구체적인 활동, 운동, 게임의 활용 방식에 대한 많은 예시를 제공할 것이다. 이 모든 기법들은 공동 반영(joint reflection)의 기회를 창출하도록 고안되었다. 제7장에서는 MIST가 어떻게 범진단적(transdiagnostic) 접근법으로 간주되는지, 그리고 정신장애에 대한 일반적인 취약성인 이른바 'p 요인'에 초점을 두는 것이 정서조절장애, 실행기능, 사회적 학습능력(타인으로부터 학습하기) 등 다양한 장애 유형의 공통 요소들을 설명하는 데 어떻게 도움이 되는지를 설명할 것이다. 우리는 심각한 외상을 겪은 사람들이 경험할 수 있는 신뢰의 상실이라는 맥락하에서 인식론적 신뢰(epistemic trust)의 개념이 특별히 유익하다는 것을 발견했다. 제8장에서는 디지털 영역으로 들어가서 소셜 미디어가 가족 생활에 미치는 영향과 원격으로 정신화 작업을 수행할 때 소셜 미디어를 활용하는 잠재적 가능성을 살펴볼 것이다. 제9장에서는 다양한 환경, 특히 학교에서 개별 가정이 아닌 중다가족 집단 치료작업을 수행할 때 정신화 접근의 가능성을 살펴보고, 부모-자녀 공동교육의 이론적 근거를 제시할 것이다. 마지막 장은 훨씬 더 광범위한 필치로 문화 전반에 대한 MIST의 적용 가능성과 치료자와 내담자가 다른 문화적 배경을 가졌을 때 어떤 일이 일어나는지를 검토해 볼 것이다. 우리는 정신건강과

장애에 대한 취약성을 이해하는 데 있어 그 사람과 가족 주변의 사회적 환경의 역할에 초점을 둘 것이다.

    MIST 접근 방식은 혁신적이면서 친숙하고 진지하면서도 장난스럽다. 우리는 이 책을 통해서 잘 선택된, 일견 단순한 개입은 정신화를 유발하려는 노력 없이 단지 대인관계 상호작용의 자연스러운 과정을 재점화하는 것만으로도 엄청난 영향을 미칠 수 있음을 보여 주려고 했다. 이것은 '치유(cure)'가 아니라 가족관계에서 일시적인 혹은 그다지 일시적이지 않은 장해물을 제거하기 위한 방법이다. MIST는 가족들에게 마음을 열라고 요구할 뿐만 아니라 치료자들에게도 지속적인 열린 마음으로 정신화 자세를 적용(그리고 모델링)하라고 압박한다. 우리는 이 책이 독자들에게 우리가 설명하는 임상적 작업 접근에 대해 숙고하고 싶어지는 동기를 제공하기를 진정으로 소망한다.

차례

체계치료와 정신화 접근을 통합하기

M entalization-Informed Systemic Therapy

샐림(Salim)의 어머니 G부인은 여섯 살 아들에 대한 도움을 요청하기 위해 병원에 전화를 걸었고, 그 전화를 받은 치료자는 무엇을 걱정하고 있는지 물었다. 그녀는 울먹이며 사랑하는 아들이 학교에서 경고한 광범위한 행동문제를 보여 왔다고 말했다. 사실 그것이 그녀에게 그렇게 놀라운 일은 아니었다. 그녀는 샐림이 친구를 사귀기 어려워하고 집에서는 '걱정스러운 행동'을 많이 한다는 것을 알고 있었기 때문이다. 그리고 그녀는 샐림이 '심한 섭식문제가 있고', '방에 혼자 있을 수 없다'고 했고, 이것은 그녀가 매일 밤 샐림의 침대에서 자야 하며 언제나 함께 있어야 한다는 것을 의미했다. 연이어 그녀는 매일 샐림이 숙제를 하는 데 오래 걸렸고, '종종 아기처럼 울며', 일상에서 매우 요구가 많다고 했다. G부인은 자신과 남편이 지칠 대로 지쳤으며 샐림의 장래가 걱정된다고도 했다.

체계치료와 정신화 접근 방식은 서로 많은 공통점을 가지고 있다. 무엇보다도 그 둘은 많은 정서적 · 행동적 문제의 본질을 대인관계 문제로 본다. 이 책은 체계치료 작업을 정신화 렌즈(mentalizing lens)를 통해 바라보려고 한다. 이는 정신화 치료자들이 체계치료의 개념과 실제에서 영감을 받은 것처럼 체계치료 치료자들에게도 자신의 작업을 확장할 영감을 주기 위한 것이다. 정신화 정보에 근거한 체계치료(mentalization-informed systemic therapy: MIST)의 목적은 가정 내, 그리고 다른 사회적 상황에서도 사회적 의사소통 및 상호작용을 개선하여 학습에 대한 개방성, 인식론적 신뢰(epistemic trust; Fonagy, Luyten, Allison, & Campbell, 2019), 회복탄력성(resilience)을 높여 주는 정신화를 제고

하는 것이다. 인식론적 신뢰는 우리가 다른 사람으로부터 전달받는 사회적 세계의 정보에 대한 신뢰를 뜻한다. 다른 사람들이 우리와 하는 의사소통을 개인적으로 연관된 것으로 받아들이는 능력은 힘겨운 상황에 직면했을 때 적응하는 능력을 크게 향상시켜 준다. 그래서 우리가 정신화는 정신건강과 사회적 기능에서 잠재적으로 강력한 보호 요인이라는 제안을 하는 것이다(자세한 내용은 이 장 하단의 '정신화가 중요한 이유'를 참조할 것). 치료의 초점은 서로의 경험과 관점을 진심으로 숙고하여 사회적 문제를 해결하는 자연스러운 과정을 촉진하는 데 있다. 결국, 현실에 대한 자신의 조망이 다른 사람의 조망과 일치한다고 느끼는 경험은 일반적으로 종합적 조망을 갖기 위해 접촉하는 일의 가치를 확신할 수 있게 해 준다. 게다가 이러한 경험은 잠재적으로 각 가족 구성원의 마음을 서로에 대해 배우고 발견하는 데 개방적으로 만들어서 사회학습 전반에 대한 신뢰를 향상시킨다.

정신화 렌즈

정신화는 인간의 행동을 의도적인 정신상태의 관점에서 해석하는 상상 활동(imaginative activity)이다. 상상력이란 단어를 강조하는 것은 중요하다. 왜냐하면 상상력이 정신화를 뒷받침하기 때문이다. 상상력은 우리가 자신의 주관적인 경험을 조직화하는 것처럼, 주변인의 생각, 느낌, 의도를 통찰하고 행동을 이해할 수 있게 해 준다. 정신상태는 사람의 요구, 욕구, 느낌, 믿음, 환상, 목표, 목적, 이유를 말한다. 정신화는 대부분 전의식적(preconscious)이지만, 그것은 자의적인 성찰 활동일 수도 있다. 우리에게는 소망 및 욕구가 충족되든 위협되든 좌절되든 그와 연결된 느낌과 믿음 상태를 표상하고 소통하고 조절하는 것이 중요하다. 우리가 자신을 이해하기 위해 사용하는 심리학적 · 신경학적 기제는 다른 사람들을 이해하는 데에도 동일하게 활용되기 때문이다. 이러한 방식으로 우리의 사회적 상호작용을 위한 토대가 마련된다.

정신화 능력의 습득은 언어를 습득하고 발전시키는 것과 유사하게 환경에 의해 진화적으로 보호되고 조절된다. 정신화 능력은 본질적으로 타인의 의도, 정서, 조망에 대한 무의식적이고 성찰적인 평가(a nonconscious, reflexive appreciation)로 나타난다(Seyfarth & Cheney, 2013). 우리가 처음 배운 언어가 아동기 모국어에 의존하는 것처럼, 우리의 정신화 기술의 본질은 우리 사회적 환경에 의해 형성된다. 기본적인 사회 단위인 가족의 지배적인 영향력으로 인해 가족은 사회적 이해를 획득하고 성형하기 위한 일차적 환경이 되었다. 이와 더불어 또 다른 이유들(그중 일부는 아마도 유전)도 정신화 입장을 받아들이는 능력, 의도나 적절성이 개인과 가족에 따라 다르다는 사실을 설명할 수 있다. 또한 우리의 더 넓은 문화적 환경은 개인주의 가치가 강한지에 따라 타인보다 자기를 정신화하는 데 더 많이 초점을 두도록 촉진할 수 있다(Aival-Naveh, Rothschild-Yakar, & Kurman, 2019).

정신화는 근본적으로 양방향적인, 혹은 교류적인(transactional) 사회과정이다(Fonagy & Target, 1997). 정신화는 초기 애착관계와 타인과의 상호작용 맥락에서 발달하며, 그 속성은 우리 주변인들이 정신화를 잘하는 정도에 매우 큰 영향을 받게 된다. 타인에 의해 정신화되는 이러한 경험은 내재화되어, 사회적 상호작용 과정에 더 잘 공감하고 참여하기 위한 우리의 능력을 향상시켜 준다. 또한 애착과 정신화의 관계는 정신상태에 대한 반영(reflecting) 곤란이 친밀한 관계에 악영향을 미칠 수 있다는 점에서 양방향이라고 여겨지며, 나쁜 애착관계(민감한 반응을 받지 못했던 경험)는 정신화 능력의 자연스러운 발달을 저해할 수 있다. 최종적으로 정신화 능력의 발달은 자신을 이해했는지에 따라 다르다. 우리는 스스로를 이해하는 것처럼 다른 사람들을 인식해야 다른 사람들을 이해할 수 있다. 우리가 듣는 것을 통해서 언어를 배우는 방식에 대해 생각해 보자. 우리는 말을 듣고 나서야 용기를 갖고 다른 사람들과의 대화에 참여하게 된다. 정신화는 바로 그와 같은 과정이다. 우리는 그것을 행함으로써 그것을 배운다. 하지만 문제는 우리 중 일부는 이런저런 이유로 정신화를 심각하게 못한다는 것이다. 즉, '우리는 사람들을 오해한다.' 우리는 왜 그들이 그런 일을 하는지 넘겨 짚는다. 우리는 목표한 바를 생각하기 전에 행동한다. 우리는 하지 말아야 하는 행동을 정확히 알고 있지만, 스스로를 혐오하게 만드는 바로 그 일을 해 버린다. 우리는 친구가 한 말의 의미를 되새기는 데 끝없이 긴 시간을 보낸다. 그러나 그 친구가 지금 말하고 있는 것조차 알아차리지 못하고 있다는 것을 발견한다. 우리는 이해할 수 없는 이유로 감정에 압도되거나, 속상한 일이 일어났을 때 아무것도 느끼지 못하는 등의 일을 겪는다. 정신화의 실패, 더 엄밀한 표현인 비효율적인 정신화는 우리 대부분이 꽤 많은 시간, 특히 화가 났을 때 하게 된다. 우리가 개인, 부부, 가족과 함께 작업하는 치료자로서 얻게 된 하나의 통찰은 비효율적인 정신화를 조금 더 효과적으로 만들었을 때, 대부분의 가정에서 상황은 개선되었고 때로는 그들이 호소한 어려움들이 모두 사라졌다는 것이다. 이것이 MIST가 탄생한 과정이다. 우리는 보다 효과적인 정신화는 한 사람과 가족 모두의 회복탄력성을 형성한다고 주장한다. 그리고 타인과 자신의 정신상태를 더 잘 이해할수록 의미 있는 의사소통이 더욱 자유롭게 된다. 이것이 MIST가 알리고자 하는 것이다.

아동의 발달 과정에서 정신화가 발생하는 방식에 대한 우리의 관점에 모두가 동의하는 것은 아니다. 정신화(마음의 이론, theory of mind)는 (생물학적) 성숙 외에는 거의 필요한 것이 없는 뇌의 선천적 모듈이라고 주장하는 사람들이 있다(Leslie, Friedman, & German, 2004). 많은 인지심리학자들은 정신화가 사회적 현실에 대한 그럴듯한 설명을 생성하기 위해 아이가 발전시키는 준과학적인(quasi-scientific) 추론 과정을 통해 나타난다고 믿는다(Gopnik & Wellman, 2012). 그중 일부는 어른들을 통해 어느 정도 명시적으로 정신화를 배우게 된다는 설득력 있는 주장을 내놓기도 했다(Heyes & Frith, 2014). 그러나 이 책에서 우리는 사회 발달적 접근법을 취하며, 정신화가 각자의 마음에서 나타나는 인간 고유의 진화하는 능력, 즉 대인관계 환경과 그 사람이 처한 더 넓은 사회체계에 의해 촉발되는 능력이라고 제안할 것이다. 우리는 근본적으로 주변 사람들이 우리의 주관적인 경험에 초점을 맞추게 해 주지 않는 한, 18개월이 넘은 아이라도 말을 걸지 않았을 때는 쉽게 말을 시작할 수 없게 될 것이라고 주장한다.

가족체계 렌즈

우리가 가족과 함께 작업할 때의 또 다른 렌즈는 체계(system)다. 가족을 체계로 보는 것은 유용하다. 예를 들어, 가족은 '항상성 경향성(homeostatic tendencies)', 그리고 계층, 경계, 하위 집단, 외현적이고 내현적인 의사소통 교환 및 연합(coalitions) 같은 구체적인 특성을 가진 것으로 묘사할 수 있기 때문이다. 긴 시간 동안, 종종 수 세대에 걸쳐 발전된 '체계' 안에서 관계와 의사소통을 지배하는 명시적이고 암묵적으로 가정된 일련의 규칙에 따라 가족 구성원들이 행동한다고 보는 것은 치료자에게 도움 될 수 있다(Watzlawick, Bavelas, & Jackson, 1967). 현재 문제에 기여한다고 여겨지는 체계의 구체적인 특징이 치료 중에 발견되거나 드러난다면, 어쩌면 확립된 규칙과 관계 패턴과 같은 것들에 의문을 제기하면서 체계가 변화할 수 있다.

1950년대 이후, 체계치료 치료자들은 다양한 유형의 문제와 표현 양식들을 다루기 위한 여러 개념적 틀과 개입을 발전시켜 왔다. 이것들 중 일부는 정신화 접근법과 특히 많이 관련되어 있다. Salvador Minuchin의 아이디어(Minuchin, Montalvo, Guerney, Rosman, & Schumer, 1967)는 정신화에서 영감을 받은 접근법을 정교화하는 데 특히 도움이 된다(Asen & Fonagy, 2012a, 2012b). Minuchin은 회기 중 지금-여기에서 자발적으로 표출되는 '역기능적' 상호작용에 집중하는 기법을 소개했다. 그는 이러한 상호작용이 일어나지 않을 때에는 전형적인 문제 패턴을 의도적으로 '연출'하는 방식으로 회기 중에 그 상호작용들을 생생하게 만들라는 제안을 했다(Minuchin, 1974). 이런 연출은 참여한 가족 구성원 개개인에게 강력한 생각과 느낌을 떠오르게 해서 변화를 촉진하는 데 즉시 활용할 수 있게 해 준다. 밀라노 팀(Selvini Palazzoli, Boscolo, Cecchin, & Prata, 1978)이 처음 개발한 '순환적 및 반영적 질문(circular and reflexive questioning)' 기법은 오랫동안 확립된 체계치료적 도구가 정신화 과정을 얼마나 강력하게 촉진하는지를 보여 주는 하나의 예시다. '개입적 질문(Interventive questioning)'은 가족 구성원 개개인의 정신상태에 맞춰진다(Tom, 1988). 우리는 이 접근법을 사용하는 많은 체계치료자들이 한 사람의 현재 감정 상태에 대해서는 명시적인 질문을 사용하지 않는 경향성이 있다는 것을 알아차렸다. 그들은 그 대신에 보다 일반적인 수준에서 각자의 행동과 신념이 다른 사람의 행동에 어떻게 영향을 미치는지, 그리고 가족 패턴과 다른 맥락적 요소들이 사람들의 행동과 상호작용을 어떻게 설명하는지에 초점을 맞추는 경향성이 있었다(Boscolo, Cecchin, Hoffman, & Penn, 1987). 정신화의 원칙은 '항상 현재의 생각과 느낌에 집중하고 작업한다'는 것이다.

예를 들어, 고전적인 체계치료 접근법은 열띤 상호작용이 일어날 때 가족 구성원의 주관적 상태에 대해서는 거의 초점을 맞추지 않는 경향이 있었다. 전통적으로, 그러한 회기 내에서 개인의 경험이 관계에 대한 이해를 어떻게 변화시킬 수 있는지 탐색하는 것에는 거의 관심이 없었다. 그와 대조적으로, 정신화 접근 방식은 가족 구성원들에게는 구체적인 일화에 초점을 유지한 상태에서 회기 중 '지금-여기'에서 각 개인의 경험에 집중하게 한다. 정신화 치료는 가족 구성원들이 바로 지금의 사회적 경험에 대해 느끼고 생각하는 방식에 구체적인 관심을 기울인다. 타인의 이해에 대한 이해인 정신화는 근본적인 가정을 변화시킬 수 있다. 정신화는 그 사람의 행동과 다른 가족 구성원의 행동을 추동하는 것처럼 보이는 정신상태를 변화시킬 수 있고, 가족 전체가 특정한 문제에 대해 생각하거나 느끼는 방식도 변화시킬 수 있다.

정신화 정보에 근거한 체계치료

우리는 이 책에 제시된 접근법을 정신화 정보에 근거한 체계치료(MENTALIZATION-INFORMED SYSTEMIC THERAPY: MIST)라고 부를 것이다. 이것은 체계치료 영역의 개념 및 기법을 선별해 활용할 뿐만 아니라, 모든 가족 구성원들을 다양한 가능성 및 경험의 멀티버스로 안내하는 새롭고 절묘한 방식의 일환으로 자신과 타인을 바라보고 경험하게 해 주는 많은 정신화 기법을 활용한다. 정신화 기반 치료의 효과성에 대한 근거 기반이 누적되면서 이 접근법의 타당성도 확장되어 왔다(예: Bateman & Fonagy, 2008, 2009, 2019; Blankers et al., 2019; Byrne et al., 2019; Fonagy et al., 2014; Keaveny et al., 2012; Rossou & Fonagy, 2012; Smits et al., 2020). MIST는 새로운 치료적 모델이 아니고, 부부 및 가족과 함께 작업하도록 통합한 절차다. 정신화 정보에 근거한 치료자는 가족들이 문제에 대한 실용적인 해결책을 찾도록 돕는 것을 일차적 목표로 하지 않고, 가족관계에서 일시적인(혹은 그다지 일시적이지 않은) 차단(blocks)을 제거하는 것을 일차적 목표로 설정한다. 예를 들어, 이러한 차단에는 치료자의 질문에 갑작스레 대답을 거부하거나, '침묵(blank)'을 지속하거나, 다른 가족이 말한 것을 부주의하게 혹은 의도적으로 오해하는 것이 포함될 수 있다. 그럼에도 차단의 제거는 가족이 인식하고 있는 문제에 대한 자신만의 해결책을 찾게 해 주는 데 도움이 될 것이다.

왜 그토록 정신화가 중요한가

우리들은 새로운 정보를 학습해서 타인들, 특히 우리의 아이들에게 전달한다는 대체 불가능한 진화적 능력을 가지고 있다. 우리는 인생의 첫 몇 년 동안은 무언가 하는 방법, 수많은 단어를 사용하는 방법, 도구를 사용하는 방법, 우리가 지켜야 할 수백만 가지 규칙 등을 학습하며 시간을 보낸다. 하지만 관찰만으로 그 모든 것들을 배울 수는 없다. 말할 것도 없이 삶은 너무나도 복잡한 것이기 때문이다. 수천 년간 우리는 교육받는 아이들에게 정보를 전달하는 매우 효율적인 방법들을 발전시켜 왔다. 그것을 통해서 아이들은 자신이 무엇을 흡수하고, 골라내고, 자신의 것으로 만들어야 하는지를 정확히 알 수 있게 되었다. 누군가가 아이들에게 직접 말을 걸어오거나, 눈을 마주치거나, 이름을 부르거나, 미소를 짓거나, 눈썹을 올리고 바라보거나, 따뜻하게 "안녕하세요"라고 말할 때, 모든 이 작은 몸짓들은 아이들에게 다음에 올 것이 무엇이든 기억해야 할 중요한 사실이라는 것을 알려 주는 단서가 된다. 이 단서들은 명시적 단서(ostensive cues)라고 불리며(제7장 참조), 아이들에게 자신이 존중받는 사회적 행위 주체로 중요하게 인식되고 있음을 느끼게 하는 역할을 한다. 그 단서들은 우리 모두가 느끼는 잠재적으로 훼손된, 기만적인, 부정확한 정보에 대한 자기보호적 의심, 즉 자연스러운 '인식론적 경계(epistemic vigilance)'에 대항하게(counteract) 해 준다(Sperber et al., 2010). 명시적 단서는 아동이 방어를 멈추고 들은 것에 집중하여 흡수하게 해 주는 것으로 보인다. 만일 우리가 이러한 방식으로 인식하게 되면, 들은 것을 더 신뢰할 수 있게 된다. 우리는 인식론적 신뢰(epistemic trust), 즉 특정 지식에 대한 신뢰를 발달시키게 되는 것이다. 어른들도 어린 아동들과 마찬가지로 인식되는 느낌에 반응할 것이다. 유일한 차이점은 성인에게는 눈썹을 치켜올리거나 웃는 것만으로는 충분하지 않을 수 있다는 것 정도다. 성인의 경우, 그러한 명시적 단서들은 의사전달자(the communicator)가 듣는 사람에게 '그것들을 이해했음(gets them)'을 보여 주는 신호로 여겨지는 경향성이 더 강하다. 즉, 그 행위성(agency)을 통해 마음상태가 복잡할 수 있다는 것을 인식했고 그러한 상태를 확인했으며 지지한다는 점을 보여 주는 것이다. 본질적으로, 의사전달자는 단어나 행동을 통해서 자신이 다른 사람의 관점에서 세상을 볼 수 있다는 것을 보여 주게 된다. 체계치료적 맥락에서, 그 가족의 특이성(예: 특정한 가족 전통, 알려질 구분과 경계)에 대한 인식은 가족 내 한 개인의 신뢰성 체계에 대한 명시적 단서로 작용할 수 있다.

만약 소통이 적절하다면, 다른 사람의 마음 상태를 이해하는 것은 그 자체로 강력한 명시적 단서가 될 수 있기 때문에 정신화가 가능해진다. 정신화는 인식론적 신뢰를 만들어 낼 수 있는 능력을 갖고 있다. 만약 내가 누군가를 정신화한다면, 나는 그것들을 하나의 행위성으로 인식할 것이다. 하지만 내가 이러한 경로를 통해서 인식론적 신뢰를 구축하기 위해서는, 마치 상대방이 스스로를 정신화한 것으로 보일 만큼 충분히 정확하게 타인에 대한 정신화를 할 수 있어야 할 것이다.

인류로서 우리는 의사소통을 하여 생산적인 사회체계 내에서 효과적으로 협력하기 위해 의사소통적 마음 읽기(communicative mind reading)에 특화된 기제를 사용하도록 진화해 왔다(Tomasello, 2019). 아마도 가족은 이 놀라운 능력이 가장 확실히 도움 되는 체계 중 하나일 것이다. 물론 소통을 위한 마음 읽기가 오작동하게 되는 가장 확실한 맥락이 되기도 한다. 우리가 MIST로 하려는 것은 사회적 마음–두뇌의 일부를 가볍게 재조정하는 것이다. 우리는 나쁜 생각을 좋은 생각으로 대체하거나 나쁜 느낌을 대신해서 좋은 느낌을 만들어 내려고 하지 않는다. 단지 의사소통적 마음 읽기가 원래 상태로 회복될 기회를 제공할 뿐이다. 우리가 하려는 일은 사고와 느낌의 자연스러운 처리과정을 통해 차단을 제거하는 것이다.

시작하기: 정신화에 따르는 체계치료적 대화의 통화 기록

G부인과 샐림에게 돌아가 보자.

치료자는 G부인이 얼마나 문제를 급박하게 느끼고 있는지, 얼마나 서둘러 예약을 하고 싶은지를 물었다. 그녀는 "가능한 한 빨리요. …… 저는 언제든지 병원에 가서 샐림이 겪는 어려움에 대해 자세히 설명할 수 있어요."라고 답했다. 치료자는 첫 예약에 누가 참석할지 물어보며 아들을 데려올 때의 장단점, 남편과 동행할 때의 장단점을 생각해 보라고 당부했다. 또한 치료자는 첫 만남에 도움을 줄 수 있는 다른 사람이 있는지 생각해 보라고 했다. 이 과정은 여러 질문을 거쳐 부드럽게 진행되었다.

- "당신이 혼자 오는 게 더 나을 것 같다고 생각하는 이유는 무엇인가요?"
- "첫 예약에 남편이 오지 않으면 어떤 느낌일 것 같나요?"
- "샐림이 그곳에서 당신의 고민을 직접 듣는다면 어떤 점이 좋지 않을까요?"
- "샐림과 같은 방에 있을 때는 할 수 없는 이야기가 있을까요? 그렇다면 그것은 좋은 일인가요, 나쁜 일인가요?"

G부인은 자신에게 던져진 모든 질문에 차분하게 대답했고, 때로는 대답하기 전에 망설이며 "확실치 않아요." 또는 "정말 잘 모르겠어요."라는 말을 앞에 덧붙였다. 연이어 치료자는 G부인에게 진료소, 집, 보건소(일반의사[GP]에 의해 의뢰되었다.) 등등의 첫 만남 장소로 어디를 선호하는지 물었다. 그녀가 가장 편안하게 느끼는 곳은 어디이고, 샐림과 아버지가 만나고 싶어 하는 곳은 어디인가? 그들은 어떤 결정을 할 것인가? 그리고 G부인의 남편은 의뢰 사유와 아내가 문제점으로 기술한 것에 동의할 것인가, 아니면 그에 대한 다른 견해를 가질 것인가? 약 20분간 이어진 전화통화 끝에 G부인은 두 부모 모두가 샐림과 함께 첫 예약에 갔으면 좋겠다고 했다. 치료자는 그녀의 결정을 한 번 더 확인한 후에, 만약 가족이나 친구들과 더 생각해 보거나 의논한 후에 예약이나 참석 인원을 바꾸고 싶다면 그래도 된다고 덧붙였다.

독자들은 첫 치료 회기가 시작되기 전부터 내담자가 될지도 모르는 사람에게 질문 공세를 가하는 치료자에 대해 의문을 가질 수 있다. 하지만 정신화 정보에 기반한 체계치료 작업은 의뢰되는 순간부터 시작된다. 치료자는 처음부터 이러한 방식으로 치료적 만남에서 기대하게 될 것, 즉 다양한 가능성 및 관점에 대한 개방성을 신호로 전달한다. 첫 만남에서 치료자는 의뢰인인 부모 혹은 전문가가 자신뿐만 아니라 가족, 아동, 학교, 아동 · 청소년 정신건강 서비스 기관 등 체계 속의 다른 구성원들을 정신화하도록 격려해야 한다.

하지만 실제 치료에서 그것은 무엇을 의미할까?

치료자가 전화 통화 중에 샐림의 어머니에게 던진 질문은 그녀(그리고 치료자)가 둘 이상의 관점으로 문제를 보도록 돕는 것을 목표로 한다는 점에서 개입적인 것으로 묘사될 수 있다. 비슷한 전화 통화가 사회복지사, 교사, GP, 다른 전문가와도 이루어질 수 있다(그럼에도 불구하고 의뢰원과는 무관하게, 정신화 정보에 기반한 체계치료 가족 작업에서는 다른 전문가와 가족에 대한 이야기를 나누기 전에 가족과 먼저 이야기하는 것이 선호된다는 것을 명심해야 한다.).

체계치료 전문가들은 도움을 요청하는 맥락을 고려하는 경향성이 있다. 다른 수준의 체계에서도 다음과 같은 것들을 고려하는 것이 도움이 될 것이다. 개별 내담자의 수준, 의뢰인의 수준, 중요한 타인들의 수준, 이웃과 친구 네트워크의 수준, 그들의 믿음 기반 연결성들의 수준, 가족과 관련된 학교와 직장 환경의 수준, 가족이 속한 문화 또는 하위 문화, 전반적인 사회정치적 맥락 등이 있다. Bronfenbrenner(1986)의 생태학적 접근이 이와 관련된다. 치료자는 이러한 다수준 맥락 읽기(multilevel context reading)를 통해 다수준 개입을 고려하게 된다. 오직 가족들하고만 작업을 해야 할 것인가? 다른 전문가나 가족이 가진 사회적 연결망을 포함할 필요가 있는가? 가족의 신념 기반이나 다른 문화적 연계가 현재의 이슈나 문제를 해결하기 위해서 어떻게 포함될 수 있을 것인가? 아동과 부모를 따로 볼 필요가 있는가? 체계적 관점에서는 작업을 수행할 수 있는 많은 잠재적인 맥락이 있기 때문에, 임상가에게는 많은 선택권이 있다. 정신화는 단지 이원적인 어머니-자녀 관계나 삼원적인 어머니-아버지-자녀 관계의 산물이 아니다. 정신화는 사회적 집단의 산물이며, 아이들 자신이 걱정, 두려움, 즐거움에 더 혹은 덜 집중하며 경험하게 되는 문화의 산물이다(Asen, Campbell, & Fonagy, 2019; Fonagy et al., 2019). MIST의 전반적인 목적은 더 넓은 총체적 체계 안에서 정신화를 향상시키는 것이다. 우리는 가족이 완전히 붕괴하지 않는 한 가족 생태계 내의 문제들은 정신화가 중단되거나 엇나가기 때문에 발생한다고 본다.

치료적 맥락을 공동 구조화하기(Co-Constructing)

맥락 읽기 후에 맥락 만들기(context making): 도움 요청에 대한 답변을 제공할 때 어떻게 관련된 치료적 맥락을 만들어 낼 수 있을까? 이때 치료자가 해야 할 질문은 "내가 현재의 문제와 이슈를 다루기 위해 활용하거나 만들어 내야 할 맥락은 무엇인가?"다. 맥락이 중요하다! 이러한 기본 질문에 실용적인 답을 하고자 한다면, 사람, 장소, 시간, 활동의 네 가지 맥락을 고려하는 것이 도움이 될 것이다(Asen, 2004).

사람 맥락

구체적으로 '누가(who) 회의나 회기에 참석해야 하는가' 하는 질문은 아동, 부모, 더 확장된 가족 구성원에서부터 친구, 종교인, 여타 전문가에 이르기까지 많은 가능성을 열어 준다. 이러한 방식으로, 치료적 체계는 이후 회기에서 새로운 사람들이 참여하거나 기존 인원이 떠날 수 있는 개방된 상태를 유지한다. 정신화는 일종의 집중적인 대인관계 작업이다. 우리는 정신화가 사람들 사이의 공간에서 발생한다는 것을 떠올려야 하는데, 여기서는 다른 사람이 행동한(또는 실제 우리 자신이 행동한) 이유를 상상하거나 다른 사람의 마음속에 있는 우리가 어떨 것 같은지를 상상하게 된다. 그래서 사람 맥락은 정신화 맥락을 결정한다. 감정과 생각은 맥락의 변화에 따라 전환될 것이다.

장소 맥락

이 작업이 '어디(where)에서 수행되는가'에 대한 답에는 진료소, 가정, 학교, 병동, 슈퍼마켓, 법원, 모스크(이슬람 사원), 커뮤니티 센터, 시청, 법원 복도 등 여러 선택지가 있다. 실제로 문제가 나타나는 자연스러운 환경에서 아동, 가족과 함께 작업하는 것은 모든 임상 작업을 폐쇄적인 사무실이나 다른 기관 면접실 안으로 한정짓는 것보다 더 효과적일 수 있다. 앉아서 말하는 치료 대신 걷기 치료(walking therapy)를 하면 내담자와 치료자의 마음이 풀어지게 할 수 있다. 사람 맥락과 마찬가지로 장소 맥락도 작업의 내용과 형태를 결정한다. 정신상태와 가족 역동은 사람 사이 공간 외에도 장소 사이 공간에서도 발생한다. 학교에서 아동의 문제는 학교와 가정 간 갈등에 의한 것일 수 있으므로, 장소의 문제가 된다. 느낌과 생각은 장소에 묻혀 있을 수 있다. 이 장소들을 방문하거나 하지 않거나 둘 다 현명한 선택일 수 있다. 하지만 아마도 가장 현명한 선택지는 그들이 특정 장소들을 즉시 배제했다면 왜 그렇게 했는지에 대해서 의문을 갖는 것이 될 것이다.

시간 맥락

언제(when)는 회기의 길이, 빈도, 지속 시간 및 실제 시간으로 정의할 수 있다. 치료자들은 각자의 신념에 따라 회기를 45분에서 90분 정도의 시간 간격으로 나누는 경향이 있으며, 종종 3개월에서 1년의 기간에 따라 회기의 수(6 또는 12)를 설정한다. 최적의 치료 회기 시간이 있는가? 아마도 Sigmund Freud는 최적의 상담 기간을 위해서보다는 노트 필기의 편의성을 위해 50분으로 정했을 것이다. 마찬가지로, 보통 체계치료자들이 가족을 위해 할당하는 90분 동안의 회기는 필요보다는 습관에서 형성된 것일 수 있다.

구체적인 지시가 없을 때는 맥락에 따라서 회기의 지속시간을 알려 주는 경우가 있다. 집중적인 임상 서비스에서는 가족당 30분이 현실적일 수 있다. 가족 주치의 진료실에서 10분이나 15분 동안 지속되는 가족치료 회기는 매우 특정한 1차 진료 맥락에 부합하기 때문에 가족 작업을 수행하기에 적절한 시간적 틀일 수 있다(Asen, Tomson, Young, & Tomson, 2004). 시간 스펙트럼의 다른 쪽 극단에서, 우리는 만성적인 어려움과 여러 문제를 가진 가정에는 더 많은 시간을 제공하고 싶어질 수 있다. 그 가족이 2주 간격으로 60분의 회기를 갖는다면 그들에게 필요한 변화가 일어나지 않을 가능성이 높을 것이다. 여기서 우리는 보다 장기간의 개입을 고려해야 할 수도 있다. 이러한 작업은 다가족 환경(multifamily settings)에서 수행되기가 쉽다(Asen, 2002). 이러한 장기 개입에는 한 가족과 작업하는 것보다 여섯에서 여덟 가족들과 함께 작업하는 것이 경제적 타당성이 높기 때문이다.

타이밍이라는 맥락적 조건은 실용주의적 관점을 따라야 한다. 하지만 실용주의는 무엇을 위한 것인가? 여기서 MIST는 우리가 바라는 것에 대한 명확한 관점을 제공한다. 실용적인 목표는 정신상태에 대한 이해를 만들어 내는 가족 체계의 능력을 최적화하는 것이다. 즉, 정신상태에 대한 이해는 행동을 기저에 있는 신념, 소망, 필요, 욕구, 의도의 표현으로 바라보는 것을 말한다.

활동 맥락

치료 작업 중에 실제로 일어나는 일은 무엇(what)인가? 가족들이 참여하는 활동은 매우 다양할 수 있다. 물론 이러한 맥락에는 말에 초점을 두는 치료적 대화나 토론이 포함된다. 우리의 관점에서 매뉴얼은 과도하게 구체적이고 이야기하는 내용을 지도하려고 하는 경우가 많은데, 이는 정신화를 제한할 수 있다. MIST는 역할극, 조각, 콜라주, 운동과 같은 비언어적이거나 유사언어적인 많은 유희적 활동들을 활용한다. 치료적 활동은 제시된 문제들에 맞춰서 회기마다 변경될 수 있다.

왜 MIST가 다른 많은 치료법들보다 더 유희적일까? 그 이유는 우리가 내담자들에게 무례하기 때문이 아니라, 우리가 문을 열고 들어설 때 그들이 극심한 고통으로 물러서지 않도록 해 주기 위한 것임에 분명하다. MIST는 상상력을 강화하기 위해 의도적으로 치료적 만남에 놀이를 도입한다. 정신화, 특히 유연한 정신화에는 상상력을 풍부하게 해 주는 개방성이 요구된다. 정신화에는 자신만이 아니라 타인의 내적 상태를 상상하는 것이 포함되기 때문이다. 이를 위해서는 일정 수준의 자각(self-awareness)이 필요하다. 우리가 타인의 행동에 의미를 부여하기 위해서는 우리가 어떻게 느꼈을지를 상상할 수 있어야 한다. 따라서 MIST는 거침없는 상상력을 자극하게 되고, 우리는 우리의 접근 방식을 MSTI(체계치료를 창의적으로 만들기, Making System Therapy Imaginative)라고 기꺼이 부를 수 있게 된다.

맥락을 파악하는 질문인 '누가(Who)? 어디서(Where)? 언제(When)? 무엇(What)?'은 새로운 치료 작업을 시작할 때뿐만 아니라 가족을 치료하는 모든 절차에서 질문해야 한다. 우리는 이러한 질문 절차에 개인과 가족을 정기적으로 참여하게 함으로써, 변화에 따라 지속적으로 달라지는 연관된 맥락들을 함께 구성하여 그들에게 새로운 시각과 경험의 길을 열어 줄 수 있다. 과도한 유연성, 즉 맥락을 너무 많이 만들고 변경하는 것이 가족을 혼란스럽게 한다고 주장하는 치료자들도 있다. 또 다른 치료자들은 과도한 예측 가능성과 루틴은 치료 효과가 없으며, 자연스러운 호기심과 자발성을 죽일 수 있다고 주장한다. 하지만 정신화의 관점에서는 치료자들이 자신의 내담자들과 함께 '누가, 언제, 어디서, 무엇'의 맥락이 도움이 될지 지속적이고 반복적으로 생각하려고 노력하는 것이 중요하다.

물론 성찰하는(being reflective) 것이 그 반대보다는 낫다. 하지만 그것은 여기서 핵심이 아니다. 가장 핵심적인 것은 모든 참여자들이 중요하다고 여기는 문제나 이슈를 공유하며 함께 주의를 기울이는 것이다. 우리는 그것을 치유에 기여하는 지속적인 질문과 공유된 재평가의 과정에 대한 합동성(jointness)이라고 부른다. 합동성은 MIST의 일차적 초점인 공유된 협력적 성찰과정(the process of shared collaborative reflection)을 할 수 있게 해 준다. 물론 치료체계가 개방된 상태로 유지되는 회기에 참여하는 사람에게는 회기가 언제, 어디서,

얼마나 오래 진행되는지 구조를 변경할 수 있는 정도의 유연성이 허용된다. 그러나 유연성은 치유를 위한 것이 아니고, 내담자가 실제로 힘겨운 짐을 질 수 있도록 만들어 주는 호기심과 놀라움을 위한 것이다.

초점 생성하기 및 치료적 개입을 고려하기

　G부인 가족이 첫 회기에 참석했을 때의 일차적 목표는 작업을 위해 공동으로 협의하여 합의된 초점을 만드는 것이었다. 이 사례에서 치료자는 문제 중심적 접근법을 택하여 가족 구성원들이 가지고 있는 모든 걱정거리들을 나열하여 도움 받고 싶은 것을 구체화하도록 격려했다.

1회기

　샐림과 아버지가 컴퓨터 게임에 열중한 동안 샐림의 어머니는 재빨리 아들에 대한 많은 걱정거리들을 늘어놓기 시작했다. 그녀는 전화에서 했던 말을 반복하며 긴 걱정거리 목록을 열거했다. 샐림의 식사문제와 불안 상태, 종종 나타나는 매우 요구적인 행동, 친구 부족, 과잉행동, 아기 같이 매달리는 행동, 울화 행동, 그 외 많은 다른 걱정거리 등. 그녀는 남편이나 아이를 의식하지 않고 10분 동안 말을 했다. 치료자는 이 과정을 기록했지만 따로 언급하지는 않았다.

　일단 G부인이 말을 마치고 치료자는 고맙다고 한 후에 아이 아버지에게 추가하고 싶은 이야기가 있는지 물었다. 그는 자신이 할 수 있는 것보다 아내가 훨씬 더 잘 설명을 해 줬다고 했고, 자신도 샐림이 걱정되지만 아이 엄마보다는 덜 걱정될 거라고 덧붙였다. 샐림은 부모님이 왜 자신을 클리닉에 데려왔는지를 알고 있는지, 도움을 원하는 것이 있는지 질문을 받았음에도 어깨를 한번 으쓱하고서는 게임을 재개했다. 치료자는 부모에게 돌아서서 어머님이 언급한 문제 중 어떤 것이 먼저 해결되어야 한다

고 생각하는지 물었다. 샐림의 아버지는 아내를 가리키며 "그녀가 결정하
게 해 주십시오. 그녀가 보스니까요."라고 말했다. 치료자는 부모에게 어
떤 문제를 먼저 다루어야 할지 함께 의논해 보라고 격려했다. 어머니는 가
장 시급한 문제로 샐림이 "먹는 문제…… 점심을 먹는데 3시간, 아침을 먹
는데 1시간 반이 걸리는데…… 그건 정말 날 미쳐 버리게 하죠."라고 답했
다. 아버지는 "그것도 저를 화나게 하지만, 저는 하루 종일 직장에 나가 있
어요. 저는 식당을 운영하는데 오래 나가 있어야 하죠. 그런데도 아내는
샐림이 먹게 하는 데 대부분의 시간을 씁니다."라고 덧붙였다. 샐림의 부
모는 이 문제를 해결하기 위한 다음 예약을 언제 잡고 싶은지 질문을 받았
다. 어머니는 "가능한 한 빠르게요, 다음 주는 어떤가요!"라고 말했고 아버
지도 동의했다. 치료자는 다음 회기는 점심시간에 열려야 하며, 부모가 음
식을 제공하는 동안 '식사문제'를 충분히 관찰할 수 있도록 3시간 정도 지
속해야 한다고 제안했다. 그들은 약간의 논의 후에, 다음 회기에는 샐림과
어머니만 참석하기로 결정했다. 왜냐하면 그녀만 매일 먹는 것을 놓고 싸
웠기 때문이다.

이 첫 회기 동안, 치료자는 어머니가 어떻게 지배적인 역할을 하는지, 그리
고 그 아버지가 아내에게 동의해야 한다고 느끼는 것과 같은 구체적인 관계 패
턴을 즉시 알아차렸고, 샐림은 컴퓨터 게임을 중단하라는 부모의 반복적인 요
청을 신경 쓰지 않는다는 것을 관찰할 수 있었다. 그러나 치료자는 이러한 상
호작용에 대해 언급하는 것을 삼갔다. 그 대신 그는 다음 단계에서 자신의 관
찰로 돌아갈 가능성을 열어두기로 했다. 왜 그는 G씨나 G부인에게 도전하지
않았을까? 여기에는 MIST에 대한 기술적으로 중요한 이슈가 있다. 개입 원칙
에 따라서, 치료자는 모든 가족 구성원의 입장이 되어 보려고 노력했다. 그는
만약 자신이 G부인이라면, 그녀의 행동에 의문을 제기하는 개입이 조금이라
도 그녀의 대인관계 이해 능력을 향상시킬 가능성이 있을지를 생각했다. 그러

고 나서 그는 G씨와 샐림에게도 같은 작업을 했다. 그렇게 함으로써 그는 그들 중 일부 혹은 모두가 자신이 관찰한 특정한 상호작용에 관심을 받을 때 느낄 수 있는 수치심과 당혹감을 알아차리게 되었다. 치료자는 그에 대한 사소한, 심지어 예의 바른 질문도 수치심이나 당혹감, 혹은 오독(misread)이나 오해받는 느낌을 불러일으킬 수 있다는 것을 알게 되었다. MIST는 오해나 오독의 느낌을 고통을 유발하는 경험으로 간주한다. 따라서 무언가 알아내는 것보다 부드러운 호기심과 개방적으로 질문 받고 있다는 경험을 유발하는 치료자의 태도는 성찰을 증진시키는 데 훨씬 더 생산적일 가능성이 높다.

2회기: 활동 중 MIST

일주일 후, 샐림과 어머니는 자신들이 동의한 두 번째 회기에 참석했다. G부인은 샐림과 자신이 먹을 점심을 가져와서 큰 상담실의 테이블에 앉았다. 치료자는 5~10분 간격으로 방을 드나들며 가족들을 짧게 관찰하고는 간간이 글을 적었다. 그는 샐림이 거의 먹으려 하지 않고 어머니와 잡담을 하며 반복해서 먹여 달라고 애원하거나 배가 고프지 않다고 말하는 것을 관찰했다. 어머니는 그에게 "다 큰 아이가…… 넌 스스로 먹을 수 있어…… 너도 배고프다고 했잖니……."라면서 이 말들을 끝없이 되풀이했다. 샐림은 계속해서 자신의 생물학적 나이보다 훨씬 어린아이처럼 행동했다. 어머니는 여섯 살 아동보다는 한 살 유아에게 더 어울릴 법한 격려하는 말들과 행동들을 했다. 어머니는 "옳지, 옳지"를 남발하고 잡담을 하면서 샐림이 밥을 안 먹는 것에 신경을 쏟았다. 결국 치료자는 어머니에게 어떻게 식사가 진행되고 있는지 물어보았다. 그녀는 모든 접시를 가리키며 "잘 안 되고 있네요."고 말했다. 그녀는 이것이 "집에서 일어나는 전형적인 일이네요. 이 아이는 무엇이든 먹으려면 오랜 시간이 걸려요."라고 했다. 치료자는 어머니에게 샐림이 너무 말라 보이는지를 물어보았다. 그녀는 "아니요, 이 아이는 보통 체중이지만요. 만약 내가 그렇게 열심히 음식을 먹이려고 하지 않았다면 아마 아니었겠죠."라고 대답했다. 샐림이 먹는 것이 느린 이유에 대해 추측해 보라는 요청에 그녀는 어쩔 줄을 몰라 했다. 치료자는 어머니에게 말했다. "아마도 어머님은 방에서 나간 다음에 아드님이 음식을 다 먹고 나서 돌아오셔야 할 것 같습니다." 어머니는 충격을 받은 것처럼 보였지만 치료자를 따라 방에서 나갔다. 샐림은 훨씬 더 큰 충격을 받은 것 같았다. 그는 말했다. "뭐라고? 안 돼!!"라고 말하고는 점점 더 크게 소리를 지르기 시작하더니 어머니가 나간 문을 쾅쾅 두드렸다. 이 행동은 2분 동안 계속되었고, 샐림은 계속해서 "죽겠다!"라고 소리쳤다. 그러던 중 옆방에 있던 G부인은 극도로 안절부절못해하며 과호흡을 시작했다. 그녀는 아들이 혼자 방에 있는 것을 견딜 수 없고 공황에 빠질 것이라고 말했다.

치료자는 샐림이 어머니를 부르며 계속 소리를 지르던 방으로 돌아가서 말했다. "네가 음식을 좀 더 먹으면 엄마가 돌아올 거야." 샐림은 제정신이 아닌 상태로 말을 멈췄다. 그는 음식을 조금 삼키려고 했다. 치료자는 그에게 더 먹으라고 권했다. 샐림은 이에 응했고, 음식을 먹으면서는 비명을 지를 수는 없었지만 계속 눈물을 흘렸다. 치료자는 어머니에게 방으로 돌아가라고 했다. 그녀는 감정적으로 지쳐 보였음에도 즉시 샐림에게 가서 눈물을 닦아 주었지만, 그것이 아들의 식사를 방해했다. 그는 숟가락을 떨어뜨리고 몸을 뒤로 젖혔다. 어머니는 계속해서 호들갑을 떨면서 아들의 얼굴을 닦고 아들의 손에서 숟가락을 가져왔다.

치료자는 어머니에게 아들에게서 떨어져 앉아서 아이가 먹는 것을 지켜봐 달라고 요청했다. 샐림은 다시 음식을 입에 넣기 시작했다. 치료자는 아이 옆에 무릎을 꿇고 배에 귀를 댄 채로 장난스럽게 음식이 들어가는 것을 듣는 척하며 다소 우스꽝스러운 목소리로 소리쳤다. "네 배가 말하고 있어, 만세, 만세, 여기 음식이 들어와서 행복해요. 고마워요." 샐림은 웃었고, 어머니도 웃었다. 치료자가 어머니에게 고개를 돌렸을 때에는 진지한 표정이었다. "어머님은 샐림이 혼자 방에 있을 수 있고, 저와 함께, 심지어는 제가 없어도 어떻게든 혼자 먹을 수 있다는 것을 알고 있었습니다. 저는 아이가 점심을 다 먹을 수 있다고 생각합니다. 게다가 꽤 빨리요……. 하지만 저는 오히려 당신이 걱정됐습니다……. 저는 당신이 문을 열고 들어갈까 봐 걱정했습니다. 저는 당신이 어린 아들이 자신의 눈 밖에 있는 것을 견딜 수 없을까 봐 걱정했습니다. 하지만 그는 꽤나 장성한 소년입니다. 그러니 아드님이 당신의 생각보다 얼마나 잘 자랐고, 이 근육들이 얼마나 커졌는지 보십시오."

어머니는 이 단계에서 다소 진정되었고, 치료자의 말을 들은 후에는 미소를 지었다. 치료자는 아들 옆에 바짝 붙어 서 있는 어머니에게 샐림이 지금 여기에서 무엇을 느끼고 생각할지 상상해 보라고 요청하면서, 아이의 머리에서 상상 속 말풍선이 나오는 듯한 몸짓을 했다. "만약 샐림의 머리에서 말풍선이 나온다면, 거기에 뭐라고 쓰여 있을까요?" 그녀는 웃으며 말했다. "아이는 '난 여기로 다시는 돌아오지 않을 거야'라고 생각하고 있어요." 치료자는 샐림에게 어머니가 제대로 알고 있는지를 확인했다. 아이는 머뭇거리다가 어머니를 쳐다보고서는 고개를 끄덕였다. 치료자가 "그럼 이제 너희 엄마가 널 여기로 억지로 끌고 와야 하니?"라고 하자 샐림은 미소를 지으며 고개를 저었다.

치료자는 다시 '배'의 소리를 듣게 해달라고 요청했고, 치료자가 다소 우스꽝스러운 목소리로 다시 외쳤을 때 샐림은 분명히 그것을 즐기고 있었다. "나는 더 먹고 싶어, 어서 먹여 줘, 난 아직도 정말 배고파." 샐림은 온 얼굴에 웃음을 지으며 빠른 속도로 식사를 계속했다. 치료자가 '식사문제'가 있는 다른 가족을 보기 위해 방을 나갔을 때, 샐림은 어머니를 향해 말했다. "나를 사랑한다면, 먹여 주세요." 어머니는 대답했다. "내가 너를 사랑하지 않는다고 생각하니? 왜 그런 말을 하니? 왜 내가 널 사랑하지 않는다고 말하는 거야?" 샐림은 "엄마가 나를 먹여 주지 않기 때문이죠."라고 말했다. 어머니는 샐림에게 밥을 먹으라고 다시 애원하면서 한동안 이런 일이 지속되었다. 치료자가 방으로 다시 들어왔을 때, 그는 말했다. "제 생각에는, 물론 제가 틀렸을 수도 있지만요. 샐림은 당신에게 사랑받기 위해서는 아기처럼 행동해야 한다고 여기는 것 같습니다. 저는 샐림이 영리한 소년이라는 것을 알고 있고, 10분 안에 모든 음식을 다 먹을 수 있을 것이라고 장담할 수 있습니다. 하지만 당신이 샐림이 그렇게 할 수 없다고 생각하는 한, 아드님은 그렇게 하지 않을 겁니다. 어쩌면 샐림이 한 살이 아니라 여섯 살이라는 사실을 당신이 알고 있다는 점을 아드님이 알아야 할 필요가 있을지도 모릅니다." 치료자가 다시 방을 나갔다가 10분 후에 돌아왔을 때, 샐림은 모든 음식을 다 먹은 상태였다. 어머니는 자신이 한 일이라고는 샐림이 한 살이 아니라 여섯 살이라는 것을 반복해서 말한 것뿐이라고 했다. 치료자는 "너는 아마도 여섯 살보다도 더 어른스럽게 행동할 수 있을 거야. 음식을 그렇게나 빨리 다 먹은 방식은 인상적이었어. 그건 나이가 많은 아이들만 그렇게 할 수 있지."라고 덧붙였다.

그는 어머니를 향해 말했다. "음, 우리는 3시간을 예약해 놓았으니까, 이제 1시간 40분이 남아 있습니다……. 이 시간을 쓰고 싶은 다른 일이 있습니까?" 어머니는 말했다. "네, 숙제에 대한 것인데요. 항상 1시간 이상 걸려요. 학교에서는 10분 안에 해야 한다고 하지만…… 아이는 그렇게는 하지 않죠. 제가 아이 옆에 앉아서 도와줘야만 해요……. 그다음에는 결국 서로 말다툼을 하고 보통은 제가 숙제를 하게 되죠. 왜냐하면 샐림이 혼자 하기에는 너무 어렵다고 말하기 때문이에요." 치료자는 "그럼, 지금 함께 여기서 시도해 보시는 게 어떨까요? 저는 1시간 정도 후에 돌아오겠습니다."라고 말했다. 10분 후, 샐림은 치료자를 찾아 방에서 나왔다. 치료자가 그를 발견했을 때, 샐림은 자랑스럽게 말했다. "끝났어요. 그리고 엄마는 저를 도와주지도 않았어요." 치료자는 샐림에게 엄마가 무엇을 느끼고 있을 것 같은지 물었다. 그는 '자랑스러움'이라고 대답했다. 어머니는 샐림

이 맞았다는 것을 확인해 주었고, 그 후에는 지난 2시간 동안 각각의 단계
들에서 샐림이 어떤 생각과 감정을 떠올렸을지 추측하도록 격려했다.

회기 설명

비디오로 녹화하고 있던 이 회기는 순수한 체계치료나 Bateman과 Fonagy
(2016)가 설명한 순수한 정신화 기반 치료의 전형적인 예시로는 설명될 수 없
는 것이다. 이 회기는 행동적 · 구조적 · 정신화적 접근법 등 다양한 기법이 적
용된 것이다. 치료자가 중심에 위치하고 있었고, 그는 부모와 자녀 모두에게
스트레스를 유발하는 다소 개입적인 면이 있었다. 이것이 우리의 접근 방식을
MIST라고 부르는 이유다. 이것은 본질적으로 정신화에 초점을 둔 체계치료적
인 접근이다.

이 회기 중에 일어난 일은 정신화의 관점에서 다음과 같이 기술될 수 있다.
치료자는 어머니와 아들 사이의 비정신화적 상호작용을 관찰했다. 치료자는
어머니에게 방을 나가라고 요청함으로써 이러한 상호작용을 단호하게 막았
다. 이것은 즉시 어머니와 아들 모두의 각성 수준을 증가시켰고, 그들의 정신
화 능력은 완전히 정지되었다. 그들은 둘 다 공황 상태에 빠졌다. 일단 어머니
가 돌아오고 나서, 치료자는 둘의 정신화 능력을 되찾을 수 있게 해 주려고 흉
내 내기 기술(pretend technique)을 사용하여 샐림을 장난스러운 방식으로 끌어
들였고 이 상호작용에 어머니도 참여시켰다. 이것은 어머니와 아들 모두의 각
성을 감소시켰고, 그들은 점차 사고하고 감정을 인식하는 능력을 되찾게 되었
다. 이처럼 현저한 정신화 능력의 증진은 치료자가 엄마에게 아이의 마음 상
태에 대해 바로 그곳에서 추측하게 하고, 상상했던 아이 마음에 대한 이미지가
아닌 실제 경험을 탐색할 수 있게 해 주었다. 치료자가 이렇게 개입한 것은 어
머니와 아들 사이의 불안이 한없이 깊었고, 서로의 불안이 상대방의 불안과 공
명하여 빠르게 통제할 수 없게 된다는 것을 날카롭게 알아차렸기 때문이다. 첫
회기에서 분명히 말했듯이, 그들은 서로를 화나게 만들 수 있는 능력을 가지고

있었다. 반면에 치료자는 아이가 행동하기로 선택한 것보다는 성숙했다는 점을 포함한, 샐림에 대한 자신의 믿음을 전달했다. 샐림은 치료자에게 인정받는다고 느끼고 나서야 여유가 생겼고, 이것은 어머니가 아이를 다르게 볼 수 있게 도와주었다. 이러한 것들은 그들 사이에 더 발전적이고 적절한 상호작용과 의사소통으로 이어졌다.

3회기

2주 후 세 번째 회기를 위해 샐림과 부모들이 돌아왔을 때, 그들은 이제 샐림이 제대로 먹고 숙제도 하고 있다고 했다. 그다음에 어머니는 자신과 남편이 또 다른 큰 문제—아이가 1분, 1초도 혼자 방에 있을 수 없다는 이유—로 도움을 원한다고 했다. 치료자는 부모에게 샐림을 직접 볼 수 있게 해달라는 허락을 구했다. 그들은 허락했고, 샐림은 아무런 어려움 없이 혼자서 치료자를 따라 다른 방으로 갈 수 있었다. 치료자는 혼자 있는 두려움에 대해 샐림과 이야기한 다음, 간단한 게임을 하자고 제안했다. 치료자는 샐림이 방에 혼자 있는 것을 얼마나 오래 견딜 수 있나 보려고 몇 초 동안 방에 놔두기로 했다. 샐림은 5초를 해 보겠다고 했다. 치료자는 정확히 5초 동안 방을 나갔다가 돌아왔다. 그는 샐림에게 10초도 가능한지 물었고 샐림은 그렇다고 했다. 그 직후에는 15초간 비웠고, 시간은 점차 2분으로 늘어났다. 그리고 나서 치료자는 TV 리포터를 연기하며 샐림이 혼자 있을 때 무엇을 생각하고 느꼈는지를 인터뷰했다. 샐림은 돌아가는 카메라에 대고 직접 말했는데, 자신이 전에는 두려웠지만 혼자 있는 것도 괜찮았고 사실상 재미있는 것에 가까웠다고 했다. 이어 치료자는 카메라와 마이크를 샐림에게 건네며 비슷한 방식으로 점차 방 비우는 시간을 늘려 가며 샐림이 방에 나간 동안 치료자가 어떤 생각을 하고 느꼈는지 인터뷰해 달라고 제안했다. 샐림은 그 일을 잘 해냈고, 치료자와 샐림은 부모가 기다리던 방으로 돌아갔다. 샐림은 30분 동안 치료자와 함께 한 일을 설명했고, 두 부모 모두 그것을 믿지 못하는 것 같았다. 그러자 샐림은 "모두 방에서 나가 봐, 내가 보여 줄게."라고 말했다. 부모와 치료자는 방을 나갔다. 치료자는 복도에서 각 부모들에게 샐림의 입장이 되어 아이가 혼자 방에 있는 동안 무엇을 생각하고 느끼는지 상상해 보라고 했다. 그들이 다시 모였을 때, 치료자는 샐림에게 부모님들이 우리가 없는 동안 무엇을 생각하고 느꼈을 거라고 생각하는지를 물었다. 샐림은 어머니가 상담실에서 심하게 다치거나 창문에서 떨어질 위험을 포함한 자신에 대한 걱정으로 가득 차 있었다고 상상했다. 샐림은 치료자에게 아버지는 '그다지 걱정하지 않을 것'이라고 생각했고, "오, 아빠는 내가 할 수 있다는 것을 알고 있죠."라고 말했다. 치료자는 가족들에게 지난 회기를 떠올려 보게 했다. 샐림의 아버지에게는 그가 참석하지 않은 일부 회기 영상을 노트북으로 보여 주었다. 세 식구 모두 열심히 지켜봤고, 어머니가 방을 나가고 아들이 죽겠다고 소리를 질렀을 때 샐림은 웃음을 터뜨리며 "너무 웃겨"라고 말했다. 어머니는 눈에 눈물이 글썽이며 눈에 띄게 감정적이 되었다. 샐림은 어머니를 위로하고 안심시키기 위한 노력의 일환으로 그녀에게 가서 팔로 감싸안았다. 치료자는 이 상호작용에 관심을 가졌고 아버지에게 물었다. "당신은 아내에게 무슨 일이 일어나고 있다고 생각하십니까? 그리고 아드님은 지금 무엇을 생각하고 느끼고 있을까요?" 아버지의 추측을 들은 후, 그는 어머니에게 이전 회기 영상을 보고 자신과 아들의 느낌 상태에 대해 되돌아보라고 했다.

'실제 노출(exposure in vivo)'의 행동주의적 기법이 체계치료 접근법의 일부가 되는 경우는 드물지만, 특정 이슈에 대한 생각과 느낌의 범위를 확장하기 위해 수행되었을 때는 정신화 기법과 완벽하게 호환된다. 여기서 그 기법은 샐림에게 장난스러운 방식으로 참신한 경험을 제공하기 위해 사용되었고, 연이어 소품(비디오카메라와 마이크)을 사용하여 자신과 타인의 정신상태에 초점을 맞췄다. 일단 샐림이 이 경험을 소화한 후에는 새롭게 얻은 장난스러운 상호작용에 대한 자신감을 부모님께도 적용할 수 있었다. 그 시점에서 그들은 다른 렌즈를 통해 아들을 보기 시작했고, 그에 따라 샐림은 부모님도 그를 다른 사람으로 경험했다는 것을 인식하게 되었다. 이러한 양상은 자연스럽고 빠르게 자신을 보는 새로운 방식으로도 변환되었다. 샐림은 이전 회기의 비디오 자료를 사용해서 자신과 부모를 외부 관점에서 바라볼 수 있었다. 2주 전 어머니가 방을 떠났을 때 자신과 어머니는 정신화할 수 없었던 것처럼 보였고, 그는 지금 그것을 꽤 재미있게 받아들이고 있었다. 그러나 어머니의 스트레스 경험은 불과 몇 분 전에 아들의 새로 얻은 자신감을 경험했을 때에도 되살아났다.

첫 회기의 초점은 부모와 합의한 식습관 문제였다. 이 개입은 이 이슈를 제대로 다루어서 정신화를 억제하는 장벽을 제거하기 위한 것이었다. 그녀에게는 아들이 먹여 줘야 할 어린 아기라는 엄마로서의 감각이 있었다. 어머니는 개입이 이루어지는 과정에서 점차 샐림과 자신을 다르게 보고 경험하게 되었다. 그와 마찬가지로 중요한 것은, 샐림이 치료자에게 순간적으로 무력한 아기가 아니라 자신만의 마음을 가진 여섯 살 소년인 행위 주체(agent)로 인정받는다고 느꼈다는 것이다. 이 장벽이 제거되자 즉시 효과적인 정신화가 작동했고, 엄마와 아동은 먹여 주기라는 강렬한 과몰입에서 벗어날 수 있었다.

일단 그 회기에서 섭식문제가 (일시적으로) 해결되자, 치료자는 어머니에게 다음 단계의 작업을 함께 생각해 보자고 했고, 샐림이 숙제를 하는 데 어려움을 겪는다는 것이 작업 후보가 되었다. 3회기에서는 다른 문제 층(problem layer)인 샐림이 혼자 방에 있을 수 없는 것처럼 보이는 것을 다루었다. 이러한 작업 방식은 '양파 층(onion layer)' 작업 모델이라고 할 수 있다. 요리하기 위해 양파를 준비하고, 썰고, 다지는 것은 대체로 눈앞이 흐려질 정도로 꽤나 눈물나는 일이다. 그와 마찬가지로, 가족과 함께 일할 때, 너무 빠르게 핵심 혹은 '결절점(nodal point)'(Selvini Palazzoli et al., 1978)으로 진입하는 것을 이론적으로는 상정해 볼 수 있겠지만, 일반적으로는 개전 지점(opening gambit)으로 삼는다는 것은 현명하지 못한 일이 된다. 그것은 가족 구성원들에게 높은 수준의 각성을 일으킬 수 있다. 우리의 목표는 그 가족이 관리 가능한 수준의 각성으로 돌아가고 일상적인 가족 생활에서 나타나는 스트레스 상황에서 정신화를 재개할 수 있도록 해 주는 것이다. 더군다나 부모들은 "우리가 여기 온 것은 우리 관계에 문제가 있어서가 아니라 아이가 심각한 문제를 가지고 있기 때문이다. 당신이 집중해야 할 것은 우리가 아니라 바로 그 아이다."라고 말하는 경우가 많다. 부모가 가장 어려운 문제라고 생각하는 것을 그대로 따라가서 그들의 협조하에 거기에서 시작하는 것이 현명하다. 부모나 다른 중요한 가족이 초청했을 때에만 다음 층을 벗겨야 한다. 이러한 진행 방식은 종종 내담자들을 보다 수용적으로 만들어 주는데, 가족들이 자신들의 증가하는 정신화 능력과 조화를 이루며 견딜 수 있는 속도로 이루어져야 한다. 치료자는 가족 작업의 시작 단계에서 정신화에 요구되는 가족의 수용 능력을 세심하게 모니터링한다. 훨씬 이후의 치료에서 가족이 그것을 수용할 수 없을 가능성이 있을 때에는, 치료자가 높은 각성의 순간에는 정신화가 필요한 상호작용에 대한 설명을 명시적으로 제공하는 것을 중단할 것이다.

약 6주 후에 다음 회기가 열렸고, 부모들만 왔다. 그들은 샐림이 현재 학교와 집에서 '꽤 잘' 기능하고 있다고 보고했다. 게다가 아들이 좋은 친구를 사귀었고 그 친구가 집에 놀러 오기도 했는데, 그것은 처음 있는 일이었다. 그리고 나서 아버지는 아내가 출산 전부터도 항상 어렵게 얻은 아이인 샐림에 대한 걱정이 있었다고 했다. 아들이 태어나기 전에 이미 세 번의 유산이 있었고, 출생 직후에는 중병을 앓았으며 태어난 첫해에는 계속 병원을 들락거렸다고 했다. "제 생각에 아내는 아직도 아들을 늘 지켜보아야 할 아기로 여기는 것 같습니다……." 그다음에도 두 차례에 걸친 부모만의 회기가 이어졌다.

이것은 한 단계씩, 한 회기씩, 가족 구성원(이 경우 어머니)이 문제 심장부의 어려운 이슈까지 기꺼이 해결하고자 할 때까지 치료 작업이 양파 껍질을 한 층씩 벗겨내어 '결절점'에 점점 더 가까워지는 방식을 보여 주는 사례다.

결론적 성찰

샐림의 가족에 대한 이 짧은 설명은 MIST 접근 방식의 단순성과 복잡성을 모두 보여 준다. 정신화는 순간적인 일이다. 정신화는 각 행위 주체의 정신상태에 대한 현재의 이해를 말한다. 그렇기 때문에 정신화는 빠르게 변화하고 심지어 일시적인 것일 수도 있다. 그러나 그러한 이해가 경직되게 고수되면 외부의 영향을 확실히 가로막을 수 있다. 그와 정확히 부합하는 방식으로 샐림이 먹여 줘야 할 필요가 있는 아기라는 어머니의 믿음은 강건하지만 실체 없는 건물 같았다. G부인이 샐림을 진짜 아기라고 믿은 것은 아니지만, 그녀의 행동은 명백히 잘못된 가정의 맥락에서만 합리적으로 이해될 수 있었다.

무엇이 그런 실체 없는 태도를 그렇게 집요하게 만드는가? 정신화는 감정적 각성이 고조되면 변화가 어려워진다는 특성을 갖는다. 어머니에게 불안감을 불러일으키는 샐림의 능력은 성숙한 사고를 위한 잠재력을 약화시켰고, 그처럼 실체 없는 인상을 그녀의 경험이라는 관점에서는 논쟁의 여지가 없는 진실처럼 느끼게 했다. 당연히 샐림도 한 살짜리 취급을 받는 것이 쉽지는 않았지만, 그럼에도 비교적 잘 적응했다. 그러나 그렇게 함으로써 샐림은 모든 것을 조심하는 보호자의 돌봄에 의존하게 되었고, 실제로 거의 한 살짜리 아이들이나 느낄 법한 어머니의 불안감에 강하게 공명하게 되었다. 그리고 헛된 믿음을 공고하게 만드는 감정–주도 처리과정(emotion-driven process)이 샐림에게도 작동했다. 아기라는 그의 지위는 불안으로 인해 상당 부분 현실화되었다. 샐림의 빈약한 정신화가 불안을 야기했고 어머니에게는 부실한 정신화를 촉발했다. 그리고 그 체계는 순서대로 다시 샐림에게 훨씬 더 부적절한 정신화와 불안감을 일으켰으며, 결국 경직성을 특징으로 하는 하나의 체계가 되었다. 그때는 확실히 누구도 그것을 헛된 것으로 느끼지 않았다.

하지만 이러한 비효율적인 정신화 사이클을 깨는 것은 비교적 간단하다. 대부분의 평균적인 가족 맥락에서는 전문가의 개입 없이도 자연스러운 해결책이 매일 발견된다. 왜 완벽한 설득이 아닌 믿음이 헛되었음을 드러내는 명시적인 개입이 어떤 가족에서는 필요하고 다른 가정에서는 필요하지 않을까? 이것은 우리가 이 책에서 다루어야 할 복잡한 문제다.

그러나 그 질문이 복잡하다고 해서 어떤 특정 사례에서는 부적절한 정신화 문제를 해결하는 데 특별히 정교한 무엇인가가 필요한 것으로 오해해서는 안 된다. 복잡한 가족문제라도 이상적이지 못한 수준의 정신화를 원인으로 보면, 치료자는 가족 상호작용을 보다 수용 가능한 패턴으로 빠르게 돌아갈 수 있게 독려하는 쉽고, 유희적인, 비교적 고통이 없는 절차들을 찾아낼 수 있다. 독자들은 샐림의 고질적인 섭식 곤란에 대해 배의 목소리를 들어주는 단순한 개입이 왜 이 가족의 문제를 해결하는 데 그토록 적절하고 효과적인 방법으로 보였는지 의아할 것이다. MIST의 관점에서 답은 치료자가 다소 장난스럽고 유머러스한 자세를 취함으로써 샐림의 배(평소에는 생각과 느낌을 가질 것으로 여겨지는 신체가 아닌 부위)를 정신화했다는 것이다. 그러나 치료자는 그의 배를 정신화함으로써 샐림이 어머니의 지나친 불안을 정신화할 수 있게 촉진했고, 샐림의 건강에 대해서는 어머니가 가질 수 있는 현실적인 걱정을 반영하게 할 수 있었다.

이 책 전반에서 우리는 정동을 조절하고 대인관계를 안정시키기 위해 자연스러운 처리 과정을 다시 작동시키는 간단한 개입 방식과 우리 모두가 지속적으로 활용할 수 있는 극도로 효과적인 방법들을 논의해 볼 것이다.

효과적인 정신화와 비효과적인 정신화

Ⓜ entalization-Informed Systemic Therapy

mist

자신의 어머니와 마찬가지로 존스(Jones) 씨의 모든 인생은 사회복지부서에 알려져 있었다. 두 사람 다 유아기부터 신체적 · 정서적으로 방치되어 있었고, 둘 다 중요한 어린 시절을 위탁 가정에서 보냈다. 비교적 최근인 18세 때는 존스 씨 자신이 어머니가 되었다. 그녀의 아이 트레이시(Tracey)가 겨우 3개월이 되었을 때, 이웃들은 트레이시가 비명을 지르고 존스 씨가 아기에게 소리치는 경우가 많다는 이유로 아동 보호기관에 신고했다.

양육 평가가 의뢰되었고, 존스 씨는 약간 호전적인 분위기로 첫 회기에 나오자마자 질타를 시작했다. "왜 그들은 항상 나를 괴롭히는 거야? 왜 그들은 나를 그냥 내버려두지 않는 거야?" 나는 아이가 없는 사람들이 내가 아이를 가졌다는 것만으로 질투하는 거라고 확신할 수 있지. 내 사회복지사는 늙은 여성이고, 마녀처럼 생겼으니까, 그녀에게 아이가 없다는 것은 놀랄 일이 아니지. 그리고 그게 바로 그녀가 내 아이를 데려가려는 이유야. 트레이시는 내 거야. 난 좋은 엄마야. 난 뭘 해야 할지 알아. 내 딸은 그 구역에 사는 다른 가족들을 보러 가야 해. 그들이 그곳에서 하는 것들이 진정한 아동학대지……. 나는 달라. 나는 트레이시를 제대로 키워 왔기 때문에, 딸이 나와 모든 깃들에 순종하고 존경하게 된 거야……. 그들은 절대로 이 사회복지사들을 가만두지 않을 거야. 그들은 사악하니까……."

이 시점에서 평가를 하던 치료자는 존스 씨의 말을 끊고 갈 필요성을 느꼈다. "여러 일들을 명료하게 설명해 주셔서 감사합니다. 그런데 뭘 좀 물어봐도 될까요? 사회복지사의 관점에서 그녀가 걱정하는 것은 무엇인가요?" 존스 씨는 즉각적으로 말했고 참을성 없는 어조로 대답했다. "제가 방금 말씀드렸잖아요. 저에게는 아무 문제가 없어요. 트레이시에게도 아무 문제가 없어요. 사회복지사에게 문제가 있다는 거죠. 그녀는 내가 돈을 충분히 가지고 있는지, 아파트가 제대로 고쳐졌는지를 봐야 하고, 당신은 우리 부엌 상태를 좀 봐야 해요. 그것이 사회복지사의 할 일이고, 사람들이 더 나은 집에서 살 수 있도록 해야 하죠. 그다음에야 사람들은 아이들을 볼 시간이 생길 거예요. 당신은 우리가 완벽할 것이라고 기대하지는 않겠죠. 내 말은, 물이 새고 눅눅한 곳에서…… 나는 청소를 하는 데 시간을 써야 하고, 의회에서 거기에 관심 있는 사람은 아무도 없죠. 그들은 게으르고 무능하며 눈치도 요령도 없는 것들이니 그럴 리 없어요." 치료자는 회기의 목표에 대해 생각하면서 두 번째로 물어보았다. 당신은 스스로 정말 잘한다고 생각하는 게 있나요? 그리고 당신이 훨씬 잘할 수 있다고 느껴지는 것이 있나요? 존스 씨는 대답했다. "아무도 완벽하지 않아요. 청구서를 지불할 수 없다면, 자신과 아이를 먹여 살리기 위해 물건을 훔쳐야 한다면 특히 그렇죠. 돈과 살기에 적당한 곳을 준다면 저는 더 완벽한 엄마가 될 거예요!"

우리는 일을 하면서 존스 씨 같은 분들을 많이 만났다. 그들은 인생에서 수많은 힘겨운 도전에 직면해 있었다. 간혹 우리는 그들의 말을 들으면서 다소 압도되는 것 같다. 그들이 직면한 여러 스트레스를 감안할 때 우리가 뭔가 더 해 주는 게 가능할까? 그들의 삶을 훨씬 더 도전적으로 만드는 것은 손상된, 때로는 거의 사라진 정신화다. 자신이 보는 방식과 조금이라도 다를 때, 그들은 우리와 함께 세상을 바라보려고 하지 않는다. 명백한 정신화의 부재는 학대와 방치로 고통을 받은 구성원이 있는 가정만의 특징은 아니다. 제1장에서 말했듯이 우리 모두는 단순하고 경직된 사고에 사로잡혔을 때에는 정신화가 잘 되지 않을 수가 있다. 그런 경우에, 우리는 그것이 어떻게 그럴 수 있는지, 그것이 알고 있는 것과 어떻게 다른지 상상을 할 수 없는 것처럼 보인다. 우리는 우리 자신이 보는 것 외에는 다른 현실이 없다고 확신한다. 우리는 왜 다른 사람들이 우리가 사물을 보는 자명한 방식대로 사물을 볼 수 없는지를 자문할 수도 있다. 그들이 둔감한 것일까? 어쩌면 그들이 의도적으로 방해하고 있는 것일까?

치료자와 존스 씨의 첫 만남의 초반에, 그녀는 오직 하나의 현실, 즉 자신의 현실에만 동의하는 것처럼 보였다. 그녀는 자신을 부당한 사회복지 서비스의 희생자로 묘사하며, '그들이' 그녀를 '괴롭힌다'고 말했다. 그녀는 "그녀의 아파트가 좋은 상태에 있다면 삶이 더 나아질 것이라고 느끼고, 그 모든 것은 사회복지국에 책임이 있다."고 했다. 이것은 모두 매우 일방적인 것처럼 보이지만, 우리 모두는 때때로 자신의 어려움을 다른 사람들의 실패 탓으로 돌리는 경우가 있다. 그렇기에 우리가 해야 할 질문은 다음과 같다. 만일 우리가 말한 것만큼 정신화가 중요하다면, 우리 모두가 그 멋진 사슴을 더불어 사냥할 수 있게 해 주는 사회적 협력자로서 진화적 기능을 수행하는 것이 중요하다면(Bullinger, Wyman, Melis, & Tomasello, 2011), 왜 우리는 때때로 정신화를 잘하지 못하게 되는가? 정신화를 잘 한다는 것은 어떻게 드러나는가?

효과적인 정신화의 전형적인 징후들

자신에 대해, 타인에 대해, 혹은 바로 그 관계에 대해 효과적인 정신화가 일어나고 있음을 시사하는 다양한 징후([글상자 2-1] 참조)들이 있다(이 징후들을 보다 정교하게 '효과적인 정신화의 측면들'로 체계적인 구분을 하고 싶다면 제6장을 참조할 것).

발견에 대한 개방성(Openness to discovery)은 호기심의 자세(the stance of curiosity; Cecchin, 1987)와 유사하며, 한 사람이 다른 사람의 생각과 느낌에 진정으로 관심을 갖고 있음을 의미한다. 특히, 타인의 관점이 자신의 관점과 다를 때도 그 관점을 존중한다는 것을 의미한다. 이것은 종종 공감적 자세(empathic stance)를 필요로 할 수도 있다. 이것은 다른 사람들이 생각하거나 느끼는 것에 대해 미루어 짐작하거나 편견을 갖는 것을 꺼린다는 측면에서, 모른다는 입장(not-knowing position)이라고도 불린다. 이 입장과 관련된 것이 겸손의 자세(the stance of humility), 즉 신분에 관계없이 다른 사람들에게 놀라워하며 배우려는 의지다. 관점의 수용(Perspective taking)은 동일한 현상이나 과정이 다른 관점에서는 매우 다르게 보일 수 있으며, 이러한 것들은 개인의 다양한 경험과 역사를 반영하는 경향이 있다는 것을 인정하는 것을 특징으로 한다. 장난스럽고 자조적인 유머는 부드럽게 대안적 관점을 밀어 넣고, 가족 및 중요한 타인들과의 상호작용에서 '쌍방 간 양보' 능력인 순서 주고받기(turn taking)를 좋아할 수 있게 해 준다. 정신상태에 초점을 맞추고 느낌과 생각을 구별하는 능력은 효과적인 정신화의 중요한 측면이다. 성찰적 사색(Reflective contemplation)은 타인의 사고와 느낌에 대한 통제되고 강박적인 추구가 아닌 유연하고, 여유롭고, 개방적인 태도를 전달하는 정신화 자세다. 내면의 갈등 인식(Inner conflict awareness)은 자기반성의 세부적 측면이다. 자신의 정동과 각성을 관리할 수 있는 것(manage one's affect and arousal)은 스트레스 받는 상호작용 동안 효과적인 정신화가 회복되거나 유지될 수 있도록 보장한다. 영향력 인식(Impact awareness)은 자신의 생각, 감정, 행동이 다른 사람들에게 어떻게 영향을 미칠 수 있는지에 대한 스스로의 평가를 말한다. 신뢰할 수 있는 능력(capacity to trust)은 중요한 정신화의 힘이며, 편집증적이고 두려워하는 태도와는 현저한 대조를 이룬다. 신뢰할 수 있는 능력은 공동 작업에서 다른 사람들과 협력할 수 있는 능력(ability to collaborate)에 영향을 미친다. 변화 가능성에 대한 믿음(belief in changeability)은 일정한 정도의 낙관론을 내포하고 있으며, 마음이 마음을 바꿀 수 있고 가끔은 그렇게 함으로써 물리적 상황도 바꿀 수 있다는 희망을 구현한다. 말과 행동에 책임을 지고 책임을 받아들이는(assuming responsibility and accepting accountability) 태도는 누군가 행동을 할 때 온전히 그것을 의식하는지와 무관하게 그 사람의 생각, 느낌, 소망, 신념, 욕망에 의해 행동이 생성된다는 것을 인식하는 것을 의미한다. 용서 (Forgiveness)는 타인의 정신 상태의 이해와 수용에 기초하여 타인 행동을 포용하는 정신화의 힘이다. 자서전적/서사적 연속성/발달적 관점(Autobiographical/ narrative continuity/developmental perspective)은 현재가 과거의 경험과 사건에 의해 어떻게 영향을 받을 수 있는지 이해하는 능력을 의미한다.

글상자 2-1 　효과적인 정신화의 전형적인 징후들　　mist

- 발견에 대한 개방성
- 공감적 자세
- 모른다는 입장
- 겸손
- 관점의 수용
- 장난스러움과 자조적 유머
- 순서 주고받기
- 정신상태에 초점을 맞추고 느낌과 생각을 구별하는 능력
- 성찰적 사색
- 내면의 갈등 인식
- 정동 및 각성의 관리
- 영향력 인식
- 신뢰할 수 있는 능력
- 협력할 수 있는 능력
- 변화 가능성에 대한 믿음
- 말과 행동에 책임을 지고 책임을 받아들이는 것
- 용서
- 자서전적/서사적 연속성/발달적 관점

정신화: 상태와 기질

왜 그처럼 정신화 능력이 유동적인가에 대해서는 많은 설명들이 있다. 편의상 우리는 그러한 설명들을 기질 또는 상태(trait or state)라는 두 가지 범주로 나눌 수 있다. 아마도 생물학적 요인과 환경적 요인 둘 다 개인의 정신화 능력에 영향을 미칠 것이다. 이런 능력은 장기적인 기질(long-term traits)로 볼 수 있다. 예를 들어, 시각장애를 갖고 태어난 유아는 생후 2년 동안 정신화 발달이 현저하게 지연된다. 안정적인 애착관계를 경험하지 못한 유아는 건강한 정신화를 습득하는 능력이 지연될 수 있다. 또한 아동기 초기의 빈곤이나 외상은 적절한 정신화 능력의 발달을 손상시키는 것으로 보인다.

특정한 맥락적 요인은 정신화 능력 발달이 잘된 사람들과 아닌 사람들 모두에게 효과적인 정신화를 일시적으로 차단한다. 이러한 맥락적 요인은 단기 상태(short-term stats)를 생성하는 기능을 한다. 이런 일은 우리가 매우 두렵고, 화가 나고, 좌절감이 드는 등의 스트레스를 느낄 때, 또는 우리가 굴욕감과 수치심을 느낄 때 가장 쉽게 일어난다. 그 순간에 우리 모두는 자신의 입장에 대한 타당화가 필요하다. 왜냐하면 순간적으로 우리는 자신의 운명을 책임지고, 우리가 생각하고 소망하는 것으로 동기화된 행위 주체적 존재로 자신을 바라볼 수 있는 능력을 잃었기 때문이다. 우리의 정체감(sense of identity)이 위협받은 것이다. 그럴 때 정신화 기제는 우리가 다르게 생각할 수 있는 방식과 단절되어 자신, 타인을 바라보고 세상을 관리하는 더 단순한 방식으로 회귀하게 된다.

아마도 이것이 존스 씨가 치료자에게 그렇게 말하는 이유를 설명하는 데 도움이 될 것이다. 그녀는 포위당했다고 느꼈고, 그에 따라서 일종의 투쟁–도피 모드(fight-flight mode)로 들어갔을 것이다. 나쁜 엄마라는 비난을 받을 때, 그녀는 매우 방어적이 된다. 그녀는 회의감을 날려버린 채로, 사회복지사가 원하거나 느끼는 것에 대해 부자연스러울 정도로 확신에 찬 태도를 취한다. 그녀는 의도적인 반응을 할 수 없는 존재로 스스로를 경험하고, 타인들이 그녀에게 가지게 될 우려를 고려하지 못하는 것처럼 보인다. 그녀는 자신의 느낌과 요구가 인정받을 수 있다는 자신이 결여되어 있고, 자신의 입장을 '치료자가 보도록 만들고' 그가 그렇게 했다는 인정을 해 주려면 단순한 말 이상의 것이 필요하다며 요구한다. 물론 그것은 우리 모두의 자연스러운 권리다. 그러나 이처럼 자신의 입장을 강렬하게 표명하는 것은 역설적인 효과를 가져올 수 있다. 그런 태도는 그녀를 정신화하고 그녀의 입장에서 사물을 볼 수 있게 해 주는 상대방의 능력을 제한하기가 쉽다. 상당히 흔한 이 시나리오의 주인공들은 결국 비정신화된 자기주장과 부실하게 추론된 주장의 악순환에 빠질 가능성이 높다. 달리 말하면, 존스 씨의 합당한 감정적 각성에 대한 효과적이지 않은 정신화 표현(부자연스러운 확신, 비난, 지원에 대한 요구)은 잠재적 조력자가 그녀를 이해해 주는 능력을 손상시킬 가능성이 있다. 존스 씨는 고립, 불면, 4시간마다 아기에게 모유를 먹이는 상황에 대한 심리적인 타당화를 갈망한다. 그녀는 용납할 수 없게 지연된 매우 불충분한 사회복지서비스 자원을 조작하려는 것이다.

> 존스 씨는 계속 말했다. "나는 당신들이 모두 똑같다는 것을 알고 있지, 당신들 조력자들, 치료자들, 사회복지사들, 당신들은 우리 같은 사람들을 이해하지 못하지. 나처럼 힘든 삶을 사는 사람들을 이해하지 못해. 당신들은 호화로운 집에 살고, 비싼 차를 몰고, 좋아하는 것을 먹을 수 있지. 당신들은 나를 쓰레기고, 별로 좋은 사람이 아니고, 사회복지 서비스를 받기 위해 임신했고, 아이를 돌볼 만한 사람이 아니며, 단지 골칫거리고 실패자라고 생각하겠지."

그럼에도 존스 씨는 특정 사회복지사나 치료자에 대해서는 정확하게 정신화할 수 있었는데, 그럴 때는 그들이 실제로 자신을 실패자로 여기거나 무시하고 있다고 상상할 때였다. 그것은 비효율적인 정신화로, 모든 조력자들이 거의 동일하다고 보는 매우 전반적이고 과잉일반화된 가정과 흑백오류적 특징을 가진 대인관계 판단이다.

정신화는 자신의 소망 및 욕동과 연결된 느낌 및 신념 상태를 표상하고, 소통하고, 조절하기 위해 중요하다. 스트레스 요인이 정신화에 필요한 비교적 높은 수준의 뇌 기능을 방해할 때, 정신화는 약화되거나 중단된다. 이것은 일시적인 현상일 가능성이 크지만, 보다 심각한 경우에는 습관화된 대처 방법의 표현일 수도 있다(아마도 빈번하게 사고와 감정이 너무 고통스러워 견딜 수 없을 수 있다.). 정신화가 사라질 때 우리가 보게 되는 것은 정신화가 있어야 할 공백을 메우는 특징적인 사고 모드(modes)다. 우리는 치료자들이 들은 것을 가지고 이 사람이 누구인지에 대한 지표로 액면 그대로 받아들여서는 안 된다는 경각심을 갖게 해 주려는 목적으로 이러한 모드들을 어느 정도 자세히 기술할 것이다. 이 사람들에 대해 판단을 내리기 전에, 우리는 그들이 화가 나지 않았을 때에는 원하는 대로 생각과 느낌을 표현할 수 있는지를 확인해야 한다. 존스 씨가 스트레스를 받았을 때 그녀의 마음은 일시적으로 자신과 아이에 대해 자신의 관점이 아닌 다른 사람의 관점에서 보는 것에 닫혀 있었다. 하지만 이것은 그녀의 평소 방식이 아닐 수도 있다. 효과적이지 않은 정신화의 전형적인 징후는 [글상자 2–2]에 담겨 있다.

글상자 2–2 효과적이지 않은 정신화의 전형적인 징후들 mist

- 자신과 타인의 관점을 모두 고려할 수 없음
- 자신과 타인의 내적 정신상태에 대한 타당하지 않은 확신
- 경직되게 외부 요인에만 집중함
- 타인의 사고 또는 느낌에 대한 근거 없는 귀인

- 생각을 거치지 않은 자동적인 가정이 지배적임
- 정신상태에 대한 명백한 관심 부족
- 현실에서 벗어난 자신만의 생각 또는 느낌에 대한 설명
- 사건에 대한 과도하게 상세한 설명
- 현실과 거의 또는 전혀 관련이 없는 생각과 느낌에 대한 설명
- 담론에 대한 이상화나 평가절하
- 정신화의 차원 중 하나에만 과도하게 초점을 맞추거나 고착됨

(정신화 차원에 대한 자세한 내용은 [글상자 2-3] 참조)

전정신화 모드: 사고와 경험

비효과적인 정신화의 세 가지 구체적인 형태—심적 동일시(Psychic Equivalence) 모드, 목적론적(teleological) 모드, 가장(pretend) 모드—가 제안되었다. 이러한 기능 방식은 5세 이전 아동들 사고의 특징이며, 특정 상황에서는 보다 나이 든 아동들과 어른들에게도 다시 나타날 수 있다. 전정신화 모드(prementalizing modes)에 대한 이러한 류의 기능적인 퇴행은 인간이 협동을 할 수 있게 해 주는 사회적 메커니즘, 즉 협상, 순서 주고받기, 창의성, 타인의 정신상태에 대한 존중을 약화시킬 수 있다.

심적 동일시

개념상 심적 동일시(Fonagy & Target, 2000)는 정신상태가 물리적 현실과 동등한 지위를 갖는 것으로 경험되는 발달적으로 미성숙한 형태의 정신화를 말한다. 심적 동일시 상태에서는 실제 세계에서 관찰 가능한 것만 중요한 것으로

경험된다(Fonagy, Gergely, Jurist, & Target, 2002). 심적 동일시는 걱정에 근거가 없다고 안심시켜 주는 것만으로는 두려움을 진정시킬 수 없는 미취학 아동들에게는 정상적인 발달 단계에 해당한다. 하지만 어른들에게 심적 동일시는 "내 마음속에 있는 모든 것은 외부에 존재하고(즉, 진실이고), 외부에 있는 모든 것은 내 마음속에 있다(즉, 내가 알고 있는 것이다)"로 비유될 수 있는 자세다. 겉보기에 유아는 거기에 모든 것을 '알고' 있는 것처럼 보이고, 유아가 아는 모든 것은 정의상 그들의 관점에서 '진실'이다. 그것이 그들이 알아차릴 수 있는 유일한 관점이다. 심적 동일시는 가족 내에서 효과적인 정신화가 충분하게 지원되지 않으면 유아기가 지나도 다시 나타날 가능성이 높으며, 정서적 각성이 효과적인 정신화를 방해할 때는 어른들도 일시적으로 돌아갈 수 있다. 이럴 때 자신의 사고와 느낌은 다른 사람의 것보다 우선시된다. 심적 동일시의 정신상태가 그러한 엄청난 힘을 갖게 되는 것은 대안적인 설명과 관점을 활용하지 못하는 순간적인 무능력 때문이다. 존스 씨가 반복적으로 강조하듯이, 사회복지사 같은 사람들이 그녀에 대해 어떻게 생각하고 느끼는지 그녀는 '알고 있다.' 마찬가지로, 그녀는 다른 지원 기관에 대해서도 고정된 견해를 가지고 있다. 대안적인 설명은 고려되지 않는 것으로 보인다.

목적론적 모드

　존스 씨는 계속 말했다. "당신이 나를 위해 할 수 있는 일이 있지. 만약 주택과 공무원들이 나에게 더 좋은 장소를 제공해 준다면, 나는 더 나은 엄마가 될 수 있어. 솔직히 나는 사회복지사가 필요하지 않고, 내 아기가 기침을 그칠 수 있는 더 큰 아파트가 필요해. 만약 내가 잠을 잘 수 있고 피곤하지 않다면 나는 내 아기를 돌볼 수 있을 거야. 아기와 내가 살 제대로 된 곳이 있다면 사회복지과나 어느 누구와도 아무런 문제가 없을 거라고."

　　이것은 또 다른 전정신화 모드인 목적론적 모드(Teleological Mode)의 예시다. 목적론적 모드에서는 물리적 영향을 미치는 행동만이 의미 있는 것으로 간주된다. 그것은 빠른 해결책의 형태를 가진 사고다. 개인은 정신상태의 잠재적 영향력을 인식할 수 있지만, 이러한 인식은 매우 구체적이고 관찰 가능한 결과로만 한정된다. 물리적인 세계의 구체적인 결과와 '상품(product)' 형태의 해결책이 모색되고 그 가치는 특이한 방식으로 평가된다. 이 상태에서는 행동만이 정신적인 과정을 변화시킬 수 있다고 가정한다. 오직 '당신이 행한 것'에만 의거하고, '당신이 말한 것'은 그렇지 않다. 그것은 종종 구원을 위한 물리적 행동에 대한 긴급한 요구로 이어진다. 그들이 구원받는 것은 타인이 가진 선의의 물리적 증명에 의한다. 그들은 새 아파트, 돈, 복종 행위, 인과응보 등이 내게 중요하고 내게 가치 있고, 내게 존중되며, 내가 고통받는 것이라고 말한다. 어떤 사람이 이 상태에 있을 때는 이미 의문 갖기는 중단된 상태이며(심적 동일시), 특정 문제를 해결하기 위해 해야 할 것에 대한 절대적인 확신을 가진다. 여기에는 실제의 관찰 가능한 목표지향적 행동에 대한 특이한 인식과 더불어, 잠재적으로 이러한 목표들을 한정하는 객관적으로 식별 가능한 사건에 초점을 맞추는 것이 있다. 존스 씨는 자신의 고통과 심리적 요구를 해결할 수 있는 단 한 가지 방법만 확신하는 것으로 보이고, 그 방법에는 그녀의 생활환경과 물리적 세계의 변화가 담겨 있다.

가장 모드

　　치료자는 다른 시도를 해 보았다. "당신이 주택과에서 새 아파트를 받았고, 모든 것이 잘 되었고 사회복지사들이 평화롭게 떠났다고 상상해 봅시다. 아기 트레이시와의 관계는 어떨까요? 당신은 무엇을 하고 있을까요, 하루를 어떻게 보내고 있을까요? 당신은 누구를 만날 수 있고, 누가 당신을 도울 수 있을까요?" 존스 씨는 전보다 훨씬 활기차게, 꽤 빠르게 대답했다. "모든 것이 괜찮을 거예요. 딸은 나를 아주 좋아하거든요. 제가 장담하죠. 제가 밤에 떨고 있는 딸을 데리러 가면, 우리는 서로 매우 기뻐해요. 우리는 진정한 유대감을 가지고 있죠. 딸은 제가 엄마이고 제가 그녀를 사랑하고, 그녀를 위해 무엇이든 할 것이라는 것을 알고 있어요. 그리고 만약 아파트를 제가 원하는 지역에 제공한다면, 지금 우리가 있는 곳이 아니라는 점이 끔찍하지만, 우리는 엄마 근처에 있게 될 거예요. 엄마는 저를 도와줄 거예요. 제가 엄마에게 도움을 청하겠죠. 그녀는 좋은 의도를 갖고 있었죠. 좋은 엄마는 아니었지만 좋은 의도요. 그녀는 할머니가 되고 싶어 했고, 과거에 우리 자매에게 행했던 것보다는 더 나은 걸 해 주고 싶어 하죠. 저는 엄마가 좋은 할머니가 되도록 도울 거예요. 내가 일하러 가면 트레이시를 봐 줄 수 있을 거예요. 트레이시는 할머니와 좋은 관계를 유지해야 하겠죠. 난 우리 할머니에 대해 전혀 몰라요. 그리고 내 남자친구인 조(Joe)는 언제든지 그가 원할 때 집에 올 수 있을 거예요. 지금 그는 너무 멀리 떨어져 있죠. 하지만 트레이시는 아버지가 필요하기 때문에 그를 만날 거예요. 모든 아이들이 아버지라는 사람을 가져야 하는 것은 아니죠. 나를 임신시킨 사람은 좋은 사람이 아니었지만, 조는 달라요······. 그는 좋은 가정 출신이고, 적절한 부모가 있었어요. 그가 나에게 올 수 없었을 때 그는 이 집을 좋아하지 않았던 거고, 나는 그를 탓하지 않아요. 나는 그가 단지 추위를 견디지 못했다고 생각하거든요. 그러니까 이거 봐요······. 트레이시는 제대로 된 아빠를 가질 기회를 놓치고 있어요······. 하지만 적어도 내 딸은 엄마가 있고······ 우리 엄마는 정말 괜찮죠. 여동생과 나는 둘 다 그녀가 돌볼 수 없던 기간이 있었다는 것을 알아요. 하지만 그녀는 결국 우리에게 돌아왔고 그땐 우리에게 했던 것처럼 계속 행동했어요. 왜냐하면 엄마는 자신을 사랑하지 않았기 때문이죠······. 엄마의 어머니는 늙은 암소나 다름없었어요······. 그녀는 매우 학대적이었어요. 그래서 엄마는 학대를 당했고 우리에게도 못되게 굴었죠. 왜냐하면 그것이 그녀가 아는 한 아이들을 다루는 유일한 방법이었기 때문이었어요. 저는 달라요, 저는 경험에서 배웠어요……. 저는 엄마가 어떻게 그 경험에 영향을 받았는지 알고 있고 트레이시에게는 그런 일이 일어나지 않도록 할 거예요."

가장 모드(Pretend Mode)는 어린아이들이 외부 현실로부터 자신의 세계를 분리하는 발달적 모드다. 그것은 종종 즐겁고 보상적이다. 우리는 가장 모드를 아동들이 가상의 친구들과 하는 대화와 상상하기 게임(make-believe games)의 놀이 세계에서 볼 수 있다. 이러한 정신적 기능의 전정신화 모드에서 놀이를 하는 아이들은 내적 경험이 외부 현실을 반영하지 않을 수도 있다는 것을 알고 있다. 어린 소년은 나무 막대기가 상대에게 실제로 해를 끼칠 것이라고 예상하지 않으면서도 나무 막대기가 검이라고 믿을 수 있다. 아이들은 주변의 경계가 유지되고 실제 현실을 직면하지 않는 한 지속되는 상상의 정신세계를 만들 수 있다(Target & Fonagy, 1996). 바꾸어 말하자면, 현실적인 상상을 할 수는 있지만 그것이 현실은 아니다. 중요한 어른이나 보다 나이가 많은 아동이 한 아동의 가장 세계를 진지하게 받아들여 주는 장난스러운 상호작용을 하게 되면, 그 아동이 감정을 표현하고 관리하는 데 도움이 된다. 정신상태를 탐색하고 사고하는 능력은 이런 분리된 놀이 세계 안에서 발달할 수 있다. 발달과정에서 이 상상의 세계는 현실 세계와 자기 및 타인의 실제 상태에 대한 통합적인 감각에 적용된다. 하지만 존스 씨가 위에서 했던 것처럼 어른들이 다시 가장 모드로 돌아갈 때면, 다섯 살짜리 아이들의 경찰과 도둑 게임처럼 물리적인 현실에서 벗어난 그들의 사고 주위에 유리막을 만들어 낸다. 이 공간에서는 가장 깊이 있는 대화도 현실적으로 중요하지 않다. 정신상태에 대한 언급은 있지만, 이것들은 따라가서 기댈 수 있는 실체가 없다. 누군가 신념에 어떤 감정이 뒤따를 거라고 기대해도 그 감정이 전혀 존재하지 않는 경우가 빈번하며, 어떤 진술은 그에 부합하는 정동을 동반하지 않을 때도 있다. 몸과 마음은 분리되어 있다. 대화는 오랫동안 지속될 수 있다. 생각과 느낌은 논의되지만, 그 서사는 모래 속에서 헛도는 바퀴처럼 아무런 해결책에도 도달하지 못한다. 위에서 존스 씨와의 대화는 어린아이의 가장 놀이가 성인기에 지속되는, 일종의 유사정신화(pseudo-mentalization)로 기술될 수 있다. 그녀의 서사는 정신화적 요소를 담고 있는 것처럼 보이지만, 그 이야기들은 어떤 현실과도 연결되는 데 실패하며 결국 아무런 응집성도 없이 파편화된다. 그녀는 트레이시가 어떻게 느끼는지 묘사하지만, 그녀가 암시하고 있는 유대감은 거의 설득력이 없다. 그녀 모친의 경험에 대한 통찰은 어머니의 과거 행동에 대한 설명을 거의 제공하지 않는다. 트레이시의 아버지로서 조의 역할은 그녀의 묘사에서는 확실치 않아 보인다. 이러한 노력들이 처음에는 어느 정도는 신중하게 묘사한 상황에서 사람들이 어떻게 느낄지에 대한 부분적인 이해를 반영하는 것 같은 인상을 주지만, 궁극적으로 그 이야기들은 '가식적이고' 예측 가능한 특성을 가진다. 존스 씨의 설명은 타인 마음의 내용에 대한 추측에 수반되는 본질적인 불확실성에 대한 인식이 현저히 부족하다. 타인 혹은 자신에 대한 생각과 느낌은 화자의 관심을 지지하는 쪽으로 모인다. 마음상태에 대한 생각은 필요 이상으로 복잡해지고, 불필요한 지점을 침범할 수 있다. 과잉활성화된 정신화는 과잉정신화(hypermentalizing)로 이어질 수 있으며(Sharp et al., 2013), 그 과정에서 점점 더 부정확해진다. 어떤 사람들은 다른 가족 구성원들이 어떻게 생각하고 느끼는지에 대해 생각하거나 이야기하는 데 많은 에너지를 투자하지만, 그 상대방의 현실과는 거의 또는 전혀 연관성을 갖지 못한다.

정신화의 차원

　인간이 항상 효과적이고 외현적인 정신화 상태를 유지하는 것은 비현실적일 뿐만 아니라 바람직하지도 않을 것이다. 만약 우리가 그렇게 한다면, 삶은 정말이지 지루해질 것이다. 자발성, 영감, 창의성, 독창성이 모두 심각하게 저

해될 수 있다. 아마도 잘 기능하는 개인, 커플, 가족, 그리고 더 넓은 사회체계
는 다른 정신화 방식 사이에서 지속적이고 유연하게 움직이고 끊임없이 변화
하며 균형을 이룰 때 가장 잘 작동할 것이다. 아마도 사고의 극단치들은 많이
있겠지만, 우리에게 특히 중요한 정신화의 주요 차원은 4가지가 있다(Fonagy
& Luyten, 2009; Sharp et al., 2013; [글상자 2-3] 참조할 것).

　첫 번째 차원은 암묵적인 정신화 대 명시적인 정신화(implicit versus explicit
mentalizing)로 일상생활의 한 측면이며, 우리는 거의 항상 상당히 자동적으로
암묵적인 정신화를 하는 경향이 있다. 그러한 방식의 성찰은 우리가 일상적이
고 평범한 삶의 과제들을 처리해 나가게 해 준다. 암묵적 정신화는 대체로 빠
르고, 우리의 대화 상대가 보유한 정보와 우리가 설명해야 할 것을 염두에 둔
상태로 거리에서 마주 보고 걸어오는 사람의 다음 움직임을 예상하며 대화를
유지하는 것과 같은 활동을 뒷받침한다. 우리는 의식적인 노력 없이 자동적으
로 이러한 것을 해낸다. 그와는 반대로 우리는 자신이나 타인 또는 가족에서
발생하는 특정 문제에 초점을 맞추고, 그다음에 정신상태를 명시적으로 생각
하는 경우가 있다(즉, 의도적으로 성찰한다.). 이 처리과정은 상대적으로 느리다
(Kahneman, 2011).

　정서 대 인지(emotion versus cognition)의 두 번째 차원은 우리가 느낌(정서
적)보다 사고(인지적)에 집중할 때 빈번히 나타난다. 하지만 때로 우리는 신념
을 거의 고려하지 않는 감정적 반응에 집중하기도 한다. 예를 들어, 다른 사람
이 신체적인 상처를 입는 것을 봤을 때 그렇다. 어떤 사람들은 종종 정신적 과
정에 대한 인지적 이해가 더 쉽다는 것을 알게 될 것이다. 그럴 때, 우리는 동
반되는 정서들과 덜 연결된다. 어떤 사람들은 다른 사람들보다 느낌 상태에 더
잘 조율할 수 있지만, 이러한 느낌을 사고나 신념과 연결하는 것은 어려울 수
도 있다. 다시 말해, 이것은 우리 모두가 가지고 있는, 맥락에 따라 움직이지
만, 자연적으로 갖고 있고, 다양한 기본값을 가지고 있는 차원이다.

　때로 우리는 타인의 정신상태를 우선시하고 자신의 생각과 느낌을 중요하게

여기지 않는다. 이것이 정신화의 네 번째 차원이다. 하지만 늘 그렇지는 않다. 불편함과 고통은 우리가 자신에게만 집중하도록 만들어서 다른 사람들에 대한 염려를 배제하게 한다. 다른 경우에 우리는 타인이 느끼는 방식에 공명하고 그들의 경험을 직관적으로 이해한다. 또한 우리는 타인의 입장에 서서 그들이 세상을 어떻게 보고 있는지를 확인함으로써 그들이 무엇을 느끼고 있는지 알아내려고 노력할 때도 있다. 예를 들어, 치료자는 아이가 느끼는 방식을 더 잘 이해하기 위해서, 아이의 높이에서 세상을 보려고 땅에 무릎을 꿇을 수도 있다.

앞의 모든 것들은 서로 다른 정신화 방식이며, 효과적으로 정신화를 하는 사람은 상황에 가장 적합한 서로 다른 차원을 따라 움직인다. 예를 들어, 어떤 사람이 파트너와 설거지를 언제 그리고 누가 마지막으로 했는지를 신중하게 생각해 보면서(정서-인지 차원에서 정서보다는 인지), 자기 스스로에 대한 몰입 상태에 들어가서(자기-타인 차원에서 타인보다는 자기) 누가 설거지를 할 것인지에 대한 논쟁을 하는가? 파트너의 격노한 표정을 무시하고(외부-내부 차원에서 외부를 무시) 충동적인 자동 반응과 토라짐(암묵적-명시적 차원에서 성찰적이기보다는 자동-암묵적인)을 우선시하는가? 만일 한쪽이 상대방의 화난 표정을 무시하지 않고 상대방의 분노와 억울한 느낌(타인의 감정)에 대해 언급하면서 속도를 늦추고 성찰한다면 더 나은 결과가 이어질까?

앞에서 설명한 바와 같이 효과적인 정신화는 네 가지 차원을 따라 반응적으로 움직이며 어느 극단에 고착되지 않는다. 어떤 사람들은 사람들의 행동, 얼굴, 신체 언어가 드러나는 방식(외부)보다는, 우리 자신과 다른 사람들 안에서 일어나는 일(내부)을 추측하는 것이 더 쉽다는 것을 발견할 수 있다. 지적인 어떤 사람들은 인지에 몰두하는 경향이 있는 반면, 강렬한 감정을 경험하기 쉬운 다른 사람들은 사물의 느낌 측면을 훨씬 더 편안하게 여길 수 있다. 거의 유일한 관심을 자신에게만 갖는 사람들이 있는가 하면, 언제나 자신을 희생하고 타인의 관점을 우선시하는 사람들도 있다. 어떤 사람들은 성찰이 힘들고, 참을성이 없으며, 자신이 행동할 수 있다고 강하게 느끼는 반면, 다른 사람들은 실제적인 도움이 될 수 있는 결론에 도달하지 못하고 성찰하는 데에 너무 많은 시간을 허비한다. 합리적으로 잘 기능하는 개인, 부부, 가족 및 기타 사회 체계는 이러한 네 가지 차원의 극단 사이를 지속적으로 이동하는 경향이 있으며, 일부 일시적인 변동성에도 불구하고 안정된 상태를 확립한다.

우리가 말했듯이, 사람들은 종종 네 가지 정신화 차원의 하나 이상의 극단에 고착되어 있기 때문에 기능을 잘 발휘하지 못하게 된다. 예를 들어, 치료 환경에서 외부에 고착된 내담자는 치료자의 특정 얼굴 표정을 자신을 싫어한다는 의미로 확신할 수 있다. 그 내담자는 그 표정 뒤에는 다양한 이유가 있을 수 있다는 것을 성찰하지 못한다. 그와 대조적으로, 고전적인 소파에 누운 내담자 뒤에 앉아 주로 내부에만 초점을 맞추는 치료자는 정신상태의 외부 단서를 거의 필연적으로 놓치게 될 것이다. 합리적 및 근거 기반 접근법을 적용하여 모든 관계 문제를 해결하고자 하는 한 남성이 있다면, 그는 파트너의 정서적 요구에 대응하는 데 상당한 어려움을 겪을 가능성이 있다. 자신의 요구와 느낌만 생각할 수 있는 한 아버지는 자신에게 미스터리로 느껴지는 자녀들과 강한 유대감을 형성하기가 어려울 것이다.

요약하자면, 이러한 여러 극단에 걸쳐 전반적인 균형을 이루는 것은 효과적인 사회적 기능을 위해 중요하다. MIST의 주요 목표는 가족 구성원 개개인이 균형 잡힌 정신화를 성취하는 것뿐만 아니라 가족체계 전체, 모든 구성원이 균형을 이루는 것이다. 하나의 전체로서 가족체계는 각 구성원들 행동의 조합을 통해 추론과 느낌, 직관과 성찰, 자신의 반응에 대한 각각의 사고들 사이의 균형, 더 나아가 정신상태를 내적으로 들여다보는 것과 상호간 및 전체 가족이 직면한 상황에 대해 외부를 살피는 것 간의 균형을 보여 준다. 치료적으로 이것은 비교적 달성하기가 쉽다. 그것은 어느 한 시점에 고착된 것으로 보이는 담론과 반대되는 극단을 강화함으로써 촉진될 수 있기 때문이다. 예를 들어, 인지에 대한 과도한 의존을 특징으로 갖는 가족의 토론은 각 가족 구성원들이 확고하게 고수하는 사고가 미치는 정서적 영향력에 초점을 맞추도록 돕는 방식으로 균형을 맞출 필요가 있다. 한 사람이 느끼거나 생각하는 방식에 대한 긴 이야기는 다른 사람들이 어떻게 다른 사람들을 동일한 무리로 경험할 수 있는지에 대한 자연스러운 질문을 촉진한다.

균형 잡힌 정신화는 효과적인 정신화의 신호로, 인지적 정신화와 정서적 정신화, 행동과 성찰, 타인과 자기, 과거 시점과 현재 시점의 정신화, 암묵적 정신화와 명시적 정신화 사이의 전환을 가능하게 해 준다. 그렇다면 재균형화(rebalancing)가 성공적이었는지는 어떻게 알 수 있을까? 가족 대화에 대한 정신화는 인식시키기가 그리 어렵지 않다. 치료자가 주목할 여섯 가지 주요 지표는 다음과 같다. ① 가족 구성원의 정신상태에 대한 진정한 호기심, ② 다른 마음의 불투명성(opacity)에 대한 존중을 반영하는 잠정적인 태도(tentativeness), ③ 자기와 타인에게 미치는 영향에 대한 날카로운 인식, ④ 타인의 관점을 취하는 것, ⑤ 복잡성을 통합하는 서술적 연속성, ⑥ 공동의 책임감과 신뢰감.

글상자 2-3   정신화의 차원들   mist

암묵적	대	명시적(implicit versus explicit)
(자동적)		(통제된) (automatic versus controlled)
정서적	대	인지적(emotion versus cognition)
외부	대	내부(external versus internal)
자기	대	타인(self versus other)

정신화의 오용

효과적인 정신화는 때로 가족 전체나 구성원 중 한 명의 안녕을 희생시키면서 개인의 사리사욕을 증진시키는 데 사용될 수 있다. 예를 들어, 갈등이 심한 분리 후 가정에서는 아이의 현재 정신상태(낙담과 슬픔)가 부모 간 전투에서 탄약을 제공하는 데 드물지 않게 사용된다. 어머니는 다음과 같이 말할지도 모른다. "너희 아버지와 계속 만나는 것이 너에게 별로 좋지 않은 것 같구나. 네가 아버지를 만나고 돌아올 때마다, 너는 짜증 내고 슬퍼하며 숙제를 안 하려고 하고 심지어는 친구들도 보려고 하지 않지. 격주로 아빠에게 가는 것을 그만두는 것이 더 좋을 것 같다고 생각하지 않니? 아마도 한 달에 한 번이 더 나을 것 같구나." 이런 예시는 아이의 느낌이 부모의 목적을 위해 의도적으로 왜곡되거나 과장될 수 있음을 시사한다. 정신화되는 것(being mentalized)은 부모와의 접촉이 불가능한 지점으로 조작되는 맥락에서 발생하기 때문에, 아이는 정신화 활동을 혐오적으로 경험하게 될 수 있다. 차라리 정신화 수준을 완전히 버리고 사회적 경험을 심리적인, 가장 구체적인, 가장 미묘한 형태로 감소시키는 것이 더 쉬울 것이다.

정신화의 평가

MIST의 주요 목적이 개인, 부부, 가족의 효과적인 정신화를 향상시키는 것임을 감안할 때 정확한 평가가 중요하다. 효과적인 정신화의 징후는 무엇이며, 그와 동등하게 중요한 것으로, 비효과적인 정신화의 징후, 전정신화 모드 혹은 명백한 비정신화가 작동하는 징후는 무엇인가? 특별히 '성찰적 기능을 평가할 때 이 작업을 수행하기 위한 공식적 및 비공식적 도구가 있다(예: Fonagy et al., 2016; Duval, Ensink, Normandin, Sharp, & Fonagy, 2018; Ensink, Leroux, Normandin, Bibberdzic, & Fonagy, 2017 참조).

가족과 함께 작업하는 대부분의 치료자들은 효과적인 특정 정신화 측면이 존재하는지 공식적으로 평가하기 위한 정교한 연구 도구를 사용할 시간이 없거나 훈련을 받지 못했기 때문에 더 실용적인 방법을 활용해야 할 수 있다. 첫 번째 단계는 각 개별 가족 구성원을 살펴보고 앞에서 설명한 네 가지 주요 정신화 차원에 대해 비공식적으로 평가하는 것일 수 있다. 즉, 그 개인이 기능하는 방식에 대해서 말이다.

- 정서적 또는 인지적 영역 중 어느 쪽이 더 강한가, 혹은 균형 잡힌 방식으로 기능하고 있는가?
- 자기나 타인 중 어느 쪽에 더 초점을 맞추고 있는가, 혹은 균형 잡힌 방식으로 기능하고 있는가?
- 자동적 정신화나 명시적 정신화 중 어느 쪽이 더 강한가, 혹은 균형 잡힌 방식으로 기능하고 있는가?
- 내부나 외부 중 어느 쪽에 더 초점을 맞추고 있는가, 혹은 균형 잡힌 방식으로 기능하고 있는가?

이러한 질문에 대한 잠정적인 응답은 초기 방향을 제공하고 가능한 치료적 개입법을 알려 주는 출발점이 될 수 있다.

일단 개인 또는 가족 구성원이 도움을 요청하기 위해 가져온 문제를 설명하는 방식을 듣고 나서, 치료자는 다음과 같은 다른 질문도 고려해 볼 수 있다.

- 주로 대화는 누가 했고 무엇에 대해 말했는가, 물리적 환경과 영향의 관점에서 행동에 대한 설명과 같은 구체적인 관심사에만 초점을 맞추고 있는가? 아니면 기저의 느낌, 요구, 사고 및 기타 정신상태에도 초점을 맞추고 있는가?
- 정서 인식에 어려움이 있는가?
- 느낌과 사고를 혼동하는가?
- 가족 구성원들은 자신의 생각과 느낌을 어떻게든 살펴볼 수 있는가?
- 모든 구성원의 특정 생각, 느낌, 행동이 다른 사람들에게 어떤 영향을 미

치는지 얼마나 인식하고 있는가?

• 사람들이 정신상태에 따라 과도하게 일반화하는가?

• 가족 구성원들은 하나 이상의 관점에 따라 상황을 유연하게 생각할 수 있는가?

• 어떤 가족 구성원이 생각 없이 행동하거나 생각을 회피하는 경향이 있는가?

• 이 가족 구성원은 타인들에게 일어나는 일에 대해 확신과 엄격한 믿음을 가지고 있는가?

• 한 사람이 다른 사람들을 대신해 대답하는 경향이 있는가?

• 보호자들은 아동을 돕고 지원하기 위해 진정한 노력을 하고 있으며 자신들의 경험을 이해하고 있는가?

• 가족 구성원들은 어느 정도까지 자발적으로 다른 구성원들의 관점을 탐색하는가?

• 가족 구성원들은 서로 다른 관점에 대해 말하거나 혹은 다른 사람들이 생각하고 느끼는 방식에 대한 의견이 틀릴 수도 있다는 가능성을 언급하는가?

• 가족 상호작용에 대한 기술 또는 표적문제(target problem)가 구체적이고 비심리학적이며 양단 간(all-or-nothing)의 설명에 의해 지배되는가?

• 가족 구성원들 사이의 상호작용에는 장난스러움과 유머가 있는가?

• 모든 범위의 사고와 느낌에 대해 말할 수 있는 자유가 있는가, 그게 아니라면 특정한 느낌이나 사고가 회피되거나 의사소통이 되지 않는 결과를 초래하는가?

치료자들이 스스로에게 할 수 있는 추가적인 질문들은 효과적인 정신화 징후들의 목록([글상자 2-1])을 보고 어떤 측면들이 누구에게 존재하는지 고려함으로써 떠오를 수 있다. 기질 또는 상태적 이유들은 특정 영역에서 효과적인 정신화의 일시적인 혹은 패턴화된 부재의 원인이 될 수 있다. 이미 관찰한 바와 같이 스트레스가 있는 상황에서는 정신화에 어려움이 발생한다. 균형 잡힌 정신화를 회복할 수 없을 때 정서적으로 부하된 상호작용은 점차 진전되는 경향성이 있으며, 이것은 타인과 자신의 생각과 느낌에 대해 균형 있게 사고하는 능력을 일시적으로 상실하게 만든다(Fonagy & Luyten, 2009).

치료자는 평가 중에 효과적인 정신화의 부재나 전정신화 모드의 존재를 시사하는 특정 문구나 단어에 주의할 수도 있다. 종종 '항상' 또는 '절대'와 같은 단어들은 이러한 대화 방식에서 전형적으로 나타나며, 과도한 확신을 암시하고 일반화한다. 예들 들면,

- "넌 항상 내 동생 편만 들어."
- "시어머니가 늦게 집에 올 때면 나는 짜증이 나. 그래서 나는 그게 틀림없이 그를 화나게 만들 것이라는 걸 알지."
- "내가 죽는다면 너는 기뻐할 거야."
- "아빠가 마시던 단 음료를 계속 마셨기 때문에 그렇게 행동하는 거야!"
- "내가 너에게 말을 걸 때면 네가 얼굴을 쓸어내리기 때문에, 네가 신경도 쓰지 않는다는 걸 알게 되지."
- "내 생각에는 네가 나에게 화가 나서 식사를 거부하고 있는 것 같아."

제1장에서 언급한 바와 같이, 정신화는 모든 사람의 정신상태에 관해 질문하고 존중하는 것을 특징으로 하는 태도다. 정신화는 타인에게 부가되거나 귀속되어 있는 느낌, 생각, 의미, 연관된 경험에 대해 호기심을 갖는 것이다. 따라서 효과적인 정신화는 자기 혹은 타인 마음의 내적 상태와 느낌을 비교적 정확하게 읽을 수 있는 능력일 뿐만 아니라, 타인들의 정신상태에 대해 배움으로써 자신의 생각과 느낌이 계몽되고 풍부해지고 변화할 수 있다는 기대를 갖고 관계에 접근하는 방법이기도 하다(Fonagy & Target, 1997).

결론적 성찰

요약하자면, 정신화는 유동적이며 다른 영역의 극단들을 가로질러 이동하지만, 일부 개인, 커플, 가족에서 정신화는 이러한 영역 중 하나 이상의 특정 지점에 고착될 가능성이 더 높다. 이러한 '고착(stuckness)'의 순간들이 점점 더 지속되고 덜 유연해짐에 따라, 개인은 전정신화 모드의 상태에 도달할 수 있다. 부적절한 정신화를 인식하는 데 도움이 되는 편의적 발견법(heuristic)은 과도한 확신이나 담화의 명백한 무의미성을 찾는 것이다. 치료자가 목도하고 있는 가족 상호작용에 대한 주관적인 경험은 지금 일어나고 있는 일이 무엇인지에 대한 중요한 지표가 될 수 있다. 목적론적 사고가 동반된, 행동에 대한 지속적인 요구는 우리 대부분을 불안하게 하여 빠른 해결책을 제공해야 한다는 압박감을 느끼게 할 것이다. 심적 동일시에 동반된 과도한 확신은 종종 단순한 추론이라도 해 보려는 우리의 소망이 좌초된 것처럼 보일 때 좌절감을 야기할 것이다. 가장 모드는 정말로 발견하기 어려운 경우가 있는데, 왜냐하면 기술된 느낌이 진짜로 느낀 것이 아니고 기술된 생각이 진정한 신념을 반영하지 않을 때에는 알아차리기 힘들기 때문이다. 궁극적으로, 현실성의 부족은 경험의 부재에서 비롯된다. 그런 말에는 집중하기도 어렵다. 그 사람의 마음은 방황하고 있어서, 사람들은 일반적으로 현실에서 말하고 있는 그 사람이 실제로 그 방에 있다고 느끼지 못한다.

앞에 나열된 정신화의 질에 대한 질문들은 주로 행동을 가리키기 때문에 도움이 된다. 만일 진정한 정신화가 본질적으로 균형을 이루고 그 한계에 대한 인식을 수반한다면, 부적절한 정신화는 거의 공식처럼 차원 극단의 반대쪽 균형을 맞출 수 있다.

다음은 Jane Austen의 『엠마(Emma)』(1815)에서 발췌한 것이다. Austen은 '정신화하는 자'라는 용어를 몰랐거나 사용하지 않았다. 하지만 엠마의 사고

과정에 대한 그녀의 설명은 현재 '정신화'라고 알려진 것에 대한 놀라운 예견이 되었다.

> F.C.의 소식을 들은 엠마의 동요에 대해 아주 조금의 조용한 성찰은 충분히 만족스러웠다. 그녀는 곧 그녀가 걱정하거나 당혹해하고 있는 것이 자신을 위한 것이 아니라는 것을 확신했다. 그것은 그를 위한 것이었다. 그녀의 애착은 정말 아무것도 아닌 것으로 사그라들었다. 그것은 생각할 가치도 없었다. 하지만 만약 의심의 여지없이 항상 두 사람을 가장 사랑했던 그가 가져가 버린 것과 같은 감정의 온기를 가지고 돌아온다면, 그것은 매우 고통스러울 것이다……. 그는 그녀가 얼굴을 외면하게 하고 혀를 멈추게 만든 감정을 잘못 이해했을 것이다……. 그녀는 자기 스스로를 책망하고 있었다……. 그녀는 인정하지 않고, 명백히 시무룩한 상태로 헤어지며, 달라졌음을 보여 주려는 목소리와 손으로 밖을 내다보았다. 하지만 너무 늦어 버렸다…….

소설의 전반에 걸쳐 엠마는 다른 사람들의 마음을 이해하려는 그녀의 시도를 자신의 생각, 느낌, 욕망에 대한 내적 탐색과 연결 지을 수 있었다. 엠마의 사랑의 대상인 나이틀리(Knightley) 씨는 그녀 자신의 행동이 다른 사람들에게 어떻게 보이는지를 인식하게 해 주고 그들의 눈을 통해 자신을 바라보게 해 줌으로써 그녀 자신의 갈망을 인식하게 해 준다. 엠마, 그리고 물론 Jane Austen이 그처럼 탁월하게 효과적인 자연적 정신화를 하는 인물이 될 수 있게 해 주었던 것은 바로 그녀의 상상력이다.

정신화에 초점을 둔 개입 준비하기

Mentalization-Informed Systemic Therapy

mist

정신화하는 자세

MIST 치료자는 함께 작업하는 개인, 부부, 가족의 정신화 능력 증진을 목표로 한다. 제2장에서 설명한 바와 같이, 정신화는 맥락 의존적이며, 정신화의 서로 다른 차원들은 유연하고 균형 잡힌 방식으로 활용될 필요가 있다. 치료자가 정신화하는 자세를 취하는 것은 그 자체로 하나의 개입인데, 이는 특히 효과적인 정신화하기의 롤모델이 되어 주기 때문이다. 다음은 정신화하는 자세를 적용하기 위한 주요 권장 사항이다.

1. (모든 당사자들에게) 정신화하기를 유지하고, 그것을 잃었을 때 다시 되찾아라!
2. 질문을 하기 전에 내담자가 채택한 관점을 조건 없이 받아들이고, 그러한 신념들을 고수하는 것과 그러한 느낌을 경험하는 것의 정서적 함의를 진심으로 숙고하라(공감).
3. 이해했음을 가장하지 말고, 능동적으로, 호기심을 갖고, 탐구적인 자세를 활용하라.
4. 정신상태에 대한 공동 주의(joint attention) 갖기를 지향하라—아동, 성인, 주요 전문가들, 치료자 모두가 대상자의 사고와 느낌에 대한 동일한 가정을 갖고 바라보는 것이다.
5. 내담자의 마음에 대한 특권적인 지식을 가장하지 말고 항상 평범한/비전문가적인 언어를 사용하라.

6. 다른 사람의 관점을 취하고 관점 간의 불일치를 분명히 하며 그 근원을 탐색하는 것을 집중하여 강조한다.

7. '모른다(not-knowing)'는 자세를 취하라: 확신을 갖는 것을 피하고, 무언가 명확하지 않을 때는 그런 방식으로 제시하고, 당신이 '알고 있음'이 의심스러울 때는 그것을 명확히 표현하라.

8. 불투명한 정신적 생활을 탐색하는 적극적이고 의도적인 노력을 모델링하라.

9. 겸손함을 드러내라: 자신의 (비효과적인 정신화) 오류를 인정하고, 책임을 지고, 관련이 있는 경우 후회하고 있음을 표현하고, 당신의 마음을 바꾸고 수정하는 것에 관심을 갖도록 모델링 해 주는 것은 물론, 자조적 유머를 할 수 있는 능력도 보여 주어라.

10. 일단 오해가 생기면 그 오해에 대해 탐색할 때 집요함을 보여라.

11. 혼란감, 곤혹감, 자기반성을 인정해서 투명성을 위한 자기 공개에 나서라.

정신화 자세를 취하는 것은 가족 간 의사소통에서 미발달되었거나 결여되었을 수 있는 효과적인 정신화의 측면을 다루는 특정 MIST 전략과 개입에 영향을 미칠 것이다.

세 가지 주요 영역에서 효과적인 정신화하기

네 가지 정신화 영역은 다소 화려하고 학술적인 구성개념으로 느껴질 수 있는데, 특히 지금-여기의 가족치료 작업에서 까다롭고 복잡한 과정을 겪고 있는 치료자에게는 더욱 그럴 수 있다. 따라서 일종의 임상적 단축키로써, 이제 우리는 효과적인/비효과적인 정신화의 핵심 징후 중 일부를 가족과 함께 작업하는 과정에서 일반적으로 나타나는 것으로 기술할 것이다. 특히, 세 가지 영역의 정신화가 가장 빈번히 두드러질 것이다. 자신에 대한 정신화, 상대방에 대한 정신화, 가족체계 전체에 관한 '관계적' 정신화가 그것이다. 따라서 이제 우리는 가족 맥락 안에서 이러한 영역들의 정신화에 초점을 맞출 것이다. 그러나 순서에 따른 주의 사항이 있다. 모든 정신화는 본질적으로 재귀적인 과정(recursive process)이다. 그러므로 정신화의 시작에서, 자신에 대한 것이든, 타인에 대한 것이든, 관계적인 것이든, 어떠한 변화도 그것이 내재되어 있는 과정에 영향을 미칠 것이다. 파트너에 대한 관점이 변화하면 해당 파트너와의 관계에 영향을 미칠 것이고, 이는 다시 추가적인 관점의 변화를 가져올 수 있는 잠재력을 갖게 된다. 정신화 영역들 간에도 재귀성이 있다. 효과적인 정신화의 측면 중 일부는 '관점 취하기(perspective taking)'와 같이 타인들을 정신화할 때 특히 관련된다. '순서 주고받기(turn taking)' 같은 다른 측면들은 관계적 정신화를 위해 중요하며, 상대방 마음속의 자신을 지각하는 것['자기 탐구적 자세(self-inquisitive stance)']은 자신의 생각, 느낌, 희망, 소망의 표상(representations)을 발전시키는 데 필수적인 측면이다.

이러한 범주들은 지속적으로 상호작용하기 때문에 관념적으로만 구분이 가능하다. 사람들이 자기에 대해 정신화할 수 있는 정도는 타인이 그 사람을 대하는 방식에 따라 달라질 것이고, 결국 이것은 결정적으로 그들이 타인의 관점을 얼마나 잘 볼 수 있는가에 따라 좌우될 것이다. 만약 어떤 사람이 관계에서 철수한다면, 그들은 대인관계나 관계적 정신화 능력을 많이는 필요로 하지 않을 것이다. 물론 스스로를 인식하는 방식으로 다른 사람들이 그들을 바라보지 않는다고 지속적으로 느꼈다면, 그들은 그 상황에서 자신을 탐색하게 될 가능성이 더 높다. 이것은 그들의 자기 서사(self-narrative)가 너무 부실하게 정교화되어 있어서 자기 내적 상태에 대한 정확한 묘사조차 비현실적이고 연관성이 없다고 느꼈기 때문이거나, 혹은 사회 환경(예: 감옥이나 기숙학교)이 구성원들의 주관성(subjectivity)에 거의 관심이 없어서 그 체계에 속한 사람들 중에는 자기 서사를 느낄 정도로 중요하게 생각해 준 사람이 아무도 없었기 때문일 수 있다.

물론 자기, 타인, 관계의 세 가지 주요 영역에서 정신화를 강화하는 과정은 우리가 보게 될 것처럼 많이 중복될 것이다. 효과적인 정신화의 여러 전형적인 징후들은 제2장의 [글상자 2-1]을 참조하자.

자기에 대한 효과적인 정신화

우리는 치료자의 개입이 가장 도움될 지점을 정확히 파악하는 데 활용할 수 있는 구체적 측면 10가지를 확인한 바 있다.

1. **정신상태에 초점을 맞춘다**(A focus on mental states). 여기서는 사람들의 설명에서 사회적 · 물리적 세계의 편의적인 측면을 식별하는 것보다는 그들 자신의 행동에 대한 설명에 초점을 둔다. 하지만 여기에는 우리가 사회적 · 물리적 현실과 거의 관련이 없는 상상의 세계에 사로잡힐 정도로는 과도하게 정신상태에 몰두하지 않을 수 있는 능력이 포함된다.

2. **모른다는 입장**(The not-knowing position; Anderson & Golishian, 1992) 또는 **안전한 불확실성의 자세**(the stance of safe uncertainty; Mason, 1993). 이것은 사람은 결코 다른 사람의 필요, 소망, 생각, 느낌을 확실하게 알 수는 없으며 기껏해야 지적으로 추측하는 것이 최선일 수 있다는 것을 의미한다. 우리는 자신의 행동을 정신상태와 연관된 추론으로 이해하는 데 있어서 특별히 더 나을 것 없는 위치에 있다(Nisbett & Wilson, 1977; Ross & Nisbett, 2011). 안전한이라는 용어는 타인의 행동과 행위에 대해 추정한 추론에 압도되거나 혼란에 빠질 위험을 확실히 회피하기 위해 알아내고자 하는 요구를 중단시킨다는 측면에서 이러한 자세를 기술한 것으로 적합할 것이다. 또한 안전감은 사람들이 적어도 어느 정도까지는 예측 가능한 자신의 반응을 찾아내는 기저의 자신감과 연결된다.

3. **자기 탐구적 사색과 성찰**(Self-inquisitive contemplation and reflection). 이것은 대중적인 마음챙김 명상법과 많은 공통점을 가지고 있다. 자신의 생각과 느낌을 행위에 대한 의미를 찾지 않고 현실과는 상당히 거리를 둔 내면의 상태로 성찰하는 것은 많은 치료법에서 가치 있는 요소들로 밝혀진 바 있다. 실제로 그러한 자세를 달성할 수 있는 능력의 부족은 (주장된 바의) 사물이 어떠한 것인지에 대해서만 논의할 수 있는 경직된 사고자(concrete thinker)의 특징이 될 수 있다.

4. **관점 취하기**(Perspective taking). 자기 상태에 다른 관점을 취할 수 있는 것은 복합적인 능력이다. 그것은 동일한 행동적 현상을 복수의 설명들로 해석할 수 있는 능력에 더해 강한 느낌이나 편견과 같은 지배적인 정서 상태가 여러 겹의 설명을 가질 수 있다는 사실을 수용할 수 있는 능력을 포함한다.

5. **내적 갈등의 인식**(Inner conflict awareness). 이것은 앞의 설명과 관련된다. 이것은 주관적 설명의 다층적인 특성뿐만 아니라 서로 양립할 수 없는 내적 모순과 상반되는 힘이 우리 각자에게 작용하고 있을 가능성을 포용하는 것이다. 특히, 우리가 열망의 양면성을 인식할 수 있다는 것과 그것이 서로 반대되는 것임에도 그 둘 다를 바라는 것은 모두에게 만연한 특징이다.

6. **정서 관리**(Managing emotion). 이것은 점차 ① 대부분의 정신장애와 ② 그 공통 원인과 관련된 효과적인 대인관계 기능 기저의 핵심 지표로 인식되어 가고 있다(Beauchaine & Cicchetti, 2019; Beauchaine & Crowell, 2018). 강렬한 정동은 정신화를 방해하기에, 정서조절 능력의 향상은 대부분의 치료법에 통합되고 있다. 일반적으로는 정서조절 전략에 있어 네 가지 처리과정상 구성 요소가 밝혀진 것으로 인정된다. ① 정서 반응은 특정 상황에서 촉발된다. ② 촉발인의 내적 또는 외적 측면과 그 맥락에 주의가 주어진다. ③ 상황에 대한 평정의 결과로서 평가적인 인지적 처리과정이 수행된다. ④ 부합하는 목표 및 상황적 평가에 맞춰 그 반응을 조직화한

다(Gross, 2014).

7. **말과 행동에 책임을 지기**(Taking responsibility for words and actions). 이것은 심지어 자신의 행동이 어디서 비롯되었는지 알지 못하는 경우에도, 한 사람의 행동은 주로 개인의 내적 상태에 의해 움직인다는 가정에 근거한다. 효과적인 정신화를 하는 사람들은 수치심을 줄이고 자존감을 유지하기 위해 주체성과 책임을 떠맡지 않으려는 유혹에 저항한다.

8. **서로 다른 명제 논리를 존중하면서 느낌과 사고를 구별하는 능력**(The ability to distinguish between feelings and thoughts while respecting their different propositional logic). 이 능력은 심적 동일시를 피하는 데 중요하다. 느낌과 사고 사이를 유연하게 움직이는 것은 인간 경험을 균형 있게 아우르는 데 필수적인 영향을 미치며, 이는 필연적으로 두 가지 모두를 수반한다.

9. **자조적인 유머**(Self-deprecating humor). 우리 자신의 단점을 웃어넘기고 어려운 상황 속에서 유머러스한 면을 보려는 의지는 곤경, 실수, 불완전함에 대처하는 데 도움이 되고 자기 수용을 높여준다.

10. **자전적 또는 서사적 연속성을 확립하는 능력**(The ability to establish autobiographical or narrative continuity). 즉, 우리 자신의 서사적 일관성을 말한다. 이러한 자기 정신화의 측면은 주체성의 감각(Ryan, Deci, & Vansteenkist, 2016)뿐만 아니라 다른 사람들이 우리를 이해하여 묘사하는 대로 자신을 인식할 수 있는 능력에도 기본이 된다. 물론 이것은 관계적 정신화를 위한 기반도 된다. 우리 자신의 서사적 일관성은 과거 및 현재의 경험에 의해 유지되는 개인적 연속성(자기 정체성)과 미래에 우리가 생각하고 느낄 것을 상상할 수 있는 능력을 뒷받침한다. 서사의 역사적 측면은 그 사람이 자기 삶의 궤적 중에 자신만의 고유한 도전들과 함께 다양한 단계들을 경험했다는 것을 인식하면서 발달적 관점(developmental perspective)으로 통합되어 간다.

타인에 대한 효과적인 정신화

원래 정신화 접근은 자신의 정신세계를 타인의 정신세계와 구분하여 고려하지 않는다. 우리는 타인들을 통해 자신을 경험함으로써 자신이 누구인지에 대한 감각을 얻고, 타인들의 행동에 대한 잠재적인 해석과 우리의 자기 인식 사이의 연결점을 찾음으로써 타인에 대해 알게 된다. 하지만 그러한 변증법은 우리를 일정한 지점까지만 도달하게 해 줄 뿐이다. 매일의 임상적 도전의 관점에서, 우리는 내담자들이 타인들에 대해 정신화하는 것과 그들 자신에 대해 생각하는 방식을 분리할 필요가 있다. 그다음으로 우리는 치료자가 '타인' 영역에서 개입이 필요한 지점을 식별하기 위해 사용할 수 있는 9가지 측면을 밝힐 것이다.

1. 행동을 동기화하는 것으로 타인의 정신상태를 바라보기(Seeing mental states as motivating action in others). 이것은 어떤 사람이 주변의 타인 행동의 기저에 있는 정신상태를 진지하게 고려하는 것을 꺼려 하는 것처럼 보일 때 문제가 된다는 점을 보여 준다. 상상력이 과도한 다른 극단적인 경우에 정신상태에 관해 과도하고 불필요한 가정을 하는 사람들이 있다. 우리는 이것을 과잉정신화(hypermentalizing) 자세라고 언급한 바 있다(Sharp et al., 2011).

2. 모른다는 입장(The not-knowing position). 타인을 정신화하는 맥락에서 모른다는 입장은 타인 정신상태의 궁극적인 불가해성에 대한 진정한 존중을 의미한다. 이러한 입장을 '정신상태의 불투명성(opaqueness of mental states)'이라고도 한다(Leslie, 1987). 그것은 타인의 요구와 소망, 생각과 느낌을 결코 알 수 없고 추측만 할 수 있다는 것을 열린 자세로 인정하는 것이다.

3. 겸손함(Humility). 이것은 다른 사람의 신념과 태도에 대한 오만함의 부재

를 의미하며, 사람들이 스스로 가지고 있다고 여기는 것을 훨씬 뛰어넘는 다양한 관점에 대한 개방성을 의미한다. 그것은 자신의 능력에 대한 가식 없는 겸손, 그리고 지위에 상관없이 다른 사람들에게 감탄하며 배우려는 의지를 내포하고 있다.

4. **관점 취하기**(Perspective taking). 이 맥락에서 관점 취하기는 사회적 협력과 공동 의도성(joint intentionality)을 뒷받침하는 중추적인 인간 정신화 능력으로 간주된다(Tomasello, 2019). 아마도 정서적 측면이 다른 사람들의 상태와 밀접하게 연결되어 있을 것 같기는 하지만, 때때로 이것은 고유한 인지 영역으로 간주된다.

5. **공감**(Empathy). 비록 공감은 타인의 입장에 대한 이해를 차단한 정서적 공명의 단순한 징후라는 형식을 갖긴 하지만, 종종 관점 취하기의 정서적인 측면으로 간주되기도 한다. 이것 외에도 공감은 상대방의 정서 상태, 특히 정서적 고통의 핵심적인 측면을 경험하는 것과 상대방이 지각하고 평가하는 방식으로 그 의미의 구조를 밝히고 감정적 이해를 표현할 수 있는 것을 포함한다.

6. **타인의 마음에 대한 호기심**(Curiosity about other minds). 이것은 호기심의 긍정적인 형태다(Cecchin, 1987). 이것은 다른 사람들의 사고와 느낌에 대한 진정한 관심의 태도로 묘사된다. 여기에는 한 사람이 다른 사람의 마음에 대해 알게 된 것을 통해 상대방에 대한 자신의 이해가 정교화되거나 확장될 수 있다고 기대하는 태도가 포함된다. 따라서 이 측면은 한 사람이 타인들의 생각이나 느낌에 대한 선입견, 과도한 가정의 도입, 노골적인 편견의 오류를 범하는 것을 막기 위한 발견에 대한 개방성과 '모른다는 자세'의 지속적인 견지를 의미한다.

7. **성찰적 사색**(Reflective contemplation). 이것은 타인을 이해하려는 통제적이고 강박적인 추구가 아닌 타인이 생각하고 느끼는 방식에 대한 느슨하고 개방적인 태도다. 그 태도는 한 사람이 다른 사람의 경험과 공명할 수 있

게 허용해 주고, 그 경험이 내면에 만들어 낸 느낌을 알아차리게 하는 성
찰적 공명에 대한 개방성을 보장해 준다.

8. **발달적 관점**(A developmental perspective). 이것은 한 사람이 타인 삶의 궤
적을 따라 여행하면서 우선순위를 변화시키고 겸허함을 통해 바라보고 이
해할 수 있게 해 주며, 경험과 마음상태 사이에 전기적 다리(biographical
bridges)를 만들 수 있게 해 준다.

9. **진정한 용서의 자세**(The stance of genuine forgiveness). 이것은 한 명의 행
위 주체로서 부모나 형제와 같은 타인을 이해하려고 할 때, 그 사람의 과
거나 현재의 행동을 뒷받침하는 정신적 상태의 관점에서 이해할 수 있게
해 주는 능력의 기반이 된다. 그렇게 되면 그 행동은 정상적으로 맥락화
(normally contextualized)될 수 있다. 믿음, 정서, 관련된 상황적 제약 조건
들을 통합하게 되면, 그 사람은 일어난 일들을 수용하고 그 일이 합리적인
범위 안에 들어오는 것으로 여길 수 있게 된다. 이러한 측면은 상황과 관
련된 정신상태에 대한 이해에 기초하지 않은 관념적인 용서와 신중하게
구별되어야 한다. 그런 경우에는 그 사람이 용서해 주고 싶은 소망은 진실
일 수도 있지만, 타인들의 행동에 대한 진정한 이해에 의해 뒷받침되지는
않는다. 진정한 용서는 호기심과 성찰적 사색이 그 사람 안에서 새로운 이
해를 불러일으킬 때, 타인 행동의 내적 욕동(internal drives)에 더 친숙해지
면서 나타난다.

관계에 대한 효과적인 정신화

관계적 정신화(Relational mentalizing)는 가족이나 집단 내에서 공유된 생각
과 느낌을 말한다. 보통 관계에 대한 사고와 느낌은 타인에 대한 정신화나 타
인과 관련된 자신에 대한 정신화 맥락에서 다루어지지만, MIST에서는 반드시
다루어야 할 더 높은 수준의 상호작용 과정이다. 이것은 체계 안의 개인들이

모든 사람들에 의해 공동의, 혹은 공유하고 있다고 가정되는 의도적 상태에 관한 것이다. Tuomela(2005)는 이 범주를 공동으로 바라보는 것(jstit; jointly seeing to it)이라고 명명했다. 관계적 정신화의 개선은 MIST가 핵심적으로 달성하고자 하는 것이다.

정신화에는 다소 특별한 '우리 모드(we-mode)'가 있다는 주장이 있어 왔다(Gallotti & Frith, 2013); 그것은 사회적 맥락이(다른 사람들이 있다는 것만으로도) 한 사람의 행동 선택에 대한 인식을 넓혀 주고 새로운 해결책을 창출함으로써 정신화 잠재력을 향상시킨다고 가정한다. 관계적 정신화는 한 사람이 혼자서는 할 수 없는 일들을 하기 위한 선택을 이끄는 생각과 느낌에 관한 것이다. 쉽게 말하자면, 사람들은 타인들이 곁에 있으면 다르게, 더 잘 생각하게 된다. 여기에는 함께 행동하기 위한 전제조건으로 상대방의 관점을 공동 표상(co-representing)하는 것이 포함된다. 사람들(가족이나 단순히 다른 사람들이 모인 경우)이 힘을 모으기 위해 함께 행동하기로 결정했을 때, 거기에는 그 집단의 어떤 구성원도 혼자서 그것을 하고 있다고는 가정할 수 없거나 그 '심리적 모임'에서 타인들로부터 사고나 느낌이 고립되었다고는 생각될 수 없는 감각이 존재하게 된다. 이처럼 공유된 마음인 우리라는 감각(sense of we-ness)은 환원 불가능하며, 이는 이 감각을 자기와 타인에 대한 개인적인 정신화와는 별개로 다루어야 한다는 것을 의미한다. 공동 행동(joint actions)은 질적으로 다른 방식으로 경험되고 공유되며 '우리-의도(we-intention)'가 수반되기 때문이다. 관계적 정신화는 기본적이고 상호 수용적이나, 종종 암묵적인 개념 및 상황적 전제에 의존한다. 공동 의도(joint intention)를 창출하기 위한 합의 도출이 반드시 수반되는 것은 아니다(Tuomela, 2005). 아래에서 우리는 효과적이고 비효율적인 관계적 정신화의 징후들을 생각해 보았다.

1. **공동 의도**(joint intentions). 이것은 어느 정도 공유될 수 있다. 공동 의도가 있을 때, 우리는 우리 모드(we-mode)에서 작업하게 된다. 이처럼 공유된

관점을 발달시키는 것은 관계적 정신화의 핵심이다. 공유되지 않은 공동 의도에 대한 명시적 인식은 역설적으로 강력한 우리 모드를 만들어 낸다. 실제로 공동의 것과는 거리가 먼 우리 모드를 가정하는 일은 꽤 흔하다. 공동 의도를 선언하는 것은 그 정반대임을 보여 주는 지표가 되는 경우가 빈번하다. 공동 행동에 대한 가정은 때로 매우 부정확하고 이기적일 수 있다.

2. **새로 대두된 신선한 공동 관점의 수용**(The acceptance of an emerging, fresh joint perspective). 이것은 공동 행동으로 가장 잘 나타난다. 한 가족이 계획을 세우고 모든 가족 구성원이 적극적으로 참여하는 일관된 단위로 행동한다면, 우리는 그것을 효과적인 관계적 정신화라고 말할 수 있을 것이다. 단지 타인의 관점을 인식했음을 인정하는 것만으로는 충분하지 않다. 이것은 복잡한 것이 아니다. 함께 TV로 축구 경기를 보거나 동물원에 가거나 보드게임을 해 보면 알 수 있지 않을까?

3. **공동 의도에 대한 관계적인 모른다는 자세**(A relational not-knowing stance about joint intentions). 이것은 관계를 촉진하고 생각과 느낌의 교류에 열려 있게 해 줄 수 있다. 이것은 가족 단위에서 우리가 되는 것(we-ness)의 잠재력을 연구하고 탐구하는 과정의 일부다. "동물원에 가자는 아이디어에 관해서 당신은 어떤 입장에 있는가?" 물론 이러한 활동에 대한 의사소통은 대부분 암묵적이고 명시적이지는 않다.

4. **비편집증적 반응성**(Nonparanoid responsiveness). 이것은 관계적 정신화에 좋은 배경이 있다는 기본 가정을 시사한다. 타인들의 사회적 행동에 대해 근거 없는 추정을 할 수 있다는 자신의 가능성을 인정하는 것은 공동 행동을 촉진할 수 있다. 이와는 대조적으로, 관계적인 접근법에 대해 좋지 않은 의도로 귀인하는 것은 편집적 반응이나 과잉 반응을 유발할 수 있다. 상대방의 내적 상태와 관점을 보기 위한 노력의 확장은 상대방이 '봤던' 것을 느낄 수 있게 해 준다.

5. **순서 주고받기 능력**(The ability to take turns). 이것은 다른 사람들과 주고받는 상호작용을 촉진하는 효과적인 정신화의 증거가 된다. 이것은 타인에게 자신을 이해할 수 있는 기회를 제공하고 상대방의 사고와 몰두에 따라서 자신의 이해를 확충할 수 있는 능력을 포함한다.

6. **영향력 인식**(Impact awareness). 이것은 자신의 사고, 느낌, 행동이 타인과의 관계에 영향을 미치는 방식과 타인과 함께하는 행동이 그들의 정신상태에 영향을 주는 방식에 대한 이해를 의미한다. 관계적 정신화에서 영향력 인식은 집단이나 커플의 공유된 경험에 대한 인식이지, 그 안에 있는 개인에 대한 인식이 아니다. 그것은 관계적 맥락에서 스스로가 개인적 행위 주체(자신이 가진 영향)임을 인정하는 것을 의미한다.

7. **유희성**(Playfulness). 이것은 명백한 물리적 세계를 넘어서서 믿음의 영역으로 들어가는 것을 허용하는 마음의 상태다. 이것은 실험성과 상상력에 마음이 열리게 해 준다. 다른 사람들과 함께 공유된 이해와 느낌에 대한 유희적인 탐색에 참여하는 것은 효과적인 정신화의 지표가 될 수 있다. 유희성은 자신과 타인에 대한 정신화와 관련해서도 중요할 수 있지만, 공유된 정신상태를 만드는 데 있어서는 그 자체가 된다. 유희성은 공유된 의도를 차단하는 제한의 일부를 해제할 수 있다. 예를 들어, 가족 구성원 중 한 명의 자기감이 취약한 것은 가족 내 공유된 경험에 도달하는 것을 차단할 수 있지만, 놀이는 마음의 공동체가 형성되기에 충분할 만큼 자의식을 날려버릴 수 있다.

8. **변화 가능성에 대한 믿음**(Belief in changeability). 혹은 가족 구성원들의 희망적이고 낙관적인 전망은 마음이 바뀔 수 있다는 일반적인 가정을 의미한다. 그것은 가족체계에 '절대 포기하지 않는다'는 낙관적인 느낌을 불어넣는다. 이러한 맥락에서, 변화 가능성은 공동으로 바라보는 것(jstit; jointly seeing to it)과 관련하여 가족이 낙관적인 경험을 공유하는 것을 의미한다. "우리는 이전에 어려운 상황을 겪었고 그것들을 극복했다. 우리

는 이번에도 해결책이 무엇인지 확신할 수 없지만, 어떻게든 해결할 것이다.”라는 믿음을 말한다.

9. **신뢰할 수 있는 능력**(The capacity to trust). 이것은 가족체계의 개방성 또는 가족체계 내의 애착 안정성을 의미한다(Hill, Fonagy, Safier, & Sargent, 2003). 쌍관계 애착(dyadic attachments) 내에서 신뢰는 주로 민감성에 의해 주도되지만, 여기서 우리는 의미 있는 관계를 형성하고 유지하는 데 필수적인 요소가 되는 체계적 신뢰감을 고려한다. 신뢰하는 관계적 연결망은 가족의 기본적인 가정이 되는 모든 것을 포괄하는 신뢰감과는 사뭇 다른 것이다.

이처럼 우리는 제6장에서 정신화의 서로 다른 측면을 되짚어 보면서 그것들을 구체적인 개입과 짝지을 것이다. 다음의 사례는 정신화 중심의 개입을 설정하는 방법에 대해 더 많은 것들을 보여 줄 것이다.

제인 및 그녀의 가족들과 치료 작업을 시작하기

의뢰서는 제인(Jane)과 이제 세 살이 된 딸 미셸(Michelle), 그리고 그녀의 출생 이후 줄곧 함께 해 온 사회복지사가 쓴 길고 상세한 편지였다. 편지에는 제인이 수년간 헤로인과 크랙에 중독되어 있었고 미셸은 출생 직후부터 심각한 금단 증상으로 치료를 받아야 했다고 적혀 있었다. 이후 제인과 미셸은 모자동실 병동에서 회복되었고, 6개월 후 제인은 깨끗한 상태에서 병원을 떠날 준비가 되었다. 그녀는 어린 딸과 함께 집으로 돌아왔고, 다음 해 내내 그녀는 정기적으로 불법 약물 사용에 대한 검사를 받았다. 또한 보건 방문관과 사회복지사들은 모자가정을 수시로 방문해 복지 상태를 모니터했다. 결국 12개월 후에 미셸의 이름은 보호 아동 명부에서 삭제되었다.

제인이 두 아들인 일곱 살 존(Jone)과 아홉 살 벤(Ben)을 만나겠다고 요청한 것은 이 단계에서였다. 그 당시 제인은 A급 약물에 심하게 중독되어 있었고, 마약 대금을 지불하기 위해 자의로 매춘을 하고 있었다. 그녀의 많은 고객들이 아파트로 왔고, 아이들은 때때로 어머니의 성행동과 불안정한 행동에 직접적으로 노출되었다. 또한 아이들은 간혹 있던 어머니와 아버지 사이의 폭력을 목격했다. 어머니는 오랜 기간 동안 아들들에게 정서적으로나 신체적으로 분리되어 있었다. 결국 그녀의 고객 중 한 명이 그 소년들을 가격하여 모두에게 심각한 부상을 입혔을 때 모든 것이 정점에 이르렀다.

아동보호국이 개입했고, 아동들의 부모 및 부모의 가족 모두가 아이들을 돌볼 의사가 없거나 돌볼 수 없었기 때문에 위탁 양육이 제공되었다. 두 소년 모두 심각한 애착장애 진단을 받았고, 위탁 가정에서는 감당하기 어렵다는 것이 입증되었다. 그들은 3개월간 치료를 받고 다른 곳으로 옮겨졌다. 이것은 이 소년들의 패턴이 되었다. 그들이 각각 일곱 살과 아홉 살이 되었을 때, 두 아이들은 치료 기숙학교와 그들의 집, 그리고 16곳의 다른 위탁 시설을 거쳤다. 제인이 그녀의 아들들과의 접견을 요청했을 때, 그들은 17번째 위탁 장소로 막 옮겨진 참이었다. 그때는 감독관을 동행한 접견이 준비되었고 잘 진행되었다. 소년들은 얌전하게 행동했고, 어머니와 함께 살고 싶다고 말했다. 3개월 후에 또 다른 접견이 똑같이 잘 진행되었고, 이때 제인은 공식적으로 자신을 그들의 일차적 보호자로 넣어 달라고 요청했다. 그녀는 이로 인해 클리닉에 의뢰되었고, 의뢰 시에는 어머니와 아동들을 평가하고 아동들이 어머니와 이복 여동생에게 돌아가도 될지에 대한 의견과 권고를 제공해 달라는 전화가 걸려왔다.

사회적 연결망 회의

일견 복잡해 보이는 의뢰를 다룰 때, 전문가와 가족 연결망을 가장 먼저 소집하는 것이 최선인 경우가 많다. 이 회의에는 다양한 전문가뿐만 아니라 부모, 그들의 연결망 구성원들이 참석했다. 이 회의의 목적은 다음과 같다.

- 관련된 모든 사람의 마음과 사고방식을 이해한다.
- 희망과 두려움에 대한 열린 대화에 참여한다.
- 가족의 삶과 그들 각자의 관점에 대한 요약을 작성한다.
- 전문가와 가족 간의 관계를 이해한다.
- 작업 영역과 작업 시간에 대해 공동으로 합의한다.

치료 목적을 위해 많은 사람들의 마음을 모으는 것은 Ross Speck과 동료들이 연결망 치료(network therapy)를 시작하면서 처음으로 개척되었다. 이 접근법은 나중에 사회적 연결망 개입으로도 알려졌다(Speck & Rueveni, 1969; Speck & Attneave, 1972). 내담자, 그들의 친척, 다른 사회적 연결망의 주요 구성원들이 원주민 사회의 부족 치유법과 매우 유사한 접근법으로 문제를 다루기 위해 초대되었다. 친척, 친구, 이웃들의 연결망이 동원되었고 어려운 위기에 대처하기 위한 새로운 선택지와 해결책을 개발하였으며, 사람들 사이의 '유대(bonds)'를 증가시키고, 사람들 사이의 '속박(binds)'을 줄이는 데 집단적으로 관여했다. 밀라노 팀(Selvini Palazzoli, Boscolo, Cecchin, & Prata, 1980)은 전문가의 역할, 특히 의뢰인의 역할을 비판적으로 검토하여 실제 연결망 회의에 사용할 다양한 기술과 개입을 도출했다. 계속된 개발 과정에서 Seikkula 등(2003)은 위기 상황에서 자주 발생하는 불확실성을 감내하는 협업을 창출하는 것을 목표로, 평가 및 치료 결정을 포함한 모든 논의를 내담자와 가족이 참석한 가운데 공개적으로 진행해야 한다고 제안했다. 여기서는 '열린 대화'를 촉진하는

'대화성(Dialogicity)'이 일차적인 초점이며, 내담자나 가족의 변화를 촉진하는 것은 이차적인 것으로 간주된다. 대화 안에서는 새로운 이해가 창출되기 때문에, 대화는 가족과 내담자가 자기 삶의 행위 주체라는 느낌을 획득할 수 있는 토론의 장이자 매체로 간주된다(Andersen, 1995). 이러한 입장은 여러 관점들을 공유함으로써 변화를 촉진하기 위해 정신화에 초점을 둔 대화(예를 들어, 둘 간의 대화, 셋 간의 대화, 그 이상의 대화)를 진행하는 과정과 병행할 수 있다.

그러한 회의의 중심에 있는 의사소통에서는 각자가 자신들과 관련된 새로운 무언가를 배우는 것에 열린 마음을 가질 것을 요구 받는데, 그것은 다른 상황에서도 활용할 수 있다. 이런 종류의 의사소통이 효과적이려면 전문가들과 듣고 배우는 사람들 사이에 신뢰가 있어야 한다. 물론, 진정한 열린 대화에서는 '지도자'와 '학습자'의 역할이 고정되어 있지 않으며, 실제로도 의도적으로 역할에 개방적인 상태를 유지한다. 의사소통의 연속선상에서 누가 어느 때 어떤 역할을 맡았든 간에, 학습자가 주도하고 지도자는 잘못 인도하지 않는다는 진정한 헌신에 대한 신뢰는 절대적으로 중요하다. 하지만 학습자가 지도자를 신뢰할 수 있는지는 어떻게 알 수 있을까? 우리는 효과적인 의사소통을 확립하는 과정에서의 정신화가 결정적이라고 제안한 바 있다(Fonagy, Luyten, & Allison, 2015). 학습자가 자신의 개인적 서사를 이해하는 상황, 즉 지도자에게 효과적인 행위 주체로 보여지고 있다고 느끼는 상황을 경험한다면, 그들은 자연스러운 의심을 풀고 배움에 마음을 열게 된다. 그들이 연결망에서 듣는 것은 그들과 관련된 것으로 부호화되어 기억되고 다른 맥락에 적용될 것이다. 앞으로 우리가 보게 될 것처럼, 이 건강한 열린 대화 패턴에 반대가 되는 상황은 참가자들이 그 상황 하나에만 관련된 정보 교환을 경험하는 것이다. 그들은 그것을 이해하고 반복할 수 있지만 그들의 사고방식에 영향을 받게 허용하지는 않을 것이다. 치료자로서 우리는 내담자들이 소통하고자 하는 것을 명확히 이해했음에도, 우리가 설득하기 전에 했던 방식 바로 그대로 행동하는 수많은 좌절스러운 협의(consultations)를 경험한 바 있다. 이 장의 뒷부분에서 이에 대해 자세히 설명할 것이다.

치료자는 어떻게 연결망을 확인할 수 있는가? 다음의 질문들은 한 사람이 자신의 연결망에 대해 생각해 볼 때 도움이 될 수 있다. 누가 그 상황이나 문제에 대해 걱정하고 있는가? 누가 관련되어 있는가? 누가 도움이 될 수 있고 그 사람은 참여할 의사가 있는가? 누가 초청해야 하는가? 이 질문들은 초기 연결망 회의 구성원을 결정하는 데 내담자 가족이 중심이 되어 참여하는 주체성의 장려와 개인적 서사에 대한 존중이라는 MIST 원칙과 명확히 일치한다.

초기 연결망 회의에서 제인이 원했던 개인적 및 전문적 연결망은 그녀의 부모님, 가까운 여성 친구, 방문 간호사, 두 명의 사회복지사, 약물 오용 상담사, GP가 포함되었다. 연결망 회의는 임상가가 의장을 맡았고, 모두를 환영하는 말을 한 다음에 제인을 불러 그녀가 아들들과 함께 살 때의 희망과 두려움이 자신과 어린 딸에게 미칠 영향과 더불어 그녀의 현재 상황에 대해 설명하도록 했다. 연결망 회의의 모든 구성원들은 그녀의 말을 방해하지 않고 주의 깊게 들었다. 제인이 말을 마치자, 임상가는 논평하거나 질문하고 싶은 사람이 있는지 물었다. 제인의 아버지와 어머니는 딸의 마약 복용과 그녀와 교제 중인 사람들로 인해 10년 동안은 연락이 없었지만 최근 몇 달 동안은 제인이 연락을 취해 왔고, 그들은 이제 관계를 회복하여 손녀를 알아가고 있다고 말했다. 제인의 어머니는 딸이 세 아이의 엄마가 되는 것을 딸이 허락하는 만큼 돕고 싶다고 덧붙였다. 제인은 자신이 부모님을 실망시켰고 이것이 매우 유감스럽다고 답했다. 그녀는 눈물을 흘렸고 어머니는 일어나서 그녀를 안아 주었다. 임상가는 제인의 아버지에게 아내와 딸에게 무슨 일이 일어나고 있는지 물었는데, 그는 "모르겠어요. 저는 감정에 익숙하지 않거든요…… 당신이 그들에게 물어봐 줬으면 합니다."라고 대답했다. 그의 아내는 다소 무시하는 어조로 "그가 사람들이 감정을 느끼는 것을 더 즐겼으면 좋겠네요."라고 말했다.

논의는 아이들에 대한 내용으로 다시 돌아왔고, 각자가 엄마와 함께 사는 것에 대해 어떻게 느낄지, 그리고 어떤 위험이 있을 수 있는지에 대한 이야기들이 오고 갔다. 제인의 상담자는 제인이 놀라운 회복을 이루었지만, 두 아이를 그녀가 보살피도록 하는 과정이 너무 빠를 경우 재발 위험이 증가한다고 설명했다. GP는 동의했고 제인이 많은 도움과 어쩌면 약간의 약물을 받지 않는다면 음주와 약물에 다시 의존할 수도 있다고 덧붙였다. 제인은 자신이 이제 강해졌고 약이 필요하지 않다고 강조하며 반박했다.

이제 그녀의 친구가 대화에 참여할 차례였다. 그녀는 제인을 최대한 지원할 것이라고 말했다. 그리고 자신도 세 명의 아이가 있고 그 경험이 도움이 될 수도 있으며 자신의 지원을 제인이 받아들일 것이라고 했다. 사회복지사는 조심스러웠고 아이들에게 엄마와 함께 사는 비현실적인 희망을 주지 말라고 경고했다. 그리고 제인이 아이들의 취약한 감정 상태에 실제로 대처할 수 있는 능력이 있음을 확신할 필요가 있다고 했다. 그녀는 '제인이 아이들의 입장에서 아이들이 과거에 겪은 일과 미래에 겪을 일과 그녀에게 부여될 도전에 대처할 수 있는지를 가능한 확실히 이해하는 것'이 중요하다는 점을 강조했다.

결국 그 방에 있는 모든 사람들이 참여한 논의에서 모두는 아이들과 조부모가 함께 하는 가족 치료작업이 진행되기 전에, 제인의 개인 치료작업이 이루어져야 한다는 것에 합의했다. '실행 가능성 평가(viability assessment)'라는 용어가 작업의 첫 단계를 설명하기 위해 사용되었다. 이 용어는 어머니가 원칙적으로 소년들을 포함한 세 아이를 다 돌볼 수 있는지 여부를 평가하기 위해 사용되었다. 다소 다르게 표현하자면, 소년들, 어린 딸, 그녀 자신을 효과적으로 정신화하는 제인의 능력을 평가하는 것이다.

연결망 회의는 모두가 구체적인 사안들을 해결하고 앞으로 나아갈 공동의 방법을 찾는 데 초점을 맞춘 마음의 만남(an encounter of minds)이라는 맥락을 설정한다. 가족, 친구, 전문가 등 다양한 사람의 관점을 취하는 것은 당면한 문제에 대한 다양한 관점들을 보다 미묘한 차이로 이해할 수 있는 토대를 마련할 수 있게 해 준다. 집단의 구성원 자격은 집단이 수행할 절차만큼이나 중요하다. 이 절차의 주된 기능은 내담자(이 경우 제인)가 바라보는 개인적인 서사에 부합하는 공유된 서사라는 체계가 만들어질 수 있도록 열린 대화를 이끄는 것이다. 이 만남에서 결정적인 것은 아이들이 제인의 보살핌 속으로 다시 돌아가는 것에 대해 누가 어떤 관점을 취했느냐가 아니라, 연결망 회의의 모든 참가자들이 아이들을 되찾고 싶어 하는 제인의 소망을 이해하고 각자의 관점에서 이 이야기를 정교화할 수 있다는 느낌을 갖게 해 주는 것이다. 사회복지사는 매우 부정적인 입장이었음에도 불구하고, 존과 벤이 엄마와 함께 있고 싶어 한다는 점을 표명했고, 이것은 제인의 소망과 의심의 여지없이 동일하다는 점을 타당화하는 데 도움이 되었다. 사회복지사는 과도하게 빠른 진행에 대해 불편함을 표했지만, 그녀도 아이들을 정신화하려는 제인의 시도가 주요 목표라는 점은 파악할 수 있었다. MIST 연결망 회의는 이러한 초점을 달성하기 위한 핵심 수단으로 정신화 상호작용의 모델링과 함께 개인적인 서사의 명확한 진술을 초점으로 해야 한다.

이러한 방식으로, 심지어 보다 넓은 사회적 체계가 참석할 수 없는 내담자의 경우에도 연결망 회의는 열릴 수 있다. 참석자들은 다음과 같은 가상의 질문을 받을 수 있다. "만약 당신의 가장 친한 친구가 이 문제로 이 회의에 참석했다면 무엇을 말했을 것 같은가?", "당신의 대답은 무엇이었을까?", "그녀의 반응은 어땠을까?" 회의 후 연결망 회의의 구성원은 부재자의 의견을 다음 공동 연결망 회의에 전달하는 업무를 수행할 수 있다. 이 회의는 3~6주 후에 진행될 수 있으며 진행 상황을 검토해야 한다. 이는 의견을 표명해야 하는 전문가에도 마찬가지일 수 있다. 사회복지사와 같은 일부 전문가들의 존재는 아동보호에 대한 우려가 있는 가족들과 작업할 때 중요하다.

정신화를 자극하는 질문들

정신화에 초점을 둔 작업의 주요 목표는 다양한 구체적인 질문을 통해 효과적인 정신화를 자극하는 것이다. 이러한 질문들은 연속적인데, 보통은 다른 사람들을 정신화하는 데 초점을 맞춘 일련의 질문들(일차 **정신화**, first-order mentalizing)로 시작하여 다른 사람들에 대한 자신의 반응을 정신화하는 데 중심을 둔 2차 **정신화** 질문들로 진행된다. 3차 **정신화** 질문은 자신의 정신상태에 대한 다른 사람들의 반응을 정신화하는 것에 집중한다. 이러한 질문을 할 때에는, 과거, 현재, 미래의 세 가지 시간 차원에서 할 수 있다. 이 과정은 **통시적 촉진**(diachronic prompting)이라고 부르는데 이것은 문자 그대로 시간을 앞뒤로 뒤집어서 과거, 현재, 미래의 경험을 연결하는 순환적인 과정이다. 미래 지향적 질문은 모든 우발적인 사태에 대한 일종의 준비로서 가능성 있는 여러 가상 시나리오들을 다룬다.

다음은 1차 **정신화** 질문의 몇 가지 예시다.
- 그 당시 벤에게 어떤 느낌이 들었다고 생각하나요?
- 만약 그가 당신과 함께 살게 되면, 당신은 그의 내면에 무슨 일이 일어날 것이라고 생각하나요?

2차 **정신화** 질문은 다음과 같다.
- 벤이 이런 경험을 했을 때, 그것이 당신에게 어떤 생각과 느낌을 촉발했나요? 기억나나요?
- 벤의 반응을 떠올리면 바로 지금 어떤 생각이 드나요? 뭔가 다른 게 있나요?
- 지금 벤이 기억하는 게 있다고 생각하나요? 만약 그가 그 이야기를 꺼낸다면, 당신은 어떻게 대답할 건가요?
- 만약 벤이 왜 이런 일이 일어나게 내버려 두었냐고 묻는다면, 당신은 어

떻게 느낄까요? 그리고 당신은 그에게 뭐라고 말할 건가요?

- 몇 년 전에 벤이 당신 파트너에게 공격당했을 때로 시간을 돌려보죠. 그 때 당신은 마비된 것 같다고 하셨잖아요. 당신이 그런 상태에 있는 것을 봤을 때 벤의 내면에서는 어떤 일어났다고 생각하나요?

3차 정신화 질문

- 만약 벤이 지금 방에 있고 당신이 말한 것을 들었다면, 그의 반응은 어떨 까요?
- 저는 그때 있었던 일을 말할 때 당신이 매우 화가 나 보인다는 것을 알 수 있어요. 벤의 감정에 대한 당신 반응을 제가 어떻게 생각하고 느낄 것 같 나요?
- 법원이 벤이 당신과 함께 살도록 허락한 후에, 그가 어느 날 매우 화를 내 며 당신이 마약을 복용하고, 그를 방치했으며, 상해에서 보호하지 않았다 고 비난한다고 상상해 보죠. 당신은 정말 화가 나고 심지어 죄책감을 느 낄 수도 있어요. 이것이 그에게 어떤 영향을 미칠까요?

질문이 과도하거나 기계적이 되거나 교차 검증(cross-examination)처럼 느껴 지는 것으로 변해서는 안 된다. MIST 치료자가 추구하는 것은 해답을 얻는 것 이 아니다. 그 질문들은 체육관에서 운동을 하고 이두근을 강화하는 것과 같이 효과적인 정신화를 자극하기 위한 것이다. 질문에 진심으로 임하는 것은 고통 스러울 수 있지만, 치료자에게는 대답의 내용보다 더 중요한 새로운 관점을 창 출할 수 있다.

대화는 열린 의사소통을 가정하는데, 이는 양측이 의사소통에 대한 경험에 서로에게 개방적이어야 한다는 것을 의미한다. 열린 대화가 되지 않을 때의 가 장 나쁜 점은 더 이상 대화가 아니게 되는 실패한 상태가 된다는 것이다. 우리 는 때로는 치료자들이 자신의 관점에서 봤을 때 내담자나 전문가에 의한 독백이 되었을 때, 대화는 중단되고 명료하지 않아진다는 것을 알아차렸다. 치료자들이 자신은 더 이상 대화의 일부가 아닌 것으로 느껴진다고 선언함으로써, 다시 대화를 재개하는 것이 중요하다.

MIST 치료자들이 내담자나 다른 전문가를 이해하지 못할 때, 혹은 타인이나 자신의 생각들 속에서 길을 잃었을 때, 그들은 다음과 같이 명확하게 말할 필요가 있다. "제가 마지막으로 이해한 것은 당신의 느낌입니다…… 그리고 나서 저는 길을 잃었고 혼란에 빠졌습니다. 저를 도와주시겠습니까? 제가 손을 들었을 때 그것은 저의 이해가 중단되었다는 것을 의미하고, 그러면 제가 따라잡을 수 있도록 당신이 멈춰 주시기를 바랍니다." 어떤 사람이 너무 빨리 말할 때, 치료자는 다음과 같이 말해야 한다. "당신은 너무 많은 것을 너무 빨리 말하고 있습니다. 아기 코끼리 걸음걸이 같은 느린 속도가 필요합니다." 특히, 그것이 오해에 관한 것이라면, 치료자는 대화의 문을 열 수 있는 정직함을 특징으로 하는 자세를 취해야 한다. 그러므로 이해하지 못한다는 것을 인정하는 것이 중요하다. 내담자들이 치료자들이 말한 것에 대해 동요하거나 화가 났다는 것을 깨달았을 때에는, 치료자들은 이렇게 말할 수 있다. "저는 여기서 뭔가 잘못 알고 있는 것 같군요. 좀 도와주시겠습니까? 제가 뭘 틀렸나요? 내가 당신을 약간 화나게 한 것 같군요……. 심지어는 저도 조금 화가 났었습니다. 제가 이런 식으로 당신을 화나게 하는 말을 해서 정말 미안합니다. 정말로 제가 의도한 것은 아니었습니다. 내가 무엇을 잘못했는지 이해할 수 있게 도와줄 수 있을까요?"

그리고 만약 또다시 그런 일이 일어난다면

"왜 제가 당신을 계속 오해하거나, 당신이 오해 받는다고 느끼게 될까요? 저는 오해받는 것을 싫어합니다. 어떤 사람이 이해받길 원할 때 이해받지 못하는 것은 끔찍한 느낌입니다. 저는 당신이 실제로 당신을 이해하지 못한다고 느끼는 많은 사람들과 싸우고 있다는 생각이 듭니다. 사람들을 이해시킬 수 없다는 끔찍한 감정에 어떻게 대처할 것인가……. 만약 제가 그 상황에 있었고 계속해서 오해를 받고 있는 사람이었다면, 저는 너무나 짜증이 났을 겁니다. 그래서 저는 당신이 그보다 훨씬 더 감정을 잘 관리하는 것처럼 보인다는 점에 놀라고 있습니다."

증가하는 각성을 관리하기

정서와 정신화에 대한 말들을 기억하라. 치료자는 내담자의 각성(arousal)을 합리적인 범위 내에서 관리해야 한다. 하지만 이것은 치료적 관계에 머문다는 바로 그 상황이 각성을 증가시키기 때문에 어려운 일이 된다. 특히, 가까운 관계에 있는 사람이 정서적 촉발인이 되는 경우에 그렇다. 비록 그런 상황들은 그들의 감정을 더 잘 관리할 수 있는 능력을 회복시킬 기회로 볼 수도 있겠지만, 외상 과거력이 있는 사람들은 종종 개인 치료를 위협으로 여기곤 한다.

내담자의 증가하는 각성 수준을 관리하는 것은 개인 치료를 할 때 빈번하게 겪는 도전이 된다. 여기서 치료자는 내담자의 행동화가 아닌 마음에 초점을 맞춘다. 내담자가 화난 목소리로 "오늘은 오고 싶지 않았어요. 이런 건 의미가 없어요. 말하는 것은 쓸모가 없어요."라고 했을 때, 치료자는 다음과 같이 답했다. "이렇게 말하게 되어 기쁘군요. 제 생각엔 이것도 괜찮은 것 같습니다. 만일 제가 도움이 되지 않는다는 것을 알게 되었을 때, 저라면 다음 회기에 참석하기가 어려웠을 것이기 때문입니다." 내담자는 "흠"이라고 했다. 치료자는 다음과 같이 덧붙였다. "저는 당신이 와서 감명받았습니다. 그래서 당신은 언제부터 그런 생각을 하기 시작했나요? 지난주? 그보다 더?" 내담자는 "지난번요!"라고 말했다. 치료자는 다음과 같이 설명합니다. "만약 당신이 그랬다면, 저는 그것을 알아차리지 못했습니다. 제가 좀 멍청한 걸까요? 신호를 줬는데 제가 못 알아차렸나요? 제가 뭘 알아챘어야 했을까요?" 치료자는 이런 방식으로 대화해서 그의 마음을 밖으로 끄집어내고, 내담자는 치료자가 어떻게 정신화하는지를 들으면서 관찰할 수 있게 된다. 말하자면, 내담자는 치료자의 작동 중인 마음을 관찰할 수 있다.

효과적인 정신화는 높은 수준의 각성과 양립할 수 없다. 내담자가 더 각성되고 고함을 지르기 시작할 때 치료자가 할 수 있는 유일한 것은 각성을 감소시키는 것이다. 치료자는 다음과 같이 말해야 할 것이다. "사람들이 저에게 소리치면, 제 마음은 그저 멍해져서 아무 생각도 할 수 없습니다……. 저는 정말 많이 듣고 싶습니다. 하지만 당신이 소리칠 때는 그게 꽤나 힘들어집니다." 내담자가 자신의 감정을 추스르고 응답하기 위해서는 이런 유사한 문장을 몇 번 반복해야 할 수도 있다.

내담자가 다소 개인적인 질문을 할 때도 있는데, 치료자는 이러한 질문에 직면했을 때 투명하지는 않더라도 정상으로 보이고 싶어서 그들에게 답변을 하는 것과 이러한 질문이 비정신화적인 완충재의 경향성이 있기 때문에 질문을 차단하는 것 사이에서 고민할 수 있다. 개인적인 질문에 간단히 대답한 다음 이러한 질문이 알려 주는 내담자의 심리 상태를 탐색함으로써 개인적인 질문을 해결할 수 있다. 예를 들어, 내담자가 "선생님, 결혼하셨나요?"라고 물으면, "네, 그렇습니다. 하지만 제가 그랬다면, 혹은 그렇지 않았다면 당신이 더 편할까요?"라고 응답할 수 있다.

제인과의 개인치료 작업

제인은 6주간 주 1회 약 1시간 진행되는 회기에 참석하는 것에 동의했다. 처음에 이 작업은 그녀의 양육 경험과 그것을 통해 그녀가 각각의 아이들을 양육하는 방법을 배웠는지 여부, 혹은 배우지 못했는지 여부, 혹은 그녀 부모의 방식을 따라 하거나 수정하는 것에 초점을 맞췄다. 그녀는 부모들 각각에 대한 설명과 어린 시절 아팠던 때나 학교나 친구에게 화가 났던 때를 포함한 부모님의 돌봄 행동에 대한 구체적인 예를 제공하도록 요청 받았다. 그녀는 부모의 행동과 반응을 자신의 모성 행동 및 수행과 비교하며 연결 짓기 시작했다. 그녀는 자신의 10대 시절의 어려움에 대해 길게 이야기했는데, 그녀는 '잘못된 연애'를 했고, 자기에게 비판적이고 여동생만 편애한다고 생각했던 부모님과 모든 관계를 끊었다고 했다.

그녀가 청소년기 어려움과 그 시절의 심리적 혼란에 대해 반복적으로 이야기했기 때문에, 치료자는 그녀의 아이들에게 초점을 맞추려고 했다. 그녀는 아이들과 마지막으로 함께 살았을 때 아이들의 마음이 되어 보라는 요청을 받았다. 18개월 된 아기와 3세 6개월 된 아이가 혼란스러워 보이는 상황에서 사는 것이 어땠을까? 아이들은 무엇을 봤을까? 그 아이들은 본 것에 대해 무엇을 이해할 수 있었고, 무엇을 느꼈을까? 처음에 제인은 이 질문들에 대답하기가 어렵다는 것을 알았다. 하지만 점차 그녀는 "아들들은 어떤 어머니를 보았을까요?"와 "돌아보면, 당신은 어떤 어머니였다고 생각하나요?"와 같은 추가 질문에 고무되어 이야기를 펼쳐 나갔다. 그녀의 눈은 눈물로 가득 찼고 "지금 당신 안에서 무슨 일이 일어나고 있나요?"라는 질문을 받았을 때, 그녀는 "당신이 저를 당신이 만난 가장 끔찍한 엄마라고 생각하고 있을 거라고 생각해요……. 그런 식으로 제 아이들을 방치하는…… 저는 엄마가 될 자격이 없어요."라고 대답했다. 제인은 예정된 다음번 회의에는 참석하지 못했지만, 일주일 후에는 격려를 받고 참석할 수 있었다. 그녀는 자신이 아이들에게 정서적으로 도움이 되지 않았으며 아무런 계획도 없이 하루하루를 살아왔음을 자세히 이야기했다. 치료자는 그녀에게 자기 어머니의 시선으로 자신을 바라보라고 요청했고, 어머니가 제인에 대해 그때와 지금 어떻게 느꼈을지도 물어보았다. 제인은 '항상 부모님에게 비난을 받는 것'에 대처할 수 없었기 때문에 모든 연락을 끊었다고 말했다. 그녀는 그 세월 동안 부모님이 어땠을 것 같은 지 생각해 볼 수 있었다. 그녀는 그들이 적극적으로 비난하는 않았지만 당시에는 비난했다고 느꼈음에도 말하지 않았으며, 결국 그게 훨씬 더 좋지 않았다는 것을 알아차렸다. 마침내 그녀는 더 이상 그들의 시선으로 자신을 보는 것을 견딜 수 없다는 것에 동의했다. 마지막 세 번의 회기는 그들이 현재와 어쩌면 미래에 그녀와 함께 산다면 소년들의 정신상태가 어떨지에 초점을 맞췄다. 그때에는 그녀에게 대드는 아들들, 학교에서 실패하는 아들들, 비행에 참여하는 것을 포함한 다양한 가상 시나리오를 고려해 보라고 요청하는 것이 포함되었다.

법원 절차 맥락에서 실행 가능성 평가를 수행할 때는 모든 범위의 주제와 소재를 다루는 것이 필수적이다. 비록 법원이 공식적으로는 이러한 관점을 취하지 않을 수도 있겠지만, 정신화 접근법은 양육 받는 자녀의 경험과 부모 자신의 반응을 모두 정신화하는 능력이 있는지 여부를 증명함으로써 법원의 의사결정을 보조할 수 있다. 만약 법원이 과거 양육의 결점에 대해 책임질 수 있는 부모의 능력에 대해 우려한다면, 자녀의 관점에서 양육을 정신화하는 부모의 능력을 평가하는 것이 도움이 될 수 있다. 법원이 현재 상황에서 자녀의 곤경에 공감하는 부모의 능력이 있는지 물어볼 때에도 비슷한 방식의 정신화가 도움이 될 것이다. 탐색해야 할 또 다른 영역으로는 과거의 사건과 경험을 현재의 사건 및 경험과 연결시킬 수 있는 개인의 능력을 평정하는 것을 포함한다. 이것을 이른바 자서전적 연속성(autobiographical continuity)이라고 부른다. 효과적인 정신화의 이러한 측면(제6장을 참조할 것)은 과거의 생각 및 느낌과 연결되어 이러한 정신상태가 자신의 내부에서 유래된 것이라고 인식함으로써 유지된다. 이 모든 것은 해결해야 할 내용(content) 문제다. 그러나 정신화의 관점에서는 과정(process), 즉 이것이 실제로 이루어지는 방식에 초점을 맞추는 것이 훨씬 더 중요하다.

정신화 개입의 궤적

제인의 정신화를 평가하고 향상시키기 위해 치료자가 회기 중에 해야 할 일은 무엇인가? 우리는 이미 정신화 자세를 적용하는 다양한 측면들을 설명했고 (앞을 참조할 것), 여기에서 제인의 치료자는 공감적이고 탐구적인 자세로 제인이 말한 것을 반복하고 명료화했다. 그는 제인이 설명한 여러 측면에서 자신이 이해하지 못했거나 오해했을 수도 있다는 점에 주의했다. 치료자는 자서전적 사실들에 초점을 맞추기보다는 타인의 주관성에 대한 그녀의 인상을 포함한 주관적 경험에 대해 호기심 어린 온화한 입장을 취했다(Cecchin, 1987). 치료자는 모른다는 자세를 취하여 겸손과 겸양을 보여 주었다. 치료자는 이해할 수 없는 것을 이해하는 척해야 할 의무가 없다고 느꼈다. 치료자는 제인의 서사가 전개되는 것을 허용했지만, 질문들을 통해서 그녀의 관심을 점점 더 아이들의 정신상태와 자녀들에 대한 그녀의 반응으로 이끌었다. 치료자는 주관적인 것만이 아니라 대인관계의 영역에서 제인의 세계를 탐색했다. 치료자는 그녀가 비정신화에 빠졌을 때 개입하여 정중하게 그녀를 멈추게 한 다음 대화를 효과적인 정신화가 가능했던 지점으로 되돌렸다. 정신화 개입의 궤적은 [글상자 3-1]에 요약되어 있다.

글상자 3-1 정신화 개입의 궤적

- 그 사람이 말하는 것을 타당화함("당신이 그것을 저에게 말하고 있는 것이 중요합니다…….")
- 이해를 확인함("저는 이렇게 들었는데…… 제가 이것을 제대로 이해하고 있나요?")
- 효과적인 정신화를 발견하고 탐색함("저는 당신이 어머니와 그렇게 멀리 떨어져 살게 된 이유를 설명해 줄 때 정말 좋았습니다…….")

- 행위의 심리적 동기에 대한 호기심을 자극함("와우. 그게 무엇에 관한 것이었나요?")
- 정신화의 중단으로 인한 자동적 반응을 식별함("여기서 잠시 멈출 수 있을까요? 그래서 당신은 '당연히 그가 소리쳤다'고 말했지만, 그가 왜 그랬는지 저에게는 분명하지 않군요.")
- 주관적 연속성이 깨지기 전의 순간으로 되돌림("방금 전으로 돌아가 볼까요?")
- 정서를 식별함("그 시점에서 어떤 느낌이었나요?")
- 정서적 맥락을 탐색함("이런 느낌을 받을 때 어떤 다른 상황이 떠오르나요?")
- 대인관계적 맥락을 정의함(각 순간 별로 문제가 있는 일화를 탐색하고 정서를 식별함: "바로 그때 무슨 일이 일어났습니까?")
- 정신화의 단절에 치료자가 기여한 바를 명시적으로 확인하고 인정함("제가 지금 그 시점에 우리에게 어떤 일을 했을까요?")

개인치료에서 가족치료 작업으로

가족 및 전문가 연결망과의 다음 회의는 실행 가능성 평가 및 치료적 개입 작업이 끝난 후 6주가 지나서 열렸다. 제인은 치료자와 지난 회기에 대해 이야기했다. 치료자는 제인이 말한 것을 정교화하고, 6회기 동안 조금이라도 언급되었던 문제들의 범위 내에서 받은 인상과 우려를 표현했다. 치료자는 제인의 진행 상황을 검토한 후에, 그녀가 다음 단계의 작업을 진행하고 숙고할 수 있는 잠재력이 있다는 데 동의했다. 제인은 자신의 아들들에 대해 많이 생각해 왔다고 말했지만, 그중 많은 것은 추측이었다. "저는 그 아이들에 대해 정말로는 알지 못하죠……. 지난 1년 동안 사회복지사를 동반한 접견 회기 동안 몇 번 보았을 때, 아이들은 행복해 보였지만, 진정으로 무엇을 느끼고 있는지는 모르겠어요……. 아이들은 털어놓지 않겠죠……. 그리고 저는 그 아이들의 마음을 모를 것이고, 아이들도 아마 제 마음을 잘은 모를 거예요. 우리는 서로에 대해 알아갈 필요가 있어요." 사회복지사는 "아이들은 자기 느낌에 대해 이야기하는 것이 안전하다고 느끼지 않아서 행동화(act them out)를 할 수밖에 없어요."라고 말했고, 두 아이 모두 학교에서 매우 폭력적이어서 현재까지 4개 학교에서 쫓겨났다고 설명했다. 그녀는 위탁 시설에서의 상황도 비슷했고, 이것이 아이들이 반복적으로 무너져 내린 이유라고 덧붙였다. 현재의 위탁 보호자들은 소년들을 '안전 공간에 두고, 혼자서 진정시킨 뒤 몇 시간 후에 일어난 일에 대해서만 이야기하는' 방식으로 접근한다고 설명했다.

모두들 엄마가 아이들과 함께 살 수 있는지를 살펴볼 기회를 제공해야 한다는 것에 동의했다. 아이들과 엄마를 위해 매주 한 번씩 여섯 번의 회기가 마련되었고, 그녀는 가족이나 연결망의 다른 구성원들과 함께 참석할지 여부를 결정했다. 그녀는 '앞으로 아이들과 함께 살게 되면 그들의 도움이 필요할 것이기 때문에' 부모님과 그녀의 세 아이들이 첫 번째 회기에 왔으면 좋겠다고 했다. 무엇에 집중하고 싶은지를 묻는 질문에 그녀는 아이들이 자신에 대해, 과거에 대해, 다시 함께 살 수 있는 가능성에 대해 어떤 느낌을 갖고 있는지 알고 싶다고 답했다. 하지만 "그냥 좋게 말하는 것이 아닌 그들의 진심을 알고 싶다"고도 했다.

첫 번째 가족 회기가 열렸고, 소년들은 대기실에서 어머니, 조부모, 여동생을 만날 때 매우 행복하고 활기차 보였다. 치료자는 가족들을 상담실로 불렀고, 간단한 소개가 끝난 후 아이들에게 그들이 어떤 느낌들을 알아차리고 있는지 그리고 몇 가지나 명명할 수 있는지 물었다. 벤과 존은 '공격적인', '화가 난', '행복한', '슬픈', '공격적으로 행복한'을 나열하며 빠르게 답했다.

그다음에 제인과 그녀의 부모님은 '배려하는', '사려 깊은', '질투하는' 등을 포함한 총 20종류의 느낌을 더 추가했다. 치료자는 이 모든 것을 별도의 카드에 적었고 각 가족 구성원들에게 카드를 뽑으라고 요청해서, 그 카드에 쓰여진 느낌 상태를 비밀로 하여 다른 가족 구성원들에게 질문 속 카드의 내용이 무엇인지 추측하도록 했다.

처음에 두 소년은 외조부모를 포함한 다른 가족 구성원들이 보여 준 거의 모든 느낌을 분노나 공격적인 것이라고 했다. 예를 들어, 어머니가 슬픔을 보이는 것을 공격적이라고 느끼는 것으로 착각했다고 말했을 때 그들은 진심으로 놀랐다. 이어진 감정 카드에 대한 가족 구성원 간의 토론은 다양하고 다양한 정서를 만들어 냈고, 이는 그들 모두가 정서 표현의 뉘앙스에 더 민감해지도록 도왔다.

그들은 추측을 하며 많이 웃었다. 그리고 어떻게 느낌이 정확하게 식별될 수 있는지에 대한 논의를 했고, 만약 가족 구성원들이 같은 카드를 뽑았다면 각각이 어떻게 그 감정을 다르게 표현했을지에 대한 논의가 이어졌다. 이 '얼굴 뒤의 마음 읽기(reading the mind behind the face)' 게임 내내, 치료자는 디지털카메라에 표시된 각 느낌 상태의 얼굴 사진을 찍었다. 이것을 몇 번 반복한 후에, 20장의 사진 모음이 생겼다. 사진들은 신속하게 인쇄되어 미술관의 전시물처럼 상담실 벽에 붙여졌고, 그 후에 가족들은 그것을 보고 토론했다. 각 가족 구성원들은 사진에 표현된 것에 대한 느낌과 가족 중에 그들의 '느낌 상태'를 알아낸 사람이 있는지에 대한 질문을 받았다. 이것은 어머니로 하여금 벤이 자기 동생을 얼마나 친절하게 지켜 주려고 했는지를 기억해 내게 했다. 그녀는 몇 가지 예를 들었다. 두 소년들은 모두 상당히 감동한 모습이었고 그 사진도 어머니에게 전달되었다. 회기가 끝날 무렵, 소년들은 사진을 집으로 가져가서 위탁 가정의 벽에 붙여도 되는지 물어보았다.

느낌을 지도에 표시하는 것은 정서 인식이 어려운 가족들과 일할 때 특히 중요한데, 트라우마를 가진 아이들이 거의 필연적으로 갖고 있는 문제이기 때문이다(Pollak, Ciccetti, Hornung, & Reed, 2000). '항상 공격적인'이라고 묘사되는 아이의 사진을 그 아이가 (일시적으로라도) '사랑스러운' 또는 '친절한'이라고 묘사할 때 이 사진은 지배적인 서사의 중요한 예외일 수 있으며, 보다 미묘한, 그래서 더 정신화된 방식으로 바라보는 방식을 촉진할 수 있게 된다. 일종의 '거리두기(take away)'로서 가족 구성원들에게 회기 중 찍은 사진의 인쇄물을 제공하는 것은 중요한 상호작용을 상기시킬 수 있는 역할을 할 뿐만 아니라, 더 중요하게는 정신상태에 대한 회기 중의 호기심을 지속적으로 자극할 수 있다.

　적어도 부분적으로는 법원이 위임한 업무의 맥락이 회기 내용을 결정한다. 여기에 중요한 질문이 있다. 이 어머니가 자녀들 자신의 정서와 타인의 정서를 인식하도록 도와준다면, 아이들을 더 잘 관리할 수 있을까? '얼굴 뒤의 마음 읽기' 같은 게임들은 이것을 용이하게 하는 도구가 될 수 있을 것이다.

　제인은 다음 회기에 아들들과 함께 돌아왔다. 그때는 자신의 부모님과 어린 딸도 없었다. 이것은 오직 그녀가 혼자서 내린 결정이었다. 그녀는 함께 살았던 기억에 대해 소년들과 이야기하고 싶지만, 그 당시에 그곳에 없었던 사람들 앞에서는 이야기하고 싶지 않았다고 했다. 벤과 존은 방에 들어오자 매우 활발해졌다. 그들은 엄마에게 양부모와 함께 했던 신나는 여행에 대해 말하고 싶어했다. 처음 15분 동안 제인은 겨우 한 마디를 할 수 있을 뿐이었다. 그리고 나서 그녀는 어렵게 이야기를 꺼내어 소년들에게 함께 살았을 때를 기억하는지를 단도직입적으로 물었다. 벤은 간단히 "아니요"라고 말하고 나서, 다시 어머니의 휴대전화만 바라봤다. 추가적인 질문에도 그는 "아니요"보다는 길게 답하지 않았다. 존이 같은 질문을 받았을 때, 벤은 동생을 대신해서 "모든 일이 일어났을 때 너무 어렸어. 그는 단지 아기였을 뿐이에요."라며 짧게 답했다. 이 말은 존이 이렇게 말하도록 자극했다. "나는 단지 아기였을 뿐이고, 스스로 방어할 수조차 없었죠." 제인은 그 힌트를 받아들여서 접근 방식을 바꾸기로 했다. 그녀는 가방에서 보드게임을 꺼내 테이블 위에 놓고 "게임을 하자"고 했다. 벤은 그것을 알아본 듯 말했다. "난 그 게임을 기억해요……. 우리는 그 놀이를 하곤 했죠. 존, 그때 너는 너무 어렸어." 제인은 존에게 게임 방법을 물었고 그는 설명했다. 그는 분명히 규칙을 기억했고, 동생에게 게임의 규칙을 설명할 때는 그 조각들을 능숙하게 움직였다. "그때 너는 너무 어렸어, 엄마와 내가 이걸 했었지."라고 반복해서 덧붙였다. 그들 셋은 게임을 시작했고, 몇 분후, 벤은 어머니에게 프레드(Fred)라는 남자를 기억하는지 물었다. "어머니는 그가 우리와 함께 놀았던 것을 기억하겠죠. 그는 친절했지만 어머니는 그가 더이상 집에 오는 것을 원하지 않는다고 말했어요. 그는 앤디(Andy)와 달리 착했죠. 앤디는 착하지 않았고, 우리를 다치게 했어요." 어머니는 보드게임에 집중한 척하며 아주 부드럽게 물었다. "그래서 기억난다고?" 벤은 즉시 대답했다. "아니, 난 몰라요! 엄마, 집중해 주세요. 우리는 게임을 하고 있어요."

　　자서전적 연속성(autobiographical continuity; 제6장 참조)을 만들기 위해 아픈 기억을 회상하도록 돕는 것은 아이들이 심각한 외상을 겪었을 때 특히 어려운 일이다. 외상은 느낌을 효과적으로 정신화되지 않게 하며 인지에 파괴적인 영향을 미친다. 무엇보다도 이러한 일은 위에서 나온 해리와 신체적 행동화에서 나타나듯이 인지 기능의 전정신화 모드로 회귀하게 할 수 있다. 성인이 되었을 때 아동기 방임의 경험이 재연되면 비효과적인 정신화 반응을 유발할 위험성이 커진다. 이 사례에서 제인은 아이들이 자신에게 맞는 속도로 과거의 경험과 연결될 준비가 될 때까지 기다려야 했다. 게임은 종종 아이들이 마치 범죄나 폭력을 저질렀을 때의 대질신문처럼 경험되는 끝없는 질문을 하는 것보다 더 빠르고 효과적으로 이 목적을 달성하게 있게 해 준다.

　　이후 네 번의 회기 동안 벤(그리고 얼마 후에는 존도)은 어머니와 함께 최근 몇년 간에 일어났던 일들에 대한 몇 가지 기억을 떠올려냈고, 그들은 천천히 어머니가 왜 그들을 돌보지 못했는지를 물어보기 시작했다. 어머니는 너무 세세한 부분을 자기 이야기로 꾸며내지 않도록 조심하면서도 진실하게 대답했다.

추가적인 작업이 진행된 후, 그들은 결국 어머니와 같이 살게 되었고 2년 후에도 함께 지내며 일반 학교에 다닐 수 있었다.

결론적 성찰

체계치료는 가족치료 작업과 거의 동일한 것으로 간주된다. MIST도 가족에 초점은 두지만 가족을 넘어 개인 작업에도 초점을 맞춘다. 개입의 초점은 실제적인 고려 사항에 따라 결정되지만, 전반적인 목표는 더 넓은 체계 안에서의 정신화를 강화하는 것이 된다. 이것은 체계 내의 핵심 행위 주체(a key actor)의 정신화를 촉진함으로써 출발할 수 있다. 한 개인의 고민이 체계 내의 다른 사람들에게도 전이되기 때문에 전체 체계가 영향을 받을 수밖에 없다. 우리는 제인의 연결망에 의해 권고된 개인 치료가 아이들과 재결합하는 일에 대한 그녀의 사고방식뿐만 아니라 부모들, 아들들, 어린 딸, 연결망에 있는 전문가들에게도 영향을 주었다고 추정했다. 6주라는 비교적 짧은 기간 동안 그녀는 스스로 5세 이전 아들들의 경험에 대해 질문할 수 있었다. 그녀는 아들들이 그러한 기억에 대해 어떻게 생각하고 느낄 수 있을지를 넘어서서, 그녀가 아들들의 반응에 대해 반영해 주는 방식과 자신의 반응, 그리고 안심시키기 위한 시도에 아이들이 경험하는 방식에 대해 생각할 수 있게 되었다. 앞에서 강조했듯이, 알맹이는 이러한 성찰의 내용이 아니다. 체계적 관점에서 중요한 것은 제인이 1, 2, 3차 정신화를 누릴 수 있는 자신감과 겸손을 함께 발휘할 수 있게 된 것이다.

이 체계는 독심술사가 되려는 마음가짐으로 시작한 사람에게는 거의 도움이 되지 않는다. 만약 그렇게 되었다면, 제인은 기껏해야 부분적으로 정신화되는 체계 안에서 유일하게 '정신화하는 인물'로 남아 있었을 것이다. 제인의 모친은 돕고자 하는 강한 동기를 가지고 있었지만, 과거 경험에 대한 정서적인 우려를 강하게 느끼는 남편에 의해 충분히 지지받지 못하는 상태였다. 또한 말보다는 행동으로 정서 경험을 표현하려는 소년들의 요구에만 아주 온전히 몰두하고 있는 동료 전문가들로 인해 그들의 지원도 제한되어 있었다. 제인이 가족 외상에 대해 적절히 설계된, 보다 정신화하는 입장을 수용하는 쪽으로 입장을 바꾼 것이 보다 전통적인 체계적 가족치료 작업에 결정적인 기반을 제공해 주었다.

정서를 인식하고 언어화 하는 것은 그 체계가 과거를 수용하고 미래를 공유하는 현실적인 생각들로 나아가게 하는 데 핵심적 역할을 했다. 어떤 의미에서 가족들이 한 보드게임은 아들들과 함께 살려는 제인의 포부에 의해 추진된, 그 가족들이 만들어 내려 노력했던 공동체를 향한 입장권이 되어 주었다. 제인의 어린 딸을 포함한 모든 구성원들은 느낌이 표현될 수 있고 인정받을 것이며, 효과적이지 않고 방해가 되는 의사소통에 의해 오해되지 않을 것임을 믿을 수 있어야 했다. 가족 구성원들이 감정 표현 방식을 배워야 하는 것은 아니었다. 아이들 할아버지의 항변에도 불구하고, 어떤 의미에서는 가족 모두가 그런 표현 방식에 대해서는 너무 많이 알고 있었다. 필요한 과정은 느낌에 대한 의사소통에 안전감(a sense of safety)을 주는 의사소통 수준에 있었다. 정서 표현에 대한 암묵적인 규칙은 체계 내에서 재설정되어야 했다. 느낌은 경험하고 표현될 수 있는 것이고 그 결과는 재앙적이지 않을 것이라는 규칙이었다.

물론 제인과 두 소년 간의 소가족 집단 회기는 세 사람의 기억을 모두 이야기할 수 있게 해 주는 데 있어 중요했다. 다시 말하지만, 이 경험들이 반드시 극복되어야 하는 것은 아니다. 그러한 과정은 몇 년이 걸릴 수도 있고, 어쩌면 결코 성취되지 않을지도 모른다. 이러한 맥락에서 정신화 기반 접근의 목적은 개입 이전에는 말할 수 없었던 경험에 대해 소통을 할 수 있게 해 주는 것이다. 제인은 이 과정의 초기 단계에 잘 편입되었고, 새로운 가족 집단이 하나의 체계로서 충분히 기능할 수 있게 해 주었다. 분명히 그 체계에 아무 문제가 없는 것은 아니지만, 우리는 그 체계가 비교적 안정적으로 유지되었다는 것을 알고 있다. 정신화는 자이로스코프의 기능을 하는 것이다.

체계 내에서 의사소통이 정신화 상태에 머무는 한, 사회적 협동에 필수적인 합리적 수준의 안정성이 따라온다. 이러한 과정은 외상 작업의 중요성에 대해서는 거의 통찰을 제공하지 않는다. 다만 외상의 존재에 따른 각성을 관리할 뿐이다. 과거 기억의 활성화에도 불구하고, 생각하고 느낄 수 있는 상태에 머무르라는 것은 존, 벤, 제인에게 힘든 지시였다. MIST는 아주 강한 외상 경험 속에서도 효과적인 정신화 능력으로 각각의 당사자들이 가족 서사에 생각과 느낌을 녹여 낼 수 있게 보장해 주었다. 만약 서로가 상대방의 사적인 이야기를 제대로 알아들을 수 있다는 것을 알 수 있는 안전한 방법이 없었다면, 그들 중 누구도 공개적인 가족 간 대화를 나눌 수 없었을 것이다. 처음에는 그것이 무리한 지시였다. 하지만 결국 그것은 성취되었다.

같은 자리를 맴돌지 않기
정신화 고리

M entalization-Informed Systemic Therapy

mist

mist　Mentalization-Informed Systemic Therapy

로즈(Rose)는 32세에 또다시 치료에 의뢰되었다. 이미 그 시점에서 그녀는 아동기, 청소년기, 성인기의 오랜 정신과 과거력을 가지고 있었다. 정확히는 26년으로, 그녀는 여섯 살 때 우울증 진단으로 처음 소아정신과 의사를 만난 이래로 약 4년 동안 개인 및 가족 치료를 받았다. 10대 시절 로즈는 자해를 했고 여러 차례 자살 시도를 했다. 그녀는 약물치료, 인지행동치료, 1년간의 청소년 시설 입소를 포함한 다양한 개입들을 받았다. 18세가 되었을 때 로즈는 만성 우울증 진단을 받았고, 이후 10년 동안 거의 모든 종류의 항우울제를 처방받았다. 그녀는 각각 수개월간 지속된 총 6번의 입원을 했고, 이는 보통 자살 시도나 심각한 자해와 관련이 있었다.

로즈와 부모님의 관계는 결코 친밀한 적이 없었다. 그녀의 아버지는 로즈가 겨우 두 살이었을 때 어머니 곁을 떠났고, 그녀는 다시는 그를 보지 못했다. 로즈가 네 살이었을 때 어머니가 재혼했고, 처음에는 '새로운 아버지'를 갖게 되어 매우 행복했다. 그러나 의붓아버지는 폭력적인 성격을 가진 알코올 중독자라는 사실이 드러났고, 로즈는 심각한 가정 폭력을 목격해야 했다. 또한 그녀는 의붓아버지가 몇 차례 그녀와 성관계를 가지려고 시도했다고 보고하기도 했다. 10대 중반에 청소년 시설에 입소한 것은 가정 상황에서의 기분 좋은 탈출로 보였고, 퇴원 후에는 집으로 돌아가지 않고 버려진 무허가 건물에서 친구들과 함께 사는 것을 선택했다. 로즈는 자신에게 폭력을 휘둘렀던 남자들과 몇 번 사귀었다. 스물두 살 때 그녀는 아들 조니(Johnny)의 아버지를 만났고, 2년 후 조니가 태어났다. 로즈는 출산 후 약 8개월 동안 심한 우울증을 앓았다. 파트너가 로즈를 공격했을 때 얼굴에 상처를 입었고, 그녀는 그와 헤어지고 조니를 혼자 키우기로 결심했다. 하지만 그 일은 로즈가 예상했던 것보다 훨씬 더 힘든 일이었고, 실질적인 육아와 재정적 문제는 여러 사회복지사들의 도움에 의존해야 했다. 스물아홉 살 때 로즈는 데이비드(David)라는 또 다른 남자를 만났다. 그는 그녀보다 몇 살 어렸지만 그녀는 "그는 달라요…… 부드럽고, 친절하고, 나를 정말 사랑해요."라고 평가했다. 그들은 곧 딸을 낳았고, 로즈는 수년 만에 처음으로 행복감을 느꼈다. 이런 상태는 약 2년 동안 지속되었지만 최근 몇 달 동안 그녀는 짜증을 느꼈고, 이것은 데이비드와의 언쟁으로 이어졌다. 그녀는 자신의 정신건강 문제가 관계에 악영향을 미칠까 봐 걱정하면서 도움이 필요하다고 생각했다. 로즈는 데이비드와 함께 부부 치료를 받자는 제안을 했다. 첫 번째 회기의 시작에서 로즈는 "그것은 제 문제고 그의 문제가 아니죠. 저는 평생을 그렇게 살아왔어요. 그리고 저는 우리 관계를 망치고 싶지 않아요."라고 말했다. 데이비드는 고개를 끄덕이며 "저는 그녀를 사랑하지만, 이렇게 계속할 수는 없어요."라고 말했다.

　개인, 부부, 가족을 처음 볼 때는, 그들의 개인적인 이야기를 묘사하도록 하는 것이 중요하다. 신뢰를 특징으로 하는 관계를 구축하기 위해서, 치료자는 상황에 대한 내담자의 관점이 정확하다는 것을 그들에게 보여 주는 것으로 시작해야 한다. 치료자는 호기심을 보이며 '문제가 있다'고 믿는 부부 구성원을 포함한 내담자가 내리는 문제에 대한 정의를 존중한다. 어떤 치료자들은 그녀 혼자만 문제가 있다는 로즈의 주장에 즉각 이의를 제기하고 "그렇게 확신하지 마세요"와 같은 반박으로 대응하고 싶은 유혹을 느낄 수도 있다. 그러한 반응은 아주 초기부터 상호작용의 틀을 만들고 싶어서 나온 것일 수 있다. 그러나 정신화에 따르는 치료자는 신뢰가 구축되려면 어떤 형태라도 도전보다는 지지적이고 공감적인 타당화가 선행되어야 한다고 믿기 때문에 이러한 개입을 설익은 것으로 간주할 것이다. 이를 통해 내담자는 치료자를 내담자 자신의 눈을 통해 세상을 보는 사람으로 경험하게 되며, 이로 인해서 그의 말에 의지하고 진지하게 받아들여도 되는 사람으로 경험할 수 있다. 이상적으로, 이러한 일은 다른 관점을 소개하기 전에 일어난다.

로즈의 우울증에 도전하고 그것을 하나의 상호작용적 사건으로 다시 틀을 잡아 나가는 것은 (그것이 아무리 정확하더라도) 내담자들이 선의를 내세운 임상적 선입견에 짓밟히고 있다는 느낌의 소외감을 조성할 가능성이 높다. 지난 26년 동안 우울증은 로즈의 정체성과 성격의 일부가 되었을 가능성이 있다. 그러한 명칭은 정신화된 것도 아니고, 그녀가 '우울증으로 고통받는' 자신의 경험 이면의 의미 창출(meaning-making)도 불분명하다. 그럼에도 불구하고 MIST 안에서 우리는 진단적 명칭이 아무리 부적절하고 잘못 개념화된 것이라고 해도, 장기간의 문제를 가진 개인에게는 종종 도움이 되기도 한다고 가정한다. 그 진단적 명칭이 진단한 사람의 의도와는 거의 부합하지 않는 이유에 근거한다고 해도 말이다. 우울증에 대한 생각은 로즈의 인생에서 자신의 경험을 설명하고 무슨 일이 일어났는지 이해할 수 있는 친구처럼 중요한 동반자가 되어 있을지도 모른다. 그녀에게 '우울증'이 없었다면, 그녀는 자신이 끔찍한 생존 환경에서 무방비 상태의 희생자라고 느낄 수도 있었고, 더 나쁘게는 스스로 역경을 만들어 낸 죄를 저지른 행위자라고 느낄 수도 있었다. 그러한 책임감은 수치심과 당혹감을 유발할 수 있다. 우울증이 아무리 불쾌하고 장애가 되어도, 그것은 일종의 가치를 가질 수 있다. 이것이 데이비드가 제공한 힌트다. 로즈는 수년간 우울증을 안고 살아왔고, 그녀의 또 다른 파트너처럼 봉사해 왔다. 아마도 현재 우울증은 그들의 관계에서 제3의 인물이 되었을 것이다. 그것을 포기하려면 대가를 치르게 될지도 모른다. 그러나 MIST는 그 인물을 핵심적 존재로 인식하는 오랜 정신적 친구들에 대처하기 위한 접근법을 보유하고 있다. 변화는 정신화를 통해 성취될 수 있다.

잘 연습된 서사를 정신화하기

로즈의 사례를 더 들어보자. 로즈의 우울증에 대한 생각이나 그 문제에 대한 다른 내재된 신념을 정신화하기 위해 다양한 기술이 활용될 수 있다. 중요한 단계는 마음이 오랫동안 견지한 위로가 되는 믿음을 마치 실제 사람인 것처럼 다루는 방식을 살펴보는 것이 된다. 내재된 신념은 논쟁이 불가능한 상태일 수도 있다(그것들은 심적 동일시의 상태에서 받아들여진다.). 그것들을 변화시키려면, 그것들이 인식되고, 존중되고, 타당화되고, 탐색되고, 명료화되고, 문자 그대로 생명을 얻어야 한다.

빈 의자는 우울증을 표상할 수 있고, 의자에 가까이 다가가거나 멀어지는 방식으로 의문을 제기함으로써 치료적으로 사용될 수도 있다. 하지만 그러한 기법에는 적용하는 타이밍이 결정적이다. 그 사람과 가까운 사람들이 온전히 수용하고 있는 진단을 들었을 때, 그에 대한 절대적인 존중이 필요하다. 이러한 상황은 잠재적으로 생산적이지 않은 상황의 출발점이 될 수 있다. 즉, 진단에 천착하는 것은 문제로만 가득 찬 서사의 생산을 이끄는 경향성이 있다. 무슨 일이 일어났는지에 대한 길고 우원적인(long and circumstantial) 설명, 전문가들이 반복해서 제공했고 잘 연습된 것처럼 들리는 설명들이 이어진다. 긴 설명을 다루면서 정신화를 유지하는 방식은 역설적으로 보일 수 있다. 천천히 하면 된다. 그 사람의 말을 잠시 멈추고 반복하게 하는 자세는 치료자가 호기심 어린 정신화된 치료적 자세를 유지할 수 있게 하고, 연결되고 깨어 있을 수 있게 해 준다. 잘 연습된 이야기를 천천히 하게 하고 진행된 일을 다른 사람들이 어떻게 보고 있는지를 포함하여 질문함으로써 가로막는 것은 효과적인 정신화를 다시 시작할 수 있게 해 주는 효과적인 도구가 될 수 있다.

치료자는 첫 회기에 로즈와 동행해 준 데이비드에게 감사를 표한 뒤, 로즈가 이야기하고 싶은 내용에 따르면서 데이비드가 원하지 않는다면 아무 말도 하지 않을 것으로 예상했다고 설명했다. 로즈는 고개를 끄덕이며 말했다. "이것은 나와 내 우울증에 관한 것이고, 나는 데이비드를 만나기 훨씬 전부터 그것을 가지고 있었어요." 치료자는 부드럽게 그녀를 격려했다. "그럼, 당신의 우울증에 대해 말해 주세요." 로즈는 즉시 그녀의 어린 시절로 거슬러 올라가 그것이 어떻게 시작되었는지 자세히 설명하기 시작했다. 치료자에게는 마치 로즈가 이미 여러 번 이 이야기를 한 것처럼 보였다. 그는 약 2분 동안 공손히 듣고 난 후, 그녀에게 잠시 멈추고 자신이 완전히 이해했는지 확인해 달라고 부탁했다. 그는 그녀가 한 말을 짧게 반복한 다음 계속 이어 나갔다. "이제, 제가 이것을 확인할 수 있을까요? 만약 그때, 이 모든 것이 진행되고 있었을 때 당신이 어머니의 마음속에 들어가 있었다면, 그녀는 이것을 어떻게 보았을 거라고 생각하나요?" 로즈는 잠시 말을 멈추고 생각하다가 대답했다. "엄마는 무슨 일이 일어나고 있는지 몰랐던 것 같아요. 엄마는 항상 남동생 때문에 바빴고, 내가 무엇을 원하는지…… 내가 무엇을 필요로 하는지 생각할 시간이 없었죠." 치료자가 물었다. "그래서 당신은 어땠나요?", "저는 외로웠어요…….."라고 말하곤 로즈는 울기 시작했다. 치료자는 데이비드를 바라봤다. "질문 하나 해도 될까요? 네? 고맙습니다. 로즈가 지금 말한 것을 이전에 당신에게 말했는지는 모르겠지만, 만약 당신이 그녀의 입장이었다면, 당신은 어떻게 느꼈을까요? 그리고 당신은 그 어머니에게 무슨 일이 있었는지 이해할 수 있을까요?" 데이비드는 "저는 치료자가 아닙니다……. 하지만 저라면 매우 외롭고, 어쩌면 매우 슬펐을 것 같습니다……. 그리고 저는 남동생보다 저에게 많은 관심을 기울이지 않는 엄마에게 짜증이 났을 것 같습니다. 저희 엄마가 다른 분이어서 다행이네요."라고 말했다. 로즈는 계속해서 울었고, 이것은 데이비드가 일어나서 그녀를 안아 주고 싶게 했다. 하지만 그녀는 이것을 원하지 않았고 그를 밀어냈다. 데이비드는 자리로 돌아왔고, 이것은 긴장된 침묵으로 이어졌으며 로즈의 간헐적인 흐느낌만이 들려왔다.

강렬한 정서 후에 재정신화하기

회기 중에 강렬한 감정이 발생할 때, 치료자는 딜레마에 직면한다. 즉, 정서가 흐르도록 내버려두거나 멈추는 것, 개입하거나 개입하지 않는 것 사이에서 말이다. 치료자들은 로즈와 데이비드 사이의 상호작용 같은 일화에 북마크를 남겨두고, 나중에 상황이 진정되면 다시 그곳으로 돌아갈 수 있다. 혹은 모든 참가자들이 그 순간을 정신화할 수 있게 해서 지금-여기서 다룰 수도 있다. 치료자들이 어떤 경로를 선택하느냐는 맥락에 따라 다를 것이다. 이 경우에 맥락은 자신을 문제의 매개체로 보는 로즈와 관찰자의 위치에 있는 것을 선호하는 파트너와 함께 한 첫 번째 회기다. 로즈의 각성이 효과적인 정신화를 어렵게 만들기 때문에 지금-여기에 머무는 것은 효과적이지 않을 수 있다. 더 나은 선택지는 정신화가 실패하기 전의 시점으로 되돌아가서 모든 것이 흔들리지 않았던 지점에서 각성 수준을 낮추는 방법을 찾는 것일 수 있다.

치료자는 로즈에게 침착하게 말했다. "당신은 어린 시절에 있었던 일과 엄마에게 무시당했다고 느꼈다는 사실을 이야기했어요. 몇 년을 건너뛰어 봅시다……. 당신이 열 살이었을 때의 상황에 대한 인상이 어땠는지 알고 싶네요. 당신의 가족 안에서는 무엇이 잘 돌아갔고 무엇이 잘 돌아가지 않았나요?" 로즈는 숨을 깊게 들이마셨다. "그때는 좋았죠……. 아버지가 떠나고 존이 와서 행복했어요. 새 아빠가 생겼고, 더는 학교에서 놀림을 받지 않았어요." 그녀는 눈물을 훔쳤고 표정이 밝아졌다. 그다음에 로즈는 치료자의 시기별 명료화 질문에 따라 10대 시절의 몇 가지 일화를 회상했다. 이 질문들은 그 당시 다른 사람들이 로즈를 인식하는 방식이나 그들이 구체적인 관계를 바라보는 방식에 초점을 맞춰져 있었다. 또한 치료자는 데이비드에게 여러 번 시선을 돌려서 로즈가 무슨 말을 하는지 알아들었는지, 그리고 그중에 새로운 것이나 놀라운 것이 있었는지 물었다. 그는 "데이비드, 당신이 로즈를 처음 만났을 때, 로즈가 당신에게 우울증 병력을 말하는 것에 대해 걱정했다고 생각하나요?"라고 연이어 물었다.

회기 중에 데이비드를 참여시키기

우리는 MIST의 목적이 체계를 효과적으로 정신화하는 것임을 기억해야 한다. 데이비드가 체계의 일부라는 점을 알아차리지 못하고 그가 그 과정에 적극적으로 참여하지 않는다면, 로즈의 정신화가 지속되지 않을 것이라는 것은 말할 필요도 없다. 과제는 로즈의 보호자이자 지지자로서의 개인적인 서사를 훼손하는 방식으로 데이비드를 소외시키지 않으면서 그의 정신화를 향상시키는 것이다.

데이비드를 회기에 참여시키는 어려운 문제를 마주하고서, 치료자는 먼저 데이비드를 구경꾼의 위치에 놓고 로즈와 치료자 사이의 상호작용을 관찰하도록 했다. 치료자는 데이비드가 과거와 현재에 알아차린 것들에 대해 점진적으로 질문하는 과정을 통해서 데이비드를 참여자–관찰자이자 해설자로 만들었다. 개인상담 회기를 부부상담 회기로 바꾸는 것은 미묘한 과정일 수 있다. 데이비드를 소외시키지 않고 그의 개인적인 서사와 더불어 진행하기 위해서, 치료자는 데이비드의 삶에 대해 묻지 않고 로즈에 대한 그의 관점에 대해 물었다. 데이비드는 이 질문이 로즈와 함께 치료받는 것이 아닌, 로즈의 치료에서 파트너를 돕고 싶다는 자신의 입장 및 역할과 부합한다고 생각했다. 하지만 치료자는 로즈에게 데이비드가 그녀를 정신화하는 것을 관찰할 기회를 제공해서 로즈가 가진 다른 (더 잘 확립된) 관점과 통합할 수 있는 대안적인 관점을 만들어 냈다. 이런 식으로 데이비드는 MIST에 직접적이고 적극적인 기여를 하게 되었다. 정신화 영향을 받은 부부 치료(mentalization-inspired couples therapy; Blieberg & Safier, 2019)에서 파트너의 역할은 정신화 과정을 유지하는 데 가장 중요하며, 특히 당사자 중 한 명이 강렬한 정서로 어려움을 겪을 때 그러하다.

정신화 고리

정신화 고리(The mentalizing Loop)는 치료자의 질문에 대한 후속 질문이 로즈의 즉각적 반응에 대한 관심을 유도해서 그녀와 데이비드가 모두 그 순간을 정신화할 때 발생한다.

치료자는 데이비드에게 로즈의 우울증에 대한 관찰 결과를 물었다. 무엇이 우울증을 더 가볍게 했고 무엇이 더 악화시켰는가? 그는 그 변동에 대해 어떻게 설명했는가? 1~2분 정도 멈춘 후, 데이비드는 자신이 출장에서 돌아올 때마다(평균 2일 정도 걸리는) 로즈가 특히 우울해 보인다는 것을 알아차렸다고 했다. 그다음에 그녀는 그가 없으면 대처하기가 어렵고, 그가 없는 동안은 두 아이 모두가 매우 까다롭게 군다고 말하곤 했다. 데이비드는 그 점에 대해 좀 더 생각해 보고서, 로즈가 자신의 일과 관련된 어떤 업무적 저녁식사나 다른 사교 약속에도 함께 가는 것을 매우 꺼린다는 것을 알아챘다. "그녀는 항상 몸이 좋지 않고 너무 우울해서 함께 갈 수 없다고 말합니다……. 가끔은 핑계처럼 느껴지죠." 로즈는 데이비드의 말에 놀란 표정을 지었고, 그녀의 눈에는 눈물이 고였다. 치료자는 이것에 주목했다. "데이비드, 로즈를 보세요. 지금 그녀에게 무슨 일이 일어나고 있다고 생각하시나요?"

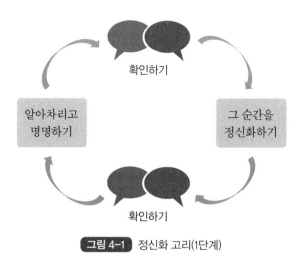

확인하기

알아차리고
명명하기

그 순간을
정신화하기

확인하기

그림 4-1   정신화 고리(1단계)

　여기서 치료자는 의도적으로 데이비드에게 로즈에 대한 정신화를 하도록
한다. 효과적인 정신화를 촉발하는 순서는 정신화 고리(Asen & Fonagy, 2012a)
로 가장 잘 설명되며, 첫 번째 단계는 [그림 4-1]에 묘사되어 있다.

　이 고리는 효과적인 정신화의 출현을 촉진하는 방법을 보여 주는 경로 지도
와 같다. 그러나 부부나 가족이 도달해야 할 구체적인 목적지가 없다는 점에
서 전통적인 경로 지도는 아니다. 정신화 고리는 무엇보다도 지금-여기의 상
황을 탐색하고 현재의 교착 상태에서 새로운 방향을 찾는 데 도움을 주는 실
용적인 도구다. 그 고리는 구체적인 상호작용과 의사소통에 주의를 기울일 수
있게 도움을 주는데, 먼저 특정한 마음 상태를 알아차리고 명명한(noticing and
naming) 다음 추가적인 조사를 위해 일시적으로 머물러서 그 상태에 명시적으
로 초점을 맞출 수 있게 해 준다. 우리의 경우에서는 치료자가 "저는 데이비드
가 로즈의 우울증과 그 변동성에 대해 말할 때, 그녀가 놀란 것처럼 보인다는
것을 알아차렸어요."라는 관찰을 통해 일깨우고(noticing) 명명하면서 고리가
시작된다. 이 연속되는 상호작용을 강조하는 것은 비정신화된 진술, 반응, 반
작용의 계단식 상승을 중단시키는 효과가 있다. 하지만 치료자는 그 이상으로
진행하기 전에 로즈와 데이비드 둘 다에게 다음과 같이 명명한 설명과 연결될

수 있는지를 확인해야 한다. "어쩌면 제가 틀렸겠죠. 아니면 당신도 그렇게 보이나요?" 이러한 방식으로 치료자의 관찰은 상호 검증과 숙고를 위해 제시된다. 로즈와 데이비드가 어느 정도 인식하고 있음을 보여 준다면, 치료자는 지금-여기의 바로 그 순간에 무슨 일이 일어나고 있는지 명시적으로 집중시켜서 각자가 그 순간을 정신화하도록 할 수 있다. "당신은 로즈가 그렇게 놀란 것처럼 보였을 때 무엇을 생각하고 느꼈을지 상상할 수 있나요? 그 시점에서 그녀에게 무슨 일이 일어났다고 생각하나요?" 이것은 파트너에 대해 정신화하도록 하는 초대장이다. 이 경우에는 로즈를 향한 초대장이다. 데이비드가 로즈의 마음속에서 무슨 일이 벌어졌는지에 대해 생각할 때(그 순간에 정신화하기), 치료자는 로즈를 초대하여 데이비드의 추측에 대해 논평하도록 했다. 그래서 브레인스토밍이나 (실제로는) 마인드스토밍의 순환 동작을 만들어 문제를 비슷하게 혹은 다르게 보고 있는지를 확인할 수 있었다. 치료자를 포함한 연속적인 확인 절차는 다음과 같은 고리를 생성한다. 알아차리도록 한 것에 명명하고, 명명한 것에는 질문이 제기되며, 연이어 인식은 확인된다.

고리로부터 일반화하기

이러한 방식으로 특정 순서를 정신적으로 되감아 검토함으로써 일련의 메타조망(metaperspectives)이 생성될 수 있으며, 이는 효과적인 정신화를 더욱 촉진할 수 있다. 치료자는 특정 시점에서 특정인에게 지금-여기의 정신상태를 일반적인 가족생활 상황의 과정에서의 다른 상황과 연결해 달라고 요청할 수 있다. 이것이 고리의 두 번째 단계이며 [그림 4-2]에 설명되어 있다.

진행 중인 상호작용의 세부적인 사항을 가정이나 다른 맥락에서 펼쳐지는 보다 일반적인 상호작용 패턴과 연결하는 것은 체계 내의 정신화를 안정화하는 데 핵심이 된다. MIST는 이러한 변화가 현상학적으로 작업기억이 가용한 경우에만 달성될 수 있다고 가정한다. 그렇지 않으면 가장 모드로 흘러갈 위험

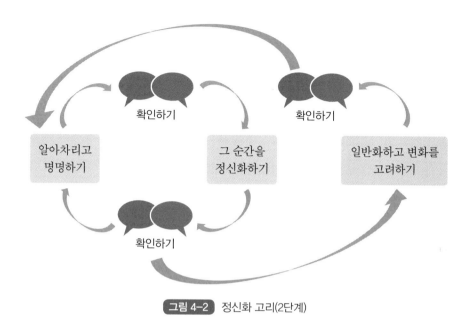

그림 4-2 정신화 고리(2단계)

이 있다. 이 주장의 단점은 정신화하는 순간이 일시적인 특성이 있다는 점이다. 가장 낙관적인 치료자들만이 그 경험에서 얻은 통찰이 그 회기를 넘어 오래 유지된다고 가정할 것이다. 따라서 치료자는 부부가 알아차렸으나 아마도여전히 혼란스러워할 수 있는 상호작용 패턴에 (천천히 의도적으로) 노력을 기울여 연결을 만들어 내는 것이 필수적이다. 일반화하는 질문을 하는 것은 일시적인 통찰을 부부생활에서 오랫동안 지속된 중요한 패턴과 연결시켜 주는데, 이는 "이런 일들이 집이나 다른 곳에서도 종종 일어나고 있음을 알아차렸나요?"라는 간단한 열린 질문으로도 해낼 수 있다. 이 질문은 문제를 드러내는데 있어 중요한 기억이나 연상(associations)을 촉발할 수 있다. 예를 들어, 데이비드가 로즈가 우울하다고 주장함으로써 달갑지 않은 사교 약속에서 빠져나왔다고 언급한 순간이 그런 예가 될 수 있다.

정방향 고리

　치료자는 특정 상황을 미래에 대한 상상으로 투영함으로써 '정방향 고리 (Forward Loops)'를 만들 수 있다. "또 다른 사교 약속이 생겼고 로즈가 거기에 참여하고 싶어 하지 않는다고 상상해 보죠. 어떻게 이 문제를 다룰 수 있을까요? 이것을 전과 같은 방식으로 다룰까요, 아니면 다르게 할까요? 그리고 만약 데이비드가 당신에게 우울증을 핑계로 사용하고 있다고 말한다면, 당신은 어떻게 답할 건가요?" 이러한 움직임은 우리에게 일반화에서 변화도 고려할 수 있게 해 줄 뿐이다. 한 번 더 되풀이하자면, MIST는 문제해결적 접근법이 아니다. 고리의 부분적인 목적 중 하나는 나타날 수 있는 행동과 연결된 대안적인 사고를 생성하는 것이다. 요점은 정신화가 해결책으로 이어지도록 하는 것이지 부부가 구체적인 해결책을 채택하도록 설득하는 것이 아니다. 예상되는 변화의 기제는 목적론적인(teleological) 것, 즉 그 결과에 기초한 전략을 선택하는 것이 아니다. 그것은 문제에 관련된 모든 사람들의 생각과 느낌, 그리고 잠재적인 해결책을 모두 고려함으로써 문제에 대한 해결책을 만드는 포괄적인 접근법을 내재화하고 적용하는 것이다. MIST 치료자는 그에 대한 주요 인물들의 생각과 느낌을 말하도록 함으로써 제안된 해결책을 정신화하는 다음 단계를 수행한다. 따라서 치료자는 다음과 같은 제안에 대해 (다시) 알아차리고 명명하게 했다. "저는 로즈가 당신과 함께하고 싶지 않다고 솔직하게 말하는 것이 허용되어야 하고 데이비드, 당신이 이것을 받아들여야 한다고 생각하는 것을 알 수 있습니다. 그리고 저는 데이비드가 중요한 상황에서 파트너와 함께 나가는 것이 일을 하는 데 중요하다고 믿는다는 것도 알 수 있습니다. 제 말이 맞나요?" 여기서 고리의 '확인' 부분이 다시 시작된다. 두 파트너 모두 치료자가 각자의 입장을 정확하게 묘사했다고 느낀다면, 정신화 자세를 함양하기 위한 추가적인 노력을 수행할 수 있게 된다. "지금 그것에 대해 이야기하는 것이 어떨까요…… 다음번에는 이것을 어떻게 관리할 수 있을까요?"

어떤 문제에도 많은 해결책이 있을 수 있다. MIST에는 적절한 솔루션에 대한 자체적인 기준이 있다. 이것은 여러 관점들이 의미 있게 상호 존중하는 방식으로 각자 서로에게 관여할 수 있는 환경을 창출하는 것으로 공식화될 수 있다. 그것은 두 마음이 서로를 새롭고 섬세한 방식으로 바라보면서 서로 다른 가능성과 경험을 열어 주는 하나의 맥락이 된다. 우리는 연속적인 '고리 만들기'를 특정 해결책에 도달하기 위한 과정이 아니라 치료의 주요 구성 요소로 간주한다. 물론, 해결책을 찾을 때의 주관적인 경험이 무시되어서는 안 된다. 그것은 치료자를 포함한 모든 관련자들에게 매우 만족스럽고 보람된 일일 것이다. 하지만 그것이 목표가 되어서는 안 된다. 목표는 오히려 지속적인 정신화, 즉 여러 관점을 동시에 그리고 생산적으로 향유할 수 있는 지점을 찾는 것이다.

치료자들에게는 부부나 가족문제를 탐색할 때 다양한 선택지가 있다. 치료자들은 조용히 문제에 대한 설명을 들을 수도 있고, 세부적인 질문을 할 수도 있다. 대다수의 전통적인 가족체계에 대한 작업들은 단어들과 잘 검증된 '문답식(dialogic)'(Seikkula et al., 2003) 또는 '대화식(conversational)'(Anderson, Goolishian, & Windermand, 1986) 질의응답 양식에 기반하는 경향이 있다. 그러나 문제가 되는 사안에 대해 이야기하는 것과 있는 그대로의(in vivo) 문제를 관찰하는 것은 별개의 일이다. 작업기억 내의 지금-여기에서 문제가 되는 상호작용이 발생할 때는 치료자가 그것에 집중하기만 하면 된다. 그러한 상호작용이 자연스럽게 일어나지 않을 때에는 그들 간에 어떻게 일이 잘못되고 문제가 확대될 수 있는지를 가족 구성원들에게 실시간으로 보여 주면서 그러한 상호작용을 '상연(enact)'하도록 격려할 수도 있다(Minuchin, 1974). 앞의 사례에서 설명한 것처럼 상연 기법(enactment techniques)은 그 **순간을 정신화하는** 데 도움이 된다("로즈가 무엇을 생각하거나 느꼈을 지 상상할 수 있을까요?? 그 시점에 그녀에게 무슨 일이 일어났다고 생각하나요?").

회기를 비디오로 녹화하기

MIST에서는 사진, 비디오, 오디오 녹음을 자유롭게 활용한다. 회기의 시청각적 기록은 효과적인 정신화를 촉진하는 데 유용한 것으로 여겨진다. 그런 기록들은 회기 내에서 강하게 각성되어 정신화 능력이 사라졌을 때 특히 쓸모가 있다. 예를 들어, 로즈는 데이비드의 제안에 너무 화가 나서 우울증을 전략적으로 이용해서 울음을 터뜨릴 수 있다. 그래서 데이비드는 그녀가 자신을 이해하지 못한다는 사실에 똑같이 화가 났을지도 모른다. 치료실 내에서 그런 감정이 과도하게 고조되면 치료자가 상대방을 정신화하게 하거나 자신을 정신화하도록 하려는 어떠한 시도도 실패할 수밖에 없다. 남은 시간 안에는 효과적인 정신화를 다시 시작할 수 있게 충분히 각성 수준을 낮추는 것이 불가능할 수도 있다. 이러한 상황들은 말로는 도저히 변화시킬 수 없을 것 같을 정도로, 정신화가 암묵적-외현적 영역 중 암묵적 극단에 지나치게 고착된 것들이다.

이때는 비디오 녹화로 무슨 일이 일어나고 있는지에 대한 성찰을 촉진하는 것이 해결책이 될 수 있다. '차가울 때 쇠를 두드리는' 원리(Omer, 2004)는 그다음 회기에서 사용될 수 있다. 서로 매우 감정적인 일화의 시청각 녹화(비디오 또는 DVD)를 재생하여 파트너를 관찰하는 위치가 되어 볼 수 있다. 치료자는 적절해 보일 때마다 틈틈이 녹화를 멈추고 '타인' 또는 '자기'에게 초점을 맞출 수 있다. 치료자는 이처럼 서로 다른 적절한 역사적 관점에서 각 당사자들에게 그들의 파트너에 대한 자신의 마음을 부여해 볼 것을 요청할 수 있다. "비디오에서 당신이 울기 시작했을 때의 그 순간에 집중해 보죠. 당신은 파트너의 마음을 통해 무엇을 떠올리게 되었나요?" 이 질문은 로즈가 데이비드에게 이것이 정말 사실인지 확인해 달라고 요청하는 것으로 이어질 수 있다.

이런 맥락에서, 도움이 되는 오해만큼 정신화를 개선하는 것은 없다. 만약 데이비드가 오해라고 느낀다면, 이 오해는 로즈가 서로를 정신화하는 능력을 활성화시키는 데 바로-여기에서 사용될 수 있다. "그래서 당신이 데이비드가 그때 느낀 방식을 잘못 받아들였을 때, 그리고 지금 그의 얼굴을 보고 있을 때, 데이비드의 머릿속에서는 무슨 일이 일어나고 있을까요?" 문제가 있는 상호작용이 드러나는 중요한 에피소드를 반복해서 보는 것은 과거, 현재, 미래의 마음 상태에 대한 통시적 탐구(diachronic exploration)를 가능하게 한다. 미래는 다음과 같은 질문으로 일반화하고 변화를 고려하게 고리를 정방향으로 진행시킴으로써 설명할 수 있다. "다음 주에 이런 일이 다시 일어난다면, 여러분 각자는 어떻게 반응할까요?" 다시 말하지만, 해결책은 중요하지 않다. 이것은 로즈와 데이비드가 그들 사이에 어떤 일이 일어났는지 이해하기 위해 시작한 여정이다. 그것은 도달했다는 느낌을 갖게 해 주는 방식으로 거기에 도달하게 되는 것이 아니다.

변화의 균형 잡기 및 순간에 정신화하기

MIST의 주요 목표는 균형 잡힌 효과적인 정신화로, 그 맥락에 유연하고 창의적으로(다른 정신화 영역을 따라 이동) 적응하는 것과 모든 참가자가 참여하는 것을 촉진하고 강화하는 것이다. 연속적으로 자신과 타인들을 명시적으로 계속 성찰하며 정신화하는 것은 완전히 지속 불가능할 뿐만 아니라 자발성을 죽일 수도 있다. 제2장에서 설명한 바와 같이, 치료적 목표는 다양한 정신화 차원을 따라 적절한 움직임을 성취하는 것이다. 인지와 정서(즉, 생각과 느낌), 행동과 성찰, 타인과 자기, 암묵적과 명시적 차원 등(Fonagy & Luyten, 2009). 정신화 집중이 가져오는 위험은 명시적인, 때로는 인지적인 정신화에 대한 편견이다. 이것은 반드시 피해야 할 위험이다. 치료적 작업을 하는 과정에서 가족구성원들은 행동에 대해 과도하게 혹은 강박적으로 성찰할 필요를 느끼지 않아야 하며, 그 대신 직관과 성찰, 이성과 느낌 사이, 내적인 정신상태와 외적인 상황 사이, 자기의 반응에 대한 생각과 타인의 경험 사이의 균형을 찾도록 격려되어야 한다. 우리가 위에서 설명한 것처럼, 보통 이러한 상태는 일관되게 선호되는 것으로 보이는 담론과 반대되는 극단을 강화함으로써 달성된다. 또한 이러한 맥락에서 중요한 것은 치료적 예측 불가능성이다. 치료자로서 우리 대부분은 이러한 언어적(예: 같은 질문을 하는 것) 또는 신체적(예: 항상 같은 방식으로 앉아, 우리의 자세가 일관된 태도를 전달하는 것) 습관이 생긴다. 치료자의 예측 가능성은 양극성에 대해 특정한 자세(패턴)를 선호하기 때문에 균형을 방해할 수밖에 없다. 그 지점이 어디인지는 거의 중요하지 않다. 요점은 치료자가 이러한 지점과 관련하여 예측 가능한 위치에 있어서는 안 된다는 것이다. 예를 들어, 인지에 대한 과도한 치료적 의존은 가족 구성원들이 확고하게 고수하려는 사고가 갖는 정서적 영향력에 집중하도록 도와줌으로써 균형을 맞출 필요가 있다. 가족 구성원들에게 지속적으로 감정을 참조하도록 하는 일부 치료자들의 반사적인 요구는 감정을 전혀 참조하지 못하는 것만큼이나 비정신화적일 수 있다(Siegel, 2015). 치료 매뉴얼에서 거의 반영하지 못하는 것은 치료자가 여러 극단값 간의 역동적인 이동 과정을 보여 줌으로써 정신화를 모델링할 필요성에 대한 것이다. 이것은 MIST 치료자가 의자 가장자리에 앉아 있을 때의 신체적 위치를 통해 가장 잘 부호화(encoding)될 수 있다. 즉, 앉아 있거나 앞으로 숙여서 마치 일어날 준비를 하는 것처럼 앉거나, 명백히 편안해 보이지 않는 것 사이의 균형이 있다. 이것은 우리가 설명하고 있는 사례들의 심각성을 고려할 때 불손해 보일 수 있지만, 위치 선택과 자세로 표현되는 신체적 유연성과 사고 및 느낌의 내재된 모드에 대한 회피 사이에는 중요한 연관성이 있다.

일시 정지 및 되감기를 통해 균형을 회복하기

치료자는 부부나 가족이 자연스럽게 상호작용할 수 있도록 신중하게 요구(need)의 균형을 맞추는 자세를 취하려고 노력한다. 즉, 문제가 있는 사안에 대해 상호작용하는 습관적인 방식을 관찰하고, 결정적인 순간에 개입하여 새로운 관점을 열어 준다. 각성이 너무 증가하면 정신화 능력이 급격히 떨어져 정신상태가 불균형해질 수 있다(Bateman & Fonagy, 2016). 치료자의 과제는 상호작용의 속도를 늦추거나 일시 정지시키고 네 가지 정신화 차원 모두에 걸쳐 정신화의 균형을 회복하는 것이다. 이러한 일시 정지 및 되감기(pause and review) 접근법은 ① 행동, ② 일시 정지, ③ 성찰의 순서를 가진 정신화 고리의 필수적인 부분이다. 이는 정서가 인지와 통합되고 자기와 타인들에게 동등한 무게를 부여하면서, 각 파트너나 가족 구성원들이 점차적으로 효과적인 정신화를 재개할 수 있게 해 주는 것을 목표로 한다.

체계치료 문헌에서 종종 언급되는 것처럼, 한 가족 내에서 주요 인물들 사이의 거리는 물리적 거리의 관점에 따라 구체적으로 표현될 수 있다. 이러한 형태의 내재된 기대(embedded expectations)를 설명하기 위해 회피형과 속박형(avoidant and enmeshed)의 양극단이 종종 인용된다. MIST는 이러한 입장의 문제를 교차 양식적 반영(cross-modal reflection)의 기회로 간주한다. 촉각과 인지 또는 시각과 음성과 같은 양식을 연결하는 것은 정신에 대한 인식을 짚어 주고 강화한다. 실제로 언어적 반영이 유아에게 의미를 갖기 전에, 엄마가 아이를 신체적으로 위치를 잡아 주는 것은 민감성과 내재된 정신화(embodied mentalizing)라고 불리는 것을 나타낸다(Shai & Fonagy, 2014). 따라서 주요 인물들의 신체적 위치를 조작하는 것은 말이 없는 내재된 반영을 위한 공간을 창출한다.

약 두 달 후 다른 회기에서 로즈는 여덟 살이 된 아들 조니(Johnny)에 대해 이야기했다. 그녀는 설명했다. "그 아이는 정말 외톨이에요. 그 아이는 친구가 없어 집에서 항상 방에만 있고, 컴퓨터 앞에서 게임을 하고 있죠……. 그 아이는 우리와 함께 먹지 않아요. 그 아이는 학습에 문제가 있기 때문에 스스로를 가둬 버리죠……. 저는 그 아이가 정말 걱정돼요…….

저는 그 아이가 저처럼 되어 버리는 것은 원하지 않아요." 치료자는 로즈에게 아들을 회기에 한번 데려와도 되는지 물었다. 그녀는 그렇게 하기를 간절히 원했고, 2주 후에 조니는 데이비드 없이 모자 회기에 함께 왔다.

조니는 방에서 가장 멀리 떨어져 앉았다. 그는 "지루하고…… 내가 왜 여기 있는지 모르겠네요."라고 했다. 어머니는 조니에게 걱정되는 점들을 설명했다. "너는 항상 혼자이지 않니, 너는 스스로를 위한 일을 아무것도 하지 않으려고 하지. 너는 밤낮으로 컴퓨터를 하고 있고…… 우리는 네가 가족의 일원이 되기를 바란다." 조니는 어깨를 으쓱했고 로즈도 마찬가지였다. 치료자는 그들 사이의 공간에 대해 언급하고 나서 로즈에게 물었다. "조니가 마지막으로 당신의 무릎에 앉았던 것이 언제인가요?" 어머니는 대답했다. "오래전이죠……. 그는 친밀한 걸 별로 좋아하지 않았어요. 그리고 아마도 이제 내 무릎에 앉기에는 너무 나이 들었죠." 치료자는 "엄마 무릎에 앉아 볼래요?"라고 했고, 조니는 어깨를 으쓱하고 아무 말도 하지 않았다.

치료자는 로즈를 보며 물었다. "당신이 무릎에 앉아 달라고 했다면, 그는 그렇게 했을까요? 그에게 물어보고 보는 게 어때요?" 로즈가 조니에게 건성으로 말했다. "내 무릎에 앉고 싶니?" 조니는 즉시 일어나 활짝 웃으며 어머니의 무릎 위에 몸을 얹었다. 로즈는 놀란 표정을 지으며 "그는 혼자서 아무것도 하지 않으려고 했는데, 신발 끈도 맬 수 없고, 이도 닦지 않으려고 했는데."라고 말했다.

조니는 어머니의 무릎에 편안히 앉았다. 어느 순간 그는 어머니의 가슴에 기대어 쉬었고 어머니는 밀어냈다. 조니는 어머니의 무릎에서 떨어질 듯이 앞으로 밀려났다. 치료자는 "저는 조니가 뒤로 기대고 있었고, 그다음에는 당신이 밀어냈다는 것을 알아차렸습니다……. 제가 제대로 본 게 맞나요? 그의 친밀함이 당신에게 불편했나요? 아니면 다른 이유가 있었나요?" 로즈가 대답했다. "사람들에게 가까이 갈 수가 없어요……. 왜 그런지 모르겠어요……. 조니는 매우 난폭할 수 있어요." 치료자가 "그가 지금 난폭한가요?"라고 물었고, 로즈는 "아니, 지금은 아니지만, 그는 종종……"이라고 답했다. 치료자는 "조니를 지금 어떻게 설명할 수 있을까요? 조니가 당신의 무릎 위에 앉아 있었을 때 그의 머릿속에 무슨 일이 일어나고 있었을까요?"라고 물었고, 로즈는 "조니는 그것을 좋아했었죠. 저는 그 이유를 모르겠어요……. 조니가 나와 가까워지고 싶어 한다는 생각은 전혀 하지 못했어요."라고 말했다.

이때 조니는 상당히 당황한 표정을 짓고 있는 어머니에게 바싹 다가갔다. 치료자는 "내 생각엔 그게 아이가 원하는 것 같군요……. 내가 틀릴 수도 있지만, 그가 정말로 당신과 가까워지고 싶어 하는 것처럼 보이네요……. 당신이 그를 끌어안고 당신 쪽으로 끌어당긴다면, 그는 지금보다 당신에게 더 많이 파고들었을 것 같네요……. 조니, 네가 원하는 게 뭐니? 아마도 엄마한테 알려 주면 될 것 같은데."라고 말했다. 조니는 어머니를 팔로 두르고 꼭 껴안았다. 치료자는 "조니가 원하는 것, 심지어 필요한 것까지도 말없이 보여 줄 수 있다는 것은 대단한 일이 아닌가요?"라고 말했다.

이 상호작용에서 치료자는 아들과 어머니 사이에 정서적으로 부하된 사건을 만들기 위해 상연 기법(enactment techniques)을 활용했다. 치료자는 로즈가 정을 바라지 않고 멀어지는 것으로 정의한 아들과 타인들과 가까워지는 것을 어려워하는 어머니 사이의 신체적 친밀함을 장려하고 촉진했다. 치료자가 조니의 마음의 상태, 즉 조니가 느낄 것을 설명하려고 시도하면서, 그들이 실제로 서로를 '느끼는' 강렬한 경험이 그들 사이에서 발전했다. 치료자는 이런 식으로 일시적으로 아이의 목소리가 되어 어머니에 대한 감정, 욕망, 소망을 돌려주었다. 이것은 TV 다큐멘터리의 '더빙' 형식과 비슷하지만 여기서 엄마는 시청자이자 참가자이며, 신체적 접촉을 통해 내레이션된 아이의 정신상태를 실시간으로 경험한다. 하지만 목소리 너머에는 두 사람의 신체적 경험이 있다. 우리는 비디오 재생을 통해 이에 대한 몇 가지 단서를 얻을 수 있겠지만, 이것은 궁극적으로 피상적일 수밖에 없다. 이 과정에서 변화하는 것은 신체적 근접성이다. 즉, 안겨 있고 안전함을 느끼는 돌봄 받는 느낌이 가장 잘 표현되어 있다. 이러한 과정이 정신화의 개념이 포착할 수 있는 것을 넘어선다고 주장할 수 있지만, 우리는 신체적 친밀감의 경험이 정신화의 진정한 근본이라고 주장한다. 정신화의 은유는 모두 이 근접성 주제(자신의 관점에서 누구와 가깝고, 생각을 가까이 가져오고, 누구를 친하게 알고, 관점이 근접해 있으며, 생각들이 서로 인접해 있음 등)에 작용하며, 이는 결국 근접함에서 발생하게 된 공유된 관점(shared perspectives)의 기원에 대한 힌트를 제공한다(Lakoff & Johnson, 1999).

　우울증에 대한 생각을 정신화하는 것이 우울증의 2차적인 영향력에 얼마나 도움이 될 수 있는지는 로즈와 조니의 아름다운 상호작용에서 잘 드러난다. 조니는 어머니가 그에게서 멀어지는 것을 정신화할 수 없는데, 이는 어머니가 우울할 때는 친밀감을 견딜 수 없기 때문이었다. 조니는 거절당하고 밀려났다고 느꼈다. 로즈는 스스로 아들에게 모든 것을 요구 받았다고 느끼면서 분개하지만, 아들은 보답으로 아무것도 주지 않았다. 아이의 적개심은 어머니의 상태를 이해하지 못하는 (자연스러운) 무능력에서 비롯되며, 이것은 로즈에게 깊은 불안감을 안겨 주었다. 제대로 정신화하지 못한 로즈는 여덟 살짜리 조니의 적개심을 두렵다고 생각했다. 그녀는 취약함을 느끼고 심적 동일시의 방식으로, 아버지의 잔인함을 떠올리며 물러섰다. 이원적 관계(dyadic relationship)는 상호적 경험의 정신화되지 않은 오귀인의 골으로 빠져들 거라는 위협으로 다가왔다. 치료자는 이 시점에서 영감을 받고 어머니와 아들 사이의 신체적 근접성을 강제함으로써 비정신화의 장벽을 무너뜨렸다.

　그 후에 일어난 일은 내재된 정신화의 한 부분이 되었다. 신체적 제스처의 언어를 해석하는 것은 치료자에 의해 서술된 지점이지만, 우리는 훨씬 더 깊은 신체적 사고가 두 사람의 몸–마음에서도 일어나고 있다고 추정할 수 있다. 로즈는 조니의 잠재적인 욕구의 깊이에 대한 의심으로 인해 처음에는 조니가 신체적으로는 나타내지만 언어적으로는 드러내지 못하는 애정의 몸짓에 거의 적대감으로 반응하게 되었다. 로즈는 살짝 밀어내고 조니의 몸은 거의 공황으로 반응했다. 치료자가 끼어들어 그 순간을 정신화하며, 조니가 매달리고 붙잡고 놓지 말아야 할 필요성에 대해 두 사람에게 설명했다. 연이은 사건들은 거부에 대한 상호적 공포를 인식하면서 치료자가 가진 직관의 도약을 완전히 정당화하게 되었다. 치료자는 엄마와 아이 모두가 서로에게 매달리는 것을 정상화했다. 역설적으로 이것은 로즈에게 도움이 되는데, 이것은 조니와 재결합하는 것뿐만 아니라 분리되어 있던 기간 후에 나타나는 그녀를 향한 데이비드의 강렬한 요구를 인식하고 용인하는 것도 되기 때문이다.

이 회기가 끝나고 2주 후에 로즈는 데이비드와 함께 돌아왔다. 그녀는 말했다. "마치 기적이 일어난 것 같아요. 조니는 항상 나를 껴안고 있어요. 그는 너무나 부드럽고 그의 아버지와는 다르죠. 그 아이는 내 무릎 위에 앉는 것을 좋아해요. 그 아이는 내게 팔을 두르죠……. 그건 마치 내가 새로 태어난 아기, 큰 아기를 갖게 된 것처럼, 그리고 그가 나에게 엄마가 될 수 있는 또 다른 기회를 주는 것 같아요……. 저는 이 말이 어리석게 들린다는 것을 알지만, 조니는 나에게 사람들과 가깝게 지내는 방법을 가르쳐 주고 있어요……." 이때 데이비드의 커다란 한숨 소리가 들렸다. 치료자는 로즈에게 무슨 일이냐고 물었고, 그녀는 조금도 주저하지 않고 이렇게 대답했다. "그도 나의 아기가 되기를 원해요. 나의 매우, 매우 큰 아기." 로즈가 데이비드의 어깨에 팔을 얹고 끌어당기며 둘 다 웃음을 터뜨렸다.

결론적 성찰

로즈와 데이비드 사이에 무슨 일이 일어나고 있는지 어떻게 이해해야 할까?

26년 동안의 비교적 성공적이지 못했던 광범위한 치료적 개입에 이은 이 짧은 치료의 목적은 무엇일까? 명백히 로즈의 우울증은 다양한 치료법들에 저항해왔기 때문에 로즈의 우울증 완화는 현실적인 치료 목적이 아니다. 하지만 로즈는 자신의 기분과 그에 따르는 행동이 스스로 가치 있게 여기는 데이비드와의 관계를 훼손할 것 같다고 느끼던 시기에 도움을 요청했다. 만성적인 우울증과 같은 장기적인 장해를 가진 경우에 적절한 정신화 목표는 가족체계에 대한 경험 중에서 비정신화된 측면을 확립하는 것이다. 하지만 목적론적 사고는 우울증이 이원적 관계에서 의미 있게 논의되는 것을 불가능해 보이게 할 수 있다. 정신장애는 심각하고 만성적일 때 모든 개인이 관계 안에서 추구하는 사회적 의사소통의 질을 저해하는 이차적인 영향을 미칠 수 있으며, 종종 그렇게 된다 (Fonagy, Luyten, Allison, & Campbell, 2017). 불행하게도, 우울증과 같은 정신질환은 그 원인이 무엇이든 간에, 개인의 정신화 능력에 부담을 준다. 우울증을 경험한 사람이라면 우울증을 앓으면서 생각하는 것이 얼마나 어려운지를 말할 수 있을 것이다. 데이비드가 로즈가 불쾌하다고 생각하는 대인관계 경험을 피하기 위해 우울증을 이용한다고 가정할 때, 로즈의 우울증에 대한 비정신화된 측면은 즉시 치료자의 관심을 끌었다. 데이비드의 귀인은 어느 정도 이해할 수 있지만 정신화라고 하기에는 매우 부족하다. 그는 의도가 없음에도 있다고 귀인했기 때문이다. 그는 로즈의 우울증에, 어느 정도는 그 우울증이 어떤 인물이 된 것처럼 핍박을 받는다고 느꼈다. 이 치료가 부부 관계의 이러한 측면을 조명할 때, 로즈는 마치 자신이 실제로는 아무런 책임도 느끼지 못하고 있는 방해 행위로 인해 비난 받는다고 느껴서 화가 났다.

여기서 로즈의 우울증 치료가 아닌 가족관계에서 일시적이거나 그렇게 일시적이지 않은 장애물을 제거하기 위한 방식으로 MIST가 제안되었다. 가족의 정신질환 경험으로 인해 손상된 정신화는 흔하고 쉽게 해결되는 문제다. 개입의 초점은 장애가 아니라 가족의 경험에 있다. 그것이 바로 치료자가 이 사례에 전달하려던 것이며, 정신화 고리의 일부로서 질문하기의 이원적 과정을 통해 정신화를 향상시킬 수 있었던 것이다. 정신장애는 불가피하게 보통의 사회적 교류에서 쉽게 수용될 수 있는 것보다 더 큰 강렬한 정서를 불러온다. MIST가 치료약은 아니지만 정신질환에서 이차적으로 나타나는 문제를 완화하는 데, 때로는 극적으로 도움을 줄 수 있는 잠재력을 가지고 있다고는 말할 수 있다.

정서적 강렬함이 문제를 일으킬 수 있다는 인식은 고통이 지배적이지 않은 상태일 때 인식하고 재점검될 필요가 있다. 이것은 치료자가 성찰을 적용하기 전에 쇠가 '차가워질' 때까지 기다리는 것에 의해 설명된 바 있다. 비효과적인 정신화를 해결하기 위해 정신화가 직접적으로 도입될 수 없다는 원칙은 생각보다 치료자들의 실무에서 따르기는 어렵지만 분명한 사실이다. 치료자는 정신화가 활성화되었을 때 작업하거나, 정신화가 자발적으로 다시 나타날 때까지 기다렸다가 성찰해야 한다.

정신화 고리에서 치료자는 다시 한번 사고가 생산적이 될 수 있는 공간을 만들어 냈다. 상실과 이별을 연결하는 것은 로즈의 우울증에 대한 잠재적인 촉발인이 될 수는 있겠지만, 아마도 데이비드가 로즈의 행동에 더 민감할 때는 그렇지 않을 때보다 그에게 취약한 순간이 될 것이다. 여기에는 어떠한 마법도 없다. 다만 정신장애가 관련된 모든 사람들에 의해 장애 경험으로 정신화되지 않을 때에는 관계에 부정적인 결과가 이어진다는 이차적인 영향력에 대한 인식이 있을 뿐이다.

명시적 교육 없이 가족에게
정신화를 가르치기

Mentalization-Informed Systemic Therapy

mist

세르지오(Sergio)의 어머니가 도움을 요청했을 때 그는 열네 살이었다. 그녀는 전화로 자신이 싱글맘이며, 약 1년 전 세르지오가 사춘기에 접어들기 전까지는 항상 아주 가까운 관계였다고 했다. 어머니에 따르면, 세르지오는 "매우 자의식이 강하고 비밀스러운 사람이 되었어요……. 저는 더 이상은 그 아이를 알 수 없다고 느껴요……. 그리고 그 아이는 모든 사람들과 자신을 단절한 채 친구가 없으며, 항상 자신의 외모에 대해 걱정하죠. 제가 그 아이에게 왜 밖에 나가려 하지 않느냐고 물었을 때는 얼굴 때문에 친구가 없어서라고 말해요. 저는 계속해서 너는 괜찮아 보이고 얼굴에 아무 문제가 없다고 말하지만, 그것은 그 아이를 화나게 하죠……. 아이는 폭발하는데, 저는 왜 그러는지 모르겠어요……. 그리고 나서 비명을 지르고, 벽과 문을 주먹으로 때려요……. 그 후에 진정하는 데는 몇 시간이 걸리는 경우도 있어요. 그다음에는 방에 틀어박혀 며칠 동안 거의 나오지 않아요. 학교에도 가지 않고…… 얼굴에 관한 이야기를 하고…… 그 아이는 눈이 너무 작고 광대뼈가 튀어나와 있다고 말하죠……. 그리고 그는 지금 성형수술을 하기 위해 돈을 모으고 있어요." 약간의 논의 끝에 그녀는 세르지오와 함께 첫 만남을 갖는 데 동의했다. 세르지오는 진료실 대기실에 어머니를 기다리게 하고 따로 봐 달라고 요청했다.

세르지오는 얼굴에 이상이 없는 시무룩해 보이는 10대로 보였는데, 사실 그는 꽤 잘생긴 청년이었다. 세르지오는 처음에는 단음절로만 말했는데, 자발적으로는 말하지 않았고 어깨를 으쓱한 뒤 "흠" 하고, 끙끙거리는 소리와 함께 아주 가끔 "예" 또는 "아니요"로 질문에 대답했다. 논의하고 싶은 사안이 없느냐는 질문에는 그저 "이거"라면서 얼굴을 가리켰다. 치료자는 질문을 통해 세르지오가 자신의 얼굴을 기형으로 확신하고 있어서 성형수술을 하기 위해 돈을 모으고 있다는 것을 점차 알게 되었다. "만약 제가 다른 얼굴을 갖게 된다면…… 친구가 생길 거예요. 제가 잘생겨지면 인생이 나아지겠죠." 치료자는 얼굴이 잘생겼다고 생각했다고 말하자, 세르지오가 대답했다. "내 뺨을 봐요, 쓰레기 같죠. 내 눈 밑 그림자를 봐요……. 그리고 내 이를 봐. 그것들은 모두 잘못됐어요. 이가 보일까 봐 웃을 수가 없어요." 치료자가 위안을 해도 그는 어깨를 으쓱거리고 이따금씩 끙끙거리는 소리를 낼 뿐이었다.

치료자는 방향을 바꾸기로 하고 세르지오에게 얼굴을 검사해도 괜찮은지 물었다. 그는 커다란 거울을 꺼내서 세르지오 옆에 앉아 친구들이나 다른 사람들이 얼굴을 보고 어떻게 생각할지 상상해 보라고 했다. "얼굴을 전체적으로 1에서 10까지의 척도로 점수를 매겨 보죠." 세르지오는 '2'점을 매겼고, 왜 그런지 설명했다. "내 뺨을 봐요. 쓰레기 같죠……. 그리고 눈 밑의 그림자들……." 치료자가 얼굴을 어떻게 평가할 것 같으냐는 질문을 받았을 때, 그는 "아마도 3이나 4"라고 대답했다. 그리고 왜 이런 차이가 생겼는지 설명해 달라는 요청을 받았을 때, 세르지오는 치료자가 "[그에게] 잘해 주고 싶어 하지만, 실제로는 그렇게 생각하지 않는다"고 생각해서 그랬다고 답했다.

치료자는 세르지오가 한 말을 인정한 다음, 이야기하는 동안 '우리가 얼굴을 더 자세히 검사할 수 있도록' 세르지오에게 사진 몇 장을 찍어도 될지 물었다. 치료자는 학교, 축구, 옛 친구들, 어머니, 그리고 아버지에 대한 몇 가지 질문들과 다양한 주제들에 대한 광범위한 논의에 그를 참여시키면서 세르지오 앞에 앉았다. 치료자는 10여 분간 이야기를 나누면서 스마트폰으로 20여 장의 사진을 찍었다. 그다음에는 일어나서 세르지오 옆에 앉았고 차례로 각각의 사진을 보면서 세르지오에게 사진 속 그의 얼굴을 평가해 달라는 요청을 했다. 결국 점수는 1점에서 4점 사이로 나왔다. 왜 어떤 얼굴은 더 높거나 낮은 점수를 받았는지에 대한 질문을 받고서 그는 더 높은 점수를 행복한 순간들, 특히 축구 경기에서 그가 좋아하는 팀이 이긴 것과 관련이 있다고 말했다. 예를 들어, 그는 "당신이 저에게 어떤 것이 가장 행복하게 만들었는지 물었는데……. 그건 아스널이 맨유를 5:0으로 이겼을 때였어요."라고 말했다.

치료자는 "그래서 얼굴이 조금 바뀔 수 있었군요. 당신이 어떤 이유로든 행복해할 때 얼굴이 조금 더 나아 보이는군요……. 제가 제대로 이해한 게 맞나요?"라고 말하자 세르지오는 어깨를 으쓱했다. 치료자는 조금 더 나아가 "당신은 16세가 되어 얼굴 수술에 동의할 수 있게 될 때까지 앞으로 2년 동안 자신을 위한 성형외과 의사가 될 수 있다고 생각하나요? 어쩌면 제가 당신의 얼굴을 조금, 아주 조금은 바꿀 수 있게 도와줄 수도 있습니다. 저는 이 제안을 통해서 그것이 효과가 있는지 보고 싶군요. 이제 다음에 우리가 서로 다른 상황에서 만날 때까지 50장 정도의 셀카를 찍어 보는 것을 제안하고 싶군요. 그러면 우리가 그것들을 함께 볼 수 있겠죠. 우리는 무엇이 어떤 사진들은 더 안 좋게 보이게 하고 어떤 사진들은 더 좋아 보이게 하는지 알아낼 수 있을 겁니다. 셀카를 찍을 때는 TV를 볼 때인지, 기분이 정말 우울할 때인지, 엄마가 당신에게 화낼 때인지, 당신이 가장 좋아하는 음악을 틀 때인지를 추가로 기록할 필요가 있습니다."

정서적인 성형수술

일반적으로 느낌은 자신과 몸에 뿌리를 둔 것으로 경험된다. 이러한 경우에 그 느낌들은 타인의 의심과 도전 앞에 놓여 있지 않다. 그것들은 단지 즉각적으로 신체 경험에서 생겨나서, 주관적인 현실을 재빠르게 포착한다. 우리가 무언가를 강하게 느낄 때, 그 경험에는 의심의 여지가 없다. 정서 경험의 본질은 호소력 있고 마음을 사로잡는 특성과 불가분의 관계가 있다. 사고가 정서에 휘말리기 시작하면, 그리고 자기와 타인에 대한 생각과 믿음이 느낌 논리의 일부가 되면 문제가 시작된다. 사고는 본질적으로 잠정적인 과정이다. 만약 내가 어떤 것이 하나의 생각이라는 것을 알고 있다면, 나는 그것이 오해나 심지어 오류를 반영할 수도 있다는 가능성도 동시에 인식하게 된다. 정서의 논리가 나의 사고를 사로잡을 때, 그러한 잠정적일 수 있다는 모든 징후는 나의 인지에서 사라진다. 생각은 의심이나 재고의 여지없이 확실하고 분명해진다. 사고는 흑백의 거대한 일반화와 편견이 차지하게 되고, 나는 그들이 잘못되었다고 느끼기 때문에 모든 대안적인 관점을 무시할 준비가 되어 있다. 그러나 **생각은 생각되어야 하는 것이고 느껴서는 안 된다.** 제2장에서 설명한 바와 같이, 심적 동일시는 감정의 강렬함이 사고를 납치해가는 마음의 상태다. 인지적 명제의 규칙에 따라야 한다는 생각은 그것을 둘러싼 감정의 강렬함으로 인해 완전히 압도되었다. 그것은 이제 우리의 감각에 의해 검증된 신체적 경험을 일상적으로 유보할 정도로 이례적으로 다루어진다. 생각과 느낌이 분리되어 유지되지도 않고, 마음은 뭐가 다른지 모르겠는 수준이 된다.

얼굴 생김새에 대한 세르지오의 뿌리 깊은 믿음은 '신체이형 공포증(dysmorphophobia)'으로도 알려진, 망상적 강도에 도달했다고 말할 수 있다. 처음에 치료자는 세르지오의 비효과적인 정신화 자세에 대해 마치 그 영역의 부족함을 보충해 주는 듯한 정신화 자세를 채택해서 다루고 싶다는 느낌을 받았다. 그는 자신이 세르지오의 자기 지각에 의문을 제기하고 있음을 알았고, 외모에 대한 소크라테스식 대화에 참여하여 세르지오 스스로 신념을 비판적으로 검토하고 성찰하도록 격려했다. 하지만 이 접근법은 효과가 없었다. 제4장에서 설명한 바와 같이, 결코 정신화로 비정신화를 압도할 수는 없기 때문에, 한 사람이 다른 사람을 심적 동일시의 위치에서 끌어내서 '사고하도록(정신화하도록)' 만들 수는 없을 것이다. 이것은 치료자가 다른 길을 고려하도록 이끌었고,

대안적인 접근은 다소 역설적으로 비정신화적인 것이었다.

비정신화적 개입은 심적 동일시 안에 매몰된 사람이 사고에 대한 상징적 접근법(symbolic approaches)을 채택할 수 있게 될 정도까지는 정서적 강렬함을 감소시키도록 달래는 역할을 할 수 있다. 물론, 모든 비정신화적 개입이 이러한 목적에 도움이 되는 것은 아니다. 치료자는 먼저 내담자와 함께 동일한 관점에서 세상을 바라봐야 하고, 그게 마음에 들든 아니든 간에 세르지오를 타당화해야 한다. 거울과 사진을 사용해서 같은 이미지를 함께 보는 것은 세르지오의 얼굴 특징과 표정을 알려 주는 잠재적인 마음 상태에 대한 대화를 발전시키는 데 도움이 되었다. 치료자는 세르지오의 관점에 동조하고 있음을 나타내어 어머니와 다른 사람들이 가진, 선의에 근거했지만 동조하지 않는 관점으로 인해 발생하는 정서적 긴장을 감소시켰다. 그러자 각성이 줄어들면서, 정신화가 재개될 가능성이 늘어났다.

이처럼 공동의 입장을 취하는 것이 정서 조절을 하게 되는 데 필수적이었다. 게다가 각 사진 속 얼굴에 대해서 비정신화적인(약간 목적론적 모드의) 구체적인 점수 매기기를 하는 것은 정신상태와 그 정신상태가 물리적 세계에서 발현되는 것 사이의 관계에 대해 이야기하는 방식에 대한 기본적인 언어를 확립했다. 신체적 외양은 정신상태의 잠재적 표상으로 간주될 수 있고 따라서 주관성의 기반이 될 수 있다. 주관성의 기원은 신체적인 것에서 시작되었을 가능성이 높은데, 이는 보호자가 아기의 신체적인 제스처(동작, 표정, 발성, 고통 신호 등)에서 의도성을 인식하는 데 뿌리를 두고 있기 때문이다. Sigmund Freud (1923, p. 16)가 말했듯이, "신체적 자아가 최초의 그리고 가장 주된 자아"다. 말하자면, 마음은 신체적 언어에서 심리적 언어로의 전환을 촉진하기 위한 목적으로 물리적 육체에 놓여 있는 것이다. 이런 방식으로 신체적 · 정서적 상태는 점차 정신화에 가까워졌다. 이윽고 세르지오는 자신이 생각했던 것보다 '견고해진 얼굴'이 어떻게 부드럽게 보일 수 있는지, 그리고 이것이 자신의 대화 내용과 어떤 관련이 있는지에 대해 호기심을 갖게 되었다. 앞에서 설명한 회기의 마지막 부분은 세르지오의 신념에 대한 특이하고, 아마도 도전적인 틀을 내포하고 있었다. 즉, 자신이 스스로의 얼굴에 대한 성형외과 의사가 될 수 있다는 개념, 신체적으로 변하지 않는 특징들을 정신적으로 변화시킬 수 있다는 것이었다.

세르지오는 일주일 후 다음 회기에 나왔다. 그는 과제를 했고 휴대전화로 50장 이상의 셀카를 찍어 왔다. 치료자와 세르지오는 함께 앉아 사진들을 하나씩 살펴보았다. 세르지오는 각 셀카에 점수를 매겨 달라는 요청을 수락했고, 이따금씩 치료자 쪽으로 고개를 돌려 동의 여부를 묻기도 했다. 세르지오의 평점은 1과 7 사이를 오갔는데, 높은 점수는 그가 '축구광 친구들'이라고 부르는 그룹과 온라인 채팅을 할 때 찍은 일련의 셀카 때문이었다. 만약 이 사진을 본 소녀가 있다면 그에 대해 어떻게 생각하거나 느낄 것 같은지 묻자, 세르지오는 이렇게 대답했다. "그녀는 '와우'라고 말할 거예요." 치료자가 "한 명 이상의 소녀들이 당신을 보고서 '와우'라고 말하기를 원한다면, 그런 반응을 얻기 위해 당신은 그때 무엇을 생각하고 느낄 필요가 있을까요?"라고 묻자 세르지오는 한참을 생각하다가 대답했다. "저는 행복한 생각을 할 필요가 있어요……. 아마도 저는 이긴 경기의 점수에 대해 생각할 필요가 있겠죠." 세르지오가 말하는 동안 치료자는 계속해서 세르지오의 사진을 찍었고, 세르지오는 이 사진들을 검토하고 점수를 매겼다. 놀랍게도 세르지오는 두 장의 사진을 발견했다. "이것 좀 봐요, 저건 5…… 어쩌면 6일 수도 있어요."

2주 후에 세르지오는 친구와 함께 왔다. 세르지오는 소셜 미디어 플랫폼을 언급하며 "저는 263명의 팔로워가 있어요."라고 말했다. 그는 온라인상의 자기 사진에 대한 반응을 보고, "놀라워요. 그들은 제가 '멋지다'고 말했어요."라고 했다. 친구는 이게 맞다고 한 뒤 "세르지오는 확연히 달라졌어요……. 전에는 정말 우울했지만 지금은 많이 웃어요." 그러고 나서 세르지오는 치료자에게 그의 최신 셀카를 보여 주며, 그가 "10…… 음, 어쩌면 9점"이라고 평가한 사진 세 개를 가리켰다. 친구는 항상 세르지오에게 "얼굴에는 아무 문제가 없다"고 말했지만, 세르지오는 그 말을 전혀 믿지 않았다고 말했다. 그 친구에게 왜 세르지오가 얼굴에 '이 문제가' 있다고 생각했을 것 같은지를 묻자, "저는 그게 그에게 아버지가 없는 것과 관련이 있다고 생각해요……. 그는 결코 그 일에 대해 말하지 않지만, 나는 그 일이 그를 괴롭혔다는 것을 알아요."라고 대답했다. 치료자는 세르지오에게 고개를 돌려 물었다. "친구가 말한 것에 관해 할 얘기가 있나요?" 세르지오는 대답했다. "저는 제 아버지를 몰라요. 그는 아르헨티나에 살고 있고, 엄마는 그가 끔찍하다고 했어요." 이어진 두 소년과의 대화에서, 주제는 '아버지', 즉 아버지라는 사람이 그들을 필요로 하는지 아닌지, 자신의 아이들에 대해 신경 쓰는지, 자신의 부모와 얼마나 비슷하고 다를지 등에 대한 것이었다. 세르지오는 아버지에 대해 거의 아무것도 모른다고 말했고, 이 사실로 인해 치료자는 어머니에게 다음 회기에 와서 아버지에 대해 세르지오와 이야기하고 싶은지 물어보게 되었다.

세르지오가 첫 번째 회기에 왔을 때, 그는 자신이 못생겼다고 생각하는 하나의 독특하고 경직된 견해에 강하게 사로잡혀 있었다. 못생긴 것은 누군가가 좋아하지 않는 것과 동일했다. 누군가 좋아하지 않는다고 느끼는 것이 만들어 낸 정서적 영향력과 이러한 생각이 연약한 청소년의 마음에 만들어 낸 강렬한 부정적 정서는 그가 자신을 매력적이지 않다고 느끼는 현실을 더 견고하게 했다. 이러한 일은 점점 더 깊은 확신과 다른 사람이 좋아하지 않는다는 느낌에 대한 점점 더 강력한 반응으로 이어지는 극단적 악순환으로 이어졌다. 정상적인 외모를 가진 젊은이가 자신에 대한 왜곡된 이미지를 형성하기 시작한 데에는 복잡한 개인적·가족적 역동 및 다른 문제들이 크게 기여했을 가능성이 있다. 그러나 가장 즉각적인 수준에서, 신념을 반복적으로 강화하고 심화시키는 것은 정서 반응을 생성하는 신체 경험의 상호작용이었다. 비참함이 강화될 때마다 그 신념은 확신으로 바뀌었고, 그것은 다시 신체적 경험을 심화시켜 확신을 더욱 심화시킬 수 있는 잠재력을 갖게 되었다. 이 현상을 설명하는 원인과 이유를 찾기 위해서는 세르지오가 이 경험에 끌려들일 수밖에 없었던 바로 그런 종류의 정신화 능력을 필요로 했을 것이다. 이러한 깨달음으로, 치료자는 통찰을 추구하지 않게 되었다. 역설적으로, MIST 치료자는 심적 동일시의 세계에서 세르지오와 함께 했다. 치료자는 정신화의 회복을 촉진하기 위해 그러한 인식들에 도전하기보다는 부드럽게 확장함으로써 그들 마음의 결합을 구축했다. 세르지오의 관점을 반박하는 것은 감정을 강렬하게 하고 심적 동일시에서 태어난 그의 확신을 더욱 증폭시켰다. 그의 견해를 타당화함으로써, 즉 어떤 의미에서는 그의 선입견과 결탁함으로써, 세르지오의 불안감을 줄일 수 있었고 그의 걱정이 심각하게 받아들여지고 있다는 것을 확신할 수 있게 해 주었다. 얼굴 생김새에 지나치게 몰두하고 있는 사람과 함께 셀카 시리즈를 검토하는 것은 시야를 넓히고 대안적인 견해를 취하며 정신화를 동기화하는 자기성찰과 유연성을 창출할 수 있는 확실한 플랫폼으로 보였다.

이런 태도는 세르지오에게 제공한 과제에서 드러난다. 그 과제는 얼굴에 지나치게 초점이 맞춰져 있는 것처럼 보였지만, 그 과제에는 세르지오의 얼굴 그 자체보다는 세르지오의 얼굴에 대한 다양한 관점이 내포되어 있었다. 이것은 그가 고정된 얼굴을 가지고 있지 않다는 것을 인식하게 했고, 그래서 그의 심적 동일시 상태, 즉 그가 기형적인 얼굴을 하고 있다는 인식에 부드럽게 도전할 수 있게 했다. 이 발견은 세르지오를 놀라게 했다. 치료자와 노트를 비교할 때, 세르지오는 자신의 변화무쌍한 외모와 외모를 달라 보이게 하는 가능성이 있는 맥락들에 대해 의견을 교환하면서 채점 실습과 그에 대한 논의에 참여했다.

이 모든 것은 기본적인 정신화이며, 회복으로 가는 여정 속 정신화에 기반한 치료 작업의 첫 단계다. 이 같은 협업 작업은 자연스럽게 양측의 호기심을 자극한다. 세르지오와 치료자는 서로의 지각을 검토했고, 대화는 특정 얼굴 변화의 원인이 되는 마음 상태에 명확하게 초점을 맞추었다. 이것들은 물리적 세계와 정신적 세계를 연결하는 중요한 노력들로 구성된다. 다른 사람의 눈을 통해 자신을 보고 다른 사람들이 세상을 다른 방식으로 볼 수 있다는 것을 인식하는 능력이야말로 효과적인 정신화의 핵심이다.

효과적인 정신화를 촉진하기 위한 구체적인 활동과 게임

셀카는 신체적인 세계와 정신적인 세계 사이에 다리를 제공함으로써 효과적인 정신화를 자극하기 위해 사용하는 여러 비전통적인 도구 중 하나에 해당한다. 셀카는 단순히 말해지는 것 이상의 일이 일어나고 있다는 맥락으로 정신 상태를 정교화하는 데 초점을 맞출 수 있게 해 준다. 그 핵심은 신체적 경험의 통합이며, 물리적 세계 및 성찰의 현실성을 강화하는 것이다. 정신화가 취약해진 순간에는 치료자가 신체적 또는 물리적 경험에 함께 참여하지 않게 되면 정신화를 지원하는 것이 성공하기 어려워진다. 춤, 연극, 그리고 다른 심리치료를 시행하는 사람들은 최근에 이것을 깨달았다. 여기-지금의 생각과 느낌에 대한 인식을 동시적인 신체적 경험과 결합하지 않으면, 정신화는 억제된 채로 남을 것이다. 단지 성찰만으로는 변화를 불러올 수 없을 것이다.

그러나 또한 실습법 자체는 가장 일반적인 방식으로만 정신건강 문제를 다루게 될 것이다. 체계적인 성찰이 없다면, 유희적 경험은 치료환경 밖의 상황에서 도움이 되지 않을 것이다. 이러한 특정 기법들이 장난스러운 방식으로 사용될 때 심적 동일시 모드와 가장 모드가 결합된 상태가 생성되는데, 아마도 이것은 어린아이들의 정신화 발달 궤적을 모방하는 것이 될 것이다(Fonagy & Target, 1996). 심적 동일시의 구체성(concreteness)과 가장 모드의 얽매이지 않음이 유희적으로 병치되면, 마음은 경직된 신념으로부터 자유로워지고 때로는 준망상적 신념에도 도전할 수 있게 된다. 그러한 결합은 불안이 허용 가능한 한도 내에서 유지되도록 보장된 상태에서 가장 관련성이 높은 사안에 초점을 맞추게 해 준다.

마음을 읽는 청진기 및 기타 '탐색기'

정신화 정보에 근거한 체계치료 접근법을 동일하게 적용한 또 다른 치료 사례를 살펴보자. 의사들이 특정 신체 증상을 파악하기 위해 일상적으로 사용하는 청진기를 떠올려 보자. 정신화 중심의 치료자가 사용할 때, 마음을 읽는 청진기는 자신이나 타인의 생각과 느낌에 대한 의견을 이끌어 내는 데 사용될 수 있다. 치료자는 가족 회기에서 청진기를 다른 가족 구성원의 머리에 두고 어린이나 청소년(또는 심지어 어른)이 무언가를 듣도록 격려한다. 청진기는 호흡기 및 심혈관 증상(예: 심장 잡음 또는 폐울혈)을 식별하는 것 외에 알려진 진단적 특성이 없지만, 일반적으로 가족 구성원들이 까다로운 사안에 있어서 서로에 대해 명시적으로 정신화하는 것을 꺼려하는 것을 중단시키는 데에 놀라울 정도로 효과적일 수 있다.

　　치료자(엄마 머리에 청진기를 대고): "엄마의 머릿속에서 무슨 일이 일어나고 있다고 생각하니? 엄마의 뇌에서 무슨 일이 일어나고 있는지 들을 수 있다고 상상해 볼까? 엄마는 어떤 생각이나 소망을 가지고 있을까? 그 부분에 청진기를 대 보자……. 엄마 마음 바로 뒤에? 때로 사람들은 그들의 비밀스러운 생각이나 느낌을 머리 바로 뒤에 둔다……. 넌 그것들이 뭐라고 생각하니? 엄마는 거기서 무엇을 느꼈을까? 아니면 엄마는 몸의 다른 부분에서 무언가를 느낄 수도 있지……. 이 청진기는 심장과 배의 소리

도 들을 수 있단다. 넌 엄마의 마음이 한 명 이상의 아이들을 위해 충분히

크다고 생각하니? 바로 너를 위해 있는 부분을 들어보자……. 어떤 느낌

이니?"

사람들은 비슷한 방식으로 청진기를 심장, 뇌, 복부에 대면서 자신의 말을

들을 수 있다. "그리고 지금 잠시 자신의 말을 들어보자. 네 심장이 말할 수 있

다면, 뭐라고 말할 수 있을까?"

일반적으로 아이들은 약간의 격려가 있을 때 부모보다 유희적인 기법을 쉽

게 사용하는 경향성이 있다. 부모들도 아이들의 시범에 이끌려서 결국에는 마

음을 읽는 청진기를 사용하는 것을 자유롭게 느끼게 된다. 청진기를 듣고 싶은

신체기관에 가져다 대는 것은 효과적인 정신화를 뒷받침하는 통합, 즉 신체적

세계와 정신적 세계 사이의 연결을 만드는 간단한 장치가 된다. 또한 우리가

앞에서 말했듯이, 유희성은 그 사람을 내재된 사고방식으로부터 분리시키고,

한정된 가벼움은 불안을 감소시킨다. 청진기는 단순한 장치처럼 보이지만 실

제로는 꽤 복잡한 장치로 변화한다.

일대일 개인 회기에서는 치료자의 마음을 살펴보고 내담자가 대안적인 관

점을 생각해 볼 수 있도록 지원하는 방식으로 자신의 소리 듣기를 확장할 수

있다. 치료자는 세르지오의 얼굴에 대해 '진짜로 생각하고 느끼는' 것이 무엇

인지 함께 알아내는 작업을 하며, 치료자의 머리에 청진기를 대 보도록 요청했

다. 이것은 신뢰에 대한 대화로 이어졌고, 다른 사람들이 말하는 것을 믿을 수

있는지, 어떤 정보와 어떤 사람에게 의지할 수 있는지를 알아낼 수 있는 방법

에 대한 대화로 이어졌다. 달리 말해서, 단순한 도구가 자신과 타인의 마음속

으로 들어가는 다리로 존재하게 되는 것이다.

우리는 마음을 읽는 범위가 오직 치료자의 상상력에만 제한을 받는다는 것을

분명히 해 주기를 바란다. 예를 들어, 청진기 기법은 부모-렌즈(parentoscopes)

와 아이-렌즈(kiddyscopes)의 사용으로 발전할 수 있다. 이 도구들은 아이와

부모가 실제 렌즈를 통해 자신과 다른 사람들을 볼 수 있도록 돕기 위해 고안되었다. 많은 어린이들과 상당한 수의 성인들에게도 유희적인 방식으로 사용되는 구체적인 신체 구조(concrete physical structure)는 관점 변화를 촉진하는 가장 효과적인 방법이 될 수 있다. 예를 들어, 열 살 프레디는 평범한 판지 튜브를 제공받고 치료자로부터 다음과 같은 질문을 받았다. "엄마-렌즈를 통해서 볼 때 무엇이 보이는지 말해 줄래? 엄마는 프레디에 대해 어떻게 생각하고, 그 안의 프레디에게는 무슨 일이 일어나고 있을까? 그리고 이제 바닥을 비틀면, 그것은 아빠-렌즈가 된단다. 들여다보자. 그 안에는 같은 프레디가 보이니, 아니면 다른 프레디가 보이니? 어떻게 엄마와 아빠는 서로 다른 두 명의 프레디를 볼 수 있었을까?" 마찬가지로 부모들이 적절한 '조정기'가 장착된 더 정교한 웨어러블 '장치'를 '아이-렌즈', 이 경우에는 '프레디-렌즈'로 사용한다면, 그들은 그것을 머리에 얹고 거울로는 자기 자신을, 이 장치를 사용해서는 다른 사람들을 볼 수 있을 것이다.

부모와 자녀는 판지와 기타 재료를 사용하여 각자의 '부모-렌즈' 및 '아이-렌즈'의 원형을 함께 만들어 볼 수 있다. 이러한 장비를 함께 제작하면서 치료자는 가족들의 과정들(그들이 어떻게 상호작용하고 의사소통하는지, 누가 주도하는지, 누가 따라가는지, 주고받는 것이 있는지 등)을 관찰할 수 있다. 부모들이 그러한 장비 만들기를 원하지 않거나 만들 수 없을 때, 치료자는 창고에서 자신의 장비를 가져와서 각 가족 구성원들이 그중 하나를 선택하도록 할 수 있다. 그것은 조망 과정을 구체화해서 더 강한 정신화의 시동을 걸 수 있게 하는 물리적 구조가 된다. 이 장치들은 특히 각 가족 구성원들이 자신의 관점에만 매우 몰두하고 있는 상황에서 도움이 될 수 있다. 교사-렌즈, 판사-렌즈, 경찰-렌즈, 절친-렌즈 등과 같은 이 유희적인 활동에는 다양한 변형들이 있으며, 가족 구성원들이 상당히 다른 여러 렌즈를 통해 딜레마, 문제, 사람을 보는 능력을 더욱 향상시킬 수 있다. 핵심은 심적 동일시의 틀을 깨고, 가정에 의문을 제기하고 성찰하며, 다른 사람의 관점을 보다 복잡하게 표상함으로써 가족 내 정신화적 자세의 강화를 견지하는 것이다.

몸과 마음 스캔

우리가 앞에서 말했듯이, 정신화는 신체적인 경험과 정신적인 경험의 통합이다. 유아의 정신상태는 최초 양육자가 유아의 정신상태의 변화를 가정하는 민감함을 기반으로 유아를 안고 신체적인 제스처로써 반응하는 신체 접촉을 통해 해석된다. 신체는 주관적 경험에 중요한 역할을 하며, 따라서 심적 동일시나 가장 모드로부터 정신화를 자유롭게 해 주는 중요한 경로가 된다. 우리의 접근 방식에서는 치료자들이 정신화를 강화하고 개인과 가족 구성원들의 정신상태를 보고 검토하기 위해 내담자의 신체적 경험을 활용할 것을 권장한다.

'마음–뇌 스캔(mind-brain scan)'(Asen & Fonagy, 2012b)은 생각과 느낌의 구상화를 지원하는 신체 스캔의 변형 중 하나다. 각 가족 구성원은 인간 뇌 단면에 대한 종이 도표를 제공받는다. 그러나 이 수정판에서는 해부학적으로 정확한 4개의 뇌실보다는 더 크고 작은 총 10개의 공간이 그림에 묘사되어 있다. 치료자는 다음과 같이 설명한다.

"이게 뭔지 아시겠나요? 이것은 일종의 뇌지만 보통 사람들의 뇌보다 더 많은 공간을 가지고 있기 때문에, 우리는 그것을 사람의 마음처럼 다룰 겁니다. 사람들이 머릿속에 가지고 있는 것은 뇌와 마음 둘 다이기 때문입니다……. 어떤 공간(의사들은 그중 일부를 '뇌실(ventricles)'이라고 부릅니다.)은 크고 어떤 공간은 작은 것을 알 수 있죠. 제인, 이것이 마음이 담긴 아버지의 머리라고 상상해 보세요. 당신이 생각하는 당신에 대한 아버지의 소망과 느낌을 이 공간에 담아 보세요. 만약 당신이 아버지가 어떤 비밀스러운 감정이나 생각을 가지고 있다고 생각한다면 당신은 그것들을 작은 공간에 둘 수 있고, 그에게 정말 정말 중요하고 모든 사람이 알아야 한다고 생각하는 것은 큰 공간에 둘 수 있습니다. 그리고 저는 당신의 어머니께 또 다른 뇌를 드릴 겁니다. 제임스 부인, 제인에 관해서 남편의 머릿속에서 일어나고 있다고 생각하는 내용으로 이 공간을 채울 수 있을까요? 제임스 씨, 여러분이 스캔해 보셨으면 하는 또 다른 뇌가 있습니다. 이것은 당신의 뇌이지만 당신이 제인에 대해 느끼고 생각하는 방식이 아니라, 당신이 상상하는 제인이 그녀 자신에 대해 느끼고 생각하는 방식이면서 제인이 여러분의 관심사와 좋고 싫음에 대해 생각하는 방식입니다. 그게 아니라면 당신이 원하는 대로, 당신의 아내가 제인에 관해 당신의 머릿속에서 일어나고 있다고 믿는 것을 뇌 도표에 그려 넣으시면 됩니다. 이것은 당신이 실제로 느끼거나 생각하는 것은 아니고, 그녀가 당신이 느끼고 사고한다고 생각하는 것을 말합니다. 이제부터 모두 여러분 앞에 있는 뇌와 마음을 스캔하세요. 나중에는 우리의 머릿속에서 무슨 일이 일어나는지 보겠습니다.”

이 놀이 같은 실습의 목적은 무엇인가? 중요한 것은 ‘뇌실’에 들어가는 내용이 주로 의사소통의 목적에서 중요성을 갖는다는 점이다. 우리가 보기에, 이 게임과 다른 게임들을 치료적으로 만드는 것은 단지 이 게임들이 정신상태를 정교화하도록 장려하기 때문만은 아니다. 주된 이점은 다음 제임스 부인의 경우와 같이 가족의 정신상태에 대한 의사소통을 유도한다는 것이다.

제인이 아버지가 시험 성적을 매우 중요시한다고 느낀다는 것을 알게 되면 평범한 학교 보고서에 대해 성질부리는 그녀의 행동을 이해하는 데 도움이 된다. 제임스 부인의 관점에서는 제인이 칼로리 섭취 제한을 중단해야 한다는 소망과 제인이 행복해야 한다는 느낌이 남편이 유일하게 중요하게 여기는 일이다. 공교롭게도, 아버지의 생각에 대한 제인의 인식에는 이러한 두 가지 요소들이 없다. 제인은 자신의 문제가 아버지의 업무 일정을 방해해서는 안 된다는 숨겨진 생각에 대해 말했다. 일례로, 제인은 아버지가 가족 모임에 참석하는 것을 싫어한다는 것을 알고 있다고 했다. 제임스 씨가 이것을 애써 부인하는 동안, 제임스 부인은 제인의 관점을 타당화해 주었다. 치료자는 제인에게 아버지가 가족 모임을 불편해한다는 그녀의 인식이 무엇을 의미하는지 부모님을 위해 조금 더 설명해 달라고 밀어붙였다. 제인은 그것이 아버지가 자신을 신경 쓰지 않는다는 것을 의미한다고 다소 공격적으로 주장했다. 이 시점에서 제임스 씨는 자신의 어린 시절에는 원가족들 중 어느 누구도 감정에 대해 이야기하는 것이 허용되지 않았고 혹은 적어도 자신은 그렇게 느꼈다고 말하며, 사람들이 감정에 대한 논의를 얼마나 불편해하는지를 다소 감정적으로 드러냈다. 그는 그런 태도가 별로 도움이 되지 않는 태도라고 느껴서 다르게 행동하고 싶었음에도, 제인과 아내가 공개적으로 그들의 기분에 대해 이야기할 때면 종종 심한 어색함을 느낀다고 말했다.

이러한 대화로 가족 역동이나 개인의 행동에 있어서 극적인 변화가 일어나는 경우는 거의 없을 것이다. 변화는 주로 가족 구성원 간의 특징적인 대화에서 점진적으로 나타난다. 가족 간의 대화는 정신상태를 다루는 데 있어 더욱 섬세하게 변화한다. 그들은 덜 이분법적이 되고, '항상', '결코', '매번', '전혀', '항상'과 같은 단어나 '당신은 단지……', '당신은 ……를 좋아하지', '당신은 ……를 싫어해', '당신은 ……를 좋아해'와 같은 비난하는 범주적 속성을 가진 정신상태에 덜 지배된다. 우리가 게임과 실습으로부터 발견한 것들은 다른 가족 구성원의 '머릿속에서 일어나는 일'을 추측하게 하고, 다른 사람이 품고 있다고 상상하는 감정, 소망, 신념, 생각으로 그 공간을 채우는 많은 다른 방법들이 있음을 고려하게 한다. 게임은 그것을 촉진하고 격려한다. 제임스 씨와 같은 사람들은 정서를 포함한 담론의 정당성을 의심하고 느낌의 언어에 어려움을 겪는다. 지난 20년 동안의 많은 연구들은 어린 시절의 부정적인 경험이 어떻게 정서의 조직화와 조절을 방해할 수 있는지를 보여 주고 있다(Koss &

Gunnar, 2018; Raymond, Marin, Majeur, & Lupien, 2018). 가족 내 담론을 변화시 킨다고 해서 발달 과정에서 입은 피해를 되돌릴 수는 없지만, 가족 간에 관여 를 꺼려 하는 태도는 막을 수 있다. 불안이 유발하는 느낌에 대해 이야기하는 것으로 인해 예상했던 재앙적인 결과가 실제로는 일어나지 않는다는 것을 알 면 가족 역동에 실질적인 차이를 만들어 낼 수 있다. 한 젊은 여성이 가진 섭식 과 관련된 삶과 죽음을 오가는 불안이 모든 담론에 스며든 제임스 가족과 같은 경우에, 정신상태를 나타내는 언어에 대한 공포증적 회피는 변화의 가능성을 강력하게 제한할 수 있다. 우리는 여기에서 MIST의 정신화 도구가 그들만의 것이 되는 지점을 보게 되었다.

정신상태의 회피가 왜 그처럼 문제가 될까? 가족의 비정신화적 담론은 다른 비정신화적 담론을 낳는다. 심적 동일시가 가족의 의사소통을 지배할수록 대 화는 점점 더 진지해진다. 이것은 역설적인 과정일 수 있다. 사람들은 정신상 태를 표현하면 압도되고 잠재적으로 매우 큰 고통을 경험할 수 있기 때문에 그 러한 표현에 대해 매우 취약하다고 느끼게 되지만, 오히려 이러한 정신상태들 은 더 자주 무시된다. 이러한 과정에 초점을 맞추기 위해서는 구체적인 지시 가 내려질 수 있다. 예를 들어, "공포와 희망을 끄집어내세요……. 그러면 이것 이 당신이 그것을 보는 방식이 됩니다. 당신의 아들이 이 마인드 스캔이나 마 인드맵을 어떻게 채웠다고 생각하나요?" 마인드맵에 강렬하고 두려울 수 있는 감정을 채워 넣는 것은 가족 구성원들이 이 감정들과 그 촉발인들을 검토할 수 있게 돕는다.

가족체계에서 서로의 생각과 느낌에 관해 유희적으로(진지하지 않게) 접근 하여 제한점들을 제거해 나가는 것은 이해의 개선을 통한 신뢰를 만들어 낸 다. 다른 많은 유희적인 활동들과 마찬가지로, 이 실습의 목적은 타인들의 생 각에 대한 호기심을 자극하고, 오지각을 수정하며, 오해에 대해 논의하는 것이 다. 타인들이 세상을 경험하는 방식을 보는 기회는 타인들에 대한 인식뿐만 아 니라 그들이 타인에게 인식될 때의 자기 자신을 인식하는 각 개인의 능력을 향상시킬 수 있다. 이것이 체계 내의 신뢰 수준과 안전함, 각 구성원이 체계 내의 다른 사람들로부터 배우고자 하는 의지를 향상시키는 것이다.

역할극

이 장에서 서술하는 실습은 가족 구성원들에게 일시적으로 다른 위치에 가거나 실제로 다른 역할로 들어가 보라고 격려한다. 실제 역할극은 정신화에서 영감을 받은 개입의 또 다른 형태로 사용될 수 있다. 심리극 기법(Moreno, Moreno, & Moreno, 1963; Yablonsky, 1981)을 기반으로 하는 역할극은 그 무엇보다도 관점 취하기(perspective taking)를 장려하는 것일 수 있다. 예를 들어, 미니 역할극(mini-role plays)에서 치료자는 역할을 역전하여 내담자나 가족 구성원 중 한 명이 될 수 있다. 역전된 역할극(inverted role plays)은 치료자가 다음과 같이 말하면서 시작할 수 있다. "제가 당신이고, 당신이 저라고 상상해 보세요…….. 저는 당신에게 제가 느낀 것을 말하고, 당신은 치료자로서 제가 말하는 것에 반응해야 할 것입니다." 이 기법은 일시적인 자기 정신화의 상실(the temporary loss of self-mentalizing)을 활용한다. 이 미니 역할극 동안, 내담자나 가족 구성원은 더 이상 다른 사람의 관점이 자기 인식에 미칠 영향에 대해 특별히 신경 쓰지 않기 때문에 다른 관점을 채택하는 데 덜 제약을 받는다. 그는 순간적으로 말 그대로 자신을 잊은 다른 사람이 된다. 이러한 방식으로 가족과 함께 작업할 때, 각 가족 구성원들은 보통 그들이 취할 수 없거나 원하지 않는 메타-조망적인(metaperspective) 입장을 취할 수 있다. 가족 구성원들 간의 느낌과 사고에 대한 후속 토론은 그들이 관찰한 것을 설명하고 다른 관점을 통합하는 방향으로 나아가며, 이전에 고수했던 각자의 개인적이고 구분되며 고정된 관점을 대체하여 공유된 관점을 개발해 내는 '성찰하는 팀'을 만들 수 있다.

보다 공식적인 역할극은 현재나 과거에 문제가 된 상호작용을 활용해서 발전될 수 있으며, 가족 구성원들에게는 연기를 해달라고 한 후에 미래에 상황이 어떻게 달라질 수 있는지 생각해 보라는 요청이 주어진다. 예를 들어, 부모들이 자녀 없이 회기에 참석하도록 요청받았을 때, 그들은 전형적인 갈등 시나리오에 대해 생각해 보고 그것을 '연기'하도록 요청받을 수 있다(Minuchin, 1974). 일단 분위기가 조금 달아오르면, 치료자는 그들에게 잠시 멈추고 상대방의 사고와 느낌을 생각해 보라고 요청한다. 보통은 이 실습이 어렵게 느껴지는 경우가 많기 때문에, 치료자는 그들이 주장을 '재연(replay)'하되 서로 역할을 바꿔 보라고 제안할 수 있다. 그들은 자리를 바꾸고, 엄마는 아빠인 척하고 아빠는 엄마인 척해야 하며, 각각은 상대방이 이전에 했던 대사를 정확히 사용해야 한다. 아이들의 사진이 있는 빈 의자는 자리에 없는 아이들을 나타낼 수 있다. 그런 다음 각 부모는 여전히 상대 부모의 역할을 수행하면서 전형적인 고착된 결과가 아닌 건설적인 결과를 얻기 위해 동일한 문제에 대한 다른 대사를 몇 개 떠올려 보라는 요청을 받게 된다. 그들은 3개월 후에 (가설적으로) 그들의 관계가 개선되었다면, 잠재적으로 문제가 될 수 있는 사안에 대한 논의가 어떻게 전개될 수 있는지에 대해 상상하라는 질문을 받을 수도 있다. 또한 그들은 아이에 대해 상상해 보도록 하고, 그 아이가 논쟁에 대해 어떻게 이해할지 생각해 보도록 요청받을 수 있다. 마지막으로, 각 부모는 상대방이 떠올린 새로운 대사를 채택하여 이전에 문제가 된 사안이 반복되는 단계에서 자신의 대사를 새로 만들어 보라는 요청을 받는다. 이러한 성격의 작은 역할극에 참여할 때면 일반적으로 하나 이상의 버전이 나오게 될 것이다. 여기에는 상호적인 호기심을 자극하고 상상한 미래의 시나리오들이 달라지는 이유를 탐색해 보는 일이 수반된다.

다음 회기에 세르지오는 어머니와 함께 왔다. 어머니는 세르지오가 집에서 훨씬 나아졌고 아들이 거의 항상 자기 사진을 찍지만 때로는 엄마의 사진도 찍고 있음을 알게 되었다고 말했다. 치료자는 세르지오에게 어머니가 이 사진들 중 일부를 봐도 좋을지 물어보았다. 세르지오는 동의했고 휴대전화를 어머니에게 건넸다. 어머니는 아들이 찍은 많은 셀카들을 훑어보기 시작했고, 치료자는 각각의 사진에 대해 세르지오의 생각과 감정을 추측해 보라고 안내했다. 치료자가 덧붙여 말했다. "세르지오, 당신은 어떤 말도 해서는 안 됩니다. 당신의 어머니가 그것을 맞혔는지 아닌지 말하지 마세요." 그것을 몇 번 반복하여 세르지오에게 요청했다. "자 이제 알아봅시다. 어머님이 맞았나요, 아닌가요?" 그가 대답했다. "아니요, 어머니는 저를 모르네요." 치료자는 "좋습니다. 당신은 그녀가 당신을 모른다고 생각합니다. 당신은 그녀를 얼마나 잘 안다고 생각하나요? 당신도 그녀의 머릿속이나 마음을 스캔해 보고 싶은가요?"라고 물었다. 세르지오는 어리둥절한 표정을 지었지만, 마인드 스캔 실습에 대한 설명을 듣고서는 그 빈 공간을 채우려고 했다. 어머니가 품을 수 있는 비밀스러운 생각과 느낌에 대한 질문을 받았을 때, 그는 오랫동안 어머니의 얼굴을 살핀 후 이렇게 말했다. "우리 아버지에 대한 것들인데, 어머니는 절대 그에 대해 말하지 않아요." 세르지오의 어머니는 당황한 표정을 지으며 중얼거렸다. "우리는 잘 지내지 못했어요……. 저는 몇 년 동안이나 그를 보지 못했어요." 그러고 나서 세르지오는 매우 간단한 질문을 했다. "그는 어떻게 생겼나요?" 그의 어머니는 세르지오의 휴대전화를 들고 그의 셀카를 뒤졌고, 결국 한 장을 가리켰다. "그는…… 이 사진의 너와 똑같이 생겼단다!

　과거와 현재를 연결하고, 수정된 혹은 새로운 가족 서사의 출현을 촉진하는 것은 정신화 지향적 가족체계 작업의 궁극적인 암묵적 목표다. 우리는 세르지오의 아버지에 대한 어머니의 다소 부정적인 시각이 세르지오의 자기상에 영향을 미쳤다고 추측해 볼 수 있다. 아마도 그녀는 아들에게서 나타나는 어떤 아버지의 특성들, 즉 신체적이거나 성격적인 특징을 보았고, 세르지오에게 짜증이 났을 때는 얼굴을 찡그리거나 주의를 끌거나 심지어 그런 말을 하는 것("넌 네 아빠와 똑같구나!")과 같은 미묘한 비언어적 단서를 통해 무의식적으로 이를 전달했을 것이다. 어쩌면 마침내 세르지오가 내면에 적어도 어머니의 관점에서는 바람직하지 않은 무언가가 있다고 느끼게 되었다고 가정하는 것이 그리 과도하지는 않을 것이다. 즉, 아이에 대한 양육자의 왜곡된 표상을 중심으로 형성된 자기 표상은 우리가 '소외된 자기(alien self)'라고 부르는 것이다(Fonagy & Target, 1995; Luyten, Campbell, & Fonagy, 2019, 제6장 참조). 그것은 일부 청소년들과 성인들이 불편하다고 느끼는 자신의 일부분들을 문자 그대로 면도날과 칼로 잘라 내거나 마약과 알코올로 마비시키기를 원하는 것을 이해하는 데 도움을 줄 수 있다. 가족 서사, 즉 세르지오의 사례에서 아버지에 대한 부정성에 포화된(negativity-saturated) 이야기를 풀어내는 것은 이야기를 다시 틀을 잡고 재검토하여, 이것들이 자기 지각과 자기 가치를 형성하는 방식을 살펴보는 데 도움이 될 수 있다. 정신화의 회복은 이러한 역사적 경험의 재구성을 가능하게 하고, 그 유독한 영향력은 물리적인 현실이 아닌 기억, 인상, 가정, 추측, 의견, 기대, 예감, 가설, 견해, 의심 등, 경험의 표상을 통해 완화될 수 있다. 그것은 정신적 현실의 정서에 포화된 신체적 경험의 즉각성으로부터, 우리가 생각한 게임을 통해 이루고자 한 정신화에 관한 복잡한, 종종 자기모순적이고, 다단계적이며, 빈번하게 혼란스러운 결과로 이동하는 것이다.

세르지오의 경우처럼, 종종 상황은 마지막에 가서야 더 잘 이해가 된다. 그러나 이러한 일이 항상 그런 식은 아니고, 회복의 표시도 아니다. 만약 깨달음이 아동이나 부모의 행동을 더 잘 이해하는 데 도달했다면, 이 발견은 축하받을 수 있겠지만 그것이 결코 배타적이어서는 안 된다. 많은 사례에서 우리가 훌륭한 일을 해냈지만, 그렇다고 어떤 해결책이 나온 것도 아니다. 하지만 우리는 관점을 취하는 능력을 향상시키고, 자기와 타인, 내부(심리적인)와 외부(사회적/환경적인) 원인 간의 우선순위에 균형을 잡아 나가면서 암묵적 정신화에서 명시적 정신화로 이동시켜 가족 간 처리과정을 자유롭게 해 주었다. 그래서 미래의 스트레스는 더 효율적인 방식으로 처리될 가능성이 높아졌다. 해결 책이 개선을 위한 기준에 필요 혹은 충분조건은 아니지만, 개선된 정신화는 해 결책을 성취하고 거기에서 도움을 얻기 위해 필수적인 것이다.

이후 세르지오와 어머니와의 두 회기는 아버지에게 초점을 맞췄다. 어 머니는 세르지오가 태어난 첫 3년 동안 사랑하는 부모가 될 수 있었던 과 정에 대해 말했다. 아버지가 바람을 피운 바람에 어머니는 그를 싫어하게 되었고 결국 거부하게 되었다. 치료자의 제안에 따라, 어머니는 아버지가 어렸을 때 세르지오를 돌보던 사진 몇 장을 가져왔는데, 그 사진들은 세르 지오가 한 번도 본 적이 없는 것이었다. 세르지오를 품에 안았을 때 아버 지가 느꼈을 감정을 생각해 달라는 질문에 세르지오는 이렇게 말했다. "그 는 나를 사랑하는 것처럼 행복해 보이네요. 그리고 이 사진을 보면, 그는 나를 꼭 닮았군요."

약 6개월 후, 세르지오의 어머니는 치료자에게 세르지오가 아버지를 만 났고 아르헨티나에서 3개월을 보냈다며 "그를 알아가고 있다"고 했다. 어 머니는 세르지오가 성형수술 문제에 대해 아예 생각을 접었고 수술을 위 해 모은 돈을 최신 카메라를 사는 데 썼다고 전했다. 어머니는 "아들은 이 제 사진작가가 되고 싶어 해요. 그리고 제 사진을 많이 찍어 주었는데, 그 이유는 신만이 알겠죠."라고 덧붙였다.

결론적 성찰

우리는 가족체계 내에서 정신화를 강화하는 여러 구체적인 기술을 개관했 다. 이러한 '실습'에는 꼭 명시적인 성찰이 필요한 것은 아니고, 이 실습들은 정 신화하는 가족 문화의 창출을 지원하는 내적 상태에 대한 암묵적이고 직관적인 이해를 생성하기 위한 것에 가깝다. MIST는 치료자의 주된 과제가 살아 있는 경험에 대한 공유된 성찰을 촉진하여 정신화하는 문화를 구성해내는 것이라는 생각을 명확히 밝힘으로써 암묵적으로 학습 원리를 통합한다. 궁극적으로, MIST 접근법은 다양한 수준의 경험을 가진 치료자들이 쉽고 동일하게 실행할 수 있는 공식적인 프로그램 틀을 제공해 달라는 도전을 받고 있다. 이러한 프로토콜은 보다 전통적인 매뉴얼화된 치료들과는 달리 치료자의 지도를 따르는 자발적이고 피상적인 태도로 증명되는, '명시적인 정신화를 흉내 내는 것'이 아닌 진정한 정신화를 생성할 수 있게 해 주는 것이어야 한다. MIST는 다양한 사회적 활동에 자발적이고 효과적인 정신상태를 암묵적으로 통합하기 위한 타당한 전략을 생성할 수 있어야 한다.

이 원칙에 따라, 우리는 이번 장에서 가족들에게 정신화를 명시적으로 가르치지 않고 어떻게 정신화하도록 가르칠 것인가에 대한 문제를 다루었다. 우리가 제안한 기법들은 우리 클리닉에 의뢰된 많은 복잡한 가족들이 가장 어려워하는 것을 시끄럽게 외치지 않고 정신화를 장려한다는 공통의 목표를 가지고 있다. 즉, 가장 모드의 사고나 과잉정신화의 산물이 아닌 의식적이고 명시적이며 성찰적인 사고에 대한 요구인 것이다.

암묵적인/빠른 노력을 들이지 않는 사고(implicit/fast effortless thinking)와 명시적인/느린 노력이 필요한 추론(explicit/slow demanding reasoning)의 구분은 Kahneman(2011)이 요약한 이중 체계 모형(dual-systems models)을 따른다. 아마도 모든 임상가들이 알고 있는 것이겠지만, 이 모형은 사람들이 종종 숙고 없이 자동적으로 상황에 반응한다는 것을 보여 준다. 이것은 전혀 새로운 이야기가 아니다. 이중 체계 사고의 다른 모형으로는 Ross와 Nisbett(2011)의 것이 있고, 충동조절에 대해서는 Fudenberg와 Levine(2006)의 모형이 있다. 성찰은 느리고 실행하기 어려우며, 자동반응은 사람들이 흔히 직면하는 상황에 빈번하게 적용된다. 그러나 문제는 가족 구성원이 자신의 상황을 오해석하거나 부적절한 자동반응을 전개할 때 발생할 수 있다. 왜냐하면 이는 앞서 살펴본 바와 같이 자동성이 의식적 성찰에 비해 불균형해지면 상당한 취약성이 발생할 수 있기 때문이다(Heller et al., 2017). MIST에서 이상적인 정신화 자세는 상황이 암묵적 정신화로 인한 잠재적인 어려움을 암시하는 경우에만 명시적 정신화를 요청함으로써, 자동적/암묵적 정신화와 의도적/명시적 정신화의 균형을 맞출 수 있다고 가정한다. 이것은 우리가 개관한 구체적인 정신화 기법들을 가치 있게 하는 방식 중 하나가 될 것이다. 그 기법들은 성찰에 상당할 만큼 충분히 흥미롭게 바른 암묵적 반응의 기회를 제공한다. 자신의 비디오를 보는 것은 거의 필연적으로 빠르고 느린 사고를 함께 유발하여, 처음에는 자동적으로 수행된 행동에 대한 성찰을 촉진한다.

이 장에서 설명한 정신화 기법을 아주 가치 있게 해 주는 다른 방식으로는 공동 성찰(joint reflection)을 통해 정신화 기회와 이익을 창출하는 것이다. 가족을 위한 '실습' 세트는 개별 관점들 간의 유사점과 차이점을 탐색할 수 있는 가능성을 허용하며, 암암리에 무엇이 공유되었고 무엇이 공유될 수 있는지를 분명히 해 준다. 성찰 속에 다른 사람들과 함께하는 것은 그 자체로 가치가 있다. 그것은 가족이 반응보다는 사고를 통해 어려움에 유연하게 적응할 수 있는 공동의 능력을 향상시킨다. 가족 상호작용에서 정신화 모드를 생성하는 것 외에도, 가족 내 관계의 질이 이러한 실습의 맥락에서 변화할 수 있다.

마지막으로, 우리는 이 책에서 지금까지 설명되지 않고 암시되기만 했을 수 있는 중요한 요점을 강조하고 싶다. MIST 접근법은 정신화가 치료 과정에서 핵심적인 역할을 한다고 보지 않는다. 사실상 가장 중요한 목표는 사회적 의사소통에 대한 가족의 신뢰하는 능력을 향상시키는 것이다. 우리가 제3장에서 제안했듯이, 이것은 부분적으로 공동 의도의 경험(an experience of joint intentionality)이 갖는 기능이다. 현실에 대한 자신의 관점이 타인의 것과 일치한다고 느끼는 이러한 경험은 관련된 무언가를 배우고 발견할 수 있는 가능성을 허용하고, 따라서 사회적 학습 전반에 대한 신뢰를 향상시킨다. 우리들 각자의 주변에 끊임없이 존재하는 지식에 대한 이러한 태도 변화는 어떤 치료가 일으키는 주된 유익한 결과일 수도 있고, 회복탄력성을 향상시키기 위한 치료가 갖는 잠재적 효과의 핵심적인 원인일 수도 있다. 가족체계 내에서 '배경 신뢰 수준(background level of trust)'의 긍정적인 변화는 가족제도 내외로부터 더 큰 개방성을 활용하여 미래의 어려움에 대처할 수 있게 해 준다.

효과적인 정신화 강화하기

M entalization-Informed Systemic Therapy

mist

이전 장에서 우리는 정신화를 재시동할 수 있는 여러 방법에 대해 논의했다. 우리가 언급한 전략에는 '상반된 움직임(contrary moves)'(Bateman & Fonagy, 2016)으로 정신화의 네 차원 사이의 균형 회복하기가 포함된다(제2장 참조). 예를 들어, 정서 조절이 문제의 근원이고 내담자의 담론이 과잉정신화를 반영하는 가장 모드와 인지를 선호하는 불균형에 의해 지배될 때, 치료자는 개인, 부부, 가족이 숨겨진 정서를 알아차리고 명명하도록 안내할 수 있다. 마찬가지로, 정서가 압도적일 때 치료자는 관점 취하기를 강화하고 정신화 고리의 도움을 받아 내담자를 뒤로 물러나게 하며 그러한 높은 각성과 효과적인 정신화의 차단을 유발한 상호작용 및 주관적 경험을 차례대로 검토해 볼 수 있다. 이 고리는 존스 씨의 사례에서 언급된 성찰적 탐색의 맥락에서도 도움이 될 수 있다(제2장 참조).

이 장에서는 우리가 수년간 개발해 온 정신화 곤란을 다루는 데 유용하다고 생각되는 광범위한 기술을 고려할 것이다.

'진단'을 효과적으로 그리고 비효과적으로 정신화하기

고착된 사고방식처럼 보이는 것을 뛰어넘기 위한 출발점으로, 치료자는 해결해야 할 정신화의 구체적인 측면을 평가하고 확인한다. 이것이 공식적인 평가는 아니지만, 임상가는 정신화의 어떤 측면이(제2장에서 소개함) 견고하게 존재하며, 어떤 측면이 덜 안정적이고, 어쩌면 덜 발달되었거나, 심지어 명백하게 존재하지 않아 보이는지에 주목할 것이다. 무엇인가에 대한 증거가 부재하다는 것은 물론 그것이 진정으로 부재한다는 증거가 아니다—널리 알려진 바와 같이 없을 거라 믿어 왔던 블랙스완은 존재했다(Taleb, 2007). 예를 들어, 치료자는 가족 이야기에 분열과 파편화의 증거가 있다면 개인의 서사적 연속성에 초점을 맞추기로 결정할 수 있다. 개인적인 서사의 빈틈없는 연속성에 대한 증거가 거의 없다면, 치료자는 그것을 향상시키는 방법을 고려하고 그렇게 하기 위한 구체적인 기법들을 적용할 수 있다. 만약 한 가족 구성원이 자신의 관점이 아닌 다른 관점에 사로잡힌다는 매우 제한된 증거를 보여 주는 경우, 구체적인 개입으로는 복수의 관점을 생성하는 데 도움을 주는 것이 고려될 수 있다. 이러한 MIST 기법은 가족 구성원의 유무에 관계없이 개인치료 작업에 활용될 수 있으며, 부부 및 가족과 함께 작업할 때에도 적용될 수 있다.

특정한 대화 방식에서는 정신화의 발달이 덜 되었거나 겉보기에 부재하는 면에 주의를 둘 필요가 있다. 예를 들어, 어떤 사람은 자기 정신화와 관련하여 다음과 같이 말할 수 있다. "저는 열두 살 이전에 저에게 일어난 어떤 일도 기억할 수 없습니다. 내 어린 시절이 무슨 상관이라는 겁니까? 그것들은 모두 더 이상 아무도 믿지 않는 낡은 프로이트 추종자들의 것입니다……. 과거는 과거고, 이제는 사라졌습니다……. 저는 그렇게 오래전에는 무슨 일이 일어났는지는 기억하지 못합니다. 그것은 상관이 없습니다." 이 진술은 자서전적(또는 서사적) 연속성의 측면이 덜 발달되었거나 부재하고 있음을 시사할 수 있다. 다른 사례에서 한 어머니는 "왜 다른 사람들이 항상 저를 비난하는지 모르겠어요……. 제 아이들이 그렇게 어려움을 겪는 것은 제 잘못이 아니에요. 만약 저에게 다른 사회복지사가 있었다면, 이 모든 문제를 겪지 않았을 거예요……. 제가 필요로 하는 것은 조언이 아니라, 사회복지 서비스가 아이들이 각자의 침실에서 잘 수 있도록 더 큰 아파트 비용을 지불해 주는 거예요. 그러면 모든 것이 정리될 거예요." 이러한 설명은 자신의 행위와 행동에 대해 책임감을 갖는 정신화 측면에서의 어려움을 나타내는 것일 수 있다.

타인을 정신화하는 데 있어서, 만약 어떤 가족 구성원이 "나는 당신이 그렇게 행동하는 이유를 알고 있어……. 나는 당신이 생각하고 느끼는 것을 정확히 알고 있지. 나는 당신이 의도적으로 이것을 했다는 것을 의심하지 않아."라고 말한다면, 이 사람은 모른다는 자세를 취하는 데 어려움을 겪는 것처럼 보일 것이다. 다른 가족에서는 한 가족 구성원이 다음과 같이 말했다. "왜 당신은 항상 우리를 괴롭히는 것들을 바라보는 다른 방법이 있다고 주장하나요? 당신은 내가 잘못 알고 있다고 암시하는 건가요? 아니요, 당신이 잘못 알고 있어요. 당신이 좋아하는 방식대로 볼 수 있겠지만, 당신은 그냥 틀린 겁니다." 이것은 관점 취하기 측면에서의 어려움을 시사할 것이다.

가족 회기에서 한 아버지는 이렇게 말했다. "나는 말이 끝나지 않았으니까, 나는 당신이 듣고 있길 바랍니다. 당신은 결코 내 말을 듣지 않았고, 당신은 내가 말하도록 허락하지 않았을 뿐입니다……. 그러니 내가 말할 때 방해하지 마십시오. 나는 누구의 차례든지 상관없고, 나는 내 문제부터 먼저 시작할 것이고 모두가 내 말을 다 들을 때까지 이야기를 멈추지 않을 것입니다." 이것은 순서 주고받기 측면에서 문제가 있음을 나타낸다. 변화 가능성을 제한적으로 믿거나 그 믿음이 부재하는 것은 다음과 같은 분노한 아내의 말에 의해 묘사된다. "그는 절대 변하지 않을 거예요. 한 치도…… 저는 몇 년 동안 노력했지만, 그는 전혀 반응하지 않아요. 심지어는 그의 어머니도 똑같이 말하죠!"

특정 정신화 측면의 부재 또는 부족한 발달을 '진단'한 후, 치료자는 효과적인 정신화를 시동 걸기 위한 다양한 개입법을 고려할 수 있다.

효과적인 정신화로 재시동 걸기

〈표 6-1〉은 정신화를 재시동 걸기(Jump-starting) 위한 유희적인 개입법

의 개요를 제공한다. 효과적인 정신화의 측면도 나열되어 있는데, 우리는 그
중 일부를 이미 제2장과 제3장에서 설명했고 여기서는 더 공식적으로 '측면
(facets)'(왼쪽 열)이라고 부른다. 이 표는 치료자가 시동 걸기(오른쪽 열)를 달성
하기 위해 활용할 수 있는 관련 개입법들을 제안한다. 이 표는 자신을 정신화
하는 것, 타인을 정신화하는 것, 관계를 정신화하는 것으로 세분화된다. 관계
적 정신화(relative mentalizing)는 사회체계를 정신화하는 고유한 특성을 설명하
는 공유 또는 공동의 과정을 의미한다. 각 측면에 대해서는 가능한 유희적인
실습과 개입법이 몇 가지 예로 제공된다. 이러한 게임과 실습을 할 때는 치료
자의 정신화 자세가 필수적이다.

MIST 개입법들

〈표 6-1〉에 나열된 다양한 개입의 중심에는 정신화 자세가 있다(제3장 및
Asen & Fonagy, 2012a 참조). 여기에는 호기심과 '모른다는' 자세를 유지하기,
각 개인의 경험을 타당화하기, 효과적인 정신화를 강조하고 표시하기, 비효과
적인 정신화를 중단하기 등이 있다. 효과적인 정신화를 강화하거나 재시동 걸
기 위해 많은 다양한 실습과 게임이 고안되었음에도, 아래의 목록은 결코 완
전하다고 할 수는 없을 것이다. 실습은 주로 부부, 가족, 다가족 작업에 적용될
수 있지만(제9장 참조), 일부 실습은 개인 정신화에 기반한 체계치료 작업에도
적용된다. 가족 구성원들은 작은 아이들을 위한 작은 나무 블록이나, 더 큰 아
이들을 위한 정교한 레고 모형을 가지고 함께 무언가를 만드는 것과 같은 공동
가족 과제를 수행하도록 요청 받게 된다. 이를 통해 가족 과정과 가능한 개입
을 실시간으로 관찰할 수 있다.

다음의 많은 실습과 게임은 일회성 이벤트가 아니라 회기 후와 회기 중간에
검증으로 이어지도록 설계되었다. 이러한 작업의 대부분은 단일 가족 회기뿐

만 아니라 다가족 집단 작업에서도 수행할 수 있다. 유희적 게임은 암묵적인 정신화를 장려하고, 과잉합리화를 하는 집단이나 가족 구성원의 이지적인 경향성을 상쇄할 수 있다. 유희적 게임들은 가장 중요한 회기 내 정신화를 시작할 수 있게 하고 스스로 추진력을 가질 수 있게 해 준다. 다음에는 이러한 실습과 게임에 대한 설명이 나와 있으며, 그중 많은 것은 현장의 다른 임상가와 치료자들에 의해 설명된 활동과 실습을 수정한 것이다.

표 6-1 효과적인 정신화와 가능한 개입의 측면

측면	개입
자기 정신화하기	
정신상태에 집중하기	신체 지도 느끼기(제5장을 볼 것)
모른다는 자세	역전된 역할극
	모른다는 자세 적용하기
자기 탐구적 사색 및 성찰	인생의 원
	문제에게 편지 쓰기
관점 취하기	렌즈들
	어떻게 다른 사람을 보는가
내적인 갈등 자각하기	갈등 지도
	자기와의 논쟁 만화
정서 조절	감정 사진 찍기
	심장과 마음의 소리 듣기
	기분 척도
	화산의 비밀스러운 삶
말과 행동에 책임지기	책임과 무책임 상자
느낌과 사고를 구분하는 능력	느낌 신체 지도
자조적인 유머	영화 캐릭터와 동일시하기
자서전적/서사적 연속성	인생의 강
	기억의 통로
	정체성 퍼즐

타인 정신화하기	
행위를 동기화하는 것으로 정신상태 보기	마음 스캐닝
모른다는 자세	감정 사진 찍기
	엽서 묘사하기
관점 취하기	렌즈 만들기
	가족 점토 조각 만들기
	다른 사람의 입장 되어 보기
공감	학교에서 받은 상
	새로운 시작
호기심	얼어붙은 문제
	놓친 랑데부
성찰적 사색	사고 풍선
	잊혀진 생일
발달적 관점	기억 상점
	사진 이야기들
용서	놓친 랑데부
	문제에게 편지 쓰기

관계 정신화하기	
공동 의도	가족 배낭
	엽서 묘사하기
공동의 관점 수용하기	갈등 지도
	기억의 통로
	관계 지도
모른다는 자세	다른 사람이 당신을 어떻게 보고 있나
	심장과 마음의 소리 듣기
비편집증적인 혹은 과잉 반응적인 민감성	괴롭히는 사람/괴롭힘 당하는 사람/방관자
	상승 시계
	오해에 초점 맞추기
순서 주고받기 능력	가족 그림
	보드게임 하기
인식에 영향 주기	관계 지도
	학교에서 받은 상
	거울 아기들

유희성	가장 무도회
변화 가능성에 대한 믿음	가족 배낭
	마법 왕국
신뢰하는 능력	눈가리개
	거짓말 탐지기

거짓말 탐지기

- 시나리오: 각자가 스티커 메모지에 자신에 대한 세 가지 진실을 적고 하나의 거짓을 적은 다음 이것을 옷의 앞면에 붙인다. 다른 사람들은 무엇이 거짓인지 추측해야 한다.

- 지시문: "여러분 중 어떤 분들은 거짓말하는 것이 어려울 수도 있지만, 그래도 여기에 여러분이 즐길 수 있는 게임이 있습니다. 다른 사람에 대해 무엇이 사실이고 거짓말인지 추측해 보십시오. 여러분 각자가 네 개의 스티커 메모지를 가지고 거기에 여러분에 대해 사실인 세 가지와 거짓말인 한 가지 진술문을 적을 수 있습니다. 이것들을 여러분의 가슴이나 머리에 붙이고 방 안을 걸어 다니세요. 서로는 작은 셜록 홈즈가 되어 다른 모든 집단 구성원들을 한 명씩 만나고, 그들의 거짓말을 알아맞혀 보십시오. 네 번째까지 가지 않고 한 번에 제대로 맞출 수 있는지 확인해 보세요. 거짓말을 쉽게 만들지 마세요."

- 초점: 모두가 얼마나 잘 추측하는가? 진실과 거짓 중에 무엇이 더 어려운가? 거짓말이 '필요한 때'가 있다면? '좋은' 거짓말과 '나쁜' 거짓말이 있는가?

새로운 시작

- 시나리오: 학교 수업에 새로운 학생이 들어왔다. 그는 낯을 많이 가린다. 어떤 아이들은 그를 돕고 싶어 하고, 다른 아이들은 영어 실력이 좋지 않다고 짜증 낸다.

- **지시문**: "빌(Bill)이 새 학교, 새 반에 입학하는 첫날입니다. 그는 아는 사람도 없고, 외국어를 어느 정도 구사하는 정도라서 사람들이 그가 말하는 것을 이해하는 것은 쉽지 않습니다. 어떤 학생들은 웃고, 다른 학생들은 그를 무시합니다. 그중 한 학생은 동정심을 느낍니다.

- **초점**: 빌의 희망과 두려움은 무엇인가? 학급의 다른 학생들은 새로운 시작을 하는 그의 모습이 생소하게 보이고 하는 말이 생소하게 들리는 것에 대해 어떻게 생각하고 느끼는가? 동정심 많은 학생에게는 무슨 일이 일어나고 있는가?

놓친 랑데부

- **시나리오**: 두 친구는 최신 영화를 보기 위해 영화관 밖에서 오후 6시에 만나기로 했다. 그들 중 한 명이 나타나지 않는다.

- **지시문**: "주디(Judy)와 메리(Mary)라는 친구가 오후 6시에 영화관 앞에서 만나기로 했습니다. 주디는 6시 10분 전에 거기에 와 있었고 완전히 신나 있었습니다. 하지만 오후 6시가 되었을 때에도 메리는 오지 않았습니다……. 그리고 오후 6시…… 주디는 여전히 기다리고 있습니다. 한편, 메리는 지하철에 갇혀 있습니다. 기차가 30분째 움직이지 않았고, 그녀는 결국 오후 6시 30분에 극장에 도착합니다. 감사하게도 주디는 여전히 거기에 있었습니다."

- **초점**: 각각의 시간대에서 주디와 메리의 마음 상태를 상상해 보자. 그들은 자신과 상대방에 대해 어떻게 느끼는가? 그들이 결국 만났을 때 그들은 어떻게 생각하고 느낄 것인가?

다른 사람이 당신을 어떻게 보고 있나

- **시나리오**: 두 부분으로 구성됨-다른 집단 구성원들의 눈을 통해 스스로를 살펴보고, 그다음에 다른 사람들의 실제 설명이 뒤따른다. 다가족 또는

집단 작업에서 가장 잘 수행된다.

- 지시문: "사람들은 각자 긍정적이든 부정적이든 여덟 개의 형용사를 쓰라는 요청을 받게 됩니다. 그 형용사들은 다른 가족이나 집단 구성원들이 그들을 묘사하기 위해 사용될 것들입니다. 이것들을 종이에 적고, 접은 다음, 그것을 치워 주십시오. 그다음에 각 집단 구성원은 포스트잇 노트에 서로의 가족이나 집단 구성원에 대한 형용사를 하나씩 작성해서 관련된 집단 구성원에게 붙이라는 요청을 받습니다(익명성을 보장하기 위해 가급적 등에 붙인다.). 그런 다음 서로 다른 묘사들을 비교합니다."

- 초점: 왜 자기가 받은 형용사가 다른 가족/집단 구성원들이 붙인 형용사와 비슷하거나 다를 수 있는지 추측해 보자.

영화 캐릭터와 동일시하기

- 시나리오: 각각의 사람들은 영화나 TV 시리즈의 등장인물을 선택한다. 가족/집단 구성원들은 각자가 왜 특정한 캐릭터를 선택했는지 추측해야 하며, 어떤 캐릭터가 적합한지 또는 적합하지 않을지에 대해 논의해야 한다. 다른 방식으로는 관계 문제를 묘사한 상업 영화의 10분짜리 클립을 보는 것이 있다. 집단 구성원들에게는 각각 다른 주인공들에게 동일시를 해 보고 그들이 어떻게 생각하고 느낄지 상상해 보라고 한다.

- 지시문: "대부분의 사람은 영화나 TV 시리즈를 보는 것을 좋아합니다. 당신이 어느 정도 동일시할 수 있다고 느끼는 특정 캐릭터를 하나 선택해 주세요. 우리 모두가 알 수 있을 만큼 꽤 잘 알려진 캐릭터라면 좋을 것 같습니다. 단어 또는 동작을 사용해서 선택한 캐릭터를 연기하는 것으로 시작합시다. 그런 다음, 그 캐릭터를 선택한 이유에 대한 나머지 가족/집단들의 생각과 당신이 생각한 것 사이에 유사점이 있는지에 대해 이야기해 봅시다."

- 초점: 모든 사람에게 다른 가족이나 집단 구성원들이 어떤 캐릭터를 선택

했는지와 그 이유를 추측하게 한다. 각자의 인식을 비교한다. 다른 집단 이나 가족 구성원들은 각각의 캐릭터를 비슷한 관점에서 보고 있는가?

잊혀진 생일

- 시나리오: 빌은 제인의 생일을 잊어버렸고 그녀는 매우 실망했다.
- 지시문: "오늘은 제인의 생일이고, 남자친구 빌과 함께 생일을 축하할 예 정입니다. 그녀는 빌을 집으로 불러서 요리했고 맥주와 함께 먹으려고 합 니다. 그녀는 아파트에 남자친구가 오는 것을 매우 고대하고 있습니다. 빌이 도착했습니다. 그는 선물을 가지고 오지 않은 채로 그녀에게 말합니 다. "와, 당신이 만든 저녁은 정말 대단하군!" 제인은 식사 중에 아무 말도 하지 않고 혼자서 대부분의 맥주를 마셔 버립니다."
- 초점: 무슨 일이 일어났는가? 제인은 왜 그렇게 행동하는가? 제인의 마음속 에서는 무슨 일이 있었던 것인가? 빌이 그녀의 생일이라는 것을 알았다면 어떤 것을 생각하고 느꼈을까? 당신은 그런 상황에 처해 본 적이 있는가?

학교에서 받은 상

- 시나리오: 아이는 학교에서 상이나 칭찬을 받았지만, 부모들이 이것을 주 목하지 않거나 언급하지 않고 넘어가는 것처럼 보인다. 그 아이는 매우 화가 나 있다.
- 지시문: "잭은 그날 아침 조회에서 교장 선생님으로부터 특별 작가상을 받 았습니다. 그는 어머니에게 말하고 싶어 안달이 나 있는 상태입니다. 잭 이 집에 도착했을 때, 어머니는 전화를 하고 있었고 그를 못 본 척했습니 다. 잭은 어머니에게 학교에서 특별상을 받았다고 작게 이야기했지만, 엄 마는 잭에게 말없이 가라고 손을 내젓습니다. 그는 계속 흥분한 상태로 어머니 주위에서 뛰어 놉니다. 어머니는 그에게 '그렇게 무례하게 굴지 말 고…… 그냥 가서 놀아라.'라고 말합니다. 그는 밖으로 나갔고 10분 후에

어머니는 잭에게 집 안으로 들어오라고 말했습니다. 그녀는 아들에게 학교에서의 하루가 어땠냐고 묻습니다. 잭이 대답합니다. "좋았어요."

- 초점: 왜 엄마는 잭이 처음 그녀에게 말했을 때 그의 소식에 반응이 없었는가? 그때 잭의 기분이 어땠는가? 잭은 어머니의 반응을 어떻게 이해했는가? 결국 어머니가 학교에서의 하루가 어땠는지 물었을 때 잭은 무엇을 느꼈는가? 어머니는 그가 상을 받았다는 것을 알게 되었다면, 무슨 일이 일어났을 것인가? 그녀가 어떻게든 그 일을 만회할 수 있다면, 그때의 잭의 반응은 어땠을까?

괴롭히는 사람/괴롭힘 당하는 사람/방관자

- 시나리오: 네 명이 등장하는 전형적인 학교폭력 장면을 그린 역할극이다. 한 명은 괴롭히는 사람, 한 명은 괴롭힘당하는 사람, 두 명은 방관자다. 나머지 가족/집단 구성원들은 각자의 마음속에서 무슨 일이 일어나고 있는지를 추측해야 한다.
- 지시문: "학교 쉬는 시간에 일어나는 전형적인 장면을 상상해 보십시오. 한 아이가 괴롭힘을 당하고, 그 괴롭힘이 심해지고, 다른 아이들이 말려들게 됩니다. 이제 무슨 일이 일어나는지 지켜봅니다."
- 초점: 괴롭히는 아이에게 무슨 일이 일어나고 있을까? 괴롭힘을 당하는 아이는 무엇을 생각하고 느낄까? 각 방관자들의 생각과 느낌은 어떨까? 그들이 할 수 있는 일은 무엇이며, 왜 그들이 해야 한다고 느끼는 행동을 하지 않는 것일까?

얼어붙은 문제

- 시나리오: 각 가족은 하나의 구체적인 문제를 떠올리고 다른 가족 구성원들은 그것을 얼음 조각으로 표현하는 데 사용한다. 다른 사람들은 그에 대해 추측하고 조각을 통해 앞으로 나아갈 길을 찾아야 한다.

- 지시문: "부모님, 파트너, 자녀들, 혹은 가까운 다른 사람과의 관계 문제를 생각해 보십시오. 만약 여러분이 이것을 얼음 조각 이미지로 바꾼다면, 그것은 어떻게 보일까요? 그에 대해 생각해 보시고 나서 그것을 얼음 조각으로 만들기 위한 몇 명의 가족이나 집단 구성원들을 선택하세요. 우리는 나중에 이것을 모두에게 보여 주기 위해 각 조각상의 사진을 찍을 것입니다." 이 연습은 다가족 집단 환경에서만 수행할 수 있다.
- 초점: 다양한 문제/느낌 및 역동을 어떻게 표현하고 인식할 수 있는가? 그것들을 정확하게 읽어 낼 수 있는가? 어떻게 다른 사람들이 느끼고 있는 것을 알 수 있을까? 그리고 얼음 조각상의 한 '부분'을 바꿀 수 있다면, 그것은 어떤 것이 될 것이고, 나머지 조각상은 어떻게 될 것인가?

신체 지도 느끼기

- 시나리오: 각각의 사람들은 신체 지도에 구체적인 감정과 그 위치를 그린다.
- 지침: "타인과 자신에게 숨기고 있을지라도, 우리 모두는 많은 느낌과 감정을 가지고 있습니다. 그리고 종종 우리는 무언가 느끼고 있는 걸 알고 있음에도 우리가 느끼는 지점을 알지 못하는 경우도 많습니다. 우리는 여기서 각 사람의 신체 윤곽을 그려 볼 것을 제안합니다. 이 벽지 롤 위에 다른 사람이 당신 몸의 윤곽을 그리는 것처럼 모든 사람들이 돌아가면서 누울 것입니다. 그런 다음에 각각의 사람들은 자신의 그림을 가지고 여러분이 느끼는 것이 머리, 배, 다리, 혹은 다른 어떤 지점에서 일어나든지 다른 색채, 강도, 크기를 사용하여 그 느낌을 그려 주세요."
- 초점: 모든 사람은 타인들과 다른 가족들에게서 특정한 느낌들의 위치를 보고 무엇을 알아차리는가? 분노와 공격성을 느끼는 곳은 어디인가? 어떤 느낌이 마음에 들지 않는다면 어떻게 할 수 있을까? 어떻게 하면 나쁜 느낌을 줄이고 좋은 느낌을 증가시킬 수 있을까? 과거에 이런 느낌이 있었다면, 어떤 이야기들이 떠오르는가?

감정 사진 찍기

- 시나리오: 회기 동안, 치료자는 가족 구성원들의 허락을 받아 그들의 사진을 찍는다. 이 사진들은 이후 단계에서 볼 수 있으며, 사람들은 사진을 찍을 때 각 사람들의 마음에 무엇이 있었는지 추측한다.
- 지시문: "오늘 모임 도중에, 저는 저를 포함한 여기 있는 각 사람들의 사진을 찍고 싶습니다. 물론 이것은 여러분의 동의가 필요합니다. 나중에 우리는 사진을 보고 거기 나온 사람의 마음을 추측해 볼 것입니다."
- 초점: 다양한 사진에 어떤 감정들이 표시되는가? 무엇이 이것들을 유발하는가? 마음 읽기에는 어떤 한계가 있는가? 언제, 왜 틀릴 수 있을까?

거울 아기들

- 시나리오: 부모는 5분 동안 아기와 함께 놀고, 이야기한 뒤 아기를 자극하도록 요청받는다. 거울은 아기와 부모의 얼굴을 동시에 보고 촬영할 수 있도록 배치된다. 나중에 부모는 비디오를 보고 아기가 부모를 어떻게 지각할 수 있는지를 포함한 아기의 마음 상태에 대해 추측한다.
- 지시문: "때로는 아기들이 무엇을 생각하고 느끼는지 알아차리는 것은 상당히 어려울 수 있으며, 그건 아기들이 엄마나 아빠가 무엇을 생각하고 느끼는지 알아차리는 데에서도 마찬가지입니다. 저희는 당신이 원하는 방식으로 아기와 5분 동안 놀거나 상호작용하시기를 바랍니다. 저희가 녹화를 해드릴 것입니다. 부모님과 아기 사이에 무슨 일이 일어나는지 더 자세히 볼 수 있도록, 아기 뒤에 거울을 배치하여 카메라가 당신들과 아기의 사진을 동시에 찍을 수 있도록 할 것입니다. 그 후에 우리는 비디오를 함께 보게 될 것입니다."
- 초점: 비디오 녹화를 일시 정지하게 되면, 성찰을 위한 일련의 공간이 간헐적으로 생성된다. 비디오가 일시 정지되는 순간에는 질문을 할 수 있다. "당신은 아기가 지금 무엇을 느끼거나 생각하고 있다고 생각합니까?

아기가 그렇게 가만히 있지 못하는 이유가 무엇일까요?" 이것은 다음과 같은 보다 도전적인 질문으로 이어질 수 있다. "아기가 불안하다고 생각하나요, 아니면 당신이(도) 걱정하는 것인가요?", "당신은 아기가 당신에게 화가 났다고 생각하나요, 아니면 당신이 아기에게 짜증이 나 있다는 생각을 하고 있나요?" 그런 다음 추가 질문을 사용하여 녹화된 것을 통해 부모가 유아의 눈을 통해 자신을 바라보도록 할 수 있다. "아이가 보기에 당신은 어떤 엄마일까요? 행복한 엄마, 화난 엄마, 아니면 슬픈 엄마?" 그리고 만약 아이가 당신을 그렇게 본다면, 이것이 아이에게 어떤 영향을 미칠까요? 아이는 지금 무엇을 생각하고 느끼고 있나요? 아이는 부모가 무엇을 느끼거나 생각하고 있다고 생각할까요? 부모는 아기에게 어떻게 반응하나요? 아기는 엄마를 어떤 엄마로 보나요? 아기는 엄마에게 어떻게 반응하나요? 아기가 말할 수 있다면 뭐라고 할까요? 어른처럼 생각할 수 있다면 뭐라고 할까요?"

갈등 지도

- 시나리오: 가족과 집단 구성원들은 아파트나 집의 지도, 이웃과 학교의 지도 같이 갈등이 발생하는 곳의 지도를 그린다. 사람들은 갈등이 발생하는 지역을 빨간색으로 표시한다.
- 지시문: "각자 아파트/주택의 평면도를 그려 주세요. 일반적으로 전투/싸움/논쟁이 발생하는 위치를 빨간색으로 표시해 주세요. 또한 당신의 영역, 당신의 위치, 이웃, 가게, 학교 등의 지도를 그려 주세요. 또한 가장 문제가 되는 행동이 발생하는 곳을 표시해 주세요."
- 초점: 특정한 논쟁이 특정한 장소에서 일어나는 경향이 있는 이유를 어떻게 설명할 수 있는가? 한 사람이 또 다른 논쟁을 하고 싶은 유혹을 받을 때마다 논쟁을 이어 나가기보다는 멈춰서 다른 방으로 이동함으로써 '범죄 현장(scene of the crime)'을 바꾼다면 어떻게 될 것인가? 배경의 변화가 정

말로 도움이 될 것인가, 그게 아니라면 갈등을 줄이기 위해 할 수 있는 다른 일이 있을 것인가?

상승하는 시계

- **시나리오:** 모든 사람은 통제력을 잃을 정도로 흥분했던 개인적인 경험을 한 가지 떠올리도록 요청 받는다. 사람들은 상승하는 시계를 그리고, 상승하는 상호작용의 과정을 기록하며, 너무 늦기 전에 시계를 어떻게 멈출 수 있었는지 생각해 본다.

- **지시문:** "때때로, 우리는 모든 것이 통제할 수 없는 소용돌이처럼 보이고 우리가 통제력을 잃었다고 느낄 때 감정적인 상태에 빠지게 됩니다. 그럴 때면 우리는 점점 더 화가 날 수 있습니다. 그것은 다른 사람들도 마찬가지입니다. 그것은 악순환과 같고, 우리가 간단히 빠져나올 수는 없습니다. 여러분은 각자 최근에 이런 일이 일어났던 때를 기억할 수 있나요? 이 실습을 하기 위해서, 우리는 각자 숫자 1에서 12까지의 큰 시계의 면을 그린 다음, 각 숫자에서 중간까지 12개의 구분선을 그려 주시기를 바랍니다. 12시는 너무 늦었다는 의미라는 것을 상상해 봅시다. 이것은 여러분이 폭발하거나 여러분 모두가 싸우기 시작할 때를 말합니다. 그 구분선 안에 무슨 일이 일어났는지 쓴 다음에 시계를 말 그대로 한 시간씩 뒤로 되감습니다. 그 직전에 무슨 일이 일어났는지 알아보십시오(가상의 11시가 되겠죠. 하지만 이것은 폭발하기 불과 몇 초 전이었을지도 모릅니다.). 10시에 무슨 일이 있었는지 같은 것들도 할 수 있습니다. 이 방법을 사용하면 상황이 어떻게 악화되었는지(자신이 한 행동이나 말, 다른 사람이 한 말 등등)를 추적할 수 있습니다. 이 모든 것을 시계의 구분선 안에 쓰십시오. 이 모든 것들을 다시 따라간 후에는 감정이 고조되는 것을 막기 위해 각 '시간대'마다 수행할 수 있는 다른 행동들을 떠올려 보십시오. 나중에, 여러분은 자신의 시계를 이 방에 있는 다른 사람들의 시계와 비교하게 될 것

입니다."

- 초점: 마지막으로 감정이 고조된 시점을 예측할 수 있었는가? 각각의 사람 들은 무엇을 생각하고 느꼈는가? 그렇다면 어느 시점에서 고조되는 감정 을 멈출 수 있었는가? 미래에 한 사람이 폭발을 막기 위해 제때에 다른 사 람의 마음을 읽을 수 있는 방법이 있는가? 그 시점에서 말하거나 행동해 서는 안 되는 한 가지는 무엇인가?

다른 사람의 입장이 되어 보기

- 시나리오: 가족/집단 구성원들은 다른 사람의 입장이 되어 그들의 관점에 서 세상을 바라보라는 요청을 받는다.
- 설명: "여러분 모두 동그랗게 둘러앉을 수 있나요? 발밑에 종이 한 장을 놓 고 신발의 윤곽을 그려 주십시오. 이제 일어나서 왼쪽으로 가서 옆 사람 의 신발 윤곽 위에 서 보세요. 이제 당신이 지금 그 사람이 되었다고 상상 해서 방금 한 대화를 계속 이어 나가 보십시오."
- 초점: 다른 관점에서 문제를 보면 어떻게 보이는가? 다른 사람들의 입장 을 더 잘 이해할 수 있을까?

마법 왕국

- 시나리오: 각자가 자신의 역할을 갖는 상상의 왕국을 만들어 본다.
- 지시문: "여러분 모두가 멀고 먼 왕국에 살고 있다고 상상해 보십시오. 왕, 왕비, 왕자, 공주, 하녀, 하인, 광대, 기사, 농민, 장인, 상인, 간수 등 당신 의 왕국에 사는 사람들도 함께 결정해 주세요. 일단 누가 누구인지 결정 됐으면, 이 역할을 받아들이고, 모자, 왕관, 보석, 도구 등 원하는 것을 만 들어 걸칠 수 있는 방법을 찾으세요. 자 그럼 모든 것이 잘 돌아가는 왕국 을 만들어 보세요."
- 초점: 모두가 자신의 역할에 만족하는가? 누가 바꾸고 싶어 하는가? 어떻

게 하면 이 일을 다른 사람과 협상할 수 있을까? 마법의 왕국은 일상의 현실과 어떻게 비교할 수 있는가? 그것에서 무엇을 배울 수 있을까?

눈가리개

- 시나리오: 눈을 가린 부모들은 장애물 코스를 아이들의 안내를 받으며 이동하고, 그다음에는 눈을 가린 아이들이 부모의 안내를 받아 이동한다.

- 지시문: "이제 신뢰에 관한 게임을 하려고 합니다. 우리는 언제, 어디서 누구를 신뢰할 수 있을까요? 여기 눈가리개가 몇 개 있습니다. 이제 부모님들은 아무것도 볼 수 없도록 눈이 가려지게 될 것입니다. 부모님들이 눈을 가렸을 때, 자녀분들은 장애물 코스를 설치할 것이고 그다음에 부모님들을 안전하게 방 안에서 밖으로 인도하게 될 것입니다. 자녀분들은 오직 말로만 안내할 수 있습니다. 나중에는 입장이 바뀔 것입니다. 자녀분들은 눈이 가려지고, 부모님들은 장애물 코스를 만들어 자녀들을 이끌게 될 것입니다. 그리고 그다음에 자녀분들은 가족이 아닌 다른 누군가에 의해서 인도될 것입니다."

- 초점: '눈을 가리고' 믿는다는 것은 어떤 것인가? 신뢰할 수 있는 사람은 누구이고 언제 신뢰하게 되는가? 집단/가족 구성원이 다른 사람을 신뢰하는 것이 어려웠던 때는 언제인가?

가족 배낭

- 시나리오: 가족 구성원들은 그들이 여행에서 빠트리고 싶지 않은 다섯 가지 물건에 대해 토론하고 합의한다.

- 지시문: "갑자기 바로 다음 비행기를 타고 출국해야 한다고 상상해 보십시오. 가족이 소지할 수 있는 중요한 물품은 배낭 하나, 가족 전체를 위한 다섯 가지 물건뿐입니다. 무엇을 가져갈지 이야기해서 합의할 수 있을까요? 당신이 가져가고 싶은 것을 다섯 장의 종이에 적으세요. 당신이 가지고

가고 싶은 물건을 각각 한 장의 종이에다 적으세요. 그 종이를 배낭에 넣으세요."

- 초점: 이 다섯 가지 물건이 왜 그렇게 중요한가? 그것들은 모두에게 중요한가? 어떻게 합의가 이루어졌는가? 누가 최종 결정권을 가지고 있는가? 배낭에 넣지 않아도 될 물건이 무엇인가? 가져가지 못하는 것은 어떻게 처리할까?

기억의 통로

- 시나리오: 각 가족이나 집단 구성원은 다음 회기를 위해 과거의 가족 생활을 나타내는 감정이 담긴 물건을 하나 선택해야 한다. 그러고 나서 그들은 그 물건에 담긴 기억에 대해 이야기하라는 격려를 받는다.
- 지시문: "우리는 나이가 들수록 더 많이 잊게 됩니다. 종종 애착 담요, 사진, 첫 신발, 조부모님이 주신 선물 등 특정한 물건에는 기억이 담겨 있습니다. 다음에는 개인적인 이유로 중요하다고 여기는 여러분 과거의 기념품을 각자 하나씩 가져오시기를 바랍니다. 우리는 이 물건들에 숨겨진 이야기들을 듣고 싶습니다."
- 초점: 어떤 기억이 떠오르는가? 어떤 좋은 이야기들이 떠오르는가? 가슴 아픈 이야기도 있는가? 어떤 물건을 가져오려고 생각했지만 결국 가져오지 못한 것은 무엇인가? 그리고 그 이유는 무엇인가?

사진 이야기들

- 시나리오: 각 가족은 가족의 역사를 말해 주는 7장의 사진을 골라 와야 한다.
- 지시문: "다음에 우리가 만날 때까지, 가족의 역사를 설명하는 가장 중요한 7장의 사진만 골라서 와 주세요. 이것은 몇 가지 사진은 선택하지 못한다는 것을 의미합니다. 다음번에는 여러분 가족의 이야기를 보고 이야기 나누고 싶습니다."

- 초점: 사진을 어떻게 선택했는가? 당신은 어떤 사진들을 포기해야만 했는 가? 어떤 추억들이 떠올랐고, 어떤 좋은 이야기들이 떠오르는가? 가져오 고 싶었지만 찾을 수 없거나 존재하지 않는 사진이 있는가?

정체성 퍼즐

- 시나리오: 한 사람은 '퍼즐'이 되고, 다른 가족이나 집단 구성원은 그것을 풀어야 한다. 나무 퍼즐 게임은 개인적인 특성이 어떻게 들어맞거나 맞지 않는지를 보여 주는 은유로서 활용된다.

- 지시문: "때때로 우리는 다른 사람들이 실제로 어떤 사람인지, 그리고 우 리가 누구인지를 아는 데 어려움이 있게 됩니다. 이것은 퍼즐을 맞추는 것과 같을 수 있습니다. 여기에는 많은 조각이 있지만 그것들이 맞을까 요, 아닐까요? 혹시 한 조각이 없어진 것은 아닐까요? 여기 나무 퍼즐 세 트(약 20개)가 있습니다. 그 조각이 모두 흩어지게 뒤집으세요. 이제 이 퍼 즐이 당신이 알고 싶은 가족이나 집단 구성원인 것처럼 여기세요. 그 사 람에게는 아무것도 묻지 마세요. 당사자는 완전히 침묵하고 듣기만 하세 요. 포스트잇 노트에다가 그 사람에 대한 내용을 적고 그것을 퍼즐 조각 에 붙이세요. 모든 조각을 다 덮을 때까지 계속하세요. 그런 다음 그것이 모두 잘 들어맞는지, 어떻게 들어맞아 퍼즐을 완성하는지 확인하십시오. 나중에 우리는 방에 있는 모든 사람과 그것에 대해 이야기를 나눌 것입 니다.

- 초점: 그 사람에 대한 묘사를 찾는 것이 얼마나 쉽거나 어려운가? 모순되 는 것처럼 보이는 부분들을 어떻게 맞출 수 있는가? 퍼즐의 주인공은 그 것을 모두 납득하는가? 그 사람은 사람들에 관한 모든 것에 대해 어떻게 알게 되는가? 누가 그것을 할 수 있는 위치에 있는가? 그 사람은 공백이나 차이를 어떻게 메울 수 있는가?

인생의 강

- **시나리오:** 가족 구성원 각자는 인생의 강을 그리며 가족 인생의 강이 흘러 갈 수 있는 기원을 되돌아보고 미래를 살펴본다.
- **지시문:** "우리는 우리의 삶을 일종의 강이라고 생각할 수 있습니다. 처음 에는 샘물들이 모이게 되죠. 아마도 우리의 조부모님들이 모여 작은 개울 을 형성하게 되고, 강이 될 때까지 그 물길이 점점 커질 것입니다. 강과 같 은 인생에서 사람은 새로운 굽이와 바위, 해류 같은 예상치 못한 장애물 들 사이에서 타협을 하게 됩니다. 때로는 우리는 인생 강물과 잔잔하게 흐르다가 갑자기 강물에 휩쓸려 가기도 합니다. 이제 이 강을 가족으로서 당신의 삶이라고 상상해 보세요. 자신의 삶을 하늘에서 바라보거나, 강둑 에 앉아 강물이 여러분을 스쳐 지나가는 것을 본다고 상상해 보세요. 뭐 가 보이시나요? 여러 다른 샘물에서 시작한 부분들로 형성된 강물을 상상 해 보세요. 아이들이 태어나거나 서로 만났을 때, 그 흐름이 바다에서 끝 날 때를 상상해 보세요. 가족에 새로운 구성원이 합류하는 것 같이, 새로 운 흐름이 강으로 흘러들어 가면 이것들을 표시하세요. 그리고 강물, 가 족이 어디로 흘러가는지, 어떻게 떠도는지 알아차리기만 하세요."
- **초점:** 인생의 강은 외부의 영향으로 어떻게 진로를 바꾸게 되었는가? 어떻 게 하면 그것이 강바닥에 머물러 있는지 확신할 수 있을까? 위험한 해류 와 암석을 만났을 때는 어떻게 타협을 하였는가? 어떤 것들이 어떻게 숙 달되었는가? 앞에 놓인 과제는 무엇이며, 어떻게 대처할 수 있을까?

가족 점토 조각 만들기

- **시나리오:** 각자는 자기경화 점토(self-hardening clay)로 과거 가족의 조각 품을 만들라는 지시를 받는다. 이것은 가족 구성원별로, 혹은 나이에 따 라 따로 할 수도 있고, 각 가족이 하나의 공동 조각을 만들 수도 있다. 이 후에 각 개인/가족은 다른 가족 구성원에게 자신의 작품을 보여 준다.

- 지시문: "우리는 각 구성원/가족이 점토를 사용하여 지금 보시는 것과 유사한 여러분 가족의 조각을 만들었으면 합니다. 모든 가족 구성원을 만들어서 나무판자 위에 올려놓아 주세요. 당신이 원하는 만큼 또는 당신에게 얼마나 중요하게 보이는지에 따라 그것들을 크거나 작게 만들어 주세요. 그것들이 어떤 상대적인 위치를 갖는지에 주의해 주세요. 이것은 각자의 문제나 질병, 혹은 여러분이 그것들을 경험하는 방식과 관련이 있을 수 있습니다. 그리고 당신의 조각에 이름이나 제목을 붙여 주세요. 30분 안에 작업을 완료해 주세요. 그리고 나서 우리는 현대 미술관에 있는 것처럼 다른 사람들에게 자신의 작품을 보여 주게 될 것입니다." 이 작업이 완료되면 각 가족/개인은 자신의 조각과 이름을 설명하고 어떻게 그리고 왜 이런 방식으로 만들었는지 보고한다. 다른 집단이나 가족 구성원들은 의견을 말하고 질문을 하도록 권유 받는다.

- 초점: 이 조각상에서 당신이 가장 걱정하는 사람은 누구인가? 만약 이 가족에서 무언가가 바뀌어야 한다면, 어디서부터 시작할 것인가? 당신은 어디에 그 질병/문제를 놓아둘 것인가? 만약 문제/질병이 더 이상 없다면 가족은 어떻게 보일까? 무엇이 바뀌어야 할까? 누가 변화를 위한 촉구에 가장 관심이 있고 누가 가장 관심이 없을까? 많은 관계들 중에서 어떤 것을 먼저 바꾸고 싶은가? 그리고 만약 당신이 어떤 사람을 한 사람에게 더 가깝게 움직인다면, 다른 사람들은 어떻게 될까?

- 변형: 가족 구성원 각자에게 그들의 점토 덩어리를 주고 자신만의 가족 조각을 하도록 요청하는 것도 가능하다. 이것은 왜 그렇게 그 조각들이 다른지 그리고 각 '조각가'들의 마음속에 무엇이 있었는지에 대한 이후의 호기심 어린 탐색과 추측을 가능하게 해 준다.

가족 그림

- 시나리오: 각 가족은 지금 자신들이 보고 있는 가족의 모습을 펜 하나로 함

께 그려야 한다. 그다음에 그들은 6개월 후에 되어 있기를 바라는 방식의 가족 그림을 그려 달라는 요청을 받는다.

- 지시문: "여기 여러분 모두를 위한 펜이 하나 있습니다. 이 펜은 모두 공유해야 합니다. 지금 여러분이 보시는 것처럼 가족 그림을 함께 그려 주세요. 그리고 나서 당신이 어떻게 그렇게 그렸는지 이야기를 나눌 수 있습니다." 나중에: "이제 6개월 후의 시점에서 어떤 가족을 보고 싶은지 그림을 그려 보세요."

- 초점: 가족 구성원들이 얼마나 잘 함께 작업했는가? 누가 주도권을 발휘했고 누가 하지 않았는가? 누가 주로 '말'을 했는가?

화산의 비밀스러운 삶

- 시나리오: 가족이나 집단 구성원들은 임박한 화산의 분출을 예측하기 위해 화산 내부와 지하에서 일어나는 일들을 함께 조사한다.

- 지시문: "분화하기 전의 휴화산 상태를 여러 색으로 그려 주세요. 또한 지하층을 그려서 밑에서 무슨 일이 일어나고 있는지 보여 주세요. 그리고 나서 그것을 폭발시켜 주세요. 일단 여러분이 그림을 다 그리고 나면, 우리 모두는 그것에 대해 이야기를 나눌 겁니다. 그리고 어떻게 화산이 폭발하기 시작하는 것을 발견할 수 있을지에 대해 생각해 볼 겁니다. 작은 우르릉거리는 소리와 진동, 증기가 올라오거나 첫 바위가 튕겨져 나오는 것처럼 말이죠. 여러분이 화산 위에 살고 있고 가능한 한 안전하게 지내고 싶다고 상상해 보세요. 당신은 무엇을 할 수 있을까요? 언제 어디서 피난처를 찾아 용암의 흐름을 막을 수 있을까요? 작업이 끝나면 가족들 사이에서 일어난 마지막 폭발에 대해 말해 주시길 바랍니다. 경고 신호는 무엇이었습니까?"

- 초점: 화산 은유를 가정 폭력 사건으로 풀어 받아들일 것.

관계 지도

- 시나리오: 각 개인은 가족 구성원 간의 관계를 기호로 묘사하는 가족 관계 지도를 작성한다.

- 지시문: "여기 계신 모든 분들이 각자의 가족관계를 지도로 그려 주셨으면 합니다. 원과 사각형으로 각자의 여성과 남성 가족 구성원을 나타낼 수 있으며, 이들의 관계는 연결선으로 그릴 수 있습니다. 정말 강하고 가까운 관계는 이중선이나 삼중선으로 그리고 더 먼 관계는 점선만으로 그릴 수 있습니다. 문제가 있거나 적대적인 관계는 그들 사이에 반짝이는 빛을 그리거나 지그재그로 그릴 수 있습니다. 조부모님, 삼촌, 이모를 포함하여 현재 함께 살고 있거나 떨어져 살고 있는 중요한 사람들을 넣는 것도 잊지 마세요. 만약 여러분이 그 관계들 중 일부에 대해서는 잘 알지 못한다면, 추측해서 그려 보세요. 만약 사람들 사이에 동맹이나 연합이 있다면, 이것들을 설명하기 위한 기호를 새로 만들어 보세요. 또한 다른 세대와 다른 가족 계통 간의 경계를 표시하고, 그것이 경직되거나 유연하거나 너무 느슨한지 생각해 보세요. 그리고 여러분 자신을 거기에 넣는 것도 잊지 마세요." 나중에: "만약 당신이 이 지도의 관계 중 하나만 바꿀 수 있다면, 당신은 어떤 것을 먼저 선택할까요? 그것을 어떻게 바꿀 수 있을까요? 만약 그것이 변경된다면, 어떤 다른 관계들도 자동적으로 변경될 수 있을까요? 어떤 방향으로 변경될까요?"

- 초점: 어떤 관계가 가장 좋고 어떤 관계가 가장 고통스러운가? 만약 그 사람이 1년 전에 이 지도를 그렸다면 어땠을까? 경계는 어떻게 보이는가? 어떻게 같은 가족의 다른 구성원들이 매우 다른 지도를 그릴 수 있을까? 이것은 무엇에 대한 것인가? 사람들은 어떤 변화를 만들고 싶어 하는가? 만약 한 관계가 덜 가깝다면, 다른 관계에서는 무엇이 다를까?

인생의 원

- 시나리오: 각각 자기 삶의 중요한 측면들을 시각적으로 묘사한다.
- 지시문: "이 원이 바로 지금 여러분의 삶을 나타낸다고 상상해 봅시다(종이의 대부분을 덮는 큰 원을 그린다.). 저는 가족, 친구, 적, 이웃, 여러분이 좋아하는 사람 등 여러분에게 중요한 다른 모든 사람들을 나타내기 위해 좀 더 작은 원을 그렸습니다. 사람들은 이 큰 원의 안쪽이나 바깥쪽에 있을 수 있습니다. 그들은 맞닿아 있을 수도 있고, 겹칠 수도 있고, 멀리 떨어져 있을 수도 있습니다. 사람들이 여러분에게 얼마나 중요한지에 따라 원들은 크거나 작을 수 있습니다. 이 종이 위에 있어야 한다고 생각하는 사람은 살아 있든 아니든, 가족이든 아니든, 그냥 그려 주세요. 당신 자신도 넣는 것을 잊지 마세요. 또한, 일, 취미, 하느님, 개와 같은 여러분의 삶의 다른 중요한 영역을 포함하세요. 그런 다음 희망과 두려움을 담으세요. 나중에 구별할 수 있도록 각 원에 이니셜을 추가하세요. 그리고 또 중요한 것은, 병이나 증상을 원 안에 넣는 것입니다. 그것들이 어디에 속한다고 생각하든 말이죠. 어떻게 해야 하는지 걱정하지 마세요. 옳고 그른 원은 없습니다. 그저 당신이 생각하는 최선의 방법으로 하세요."
- 초점: 당신이 이 그림을 볼 때, 놀라운 것이 있는가? 이 그림이 좋은가? 마음에 드는가? 사진뿐만 아니라 실제 삶에서도 바꾸고 싶은 것이 있는가? 어떻게 달라졌으면 하는가? 어떻게 그런 일이 생길 수가 있는가? 만약 당신이 그 희망을 포기한다면 어떻게 될 것인가?

기분 척도

- 시나리오: 각각의 사람들은 자신의 기분과 전반적인 감정의 현재 상태와 원하는 상태를 둘 다 표시한다.
- 지시문: "우리는 각 가족별로 세로줄과 가로줄이 있는 큰 종이를 준비했습니다. 여러분은 현재와 미래의 기분과 전반적인 감정을 평가하기 위해 이

것을 사용하세요. 왼쪽의 수직선에는 −10에서 +10까지의 눈금이 있고, 가운데에는 0의 눈금이 있습니다. 여기에 여러분 각자의 느낌에 따라 채우시면 됩니다. −10은 정말, 정말 나쁜 느낌을 의미하고 +10은 놀라울 정도로 좋은 느낌을 의미합니다. 아마도 당신은 당신의 기분을 그 두 극단 사이 어딘가에 표시할 것입니다. 그리고 수평선(0)이 있습니다. 수직선의 왼쪽에는 과거가 있고 오른쪽에는 미래가 있습니다. 0이 있는 곳이 현재입니다. 한 분씩 지금 느끼는 바에 따라 채워 주세요. 각자 누가 누군지 알기 위해서 사람마다 다른 색을 사용해야 합니다. 그러고 나서 여러분이 과거에 가장 기분이 안 좋았을 때를 왼쪽에 기입하고 그 옆에 날짜를 쓰세요. 그 작업을 마치면 수직선 오른쪽에 우리와 작업이 끝났을 때, 또는 다른 날에는 어떤 기분이 되고 싶은지 기입하십시오. 여러분 모두가 이 작업을 마치면, 여러분의 생각과 경험을 말씀해 주세요. 또한 한 가지 더 생각해 보세요. 오늘의 기분을 좋게 하기 위한 작은 단계는 무엇이 될 수 있을까요? 그런 일을 실현하기 위해 무엇을 해야 할까요?"

- 초점: 어떤 사람의 기분과 느낌을 알고 있거나 알고 있었던 사람은 누구인가? 기분의 변화를 감지하지 못하는 사람은 누구인가? 왜 그럴까? 과거에 기분을 좋게 만드는 것은 어떻게 가능했나? 과거의 해결책을 기반으로 어떻게 해 볼 수 있을까?

가면무도회

- 시나리오: 큰 아동 · 청소년을 포함한 가족들이 직접 종이 가면을 선택해 60년 만에 만나 평생의 경험을 나누는 연기를 한다. 치료자는 가면을 착용하지 않고 자발적인 대화가 시작될 때까지 각 청소년에게 인터뷰를 한다. 부모들은 원 바깥에서 이 말을 듣고 그 후에 성찰하는 팀이 되라는 요청을 받게 된다.

- 지시문: 치료자는 즉흥적인 티파티를 위해 각각의 자녀들이 마스크를 쓰

고 탁자에 둘러앉게 하며 역할극을 시작한다. 파티가 시작되면 부모들이 방으로 초대되고, 그들은 설명 없이 그저 관찰자로서 외부 원에 조용히 머물라는 요청을 받는다. 치료자는 모든 노부인과 노신사에게 인사를 한다. "60년 만에 여러분 모두가 이곳으로 돌아오게 되어 매우 기쁩니다. 우리는 2021년에 여기서 마지막으로 만났지요. 당신들의 이름은 완전히 잊어버렸답니다. 지금 당신들의 이름은 무엇인가요? 저는 당신의 첫 남편을 어느 때인가 만났던 것으로 기억하는데요. 당신에게는 지금 자녀와 손자가 몇 명 있나요? 그리고 당신은 얼마나 많은 결혼과 이혼을 했나요? 당신은 아직도 섭식장애(ADHD, 우울증)를 앓고 있나요? 대학에 진학한 적이 있나요, 아니면 바로 할리우드에 가게 된 건가요?" 보통 청소년들은 그러한 안내를 통해서 모든 종류의 극적인 이력서(CV)를 창작하고, 치료자는 청소년들 사이의 상호작용을 격려하게 된다. 이후 단계에서 치료자는 다음과 같은 추가 질문을 할 수 있다. "여러분 중 아직도 영국에 살고 있는 사람이 있나요? 당신의 부모님은 아직 살아 계신가요? 두 분의 관계는 어떤가요? 돌이켜봤을 때 당신이 여기 온 후 몇 년 동안 당신을 가장 많이 도와준 사람은 누구인가요?" 나중에 "우리가 지금 2050년에 있고 여러분은 모두 중년이라고 상상해 봅시다. 비슷한 대화를 할 수 있을지 확인해 보세요."

• 초점: 여러분의 인생을 되돌아볼 때, 전환점은 무엇이었는가? 부모님은 들은 것을 어떻게 이해하는가? 여러분은 부모님들이 당신의 역할극에 대해 말한 것에 대해 어떻게 생각하는가?

문제에게 편지 쓰기

• 시나리오: 각자 '문제'(어려움, 질병, 장애)에 긍정적인 편지와 부정적인 편지를 각각 한 통씩 쓴다. 편지들은 모두 모은 다음 각 가족이나 집단 구성원들이 자신의 것이 아닌 긍정적인 편지와 부정적인 편지를 받도록 분배

된다. 그런 다음 이 편지들을 먼저 부정적인 것부터 시작하여 하나씩 읽어 나간다.

- 지시문: "우리는 여러분 각자에게 두 가지 편지를 써 달라는 부탁을 드립니다. 첫 번째 편지는 다음과 같이 시작합니다. '거식증(혹은 ADHD), 나는 너를 싫어해, 왜냐하면…….' 여러분이 왜 이 질병/문제를 싫어하는지 10가지 정도를 나열해 주세요. 부모님들은 본인의 입장에서 쓰시고, 청소년들은 부정적인 측면에 대해서 따로 쓰시면 됩니다. 두 번째 편지는 다음과 같이 시작합니다. '거식증, 나는 너에게 감사해. 왜냐하면……' 이 편지는 비꼬는 말투로는 쓰면 안 되고, 문제가 당신에게 가져온 삶의 긍정적인 변화 10가지를 포함해야 합니다." 나중에 "이제 우리가 모든 편지를 섞었으니, 그것들을 나누어 드릴 것이고 그리고 그것들은 큰 소리로 읽어 주십시오. 먼저 부정적인 것부터 시작하겠습니다."

- 초점: 문제가 야기하는 우려와 압박은 무엇인가? 문제가 의도치 않게 만들어낸 긍정적인 변화는 무엇인가?

엽서 묘사하기

- 시나리오: 각 참가자는 엽서(예: 휴양지나 산책을 가는 커플, 혹은 원이나 선의 추상적인 그림)를 선택하고, 이를 묘사한 다음에 파트너와 함께 본다.

- 지시문: "2인 1조로 등을 맞대고 앉아 작업하십시오. 참가자 A는 엽서에서 보이는 내용을 설명하고, 참가자 B는 그것을 듣고 종이에 그림의 개요를 묘사합니다. 참가자 A가 설명을 마치면 참가자 B에게 엽서를 보여 줍니다. 여러분은 스스로의 인식을 비교하고, 참가자 B가 묘사한 엽서를 설명하면서 같은 일을 반복해 주세요."

- 초점: 설명하고 듣는 것이 얼마나 쉽거나 어려운가? 오해를 어떻게 처리하는가?

책임과 무책임 상자

- 시나리오: 각각의 사람들은 개별적인 종이에 스스로 어떻게 책임감이 있고 어떻게 책임감이 없는지에 대한 예시를 적는다. 이것들을 작성자의 이름을 적지 않고 상자에 넣은 다음에 읽는다.

- 지시문: "대부분의 사람은 특정한 상황과 특정한 사람들에 대해 책임감을 느낍니다. 하지만 가끔 우리는 무책임하게 행동합니다. 우리는 방에 있는 여러분 각각이 책임감 있게 행동하는 세 가지 사례와 무책임하게 행동하는 세 가지 사례를 생각해 주시기를 바랍니다. 이 두 개의 상자 중 하나를 골라 이 문장들을 넣어 주세요. 모두가 메모를 작성하면 우리는 두 상자 모두에서 이러한 진술 중 몇 가지를 선택하여 큰 소리로 읽을 것입니다. 익명이기 때문에 아무도 메모를 작성한 사람이 누구인지 알 수 없겠지요. 그런 다음 우리는 당신의 의견에 대해 이야기를 나눠 볼 것입니다."

- 초점: 언제 책임감 있게 행동해야 하는가? 무책임하게 행동하는 것이 언제, 그리고 얼마나 오랫동안 허용될 것인가? 책임감 있게 행동한 한두 가지 예를 생각해 보고서, 무엇을 배웠는가? 그리고 당신이 책임감 있게 행동하지 않았을 때에 대해서는 무엇을 배웠는가? 그것이 당신의 미래 행동에 영향을 미칠 수 있을 것인가?

결론적 성찰

이 장에서 우리는 MIST 치료자가 정신화를 시작하기 위해 수행할 수 있는 상당한 수의 개입법에 대해 간략하게 설명했다. 우리는 MIST 치료자가 가족, 부부, 집단 치료에서 미발달된 정신화나 명백히 부재하는 정신화를 해결하기 위해 따라 주기를 희망하는 많은 일반적인 규칙을 명시하면서 이 활동들을 맥락화했다. 치료자들이 특정 기법을 사용할 때에는 정신화의 재시동을 위해서 몇 가지 핵심 정신화 기반 원칙을 적용하는 것이 필수적이다. 그렇지 않으면 그 기법들은 이 책이 촉진하고자 했던 접근 방식과 정반대되는 것으로 바뀔 수 있다. 생각 없이 특정 전략을 기계적으로 채택하는 것은 정신화와 반대되는 것으로, 무엇보다도 개방적이고 유연하며 다소 순진한, 모른다는 태도의 접근법이 필요하다. 따라서 우리는 위에서 제안된 접근법이 그것들이 개발된 정신, 즉 모든 사람들이 드러난 것에 놀라움을 갖고 마음이 열리도록 격려하는 쪽으로 사용되기를 바란다.

정신화의 재시동을 위한 배경을 만들기 위한 몇 가지 일반적인 원칙 외에도, 우리는 가족, 부부, 개인의 효과적인 정신화에 대해 개략적인 것들을 설명했다. 우리의 목적은 치료자가 개입할 지점을 식별하는 것을 돕는 것이었다. 우리는 치료자가 정신화의 문제를 식별하기 위해서는 개별 구성원과 가족을 활동 중에 관찰해야 한다고 제안한다. 치료자에게는 좋은 정신화가 발달되지 않은 것처럼 보이거나 부재하는 것처럼 보일 때를 평가하는 것이 과제다. 왜곡과 비효과적인 정신화는 심적 동일시, 가장 모드, 목적론적 사고방식으로 대체로 쉽게 식별할 수 있다. 우리는 비정신화나 다소 비효과적인 정신화를 가족 담론에서 명료화하는 몇 가지 방법의 예를 제시한 바 있다.

우리는 타인, 자기, 관계의 관점에서 생각하는 것이 세계를 간단하게 설명하는 구체적인 초점으로 나누는 쉬운 방법을 제공한다고 제안했다. 우리는 치료자들이 치료적으로 작업할 때 희망하는 순서의 대략적인 영역에 따라 순서를 정할 것을 제안한다. 때로는 자기 정신화에서의 문제를 식별하는 것으로 시작하는 것이 가장 쉽다. 개인이 스스로를 생각하는 방식, 자신의 생각과 느낌, 풍부함, 복잡성, 다층적이고 다면적인 관점이 부족함을 나타내는 경우에, 문제가 연민과 공감의 방식으로 해결될 때 더 쉬워진다는 것은 전혀 특별할 것이 없다. 대부분의 사람들은 그들 자신의 생각과 느낌에 대해 생각해 보는 것을 즐긴다. 특히, 존중과 분별력(respect and discernment)을 가지고 다루어진다면 말이다. 물론, 이런 맥락에서 다시 한번 언급하자면 존중한다는 것은 모른다는 입장을 의미한다. 우리는 분별력을 통해서 이해와 공감을 찾기 위한 맥락화와 정교화의 필요성에 주목하게 된다. 정서적인 태도(emotional attitude)는 연민의 한 형태가 될 필요가 있다. 이러한 맥락에서, 연민은 MIST 치료자에게만 나오는 것이 아니라, 내담자들에게도 격려되어야 할 필요가 있다. 자기 정신화를 정교화하는 목적은 일차적으로 자기 수정(self-correction)이 아닌 자기 수용(self-acceptance)에 있으며, 따라서 치료자가 내담자의 자기 경험 뒤에 있는 이유를 온전히, 명확하게 볼 수 있는 능력을 확장해 준다.

　분리하기 어렵긴 하지만, 이상적으로는 타인 정신화 전에 자기 정신화가 선행되어야 한다. 이에 대한 이유는 간단하다. 다른 사람들을 '더 잘' 정신화해야 한다는 압박감을 느끼는 사람은 스스로가 부적절하고, 책임이 있으며, 심지어는 잘못도 있다고 느끼게 될 수 있다. 타인에 대한 오해를 드러내면서 수치심이나 죄책감을 증폭시키는 것은 정신화를 강화하기보다는 오히려 위험에 빠트리기가 쉽다. 처음에 느꼈던 것보다 더 다면적이고, 더 섬세하고, 더 이해하기 쉽고, 더 연민을 가질 가치가 있는 무언가를 자신의 마음속에서 발견한 경험은 마음에 공간을 만들어서 때로는 타인의 내부 세계에 있는 복잡성을 탐구하려는 의지까지 만들어 낸다. 자신의 기대, 잘못된 믿음, 오만, 두려움, 타인의 생각과 느낌을 비난하는 것에 대해 생각하는 것은 우리 대부분에게 길고 까다로운 길이 된다. 사람들은 다른 사람들이 거기에 있는 이유에 대해 추측한다. 일반적으로, 다른 사람들이 어떻게 생각하고 느끼는지 알면 부정적인 감정이 생길 가능성을 줄일 수 있다. 사실 그들이 무엇을 생각하고 느끼는지 아는 것은 꽤 불편한 일일 수 있다. "당신은 정말 나를 어떻게 생각하나요?"라고 묻는 것은 용기가 필요한 일이다. 물론 상황적 제약이 정직한 답변의 가능성을 가로막는 한은 충분히 쉽게 물어볼 수 있다. 이것이 우리가 다른 사람들이 진정으로 어떻게 생각하고 느끼는지 이해하기 위한 포괄적인 탐구를 하는 데 있어서, 가족 구성원들의 생각이 단지 생각이고, 느낌이 단지 느낌이라는 것을 알고 있다고 가정하도록 추천하는 이유다. 심적 동일시 모드에 있는 사람이 타인의 정신상태를 경험하는 것은 잠재적으로 큰 불편감의 원천이 될 수 있다. 가장 모드에 있는 사람이 타인의 정신상태를 경험하는 것은 첫 순간에는 덜 불편할 수 있지만, 길게 지속될 경우에는 진정 상호적이며 만족스러운 관계가 생길 가능성을 차단하게 만든다.

그리고 마지막으로 우리는 자연스럽고 단순한 상태를 따라 관계적 정신화에 도달한다. 그것은 아마도 인간에게 가장 자연스러운 대인관계 상태일 것이다. 진화 과정에서 자기 정신화는 아마도 마지막에, 타인 정신화는 두 번째로 나타났을 것이고, 가장 처음에는 (우리가 집단으로서, 가장 일반적으로는 우리의 맥락인 가족 집단을 정신화하는 것을 의미하는) 관계적 정신화가 나타났을 것이다. 아마도 자신을 넘어서는 일련의 생각과 느낌의 일부가 되는 우리라는 느낌 (feeling of we-ness)은 사회적 협동의 필수 요소일 것이다. 가족들은 때때로 가정된, 거의 성찰하지는 않는 공유된 마음의 상태를 경험하도록 성장해 간다. 관계적 정신화는 자기와 타인, 내부나 외부를 넘어서며, 우리가 우연한 개인의 집합이 아니라 심지어 우리가 의식하지 못했을 때도 동시에 갖게 되는 생각과 느낌을 공유하는, 목적의식에 의해 함께 묶여 있는 집단이 되도록 하는 방식으로 함께 존재하는 어떤 것으로 묘사된다. 물론, 이것은 체계적 가족치료의 심장이자 영혼이다. 그 체계 안에서 과도한 자기 정신화나 타인 정신화를 발생시키는 것은 공유된 방식으로 행동하지 못하는 체계의 실패가 된다. 궁극적으로, MIST에서 가족 정신화 문제로 저절로 드러나게 되는 한 측면으로는 전체 가족이나 적어도 그 하위 체계에서의 공유 정신화와 개인이 자기나 실제 타인에게 갖는 우선순위 사이의 균형이 있다. 대부분의 경우 우리는 이에 관해서 개인 내에서 정신화를 강화하고 그다음에 가족 내 타인들의 정신화를 강화하는 과정을 거치면 개입의 초점이 될 관계적 정신화가 유발될 것이라고 믿는다. 그럼에도 불구하고, 우리는 치료자들이 가족의 어려움을 해결하기 위해 생산적으로 사용할 수 있는 관계적 정신화를 강화하는 방법들을 제안했다. 우리의 경험에 따르면, 관계적 정신화 수준에 도달하지 않고도 많은 진전이 가능하다. 하지만 가족체계에서 그리고 가족체계를 통해서 드러나는 관계적 정신화는 아마도 체계치료 작업의 가장 만족스러운 측면이 될 것이다.

진단을 넘어서 정신화하기

M entalization-Informed Systemic Therapy

처음에 이 책의 기획을 하며 여러 장들을 구상했을 때, 우리는 가장 일반적으로 접하게 되는 정신건강 문제와 다른 문제들에 대한 개별적인 MIST 개입을 기술하려고 했었다. 특히, 불안과 우울 같은 정서장애, 행동장애, 섭식장애, 신경발달장애, 의사소통장애에 대한 개별 개입, 그리고 가정 폭력, 성격장애 및 기타 주요 문제 영역에 대한 구체적인 개입 등. 그러나 우리는 특정 장애에 대한 겉보기에는 개별적으로 보이는 많은 개입법들이 다른 장애들에 대한 우리의 작업에도 그대로 적용될 수 있다는 것도 깨달았다. 또한 우리는 대부분의 아동들이 복합적인 문제를 가지고 있어서 지나치게 좁은 접근법으로는 도움을 받지 못할 것이라는 것도 알고 있었다. 결국 우리는 MIST가 진단에 의한 제약을 받지 않을 때 가장 우수하다는 결론을 내렸다. 그러나 이러한 결론은 우리 모두에게 익숙한 범주적 접근법 외의 문제들에 대해 어떻게 생각해야 하는지에 대한 의문을 갖게 했다. 이번 장에서는 아동의 정신장애에 대한 우리의 이해를 제시하고 MIST를 이러한 이해의 맥락에서 나온 개입법으로 틀을 잡을 것이다.

크레이그(Craig)는 여덟 살로, '주의력결핍 및 과잉행동장애(ADHD) 의증'으로 학교로부터 의뢰되었다. 의뢰서에는 "크레이그는 항상 돌아다닙니다……. 그 아이는 가만히 앉아 있을 수 없고, 산만하고, 집중력이 떨어집니다. 그 아이는 다른 학생들에게 매우 공격적일 때도 있습니다. 그 아이는 충동 조절이 매우 어렵고 쉽게 좌절합니다." 선생님의 요청에 따라 크레이그의 어머니는 우선 혼자서 진료소에 갔다. 그녀는 크레이그는 형이나 누나와는 달리 항상 "과잉행동적이고 매우 요구적이다"라며 인터넷에서 아들의 문제에 대해 검색했고, "ADHD의 모든 진단 기준에 부합한다"고 결론을 내렸다고 말했다. 그러고 나서 어머니는 "크레이그의 말이 너무 무례해졌고, 욕을 많이 하고 항상 네 글자 단어를 사용해요······. 모든 말에 '똥 어쩌고' 혹은 'f··· 저쩌고' 하거나 더 나쁜 말도 하죠. 그리고 그 아이는 정말 이상한 소리를 내고, 끙끙거리거나 혹은 그런 모든 것들을 해요. 제가 찾아봤는데, 아들이 아마도 뚜렛 증후군을 가지고 있는 것 같아요."라고 말했다. 마지막으로, 어머니는 크레이그를 평생 알고 지낸 가장 친한 친구가 그에 대해 '자폐증적'이라는 확신을 갖고 있으며, 또한 그녀가 1년 전에 건강문제로 크레이그를 진찰하러 데려갔을 때 소아과 의사도 했던 말이라고 했다. 크레이그의 어머니는 영국으로 이민 온 아이 아버지가 심각한 우울증을 앓았었고 아이가 두 살 때 약물 과다 복용으로 비극적으로 사망했기 때문에 크레이그를 혼자 키워야만 했다. 비록 검시관이 공식적인 사망 진단을 내렸음에도 불구하고, 그녀는 약물 과다 복용이 의도적이었고 스스로 목숨을 끊은 거라고 확신했다.

어머니는 자신과 크레이그가 당시 사회복지국에서 부족한 지원을 받았던 일을 설명했다. 그녀는 또한 PND(postnatal depression; 산후 우울증)라고 부르는 것으로 힘들어하고 있었지만, 자신의 병은 크레이그의 아버지와 비교했을 때 가벼운 것이라고 여겼다. 그 가족은 재정적으로 매우 어려웠다. 크레이그의 어머니는 청소부로 일하며 가족에게 충분한 수입이 될 수 있게 여러 직업을 가져왔다. 그녀의 모친은 현재 다른 나라에 살고 있었지만, 여동생은 10세 미만의 세 자녀를 둔 대가족임에도 불구하고 언니의 육아를 조금은 도울 수 있었다. 크레이그가 고위험군에 등록된 후에도, 돌봄 계획은 세워지지 않았다. 사회복지국은 기본적으로는 크레이그의 어머니에 대해 양육적이고 헌신적이며 상당히 어려운 상황을 비교적 잘 관리한다고 여겼다. 크레이그를 학대한 기록은 없지만, 자신과 이모의 집 모두에서 종일 켜진 어린이용 텔레비전 외에는 뚜렷한 자극 없이 혼자서 너무 많은 시간을 보낸다고 보고되었다. 크레이그는 면담에서 어머니가 자신에 대해 이야기하는 동안에도 거의 듣지 않고 작은 장난감 자동차만 가지고 노는 불안하고 철수된 아이로 보였다. 그는 때때로 배에 이상한 게 느껴지고 목구멍에서 심장이 뛰는 것 같다고 보고했다. 아이의 수면과 식습관에 대해 어머니에게 물었을 때, 그녀는 다음과 같이 대답했다. "아이는 음식에 관심이 없고, TV만 보고 있어요. 제가 허락만 한다면 밤새 TV를 보겠죠. 그 아이는 잠을 많이 잔 적이 없음에도, 지금은 전보다 덜 자고 있어요." 임상의는 누적된 진단 목록에 조용히 우울증과 불안을 추가했다.

슬프게도 요즘 아이들이 과거에는 단순히 까다롭거나 이상한 행동이라고 불렸던 것들에 병이라고 진단받는 것은 드문 일이 아니다. 그리고 오늘날 아이들이 복수의 진단을 받는 것도 드문 일이 아니다. 소위 공병(comorbidity)이 일반적인 것이다(Kessler, Chiu, Demler, Merikangas, & Walters, 2005). 이는 미국(Kessler et al., 2011)과 영국(Bebbington et al., 2009)에서 실시된 임상 및 지역사회 표본에 대한 대규모 조사에서 반복적으로 입증되어 왔다(예: Barlow, Sauer-Zavala, Carl, Bullis, & Ellard, 2014; Cummings, Caporino, & Kendall, 2014; Ormel et al., 2015). 공병성(Comorbidity)은 진단을 초월하는 것이다. 그것은 모든 정신질환과 연관성을 갖게 된다(예: Budde et al., 2019). 부모들은 아이가 겪는 어려움들을 설명해 주기 때문에 아이가 다중 장애로 진단될 때 놀라기보다는 안도하는 경우도 많다. 아마도 그것은 그들에게 아이의 문제행동에 대한 책임감도 조금은 덜어 줄 것이기 때문이다.

대부분의 아이들은 복합적인 문제를 가지고 있어서 과도하게 좁은 접근법에 의해서는 도움을 받지 못할 것이다. 우리는 MIST가 진단에 얽매이지 않을 때 가장 잘 작동한다는 결론을 내렸다. 그렇다면 우리 모두에게 익숙한 범주적 접근법을 벗어날 때 아동의 문제들을 어떻게 받아들여야 할까? 이 장에서 우리는 아동의 정신장애에 대한 우리의 이해를 설명하고 나서, 그다음에 왜 MIST가 특히 복합적인 문제를 가진 아이들을 돕는 데 적합한 개입이 되는지를 설명할 것이다. 우리는 적어도 크레이그와 같은 복잡한 사례를 대할 때에는 DSM-5(American Psychiatric Association, 2013)에 의해 정의된 500여 개의 구분된 진단군 대신, 정신병리학에 대한 단 하나의 일반적인 범주만 필요하다는 제안을 하고 있다. 우리는 임상가로서 정신건강 문제를 가진 아이들이 나타내는 양상의 한정된 수의 측면, 즉 심리치료에서 체계적으로 훈련된 방식으로 쉽게 다룰 수 있는 측면에 초점을 맞춰야 한다고 확신한다. 우리는 이전의 MIST에 대한 설명을 통해서 MIST가 구조적인 동시에 초점화된 접근법임을 독자들이 납득했기를 바란다.

우리가 정신장애에 대한 단일한 일반이론을 제안한 최초의 사람들은 아니다. 그의 시대에 가장 영향력 있는 신경과학자 중 한 명이었던 Jeffrey Gray(1982)는 세 가지 신경전달물질의 상호 관계를 고려한 시대를 앞서간 이론에서 그와 같은 모델을 제안했다(Depue & Spoont, 1986). 그 이후로 많은 다른 연구자들도 유사한 아이디어를 소개했다. 만약 우리가 장애를 수많은 하위범주라는 관점으로 생각하는 것을 중단하고 그 대신 정신장애라고 불리는 단일체의 발현으로 재개념화한다면, 소위 공병성 문제(comorbidity problem)는 사라지게 된다. 정신장애는 서로 다른 아동에게 다른 방식으로 나타나며, 일부 증상은 종종 동시에 발현하는 것일 뿐이다(Goldberg, 2015). 아동이 특정 증상을 어떻게 발현시키는지가 과학자들에게는 흥미로울 수 있지만 임상가들에게는 별로 상관없는 것일 수도 있다. 임상가인 우리들은 어떤 경우에도 가장 빈번하게 취할 일반적인 접근법을 정당화하기 위한 과학적 이해를 견지하고 요구할 것이며 그럴 자격이 있다. 우리는 크레이그가 실제로는 5~6개의 장애를 가지고 있지 않다는 입장을 견지한다. 심지어 진단 기준을 엄격하게 본다면, 그가 그런 장애를 가지고 있는 것처럼 보일 수도 있음에도 그러하다.

정신장애 연구들

연구자들은 아동의 정신장애가 어떻게 나타나는지에 대한 연구에서 상당히 흥미로운 사실을 발견했다. 쌍요인분석(Bifactor analysis)은 아동, 청년, 성인에서 증상과 진단이 어떻게 함께 나타나는지를 살펴볼 수 있는 새로운 방법이다. 이 방법은 서로 다른 진단을 찾기 전에 먼저 모든 진단의 공통점을 확인해야 한다는 상당히 간단한 통계적 아이디어로 설명할 수 있다. 일단 우리는 크레이그의 진단에 어떤 공통 증상(우울증, ADHD, 자폐증, 적대적 반항장애, 뚜렛 증후군 등)이 있는지를 알아낸 후에, 크레이그의 추가적인 문제가 무엇인지를 조금 더 명확하게 알 수 있었다. 예를 들어, 과민성과 충동적 행동은 많은 진단과 관련될 수 있다. 우리가 그것들을 하나하나 세어야 할 것인가? 아마 한번에 세는 것이 나을 것이다. 그것이 쌍요인분석이 하는 일이다. 매우 큰 집단의 어린이와 청소년들이 발달과정 전반에 따라 연구되어 서로 다른 진단들에서 공유하는 증상을 설명해야 할 때, 설명되는 것은 그리 많지 않을 것이다(Lahey et al., 2018). 그들이 정신건강 문제를 조금 더, 혹은 조금 덜 가지고 있다는 점은 연속선상에서 가장 잘 묘사될 것이다. 연구자들은 병리학에서와 마찬가지로 정신장애에서의 일반적인 경향성을 p 요인이라고 부르기로 했다. 그래서 진료소와 지역사회에서 아동의 정신건강 문제를 기술하는 가장 좋은 방법은 기저의 일반적인 소인(predisposition)에 추가로 행동문제, 두려움(공포증), 고통(우울증과 범불안장애), 사고장애와 같은 특정한 문제를 가정하는 것일 수 있다. 이 접근법은 정신건강 문제를 가진 아동들이 증상을 드러내는 방식에 대한 가장 경제적인 설명을 제공한다. 최소한 심리통계학자의 관점에서는 그렇다고 볼 수 있다. p 요인 개념은 대다수의 정신질환의 특정한 원인과 생물지표(biomarkers)를 식별하는 것과 관련해서 표적치료가 왜 그렇게 어려운지를 설명하는 데 도움이 된다. 자살 시도 가능성을 포함한 결과를 예측하는 것은 진단이 아닌 일반 병리학의 수준에 해당한다. 품행과 불안문제, 약물오용 문제 등 겪는 문제가 다양할수록 자살 가능성은 높아진다. 공정하게 말하자면, 이 모든 것을 시작한 두 연구자인 Avshalom Caspi와 Terry Moffitt는 그러한 수리적 설명을 보고하는 연구(그리고 지금까지 거의 100개가 존재하는)가 '아주 정교한 통계적인 바보짓'일 수 있다고 경고했다(Caspi & Moffitt, 2018).

하지만 이야기는 여기서 끝나지 않는다. 행동유전학과 분자생물학 관련 과학자들은 일반적인 단일 정신장애 주장과 일치하는 연구 증거를 제시했다. 일란성 쌍둥이(게놈 전체를 공유하는)와 이란성 쌍둥이(유전자의 50%만 공유하는)를 비교한 연구는 p 요인이 실제일 뿐만 아니라 어느 정도 유전적 취약성이 될 가능성이 있음을 보여 준다. p 요인의 변량 중 약 절반은 유전성(hereditary)이다. 즉, 정신장애(혹은 특히 중증) 위험도의 약 50%는 우리의 유전자에 의해 결정된다(Harden et al., 2020). 지금까지 수행된 가장 큰 연구는 100만 명 이상의 참가자를 대상으로 한 연구 모집(study population)에서 25개의 뇌장애와 17개의 정신장애를 대상으로 했는데, 모든 정신장애에서 각 진단별 특정 유전자나 유전자 조합이 식별 가능하지 않았고 동일한 유전자가 비정상적인 것으로 밝혀졌다(Brainstorm Consortium et al., 2018). 그와 대조적으로, 다른 신경학적 문제들은 그와 연관된 서로 다른 유전자 세트를 가지고 있었다. 그래서 어떤 유전자가 되었든지 정신장애와 관련이 있는 정도는 진단에 무관하게 거의 동일한 것으로 보인다.

우리는 지난 25년 동안 뇌에 대해 많은 것을 알게 되었다. 우리가 현재 알고 이해하고 있는 많은 것들도 정신장애에 대한 단일한 기저의 취약성에 대한 아이디어를 지지한다. 실제로, 대부분의 연구는 모든 정신질환이 뇌의 한두 부분, 즉 전전두엽 피질과 아마도 추가로 변연계의 기능장애를 수반한다고 시사한다(Macdonald, Goines, Novacek, & Walker, 2016; Wise et al., 2017). 아동이 정신질환에 걸릴 위험에 처하게 하는 뇌의 다른 많은 영역이 있을 수도 있고 실제로 있을 가능성이 매우 높다. 실제로, 오류를 일으키는 것은 특정 부분의 뇌 구조가 아니라 서로 다른 영역 간의 연결 때문일 가능성이 점점 높아지고 있다 (Hinton et al., 2019). 따라서 일반적인 정신병리학, 즉 p 요인은 인간 피질에서의 불규칙한 연결(배선 결함)과 관련이 있을 가능성이 있다.

　잘못된 뇌 배선 작업의 결과는 무엇인가? 현재 신경과학계에는 두 가지 아이디어가 돌고 있는데, 이 두 가지는 치료로서 MIST 이론과 관련이 있다. 첫 번째 아이디어는 정서조절곤란(emotion dysregulation)이다. 정서가 부실하게 관리되면 목적지향적 활동을 방해한다(Beauchaine, 2015). 정서를 잘 조절하는 사람들은 정서를 촉발시킨 상황의 위험에 대해 정확한 사고를 하게 되어 그에 대처하기 위해 자신이 해야 할 일에 주의를 기울일 수 있다. 그러한 사람들은 집중하는 데 주의력을 활용할 수 있지만, 집중하는 것이 도움이 되지 않을 경우에는 주의를 분산시켜서 행동이 전개된 결과에 따라 위험성을 재평가할 수 있다(Gross, 2014). 이 전략들은 모두 효과적이다. 그게 아니라면 사람들은 자신의 감정을 억누르려고 노력하거나 화나게 한 것에 대해 반추해 볼 수 있다. 하지만 대체로 이러한 전략들은 효과적이지 않다. 어떤 아동들은 감정을 조절하기 위해 고군분투하는데도 감정은 때때로 평소보다 훨씬 더 오래 지속되고, 그 감정은 행동을 방해할 가능성이 더 높아진다. 그들은 결국 상황에 맞지 않는 감정을 발산하게 되고, 감정은 예상보다 더 빠르게 널뛰게 된다(Cole, Hall, & Hajal, 2017). 크레이그는 학교에 적응하고 집에서 어머니와의 관계를 관리하려고 고군분투하면서 이러한 모든 문제들을 드러냈다.

　정서조절곤란은 정신의학에 알려진 거의 모든 진단적 조건의 단일 특징으로 나타났다(Beauchaine & Cicchetti, 2019). 연구자들은 감정 조절에서의 취약성이 배경에서 일어나고 있는 정서경험을 증폭시키고, 아동들이 강렬한 감정을 예상하고 경험하기 때문에 사회적 상황을 경험하는 방식에 왜곡을 일으키며 강렬한 감정 반응으로 이어질 수 있다고 믿는다. 이러한 것은 확실히 부적절한 느낌을 유발하고 때로는 불쾌하고 강렬한 정서를 피하기 위한 극적인 행동으로 이어질 수 있다. 따라서 정서조절곤란이 정신장애는 아니지만, 아동의 정동, 증폭되는 기분, 그 강렬함에 의한 고통, 정서의 지속, 변화 가능성은 모두 우리가 '증상'이라고 생각하는 문제로 이어질 수 있으며, 여기에는 과민함, 나쁜 기분, 불안, 공격성이 포함된다(Macdonald et al., 2016).

크레이그와 같은 복잡한 양상의 취약성에 대한 중요한 설명을 제공하는 데 도움이 되는 두 번째 아이디어가 있다. 실행기능(Executive function)은 사고 조절, 즉 기억, 주의, 행동, 그리고 일반적으로 특정 작업과 연관되는 적절한 방향으로 정보를 제어하는 능력이다. 건강한 기능에 필수적인 것으로 간주되는 인지적 처리과정인 실행기능의 질은 p 요인에 영향을 미치는 것으로 여겨진다. 여기에는 자기조절, 의사결정, 행동순서, 계획하기, 우선순위 지정하기, 새로운 과제 탐색하기가 포함된다(Banich, 2009). 지속적인 심리적 고통을 나타내는 높은 p 점수를 받는 사람들은 까다로운 사회적 상호작용에 지나치게 민감한 면이 있다. 그들은 타인 행동의 이유를 신뢰롭게 해석하는 것이 어렵다는 것을 깨닫고서 잠재적으로 속상할 수 있는 경험의 기억을 무시해 버린다. 이것은 그들을 정서적 폭풍에 취약하게 만든다. 이러한 인지적 통제기능의 오작동이 많은 정신질환의 공통분모일 수 있다고 제안도 있었다(McTeague et al., 2017). 정신증적 상태와 같은 가장 심각한 진단부터 우울, 불안, 품행문제에 이르기까지 거의 모든 진단에서 실행기능 결손이 입증된 바 있다. 실행기능 결손과 정서조절곤란은 뇌의 다른 영역 사이의 연결을 포함하는 정신장애의 일반적인 모델에 들어맞는다.

우리가 모든 정신질환에 대한 명확한 단일 생물학적 모델을 발전시킬 충분한 증거를 가지고 있다고 주장할 사람은 아무도 없을 것이다. 하지만 분명한 것은 임상적 · 심리통계학적 · 발달적 · 유전학적 · 신경과학적 연구의 모든 증거가 상당한 범진단적 중첩이 정신질환이 무엇인지에 대한 우리 이해의 일부가 되어야 한다는 것을 시사한다는 것이다.

크레이그를 이해하기

크레이그의 어머니는 아들이 ADHD 및 기타 장애들에 대한 '검사'를 받아야 한다고 주장했고, 그녀의 요청에 따라 크레이그는 몇몇 뛰어난 전문가들로부터 상당한 수의 '최적의 기준에 따른' 심리검사를 받았다. 몇 주후, 임상가는 어머니를 만나 공식적인 검사가 큰 도움이 되지 않았다고 설명했다. 크레이그가 ADHD 진단에 부합하는 증상을 보인다는 것을 확인했음에도 전문의들은 각성제 치료를 권장하지 않았다. 크레이그의 행동이 사회적으로 비정형적으로 보였음에도 자폐스펙트럼장애(autism spectrum disorder: ASD)에 대한 검사는 자폐증 진단을 확인해 주지 못했다. 뚜렛 증후군(Tourette syndrome: TS) 의증에 대해서는 진단이 더 분명했다. 크레이그의 충동성은 TS의 일부가 아니었다. 그는 틱이 없어 보였음에도 연령대비 더 좋은 사회적 조절을 기대할 수 있는 상황에서도 나쁜 언어를 사용했다. 모든 사람들은 크레이그가 우울증의 초기 징후와 더불어, 주로 공격성에 가까운 짜증을 드러내는 불안한 소년이라는 것에 동의했다.

처음에 크레이그의 어머니는 이러한 결과에 매우 실망했다. 그녀가 물었다. "그럼 크레이그는 어떤 병에 걸렸나요? 아이에게 아무 문제가 없다고 말할 수 없잖아요. 아들은 아기였을 때도 늘 매우 까다로운 아이였어요." 임상가는 어머니에게 더 자세히 설명해 달라고 요청했고, 그녀는 아들이 태어난 직후 아이 아버지가 자신에게 폭력적이 되었다고 했다. "크레이그는 너무 어려서 무슨 일이 일어났는지 이해할 수 없었지만 비명을 지르고 또 질렀으며, 그것이 아이 아버지를 더욱 화나게 만들었어요." 그녀는 크레이그가 한 살 때, 즉 아버지가 죽기 1년 전에 그와 헤어졌고 그 이후로 그녀는 우울증이 악화되었다는 사실을 분명히 했다. 크레이그와 나이 많은 형제들은 친정 엄마가 몇 달 동안 돌봤고, "엄마는 크레이그가 그 시간 내내 소리를 질렀다고 말했어요. 그녀는 어떻게 해야 할지 몰랐죠.

당신도 우리 엄마가 좋은 엄마가 아니라는 것을 알 거예요. 제 경험으로 볼 때…… 나는 이 모든 것이 크레이그에게 도움이 되지 않았다고 말할 수 있어요……. 그리고 나는 죄책감을 느꼈어요. 그래서 내가 나아져서 그를 다시 돌볼 수 있었을 때, 나는 아이를 응석받이로 만들었죠. 사실, 저는 말 그대로 아이가 범죄만 못하게 했어요."

치료자는 이 시점에서 크레이그의 어머니에게 그 증상들이 어쩌면 중요할 수도 있는 하위 요소들과 함께 정신장애에 대한 일반적인 취약성을 반영한다고 설명할 수 있다. 이러한 입장은 일반적인 치료적 접근법을 크레이그에게 제공하고 개별 진단에 따라 치료하지 않을 수 있는 근거가 된다. 만일 어떤 종류의 장애들을 겪게 하는 단일 경향성이 있다면, 이것은 생물학적 지표가 왜 특정한 정신건강 진단과 연결되지 않는지 이해하는 데 도움이 될 것이다. 혈액 검사, 혹은 심지어 생리학적인 측정치들은 대부분의 신체적인 장애를 진단하는 데 도움이 된다. 하지만 정신장애의 경우에는 그렇지 않다. 지난 15년 동안 200억 달러를 투입한 정신장애의 생물학적 기반을 탐구하기 위한 연구에도 불구하고, 우리는 아직 크레이그가 어떤 장애를 앓고 있는지 정확하게 알려 줄 확실하고 결정적인 생물학적 검사 세트를 보유하지 못했다. 크레이그를 돕기 위해서라면, 우리는 크레이그의 어머니가 치료자의 주의를 끌게 한 여섯 가지 진단이 아니라, 정서를 조절하고 생각을 통제하는 그의 능력에 초점을 맞출 필요가 있을지도 모른다. 우리는 크레이그의 정신장애에 대한 취약성이 공통의 경로를 거치기 때문에 크레이그의 여러 증상이 함께 나타난다고 가정할 좋은 근거들이 있다고 생각한다.

그래서 크레이그에게 무슨 문제가 있는가? 모든 정신장애를 설명하는 이론이 단 하나뿐이라면, 정서가 그 중심에 있어야 한다. 그러나 이 주제에 대한 긴 글들과는 달리, 우리는 정서를 단순히 생물학적 방식으로 생각하는 것은 아니다. 정서는 사람과 동물의 뇌에서 동일한 방식으로 표시되는 것이 아니다

(Carver, Johnson, & Timpano, 2017). MIST 치료자들은 인간의 감정을 이해하는 데 동물 모델을 적용하는 것에 불편함을 느낄 것이다. 정서적 과정을 처리하는 뇌 구조들은 사람들 사이에서 보편적인 것으로 보이고 동물의 뇌 체계에서 정서가 구성되는 방식과 많은 것을 공유함에도, 인간의 정서 경험은 개인 특유적 인생사의 결과물이다. 그것은 기대, 편향, 학습경험, 그리고 문화적 · 정치적 · 사회적 · 사적 측면을 포함한 개인적 삶의 역사가 누적된 영향을 통합하는 패턴(뇌 반응)에 의존한다. 이러한 모든 경험은 특정 정서 상태와 관련될 것이다 (Barrett & Satpute, 2013). 이것이 정서의 구성주의적(constructivist) 개념화다. 신경과학은 여전히 관련이 있지만, 인간의 정서는 단일한 뇌 안에만 위치하는 것이 아니다. 정서는 감정을 경험하는 그 순간까지의 개인의 역사를 반영하는 것이다.

크레이그는 정서에 압도된다. 그는 정서를 통제할 수 없다. 감정들은 그를 행동화하게 한다. 그는 집중력에 문제가 있다. 그는 심계항진과 강렬한 불안을 경험하고, 주의를 통제할 수 없으며, 사물을 제대로 기억할 수 없고, 아마도 그 결과로 그는 때때로 사람들과 있을 때 특이하게 행동하게 될 것이다. 그의 뇌 수준에서, 우리가 아직 완전히 이해하지 못하는 방식으로 신경망 간 연결에 이상이 있을 가능성은 있다. 이들 중에서, 아마도 실행기능과 전두-두정엽과 기타 부위를 연결하는 연결망이 특히 중요할 수 있다(Barrett & Satpute, 2013). 우리가 아래에서 더 자세히 설명하듯이, 이러한 역기능적인 연결과 행동을 조직하는 데 있어서 드러나는 어려움은 크레이그 자신, 삶의 상황, 사회적 세계에 대한 유연하지 못한 이해에 뿌리를 두고 있다. 궁극적으로 이 모든 것들이 그의 정서적 반응을 유발한다. 크레이그에게 어려움을 유발하는 것은 단순히 현재 상황이 아니라, 그것들을 넘어서지 못하는 그의 능력 부족에서 유래되는 것이다. 아마도 크레이그와 많은 다른 아동 · 청소년들 간의 차이는 정서 경험들과 정신적인 장애의 증상들 간의 특정한 조합이 아닌, 이러한 경험들을 넘어서 더 나은 발달궤적을 따라가기 위한 자기교정을 할 수 없다는 일반적인 문제가 더 크게 관련될 것이다. 심리학자들은 이러한 자기교정 능력을 회복탄력성 (resilience)이라고 부르곤 한다.

사회적 학습의 이해

만약 크레이그의 문제가 유연하지 못한 자기 이해에 있다면, 그는 어떻게 변할 수 있을까? 심리치료를 받는 우리의 내담자들은 어떻게 변화하는가?

우리는 관찰만으로 모든 것을 배울 수 없다. 그러기에 인생은 너무 복잡하다. 우리는 가르침을 받아야 한다. 우리는 학습 기계와 교수 기계로 진화해 왔다. 세상은 복잡하지만 유아기부터 시작된 학습 방법은 비교적 간단하다. 발달심리학자들은 정보 전달을 목표로 하는 '교육자(instructor)'(대부분은 부모)가 유아와 어린 아동들을 특정한 방법으로 참여시켰을 때 학습할 가능성이 높다는 것을 입증했다(Csibra & Gergely, 2009). 아동들에게 직접 말을 할 때, 눈을 마주칠 때, 이름으로 불렀을 때, 미소를 지을 때, 눈썹을 치켜올리고 바라볼 때, 누군가가 방금 따뜻한 인사를 했을 때, 이 모든 작은 몸짓들은 아동들이 다음에 올 것이 무엇이든 기억해야 할 만큼 중요하다는 것을 알게 해 주는 단서가 된다. 그것들은 개인적인 관련성을 담은 정보라는 신호를 주는 단서다. 그것들은 우리가 지도하고자 하는 어린이들을 관여시킬 때 쓰는 보편적인 방법이다. 이러한 신호들은 또한 **명시적 단서**(ostensive cue)라고도 불리며, 아이들이 존중받는 사회적 행위 주체로서 중요하게 인식되고 있다고 느끼게 한다. 어린 아동들, 심지어 유아들도 그들이 보여지고 인식되고 있다는 신호에 민감하다는 것을 검증한 많은 실험 연구가 수행된 바 있다(Botto & Rochat, 2019).

발달학자들은 이른바 명시적 신호들이 우리 모두가 느끼는 자연스러운 **인식론적 경계심**(epistemic vigilance)을 상쇄하는 기능을 한다고 제안했다. 인식론적 경계심은 잠재적으로 상처 주거나 기만적이거나 부정확한 정보에 대한 자기

보호적 의심이다(Sperber et al., 2010). 결국, 우리는 모든 것에는 귀 기울이기를 원치 않는 것이다. 이러한 작은 인정 신호는 특정한 맥락에서 교육자에게 주의를 기울여야 한다는 것을 시사하기 위해 방출된다. 왜냐하면 그렇게 하는 것이 우리에게 이익이기 때문이다. 명시적 신호는 아동들이 경계를 낮추고 들은 것을 경청하고 받아들이게 하는 것 같다. 이런 식으로 인식된 것은 우리가 들은 것을 보다 신뢰할 수 있게 해 주는 것으로 보인다. 이를 **인식론적 신뢰**(epistemic trust; 지식에 대한 신뢰, trust in knowledge)라고 한다. 인식론적 신뢰는 아동들이 들은 것을 기억할 뿐만 아니라, 다른 맥락에서 그 지식을 채택하고 재사용하도록 격려하는 것을 특징으로 한다. 그러한 사실을 잘 보여 주는 간단한 실험이 하나 있다. 이 실험에서는 한 배우가 전에 만난 적 없는 18개월 된 아동에게 인사하려고 특별한 노력을 한 다음, 주황색 물체가 아닌 파란색을 선호한다는 것을 보여 준다. 그다음에 다른 사람이 들어와서 그 물건들 중 하나를 요구한다. 아동은 망설임 없이 자신을 알아보려는 노력을 기울였던 사람이 선호했던 물체인 파란색을 건네줄 것이다(Egyed, Kiraly, & Gergely, 2013). 만약 처음 배우가 물체에 대한 선호를 보여 주기 전에 아동에게 특별한 주의를 기울이지 않는다면, 두 번째 사람이 방에 들어갔을 때 아동은 파란색이나 주황색 물체를 무작위처럼 전달할 것이다. 그 아동은 배우의 파란색에 대한 선호를 받아들이지 않은 것이다. 그러나 아동이 알아차리지 못한 것은 아니다. 만일 처음에 배우가 물체 중 하나를 요구하면, 배우가 아이를 알아 가려고 노력하지 않는다고 해도 아동은 항상 배우가 선호하는 물체를 주게 된다. 18개월 된 아동들에게는 어른의 선호가 기억하고 새로운 맥락에서 사용할 수 있는 무엇인가라는 사실을 배우기 전에 미소 짓고 인사해 주는 것이 필수적인 것처럼 보인다.

우리는 어른들도 그다지 다르지 않다고 제안한다. 어른들은 어린 아동들처럼 타인에게 인정되는 느낌에 반응할 것이다. 유일한 차이점은 눈썹을 치켜올리거나 미소를 짓는 것만으로는 충분하지 않을 수 있다는 것이다. 명시적 신호는 복잡한 감정의 인식을 만들어 낸다. 우리는 이것이 성인의 정신화와 밀접한 관련이 있다고 생각한다. 정신화 정보에 근거한 체계치료(MIST)에서 명시적 신호는 지도받는 사람이 특별한 관계성을 느끼고, 가르치는 사람과 '우리가 되는 것(we-ness)'을 경험하도록 돕는다. 우리는 청자를 한 명의 행위 주체(an agent)로 인정하는 의사소통자의 행동이 학습을 위한 명시적 신호로 기여하게 된다고 주장한다. 인정받는다는 느낌은 자연스러운 경계심이 순간적으로 중단되는 특별한 주의 상태를 생성하는 것처럼 보인다. 학습자는 자신이 겪고 있는 의사소통을 자신과 관련된 것으로 느낀다. 그들은 인식론적 신뢰, 즉 사회적으로 소통되는 지식에 대한 신뢰를 느낀다. 우리는 다양한 범위의 모든 관계들이 인식론적 신뢰의 활성화를 수반한다고 생각한다. 우리가 장기적 영향력에 열려 있게 되는 것은 인식론적 경계심이라는 기본 전략이 극복된 정도에 따라오는 기능인 것이다.

그렇다면 정신화는 어디서 오는 것일까? 정신화는 인식론적 신뢰를 생성할 수 있는 능력을 가지고 있다. 내가 누군가를 정신화하면, 나는 그들을 행위 주체로 인정하게 된다. 하지만 인식론적 신뢰를 확립하기 위해서 우리는 그 사람이 스스로를 정확히 정신화된 것으로 볼 수 있을 정도로 타인에 대한 정신화를 잘할 수 있어야 한다. 그렇다면 정신화되고 있다는 것은 무엇인가? 우리들 대부분에게는 어느 순간에나 지배적인 서사가 있다. 그 서사는 상대방에게 우리의 현재 상태를 설명할 수 있는 가장 명확하고 직접적인 방법일 것이다. 우리는 또 다른 지배적인 서사를 가지고 있을지도 모른다. 이것들은 우리가 우리 자신을 설명하기 위해 사용할 수 있는 일반적인 짧은 기술부터 더 미묘한, 또는 복잡하고 은밀한 우리 자신에 대한 이해를 포괄한다. 우리 모두가 보유한 서사의 풍부함에 대한 인정이 특히 강력한 명시적 신호를 구성하게 된다.

크레이그의 학습 곤란

정신화 기반 체계치료자들은 복합적인 문제를 가지고 있는 크레이그 같은 아동들과 작업하는 데 있어 명시적 단서 개념이 매우 도움이 된다는 것을 알게 되었다. 우리는 광범위한 문제를 보이는 아동들의 학습능력에 뭔가 문제가 있다고 주장한다. 무언가가 그들이 새로운 이해를 통해 습득해야 할 것을 배우는 것을 차단한다. 이것은 교사들이 제공하는 교육적인 내용을 훨씬 넘어서지만, 이러한 내용도 포함되어 있기는 하다. 우리는 다른 사람들로부터 우리 자신에 대해 배운다. 아동들은 갑자기 이렇게 소리치지 않는다. "생각한다. 고로 존재한다!" 아이들은 다른 사람들이 그들을 대하는 방식대로 그들 자신을 생각한다는 것을 발견한다. 즉, 사고자(thinkers)로서 말이다. 하지만 다른 사람들로부터 배우기 위해서는 인식론적 신뢰가 필요하다. 만약 아동들이 그 신뢰를 잃는다면 사회적 상황에서 교육자에게 배우는 데 장애가 될 것이고, 그렇게 되면 아동들 자신에 대한 지식은 업데이트되지 않을 것이다. 그들은 사실상 타인과 관련된 자신에 대해 알아야 할 것들을 구식 모델에 따라 작업하고 있기 때문에 세상에 대한 그들의 이해는 잘못된 것이다. 왜 그들은 배우지 못했을까? 주변에 가르쳐 줄 사람이 없어서 일수도 있지만 그럴 가능성은 낮다. 그들이 신뢰할 수 없는 사회적 상황에서는 배우려 하지 않는다는 설명이 보다 유력하다.

정서 조절은 학습해야 하는 것이다. 우리는 양육자가 아동이 정서적 각성을 이해하고 조절하는 데 핵심적인 역할을 한다고 제안한 바 있다. 세심한 보호자의 자녀가 정서적 통제 능력을 보다 조기에 습득한다는 좋은 증거가 있다(Cleveland & Morris, 2014). 어린 시절의 불리한 경험은 스트레스 조절을 통제하는 전두-변연계(frontolimbic) 회로를 방해하여 정서조절 능력의 획득을 저해할 수 있다. 이는 초기 인생 스트레스가 정서 조절의 붕괴를 통해 정신건강 문제에 대한 취약성을 증가시키는 공통 경로를 잘 보여 줄 수 있다(Kircanski et al., 2019).

정신적 면역체계

생물학적 면역체계는 바이러스나 박테리아와 같은 해로울 수 있는 병원체로부터 신체를 보호하는 특정 세포, 조직, 기관의 연결망이다. 적절하게 기능할 때, 면역체계는 위협을 식별하고 신체의 건강한 조직과 구별한다. 각 개인은 선천적·적응적·수동적인 세 가지 유형의 면역성을 가지고 있다. **선천적 면역**(Innate immunity)은 우리가 타고난 자연적인 방호물이며 감염과 싸우기 위한 첫 번째 방어선이다. 두 번째 종류의 방호물인 **적응 면역**(adaptive immunity)은 우리가 백신이나 질병에 노출되어 면역되면서 우리의 삶 전반에 걸쳐 발달한다. 적응 체계는 필요한 항체를 식별하고 '적'을 성공적으로 공격하는 데 필요한 수의 항체를 생성하는 데 5일에서 10일이 걸릴 수 있다. 그 시간에, 선천적 체계는 병원체를 접근 못하게 하고 증식하는 것을 막는다. 생물학적 면역체계를 강화하기 위한 가장 흔한 치료법은 식이요법, 운동, 수면, 양호한 위생, 스트레스 감소다. 우리는 급성 증상(예: 바이러스에 의해 야기된 질병)을 치료해야 할지도 모르지만, 더 중요한 것은 미래의 감염을 막기 위해 면역체계를 강화할 필요가 있다는 점이다. **수동적 면역**(Passive immunity)은 사람이 자신의 면역체계를 통한 항체 생산이 아닌 외부에서 질병에 대한 항체를 제공받을 때 획득된다.

정신적 면역체계(mental immune system: MIS)의 은유는 심리적 회복탄력성 문제와 그것이 사람마다 다른 이유를 밝히는 데 도움이 될 수 있다. 생물학적 면역체계와 유사하게, 사람들은 유전적 요인, 가족력뿐만 아니라 출생 전, 출산 전후의 요인에 기반한 다양한 수준의 선천적 회복탄력성(innate resilience)을 가지고 태어난다. 사람이 성장하는 환경은 적응적 회복탄력성(adaptive resilience)의 발달에 영향을 미친다. 예를 들어, 여기에는 버터 주기(containment)를 제공하여 고통을 완화해 주는 보호자의 능력이 포함된다. 만약 부모들이 과잉보호를 하고 아동을 외부의 고통의 근원으로부터 필사적으로 지켜 주려고 한다면, 아동은 나중에 가족 밖 일상생활의 압박에 대처할 준비가 되어 있지 않을 수도 있다. 반대로, 만약 아동들이 보호자들 사이의 가정폭력을 목격하는 것과 같은 스트레스 상황에 매우 일찍부터 노출된다면, 아이들은 임박한 위험의 징후를 살피게 되어 과잉 반응할 뿐만 아니라 극적인 각성의 증가와 (내 목소리가) 들리지 않거나 이해되지 못한다는 압도되는 느낌을 경험할 수 있다. 적은 알레르기 유발물질도 심각한 알레르기 반응을 일으킬 수 있는 잘 조절되지 않은 생물학적 면역체계와 마찬가지로, 정동 통제와 관련된 주요 문제들이 발생할 수 있다. 스트레스 상황에 과도하게 노출되면 '거짓 회복탄력성(false resilience)'으로 이어질 수 있으며, 그 개인은 재난적인 모든 것에 대처할 수 있는 것처럼 보이지만 때로는 정서적 마비와 해리 과정이라는 대가를 치르게 된다.

또한 가족 면역체계는 '선천적', '적응적' 회복탄력성의 정도로도 기술될 수 있다. 어떤 가족들은 가장 심각한 도전에 직면했을 때에도 항상성을 유지하는 반면, 다른 가족들은 지극히 사소한 내부 또는 외부의 위협에도 쉽게 무너진다. 가족의 면역체계가 '저하된(down)' 상태일 때, 가족 구성원들은 질병에 '걸리기(catch)' 쉽고 만성적으로 문제에 사로잡힐 가능성이 더 높다. 이와 대조적으로, MIST(조금 농담을 섞자면, Mental Immune System Therapy라고 부를 수 있는)의 도움을 받은 효과적인 정신화, 스트레스 감소, 각성 관리의 균형을 이루는 '건강한 식단(healthy diet)'은 가족의 정서적 혼란에 대비해 한 사람에게 '예방접종(vaccinate)'하는 데 도움이 될 수 있다.

크레이그와 어머니는 다음 예약 때 함께 참석했다. 어머니가 크레이그에게 할머니와 함께 살았던 때의 기억이 있냐고 물었을 때, 그는 극적으로 귀 위에 손을 얹었다가 입 위에 올려놓았고, 단 한 마디도 하지 않았다. 어머니는 그것이 정말 그렇게 나빴는지 물었고, 크레이그의 유일한 대답은 동의하며 고개를 끄덕이는 것이었다. 추가 질문이나 촉구 질문을 해도 다른 반응이 나오지 않았다.

아마도 가장 보편적으로 합의된 정신장애의 범진단적 원인인 심각한 방치나 학대는 아이들의 사회적 학습에 대한 본능을 '끄게(switch off)' 만들 수 있다. 이것은 전적으로 이해할 수 있는 반응일 것이다. 방치하거나 적대적이거나 학대적인 보호자는 신뢰할 수 있는 정보원이 될 수 없다. 이러한 제안과 일관되게, 특히 학습의 맥락에서 심각한 방치나 학대가 적응의 문제를 일으킨다는 충분한 증거가 있다(Romano, Babchishin, Marquis, & Frechette, 2015). 왜 이런 사례가 있게 될까? 역경을 겪고 나면 타인의 정신상태에 효과적으로 지향할 수 있는 능력이 극적으로 감소한다는 증거가 누적되고 있다. 그래서 아동은 역경의 결과로 인지적 통제의 일부를 잃게 되는데, 이는 주변 사람들의 정서와 인지에 관여할 수 있는 능력의 제한과 관련된다. 그들은 부정확한 정신화를 하게 된다. 외상이 사회인지 능력 발달에 미치는 영향에 대한 최근의 체계적인 문헌 개관에서는 이러한 연관성을 시사하는 250개 이상의 연구를 찾을 수 있었다(Luyten, Campbell, Allison, & Fonagy, 2020).

외상의 수수께끼를 풀기

외상(trauma)이라는 단어는 오늘날 많은 치료자들과 일반인들 모두에 의해 무차별적으로 사용되고 있기 때문에, 거의 무의미해져 버렸다. 우리는 외상적인 것은 실제 사건이 아니라 그 사건에 따르는 경험이라고 본다. 경험은 사회적 맥락에서만 소화될 수 있으며, 사회적 맥락을 이용할 수 없으면 역경은 외상이 되고, 그 사람의 마음은 혼자라는 감각으로 악화된다. 사람들이 두렵고 다른 압도적인 경험의 틀을 잡아 나갈 수 있게 하는 데 필요한 것은 사회적 참조점을 제공하는 접속 가능한 다른 마음의 존재다(Luyten, Campbell, Allison, & Fonagy, 2020).

크레이그가 가정 폭력을 목격했던 경험과 어머니의 우울증과 같은 그 후유증은 실제로 하나의 외상적 그림의 일부를 이룬다. 만약 크레이그의 어머니가 어린 아들의 화를 적절하게 이해할 수 있었다면, 고통을 반영하며 버텨 줄 수 있었다면, 아동의 초기 역경에 따른 장기적인 후유증은 피할 수 있었을 것이다. 만약 크레이그의 할머니가 아버지의 자살 시도 후 어머니의 우울증이 악화되었을 때 크레이그의 유기된 감각을 완화해 줄 수 있는 위치에 있었다면, 크레이그의 정신적 충격은 최소화되었을 것이다. 본질적으로 외상에 대한 MIST의 접근법은 외상을 유발하는 것은 역경에 대한 완화되지 않은 감정적 반응이라고 본다. 만약 아동이 타인의 마음에 자신의 고통을 공유할 수 있는(공명하고 성찰하고 표상을 제공할 수 있는) 선택권을 가지고 있다면, 부정적인 사건의 영향은 재앙적인 경험을 만들어 내지 않을 수 있다.

역경의 전달에는 세대를 넘나드는 측면이 있다. 50개 이상의 연구가 아동 학대의 세대 간 전달에 대한 증거를 제공한다(Paul et al., 2019). 학대, 방치, 다른 부적절한 양육을 받은 경험은 그 개인이 자기 아이의 감정을 잘못 인식하고 결과적으로 감정을 비타당화하여 다음 세대가 정상적으로 발달할 가능성을 약화시키는 것으로 보인다.

근본적으로 신뢰할 수 없는 사회적 환경에 대처하기 위해 정신화를 꺼 버리는 것이 단기적으로는 도움이 되는 전략일 수 있다. 이것이 단기적으로는 효과가 있을 수 있지만 장기적으로는 사회적 연결망에서 이탈하거나 적어도 큰 의심을 갖고 대하게 되므로 그다지 효과적이지 않을 것이다. 이것이 우리가 크레이그에게 일어나고 있는 일이라고 여기는 것이다. 결국, 의뢰서는 학교에서 온 것이다. 교실은 크레이그가 가장 명백한 문제들을 경험한 장소였다. 덴마크에서 3,000명의 아동을 대상으로 한 연구에서는 학대 경험이 있는 아동들이 학습문제를 나타낼 가능성이 거의 9배 높았고 학교를 바꿀 가능성이 7배 높았다(Elklit, Michelsen, & Murphy, 2018). 역경의 경험은 배움과 교육과정에 대한 신뢰를 약화시키기 때문에 아이들에게 매우 심각한 것이다. 물론, 도움을 찾고 받으며, 사회적 연결망을 갖고, 변화에 개방되어 있는 것과 같은, 일반적으로 회복탄력성을 지원하는 사회적 환경 내 다른 특질들도 잠재적으로 상실된다.

회복탄력성

우리는 역경을 경험한 아동들 중 많은 수가 외상의 심리적 희생자가 되지 않는다는 것을 알고 있다. 아동학대의 증거와 아동학대 과거력의 주관적 보고를 제공한 1,000명 이상의 아동을 대상으로 한 연구에서, 정신병리학적 위험도는 객관적 측정치가 주관적 보고와 일치하는 경우에만 연관되었다(Danese & Widom, 2020). 이에 반해 객관적 측정치와 일치하지 않는 경우에도 아동학대에 대한 주관적 보고는 정신병리학적 위험도와 연관되었다. 경험의 처리가 그 영향력을 결정하는 것이다.

삶의 도전들, 특히 삶에서 등장하는 주요한 어려움들을 다루는 능력을 보통 회복탄력성(resilience)이라고 한다. 그것은 역경에 대한 규범적이고 적응적인 반응이다. 높은 p 요인은 회복탄력성이 덜 발달되었거나 부재하다는 것을 나타내는 반면, 낮은 p 요인을 가진 사람들은 좋은 회복탄력성을 갖고 있기가 쉽다. 그러나 낮은 회복탄력성은 단순히 병리학적 처리과정의 부재에 기인하는 것이 아니라 생물학적 기초를 가진 능동적인 적응기제의 작동을 반영한다 (Kalisch, Muller, & Tuscher, 2015). 또한 회복탄력성은 외부 정보의 적절한 모니터링을 기반으로 도전에 직면한 뇌 기능을 재조직화하는 능력으로도 설명될 수 있다. 가족 및 다른 체계에 적용할 때 회복탄력성은 정상 작동하게 하는 통합성에 도전이 되는 동요(perturbation)에 역동적으로 저항하고 그 기능을 유지해 주는 체계의 역량으로 정의할 수 있다. 역경에 노출된다고 해서 반드시 정신장애를 앓아야 하는 것은 아니라는 점을 강조하는 것이 중요하다.

회복탄력성은 한 사람이 사회적 과정에 개방적이 될 때 구축될 수 있고 다른 사람들에게 받은 정보를 수용하여 처리할 수 있게 해 준다. 그것은 반투막과 같아서 관련된 정보의 일부만을 내부로 가져올 수 있다. 여기에는 사회적 과정과 관련한 개방성과 신중성 간 균형의 관리가 필요하다. 회복탄력성은, ① 긍정적인 평가 양식, ② 긍정적인 재평가: 과거력은 바꿀 수 없지만 (정신화된) 재평가와 다른 관점으로 보는 것은 할 수 있음, ③ 간섭 억제(interference inhibition; Kalisch et al., 2015)를 통해 구축할 수 있다. 예를 들어, '정체성 퍼즐'(제6장에서 설명) 실습에서 게임 캐릭터인 종이를 자르고 조각을 조립하는 것은 사람들이 강한 정서에 압도되지 않게 주의를 분산하여 다른 데로 돌린다.

치료결과에 대한 연구들은 내담자의 약 3분의 2가 대부분의 심리치료로부터 이익을 얻는다는 압도적인 사실을 보여 준다. MIST가 특별히 초점을 두고 있는 것은 그러한 이익을 얻지 못하는 내담자의 나머지 3분의 1로, 주로 회복탄력성을 강화하고 p인자를 줄이는 것을 목표로 한다. 여기에서는 병리학적 발생이 아닌 자연발생적인 측면을 강조한다.

모두 한데 모으기

이번 장은 상대적으로 심각한 정신건강 문제가 있는 아동들에 관한 것이었다. 심각하다(severe)는 말은 한 가지 강렬한 문제라는 뜻이 아니고 문제가 많다는 뜻이다. 우리의 경험에 따르면, 공병을 가진 아동들은 예외가 아니라 규칙이다. 우리는 복수의 정신장애를 가진 사람이 직면하는 어려움을 개념화하는 데 도움이 되는 몇 가지 주요 요인을 지적한 바 있다.

1. 우리는 잘 조직화되지 않은 신경학적 연결성 수준에서 나타나는 일반적

이고 어쩌면 유전적일 수도 있는 취약성의 가능성을 언급하는 것으로 시작했다. 크레이그의 경우, 그의 가계 양쪽 모두에 정신적 질환이 있었다.

2. 우리는 아동을 정신장애로부터 보호하는 데 있어 정서 조절과 실행기능의 중심적인 역할을 다루는 문헌을 살펴보았고, 같은 맥락에서 정서조절장애와 실행기능장애를 잠재적인 취약성의 주요 원인으로 다루었다.

3. 정서 조절과 실행기능은 모두 아동-양육자 관계의 맥락에서 획득된다. 특히, 발달의 초기 단계에서 이러한 관계의 붕괴는 그 영역에서 정서적 및 인지적 역량을 모두 약화시킬 수 있다.

4. 우리 아이들에게 요구되는 진화적으로 형성된 학습 상황은 신선한 정보를 가르치는 사람과 배우는 사람 사이의 신뢰관계를 가정한다. 이러한 인식론적 신뢰관계는 복잡한 의사소통 체계를 통해 성립되는데, 그에 따라 아동이 행위 주체라는 교수자의 인식은 양자 간의 효율적인 정보 전달을 위한 충분한 신뢰를 구축하는 전제조건이 된다.

5. 효율적인 지식 전달을 보장하기 위한 이러한 과정은 부모와 자녀, 교사와 제자, 멘토와 수련생 모두가 서로를 정신화할 수 있는 능력이 있음을 가정한다. 아동이나 학습자가 자신에 대한 감각을, 교사는 효과적으로 확인할 수 있는 일관된 서사를 상상하는 것은 중요하다. 더 나아가서 가르치는 사람은 학습자가 학습 상황에 들어왔을 때 지배적인 개인적 이야기인 사적 서사를 이해하도록 충분히 정신화할 수 있어야 한다. 마지막으로, 가르치는 사람은 학습자가 "네, 저는 (한 명의 행위 주체로) 인정받았습니다"라는 것을 감지할 수 있을 정도로 충분히 명확하게 이러한 이해를 보여 주는 것이 필수적이다.

6. 정서조절곤란과 실행기능의 문제에 관한 주의의 잘못된 관리는 이러한 의사소통 과정을 방해할 수 있다. 정서조절곤란은 정신화 가능성을 약화시킨다. 주의에 대한 적절한 지향과 통제는 아동이 반영하고 효과적으로 감지할 수 있는 일관된 자기 이미지를 생성하는 데 매우 핵심적인 것이

다. 감정조절곤란이나 실행기능 장해가 우리가 위에서 기술한 의사소통 과정을 저해할 때, 인식론적 경계심은 의사소통을 압도하여 일정한 수준까지는 학습을 가로막게 된다.

7. 우리는 정신건강 문제 및 이와 관련된 교육적·사회적 곤란의 빈번한 공통 원인으로 어린 시절 역경의 경험에 초점을 맞췄다. 우리는 학습 연결망에서 아동의 철수가 지지가 부족한 것으로 경험되는 사회 환경에서는 이해와 예측이 가능한 적응방식이라는 것을 강조하려고 했다. 장기적으로, 이러한 적응은 아이들에게 최선의 이득이 되지 않는 경향이 있다.

8. 우리의 논의는 역경의 세대 전달을 둘러싼 슬픈 사실들로 마무리되었다. 부모들의 정서조절곤란과 효과적인 실행기능의 부재는 부모의 학습적 환경 조성 능력을 확실히 약화시킬 것이다. 전반적으로 중요한 것은 우리의 초점이 주관적인 경험에 맞춰져 있다는 것이다. 아동의 사회적 경험을 어른이 생성해낸 지속적인 사회적 기대로 번역하는 데에는 복잡한 인지적 및 감정적 필터의 연쇄를 거치게 된다.

9. 크레이그는 실제로 유전적 취약성을 가지고 이 세상에 나왔을지도 모른다. 정서 조절과 실행기능에 대한 어려움은 증상학에서 뚜렷했고, 우리는 그의 파괴적인 어린 시절이 이러한 능력들을 건강하게 발달시킬 잠재력을 약화시켰다고 추정할 수 있다. 크레이그는 교육 및 사회적 학습 환경의 많은 측면에 제대로 관여할 수 없었다. 그는 학교에서 뒤처졌다. 그는 다른 사람들을 신뢰할 수 있고 다른 사람들이 보는 자신에 대한 이해를 충분히 전달하게 해 주는 과정에 참여할 만큼 행동을 충분히 조절하지 못했다. 크레이그가 마주한 일련의 어려움들과 그 도중에 얻게 된 수많은 다른 증상들은 우리가 그가 힘겨워하는 근본적인 문제를 이해하는 데 도움이 되지 않는다. 크레이그의 문제는 아동들이 정서적이고 인지적인 지식 및 기술을 습득할 수 있게 사회가 제공하는 과정을 효과적으로 활용할 수 없다는 것이다.

만약 당신이 크레이그의 이야기가 너무 슬프다고 생각한다면, 그의 치료 결과는 p 요인 이야기에 낙관적인 분위기를 더해 줄 수 있을 것이다. MIST가 크레이그의 치료자에게 제공한 다양한 도구들은 크레이그와 다시 연결되어 인정받고 수용된다고 느끼도록 해 신뢰관계를 발전시킬 수 있게 해 주었다. 크레이그의 이러한 변화에서 중요한 점은 지금까지 크레이그가 습득하지 못했던 모든 것들을 가르치는 치료자의 능력에 근거한 것이 아니었다. 그와는 거리가 멀다.

크레이그가 기타를 사랑한다는 이야기를 한 것은 네 번째 회기였다. 그는 선생님이 자신이 엄청나게 늘었다고 했고, 이런 식으로 계속한다면 언젠가는 유명한 록 스타가 될 수도 있을 거라고 얘기했다며 자랑스럽게 말했다. 그의 어머니는 무시하듯 어깨를 으쓱하며 말했다. "글쎄, 좀 두고 보자……. 더 중요한 것은 네가 학교에서 계속 수업을 받는 거니까." 치료자는 이렇게 대답했다. "그래, 학교도 매우 중요하지만 네가 기타를 연주하는 것도 듣고 싶구나, 크레이그. 다음에 올 때 기타를 가지고 올 수 있니? 나도 기타가 있는데 잘 못 치니까 몇 가지만 가르쳐 주렴. 어머님, 괜찮겠어요?" 어머니는 고개를 끄덕였고 크레이그는 미소를 지었다. 다음 회기에서 그는 기타를 들고 왔다. 크레이그가 기술을 보여 주자 어머니는 뒤로 물러앉았고 치료자는 주의 깊게 들었다. 그다음에 치료자는 크레이그에게 화음 몇 가지를 가르쳐 달라고 부탁했고, 몇 분 후 그들은 함께 짧은 곡을 연주했다. 그러고 나서 치료자는 크레이그에게 가장 좋아하는 음악을 물어보았고, 크레이그가 몇 곡의 곡을 나열했을 때, 그들은 함께 어머니의 스마트폰으로 그 곡들을 들었다. 치료자는 크레이그에게 곡의 실제 의미를 설명해 달라고 요청했고, 크레이그가 그 음악에서 구체적으로 무엇을 좋아하는지 알고 싶어 했다. 크레이그는 행복하게 모든 것을 설명했고 어머니는 결국 어떤 책망의 기색도 없는 목소리로 말했다. "너는 나에게 이런 것들을 말한 적이 없는데, 난 네가 그렇게 말하는 게 좋구나."

그 듀엣은 어떤 전환점을 의미했다. 한 사람의 첫 번째 반응이 다른 사람의 응답을 유발하고, 다시 그 응답에 반응하는 것, 이것이 우리의 사회적 마음이 구성되는 방식이며 우리 아이들이 사회적 학습 환경에 참여해야 하는 방식이다. 인식론적 신뢰에 대한 경험은 크레이그가 그랬던 것처럼 아무리 인식론적 경계심에 깊이 박혀 있다고 해도 한 번만으로 충분할 것이다. 그런 다음 크레이그는 인식론적 신뢰가 배어 있는 관계를 통해 학습이 가능한 다른 사회적 관계를 찾으려 할 수도 있다. 초기의 관찰하던 입장과 마찬가지로 다섯 번째 회기에서도 어머니의 존재가 결정적이었다. 이 사건은 그녀가 크레이그에게서 새로운 것을 볼 수 있게 해 주었고, 그녀가 전에는 알지 못했던 다른 어른과 상호작용하는 아들의 능력을 보여 주었다. 그다음에 그녀는 치료자의 반응에 대한 크레이그의 반응에 반응했다. 이 일은 어머니-자녀 관계가 더 가까워지고 크레이그의 정서 조절이 개선되는 것을 가능하게 했는데, 아마도 학교 선생님들을 포함한 다른 사람들과의 친밀감이 증가한 것과 관련이 있을 것이다. 이러한 방식으로, 그는 자신과 타인을 정신화하는 방식으로 보는 개선된 능력을 획득했다.

MIST는 아동이 활동하는 사회체계를 변화시키는 것을 목표로 한다. 이것은 특히 성장과 발달에 필요한 사회적 맥락을 훼손할 수 있는 복수의 문제를 가지고 있는 아동들에게 중요하다. MIST는 가족 단위 개입이지만, 그 영향이 가족에게만 미치는 것은 아닐 수도 있다.

발달과학과 MIST

이 장 전체에서 우리는 발달심리학이 치료 과정에 대한 우리의 이해를 풍부하게 해 주는 방법에 주목했다. Csibra와 Gergely(2009)는 문화 정보를 효율적으로 가르치고 배우게 해 주는 생물학적 구성의 주목할 만한 측면인 자연교수법(natural pedagogy)의 진화적 중요성을 인식했다. 이러한 기제는 초기 관계의 맥락에서 확립되며, 집단적 이해의 축적뿐만 아니라 개인적 학습도 관장하게 된다. 그것은 또한 문화의 진화를 뒷받침하는 인식론적 신뢰에 동기를 부여한다. 결코 인간만이 다음 세대에 전달되는 기술을 습득하는 유일한 종은 아니지만, 개인의 사회화가 공동체로 유지되게 해 주는 고유하게 정의된 아이디어를 공동체가 습득할 수 있게 배우고 전달하는 정보의 복잡성 측면에서는 다른 종들과는 전혀 다르다. 인류는 자발적인 교육에 대한 수용성을 통해 지식을 습득하는 특별한 양식을 진화시켰다. 이 능력은 우리가 복잡한 도구의 사용도 배울 수 있게 해 주었지만, 더 나아가 동일한 과정을 통해 공동체 경험에 기초한 신념과 기대를 전달하는 것도 가능하게 해 주었다. 이러한 복잡한 이해를 위해서 특수한 의사소통 과정이 필요하다. 따라서 그 과정은 인식론적 신뢰 경험을 생성하는 대인관계적 인식의 느낌을 통해 서로 다른 정보원을 식별하는 방식으로 민감하게 반응하도록 하는 애착체계에서 진화해 왔을 것이다. 이 기제는 궁극적으로 우리가 자신, 타인, 세상에 대한 지식을 얻을 수 있게 해 준다. 또한 아마도 그것은 의사소통자/교사와 아동 학습자 사이의 관계의 질에 의해 부분적으로, 하지만 강력하게 조절되는 경험 학습에 대한 개방성에 선택적인 이점을 가질 것이다. 부정적인 경험은 타고난 경계심을 강화하고 어쩌면 사회적 학습의 가능성도 약화시키는 과경계(hypervigilance)를 조성할지도 모른다. 이것은 우리가 치료하는 많은 아동들과 가족들에게서 보게 되는, 사회적 경험으로부터 학습하는 것이 명백히 불가능해지는 현상의 원인이 된다. 인식론적 신뢰 없이는 사회적 학습이 있을 수 없다(혹은 매우 제한된다.).

이러한 발달과학이 MIST 연구와 관련이 있는 이유가 무엇인가? 심리치료에서 인식론적 신뢰를 발달시키는 것은 내담자가 치료 과정에 생산적으로 참여하고 그로부터 이익을 얻을 수 있게 해 주기 때문에 중요하다. 하지만 이것이 신뢰를 발전시키는 주요 이점은 아니다. 내담자들이 치료를 넘어 관계를 더 신뢰할 수 있게 해 주는 것은 보다 일반적인 수준에서 사회적 학습 능력을 증진시키는 데 도움이 될 것이다. 우리가 사고하는 것에 대해 조금 더 엄밀해지려는 노력이 결국 우리에게 도움이 될 것이다.

결론적 성찰

심리치료에서 다루는, 발견법적으로(heuristically) 최소 3가지의 구분된 상호작용 의사소통 체계는 치료뿐만 아니라 사회적 이해와 참여까지도 증진시킬 수 있는 잠재력을 가지고 있다(Fonagy, Campbell, & Allison, 2019). 첫 번째 의사소통체계는 내담자의 환경, 현재 생활, 증상, 문제, 정신과적 질환에 대한 담론에 관한 것이다. 이는 치료자와의 의사소통을 확립하는 기반을 마련해 주지만, 치료자가 내담자의 현재 관심사에 참여하는 모습을 보여 주기 위해서는 지속적이면서도 신선해야 한다. 이러한 의사소통은 치료자가 상당한 지식과 더불어 내담자가 높게 평가할 수 있는 개인적인 특성을 가지고 있다는 것을 보여 주게 된다.

두 번째 체계는 내담자를 위한 사회적 의사소통의 개선과 관련이 있으며, 치료 초기에 학습 기회를 생성하는 의사소통에 참여하게 해 주는 데 필수적인데 이는 인식론적 신뢰로 특징지을 수 있다. 치료에서 정신화 과정은 내담자가 불신의 고립을 극복하고 사회적 의사소통의 문을 더 광범위하게 열도록 돕는 상담실 내의 사회적 의사소통에 참할 수 있게 해 준다. 치료자에 의해 정확하게 정신화되는 것이 인식론적 장벽을 푸는 열쇠가 된다. 이것은 부분적으로는 인지적이지만 주로 정서적인 과정이다. 우리는 특히 제5장과 제6장에서 정신화를 강화하는 개입의 수많은 예시를 제공했다. 이러한 모든 개입에는 협업이 필요하다(다른 사람의 마음과 함께 공동으로 작업하기). 그 방법들은 암묵적으로 그리고 명시적으로 상대방의 관점에서 볼 것을 요구한다. 보다 미묘하지만 보다

만연하게, 치료자는 실재하거나 언급되는 모든 주인공들을 총체적인 인물로 취급하며, 정서적 및 인지적으로 독립된 소망, 기대, 반응을 가진 행위 주체로 인식된다고 주장한다. 사람들의 정신상태는 불투명하기 때문에, 일반적인 겸손의 태도와 호기심 어린 자세는 내담자와 다른 모든 사람들이 당신에게 가르쳐 줄 것이 있다는 가정을 강조해 준다. 앞에서 우리는 MIST에서 내담자가 다른 사람들과 만날 때 효과적인 정신화를 강화할 수 있는 많은 요소들을 언급했다. 아마도 가장 단순한 수준에서는, 치료자와 다른 사람들이 내담자에게 정서적 및 인지적으로 수반적인(contingently) 반응을 해 주는 것이 사회적 의사소통을 향상시킬 가능성이 있다.

어떻게 개선된 정신화가 인식론적 신뢰를 강화하고, 결국 사회적 학습을 가능하게 하는가? 많은 요소들은 정신화가 인식론적 신뢰와 상호작용하는 방식에 주목하고, 치료에서 정신화하기를 체계적으로 설명하는 과정을 핵심으로 삼는다. ① 내담자에게는 누구와도 공동의 감각을 창출할 수 있는 방식을 구분하고 반응하기에 충분한 일관된 이야기를 만들 수 있는 최소한의 정신화 능력이 필요하다. ② 앞에서 지적한 바와 같이, 인식론적 신뢰를 생성하는 과정은 상호적이며, 또한 내담자도 자신의 서사가 신뢰될 수 있도록 치료자에게 인식론적 신뢰를 형성해야 한다. 내담자가 자신의 서사를 이런 방식으로 치료자에게 전달하기 위해서는 자신이 정신화할 수 있는 일정한 기본 능력을 획득해야만 한다. ③ 내담자가 그들에 대한 치료자의 표상(representation)을 지각하고 정확하게 해석할 수 있으려면 정신화의 추가적인 진전이 필요하다. ④ 마지막으로 치료자가 만들어 낸 심상(image)과 그것에 부합하는 기저의 자기상(self-image)에 대한 정신화가 필요하다. 정신화를 강화한다는 일반적인 목표는 전체적인 사회적 학습과정에 힘을 실어 준다는 목적에 기여하게 될 것이다.

세 번째 의사소통체계는 많은 치료에서 핵심이 될 수 있다. 내담자가 사회적 세계를 직면할 수 있게 해 주는 것은 무엇인가? 우리의 치료 모델이 제시하는 근본적인 원칙은 인간의 마음은 본질적으로 사회적이고 대인관계적이라는 것이다. 치료와 정신화는 내담자의 사회적 의사소통을 크고, 복잡하고, 끊임없이 움직이는 흐름으로 재통합하는 것을 촉진한다는 측면에서만 의미가 있다. 효과적인 치료에서, 내담자들은 자신이 세운 인식론적 장벽을 해체하고 사회적 세계에 대한 접근을 창출하며 사회적 상황으로부터 배우는 능력을 향상시키기 위해 치료자의 도움과 무관하게 '개방'한다. 우리가 보기에 이것이 MIST가 가져오는 가장 중요한 변화일 수 있다. 이것은 마지막 장에서 다시 이야기할 것이다. 우리가 이 책에서 지금까지 언급한 몇 가지 사례들(크레이그, 로즈 등)은 치료가 사회적 환경에서 이미 존재하던 긍정적인 측면과 새로운 방식으로 관계하는 것을 가능하게 해 준다는 것을 보여 준다.

　그러나 MIST에도 대부분의 심리치료와 공유하는 주요한 한계점이 있다. 우리는 내담자의 더 넓은 사회적 환경이 정신화를 지원하지 않는 경우에서의 임상적 개입을 받아들여야 한다. 인식론적 신뢰는 사회적 세계가 신뢰하고 믿을 만한 가치가 있는 범위 내에서 내담자의 개방성을 착취하지 않는다고 여길 때에만 도움이 된다. 치료적 이득의 통합, 그리고 내담자 삶의 질에서 실제로 의미 있는 개선은 이러한 변화를 용인하고 지원하는 내담자의 사회적 환경에 달려 있다. 우리가 심리치료의 실제와 그것이 존재하는 사회적 풍토에서 나오는 잠재적 효과성을 분리할 수 있다고 가정하는 것은 무지에 가까운 순진한 태도가 될 것이다.

소셜 미디어를 정신화하기

entalization-Informed Systemic Therapy

많은 친구들에게 월터 가족은 매우 평범해 보였다. 다만 아주 소수의 친구들만이 열한 살 된 빌(Bill)이 매일 침실에서 컴퓨터를 하고, 온라인 포럼에서 수다를 떨고, 온라인 비디오 게임을 하고, 지속적으로 여러 연예 웹사이트를 탐색하고, 개인적인 용도로 음악과 비디오를 다운로드하고, '현실' 또는 '가상' 친구들과 끊임없이 채팅하는 것을 알고 있었다. 처음에 빌의 부모님은 온라인 활동에 대한 집착이 늘어나는 것을 일시적인 것으로 치부했지만, 점차 그의 컴퓨터 접속을 제한했다가 풀어 주고 다시 복구하는 반복에 빠져들었다. 결국 매일의 대립이 모든 사람들을 지치게 하면서 그들은 아들의 온라인 습관에 대한 모든 통제를 포기했다.

빌은 집에서 컴퓨터를 사용하지 않을 때면 스마트폰으로 인터넷 접속을 유지했고, 인터넷 접속이 불가능할 때는 안절부절못했다. 매일 밤 빌은 자정이 한참 지난 후까지 깨어 있었고, 종종 시간 가는 줄 모르고 동시에 여러 가지 활동을 했다고 말했다. 점차 빌은 아침에 일어나서 학교에 가는 것을 어려워했다. 학교 출석은 다소 불규칙해졌고, 식사 시간과 집안일을 하는 것을 포함한 가족 행사에 참여하는 것도 그렇게 되었다. 또한 그는 축구 클럽의 방과 후 훈련에도 나가지 않게 되었다. 한 명을 제외하고, 모든 오랜 친구들은 그를 포기했다. 그는 신경 쓰지 않았다. 그에게는 온라인상에 충분한 친구들이 있었다. 부모님은 빌의 '온라인 생활 방식'이 두 동생들에게 미칠 영향과 그 아이들의 소셜 미디어 사용이 통제 불능이 되기 전에 제한할 수 있는 방법에 대해 심히 걱정하게 되었다. 그들은 GP에게 전문 서비스에 대한 의뢰를 요청했고 "우리가 다시 가족이 될 수 있도록 도와주세요."라고 말했다.

현대 사회는 통신망의 지속적인 확장을 특징으로 한다. 이러한 네트워크는 컴퓨터와 인터넷을 통해 정보에 대한 빠른 접근성을 제공하고 사람들이 가상 환경에서 만날 수 있게 해 준다. 사람들은 전자 메일, 웹 사이트, 소셜 미디어 플랫폼, 인스턴트 메시지를 통해 온라인에서 점점 더 많은 시간을 보낸다. 젊은이들은 이제 주로 온라인이나 소셜 미디어를 통해 의사소통이 이루어지는 디지털 환경에서 살고 있다. 예를 들어, 영국에서는 16~24세의 95%와 12~15세의 83%가 스마트폰을 소유하고 있으며, 14세에서는 2/5 이상의 여성과 1/5 이상의 남성이 하루에 3시간 이상 소셜 미디어를 사용하고 있다(Kelly, Zilanawala, Booker, & Sacker, 2018). 평균적으로, 사람들은 12분마다 전화기를 확인하고, 성인 다섯 명 중 한 명은 일주일에 40시간 이상을 온라인에서 보낸다. 이러한 연결성 증가의 대부분은 지난 10년 동안 발생했으며, 이는 사람들이 경험한 가장 빠른 사회 변화 중 하나에 해당한다(Makin, 2018).

소셜 미디어는 사람들이 상호관계를 맺는 방식을 변화시켰고, 사적인 생활을 넘어서 점점 더 우리의 삶을 지배하고 있다. 트위터와 페이스북과 같은 일부 미디어는 대중의 인식에 영향을 미치는 데 효과적이며 2010년에 중동에서 시작된 아랍의 봄 민중 봉기와 같은 지역 및 전 세계적 운동의 시작이 되기도 했다. 디지털 세계는 다음과 같은 엄청난 긍정적인 잠재력을 제공한다. 예를 들어, 검증된 치료 자원과 개입에 대한 접근성을 개선하고 진단, 모니터링 및 치료 경로의 일부를 자동화함으로써 정신건강 서비스를 변화시킬 수 있다(Hollis et al., 2015). 정신건강 문제가 있는 많은 고립된 젊은이들에게 소셜 미디어는 건강 정보, 지식, 사회적 지지의 중요한 원천이 될 수 있다(Royal Society for Public Health, 2017). 디지털 기술은 젊은이들을 동료, 멘토, 치료자와 연결하여 새롭고 적합하며 유연하고 낙인효과가 적은 치료를 통해 잠재적으로 정신건강 치료의 격차를 해소할 수 있다. 가상의 관계는 우리가 외롭거나 고립되어 있다고 느낄 때 연결되어 있음을 느끼게 할 수 있다. 그러한 관계들은 우리를 실시간, 전통적인 사회적 대면 상호작용에서 벗어나 자신에 대한 이미지와 이야기를 만들 수 있는 상상의 세계로 이동시켜 준다. 그러한 방식으로 우리가 정서, 사고를 공유하고, 가상의 낯선 사람들과 친구들처럼 매우 사적인 경험을 할 수 있게 돕는다.

디지털 혁명은 긍정적인 잠재력과 더불어 젊은이들의 정신건강에 다양한 잠재적인 새로운 위험을 가져온다(Odgers & Jensen, 2020). 이러한 위험은 이미 취약한 사람들에게는 더 현저해질 수 있다. 소셜 미디어 사용은 우울증(Kelly et al., 2018), 자살(Niederkrotenthaler et al., 2019), 자해와 관련이 있으며, 특히 여아와 소외된 그룹에서 그러하다. 잠재적인 기제에는 사회적 고립, 수면 교란, 사이버 괴롭힘, 이상화된 생활 방식과 신체 이미지에 순응해야 하는 압박이 포함된다. 그러나 디지털 기술 사용에 대한 인과관계의 방향성과 젊은 층의 정서장애 위험성 등 기제에 대한 불확실성은 매우 크다고 할 수 있다. 문제에 대한 지나친 단순화는 아마도 산업혁명 이후 아동들의 사회화에서 가장 중요할 수도 있는 변화에 대한 이해를 방해했다. 약 12만 명의 청소년의 디지털 기기 사용 시간과 정신적 웰빙에 대한 데이터를 수집한 대규모 연구(Przybylski & Weinstein, 2017)는 디지털 기기를 하루에 몇 시간만 사용하는 경우가 전혀 사용하지 않는 것보다 약간 더 나은 웰빙과 관련이 있음을 보여 주었다. 디지털 세계에서 그보다 오랜 시간을 보내야 웰빙이 감소했다. 그러나 이러한 차이조차 작았기 때문에 화면을 보는 '적당한' 시간, 즉 '모든 것이 적당한' 것이 오늘날의 유선상 환경에 실제로 도움이 된다는 점이 시사되었다(Makin, 2018).

위에서 논의한 월터 가족에서와 같이 소셜 미디어는 가족관계에도 상당한 영향을 미친다. 많은 아동들과 10대들은 이제 부모와 소통하는 것보다 가상공간에서 다른 사람들과 소통하는 데 더 많은 시간을 보낸다. 실제로, 가족 모임은 모두가 스마트폰에 고개를 숙이고 서로에게 직접 말을 걸지 않는 방식이 지배할 수 있다. 만남은 서로를 보지 않고 주로 화면을 보면서 사진이나 다른 이미지를 검토하고 비교하면서 이루어질 수 있다. 커플들이 손을 잡고서 다른 손에 스마트폰을 들고 메시지를 찾는 모습도 볼 수 있다. 소셜 미디어 기술은 가족관계의 유대를 강화할 수 있는 잠재력을 가지고 있다. 거의 10년 전에 수행된 한 연구는 453명의 청소년과 그들의 부모를 대상으로 한 표본에서 가족 미디어 사용과 가족 연결성 간의 관계를 검증했다(Padilla-Walker, Coyne, & Fraser 2012). 그 연구에서는 휴대전화 사용과 텔레비전이나 영화 시청이 가족들에게 가장 일반적으로 사용되는 매체라는 것을 발견했다. 또한 분석을 통해서 더 많은 양의 가족 휴대전화 사용, TV와 영화의 동반 시청, 비디오 게임의 동반 플레이가 더 높은 수준의 가족 연결성과 관련이 있다는 것을 밝혔다. 반대로, 소셜 네트워킹 사이트를 통한 참여는 적어도 청소년의 관점에서 낮은 수준의 가족 연결성과 관련이 있었다.

사회화 과정의 변화

사회화는 소셜 네트워크를 형성하고 그 일부가 되려는 기본적인 인간의 추동이다. 산업화 시대 이래로 도시로의 이주율이 높아지고 전통적인 소규모 지역사회가 점진적으로 감소했을 때에도, 사람들이 정의된 공동체의 일원이 되어야 한다는 요구에는 변함이 없었다. 소셜 네트워크 사이트는 최근 몇 년 동안 이러한 필수적인 인간 요구에 대한 그럴듯한 대안을 제공했다. 그것들은 생각, 의견, 느낌, 요구를 공유할 수 있는 공동의 공간을 제공한다.

소셜 미디어 및 네트워킹 사이트는 사용자가 개인적인 공개 프로필을 만들고, 공통 관심사를 기반으로 다른 사람을 만나고, 가상 및 실제 친구와 상호작용할 수 있는 가상 커뮤니티다. 대면 접촉과는 달리 소셜 미디어 사이트는 시간과 장소에 구애받지 않는다. 언제 어디서 정보를 게시하고 읽는지는 중요하지 않다. 그것들은 빠르고 겉보기에는 '사적'이며, 사용자에게 직접 관찰되지 않으면서도 다른 사람들(일반인과 소위 유명인 모두의 삶)에 대한 창을 제공한다.

소셜 네트워크는 개인의 사회화에 큰 영향을 끼쳤다. 그것들은 사람들이 주어진 공동체에 자신을 드러내 새롭고 다른 이미지를 만들 수 있게 해 준다. 소셜 미디어 사용자는 다양한 유형의 미디어 콘텐츠를 만들 수 있으며, 이러한 콘텐츠에 기여, 지명, 투표 및 평가를 수행할 수 있다. 그들은 참여와 피드백을 통해 공통 관심사를 가진 커뮤니티를 형성할 수 있다. 다양한 유형의 소셜 미디어가 [글상자 8-1]에 나열되어 있다.

한 세기 전쯤 서구 사회에 중등 학교교육이 도입되면서 청소년기 사회화 과정이 이미 가족에서 또래로 옮겨갔다는 점을 감안할 때, 가족을 넘어선 가상 세계의 개방은 부모의 영향력을 더욱 소외시킬 위험이 있다. 부모들이 자녀들의 디지털 생활에 개입하고 참여하는 것을 꺼린다면, 소셜 미디어는 사회화 과정에서 가장 중요한 영향력을 행사할 수 있다. 마찬가지로, 소셜 미디어에 대해 배우고 소셜 미디어로 배우는 것이 주류 학교교육 구조에 통합되지 않으면 학생들의 (확인을 거치지 않는) '교육'을 대신할 수 있다.

글상자 8-1 소셜 미디어의 유형 mist

블로그: 온라인 일기장

마이크로 블로그: 매우 간단한 의사소통 메시지(예: Twitter)

Wikis: 정보 콘텐츠를 추가하거나 편집할 수 있는 사이트

팟캐스트: 다운로드 가능한 시청각 정보

Fora: 특정 이슈에 대한 토론 미디어

콘텐츠 커뮤니티: 콘텐츠를 관리하고 공유를 활성화하는 사이트(예: YouTube)

소셜 네트워킹 사이트(SNS): 사용자가 정보를 연결하고 교환할 수 있는 네트워크(예: Facebook, Instagram, LinkedIn)

주의력이 결핍된 가족 생활

가족 구성원들이 온라인에 있을 때, 가족 내에서는 일시적으로 사회적 의사소통을 할 수 없게 된다. 그들은 한 항목에서 다음 항목으로 건너뛰고, 동시에 여러 작업을 수행하고, 이동한다. 멀티태스킹을 하는 사람들은 주의력을 조절하는 데 서툴다. 그들은 방해 자극을 걸러내는 능력이 떨어지고 과제를 전환하는 데 능숙하지 못하다. 그러나 일부 가족 구성원은 가상세계에서 현재의 가족 환경으로 드나들 수 있다. 디지털 언어는 가상세계로 돌아가기 전에 짧은 정보 바이트를 교환하면서 가족 구성원과 대화할 때 사용될 수 있다. 가족 상호작용과 의사소통은 온오프 순간이나 에피소드의 빠른 시퀀스로 특징지어진다. 예를 들어, 보낸 사람은 파란색 '읽기' 문구가 나타날 때까지 응답 시간을 측정할 수 있기 때문에 WhatsApp 메시지에는 신속하게 응답해야 한다는 압박감을 느끼게 된다. 이것은 실제로 방에 있는 사람들을 상대하는 데 더욱 방해될 수 있다. 부모들이 하는 장황한 질문이나 설명은 그렇게 주의폭이 줄어들게 되면 들을 수 없다. 긴 메시지나 블로그는 트위터의 시대에 쓰이거나 읽힐 가능성이 적다. 이 모든 것은 말 그대로 연속적으로 빠르게 온라인을 넘나드는 아동, 10대, 성인들에게 더 많은 영향을 미친다. 게다가 가족 내에서 특정한 문제를 논의할 때, 종종 장황한 부모의 설명을 듣는 것보다는 구글 검색을 해서 신속 응답을 얻는 것이 더 빠르다. 책, 사전, 또는 신이 금지하는 백과사전에서 관련 정보를 찾는 것은 점점 더 희귀해지고, 따라서 성찰 처리과정이 완전히 차단되지는 않더라도 점차 단축되어 간다.

소셜 미디어의 매력적인 특성

소셜 미디어가 '중독적'인 것까지는 아니더라도 왜 그렇게 매력적인지를 설명하는 데 많은 도움이 되는 설명들이 있다. 그것은 주로 어떤 형태든 공동체와 연결되어야 한다는 인간의 요구가 원동력이 된다. 소셜 미디어 사용자들은 미디어를 통해 가족, 친구, 직장 동료 및 다른 사람들과의 기존 관계를 유지하거나 새롭게 할 수 있다는 언급을 빈번하게 한다. 소셜 미디어는 먼 거리에서도 가족을 하나로 묶을 수 있다. 다른 사람의 마음속에 존재하는 요구는 관계적 역동이며, 모든 '삥' 소리 알림 신호는 바로 그 환상을 재현할 수 있다. 공동체에 '속해야(belong)' 하는 요구와 관련된 것은 활동, 사건, 관계, 고유한 기회 등 무언가를 놓치는 것에 대한 두려움이다. 또한 가상 공동체의 일원이 되는 것은 많은 '팔로어' 및 '좋아요'와 함께 고유한 권한을 가진 한 사람으로 알려지거나 인정받는다는 환상을 만들 수 있으며, 게다가 이 모든 것들은 자기 가치를 높인다는 감각과 행위 주체라는 감각을 부여하는 역할을 할 수 있다. 많은 아동들과 젊은이들은 이모티콘이라는 단축형을 사용하여 느낌을 소통하는 것에 더 편안함을 느낀다. 그에 더해서 특히 나이가 많은 아동과 청소년들은 소셜 미디어를 집단의 일부가 되기 위해 사용해야 한다는 또래 간 압박감을 갖는다. 즉, 의사소통에 즉시 응답해야 하고, 읽기 체크 사인에 반응해야 한다는 압력이 더해진다.

스마트폰은 일어날 때부터 잠들 때까지 항상 같이 있다. 그것들은 주머니나 핸드백에 넣어 가지고 다닐 수 있고, 안정적인 동반자 역할을 할 수 있으며, 아마도 가장 친한 친구보다 더 신뢰할 수 있을 것이다. 많은 사람들에게 스마트폰은 그들의 몸과 마음의 일부가 되었고, 그것 없이는 불완전하다고 느끼는 인공 팔다리처럼 작동한다. 또한 스마트폰은 정교한 전문 이력서가 수용할 수 있는 것보다 더 많은 개인 정보를 담고 있는 복잡한 여권이기도 하다. 그것은 이미지를 찍음으로써 시간과 경험을 즉시 고정할 수 있게 해 준다. 지속적인 '삥'을 통해 우리가 살고 있는 실제 세상을 넘어 우리와 평행하게 존재하고 예측할 수 없으며 흥미진진한 세상이 있다는 것을 상기시켜 새로운 정보와 경험에 접근하게 해 주는 지속적인 호기심을 불러일으킨다.

아동들과 어른들 모두에게 드물지 않은 또 다른 정신상태인 지루함(boredom)

은 안도감(relief)에 대한 갈망을 만들어 내는데, 이는 신체적 · 정신적 자극을 위해 스마트폰을 쥐고 버튼을 눌러 기능을 사용함으로써 만족된다. 지루함은 음주, 흡연, 불법 약물사용, 도박, 폭식, 인터넷 중독을 포함한 다른 잠재적인 중독성 있는 행동으로 이어질 수 있는 자기조절의 결손을 설명할 수도 있다. 스마트폰은 지루함과 싸우는 약물이 될 수 있다.

　과도한 사용과 의존성 문제 외에도, 소셜 미디어는 사용자들에게 다른 위험을 제기할 수 있다. 상업 조직, 범죄자, 성적 학대자 등 투명하지 않은 '파트너'와 관계를 형성할 위험이 있으며, 아동과 젊은이들은 성적 · 정서적 · 재정적으로 그루밍되고 조종될 수 있다. 이러한 인플루언서들은 아이들의 취약성을 무자비하게 착취하고 피해자들이 지칠 때까지 가차없이 '추적'할 수 있다. 또한 젊은이들은 누드 사진을 찍거나 게시할 때 그들이 겪을 수 있는 장기적인 악영향을 고려하지 않고 노출될 위험에 처해 있다. 소셜 미디어의 또 다른 주요 위험은 데이터 보호와 그에 따른 개인 정보 보호 문제다. 단 한 명의 '친구'를 위한 것이 더 많은 가상 청중에게 쉽게 전파될 수 있다. 그리고 소셜 미디어 사용자들은 부정적인 댓글과 자존감을 손상시킬 수 있는 '싫어요(dislikes)'에 노출되어 있다. 사이버모빙(Cybermobbing), 사이버불링(cyberbullying), 사이버스토킹(cyberstalking)은 동료 소셜 미디어 사용자를 폄하하거나 박해하기 위해 소셜 미디어를 극단적으로 사(남)용하는 형태다.

인식론적 신뢰와 소셜 미디어

　현재 젊은이들이 사용하는 디지털 도구와 소셜 미디어 플랫폼은 윤리적인 틀이나 젊은이 중심적 틀로 만들어진 것이 아니다. 그렇더라도 디지털 미디어에는 가치가 있다. 우리는 이러한 가치를 효능, 참여, 효율성(efficacy, engagement, and efficiency)의 세 가지 명칭으로 요약할 수 있다. 디지털 미디어는 우리의 효율성을 높이고, 전례 없는 수준의 사회적 참여를 가능하게 하며, 아마도 역설적으로 정신건강 서비스를 포함한 대부분의 서비스를 제공하는 데에도 효과적일 것이다. 디지털 미디어와 관련하여 동등하게 강력한 세 가지 우려는 우리가 느끼는 신뢰를 훼손한다는 것과 관련된다. 즉, 투명성, 행위 주체성, 책임성(transparency, agency, and responsibility)을 훼손한다. 투명성의 부재는 우리가 우리의 데이터에서 무슨 일이 일어나는지에 대해 거의 알지 못한다는 이유로 자명하다. 유럽 연합이 국제적으로 승인한 일반 데이터 보호 규정(General Data Protection Regulation: GDPR)이 중요한 변화를 이끌어낼 수 있을까? 어쩌면 그럴지도 모르지만, 아직은 쿠키의 사용과 데이터의 대량 저장을 인정하고 승인하는 끊임없는 합의 외에는 아무것도 표면화되지 않았다. 그것은 자극적인 이야기일 수도 있지만, 모두가 읽지도 않고(그걸 읽을 시간이 있을까?) 서명하는 긴 계약서의 디지털 개인 정보보호 대책 안에 그 사람의 모든 자녀들이 평생 동안 감옥에 갇힐 것을 시사하는 내용이 포함될 수도 있는 것이다. 책임성도 마찬가지로 골치 아픈 문제다. 2016년 미국 선거, 사회적 브렉시트 국민투표와 같은 결과에 책임이 있는 사람은 누구인가? 혹은 우리의 생각과 선택에 간섭하려는 더 복잡한 시도들에 책임이 있는 사람은 누구인가? 그 시스템은 너무 복잡해서 우리에게 책임을 전가할 수 없다. 그리고 이것은 아마도 가장 심각한 문제인 행위 주체성의 문제에 도달하게 된다.

앞 장에서 우리는 유년기와 그 이후에 인식론적 신뢰가 형성되는 과정이 갖는 고도의 대인관계적 특성에 대해 설명한 바 있다. 우리는 아동의 양육자가 안정적으로 대응하지 못하거나, 온화하지 않거나, 아동의 자기에 의미 있고 연관된 것이 무엇인지 인식하지 못하면 인식론적 신뢰의 발전이 저해되고 문화적 전달을 위해 확립된 기반이 훼손될 수 있다고 강조했다. 서구 사회에서는 40~50년 전까지만 해도 나와 연관된 신뢰할 수 있는 정보의 주요 출처가 부모, 교사, 청년 노동자, 지역사회 노인을 포함한 다른 중요한 성인인 경향이 있었다. 그들이 인식론적 신뢰를 쌓았을 때, 아이들은 그들에게 의지하며 그들에게서 배웠다. 이것은 상호작용형 디지털 미디어의 활용성에 따라 달라졌다. 아기들은 가리키는 법을 배우는 동시에 밀어 터치하기(iPad)를 배우고 있다. 우리는 이미 세대 간 지식을 전달하는 데 공동 주의(joint attention)가 얼마나 중요한지 말했다. 물론, 사람들은 인쇄기의 발명으로 유사한 도덕적 공황이 발생했던 사실을 연상할지도 모른다. 15세기에 요하네스 구텐베르크(Johannes Gutenberg)는 책의 이야기에 직접 접근할 수 있도록 도와주고서 수백만 명의 이야기꾼들과 음유시인들을 실직시켰다.

그래서 아동들과 젊은이들이 종종 부모보다 구글 및 디지털 친구들과 상의할 때 우리는 걱정해야 할까? 단순한 답변은 없다. 젊은 사람들은 온라인 정보의 신뢰성을 영리하게 평가하는 경우가 많다. 게다가 어떤 젊은이들은 가족이 제공할 수 없거나 원하지 않는 귀중한 정보와 지원을 찾는다. 우리는 인쇄 매체와 디지털 매체의 중요한 차이가 인쇄물에서는 상상할 수 없는 디지털 매체만의 고유한 특성인 상호작용에 있다는 것을 강조하고 싶다. 디지털 미디어는 상호작용을 통해 인간의 문화적 둥지에 있는 뻐꾸기와 같은 진화적 카멜레온이 된다. 디지털 미디어는 마치 정말로 우리를 돌보는 것처럼 반응할 수 있다. 좋은 소설은 공감을 모방할 수 있지만, 많은 페이지에 걸쳐 천천히 모방해야 한다. 디지털 미디어는 다르다. 심지어 비디오 클립도 우리의 개인적인 선호를 모방하기 위해 나열될 수 있다. 디지털로 구현된 다른 많은 것들은 상황에 대한 우리의 진화된 민감도를 포착하는 데 훨씬 더 정교하다. 왜냐하면 그것들은 우리를 조율하고 우리의 자기 행위 주체성(self-agency)을 타당화해 달라는 요구를 감지하기 때문이다. 디지털 행위 주체는 인간 인식에 대한 유사한 요구가 없다. 인간 교육자와 달리, 우리의 선호, 우리의 약점을 배울 수 있는 능력에 제한이 없다. 그것은 우리의 신뢰를 포착하고 가로채는 능력의 접근점에 도달할 때까지 무한히 자기교정할 수 있다. 잘못된 인식론적 신뢰는 기업들이 상업적으로 움직이거나 악의적이고 냉소적인 개인 인플루언서들이 주도하는 정신상태의 착취를 통해서도 발전할 수 있다. 관계 파트너가 눈에 보이지 않고 종종 의도적으로 은폐된다는 사실은 진화가 우리에게 장착한 단순한 도구를 활용해 신뢰성을 평가하기 어렵게 만든다. 얼굴 표정과 보디랭귀지는 읽고 평가할 수 없다.

인식론적 신뢰는 개인적으로 연관되고 일반화 가능하다면 그 어떤 것이든 사회적 의사소통을 통한 학습에 개방적인 상황을 구축한다. 인식론적 신뢰를 형성할 수 있는 잠재력은 다른 사람이 그들의 개인적인 서사를 인정해 줄 때 발동된다. 생물학적 존재로서 우리는 사람에 대한 인식이 완전한 허상일 때에도 분별할 준비가 되어있지 않다. 이러한 현상은 많은 소셜 미디어 인플루언서들이 유혹적인 명시적 단서를 이용하여 그들의 제품(메시지 포함)을 드러내려고 할 때 순수한 의도나 그렇지 않은 의도로 활용될 수 있다. 당신의 이름을 부르고, 당신이 선호하는 언어가 선택되고, 당신의 위치가 감지되어 응답되고, 당신의 마지막 요청이 되돌려지고, 알고리즘이 '수백만 명의 다른 고객을 기반으로 감지된 당신이 흥미를 가질' 제품이 제시되는 등의 간단한 단서만으로도 미디어 사용자 스스로 그것에 대한 관심과 필요성을 인식했다고 느끼게 할 수도 있다. 생물학적으로는 그러한 과정을 따라서 고객과 판매 대리점 사이에 일정 수준의 우선적인 의사소통이 발생하는 일이 가능하다. 물론, 우리는 당신이 한숨을 내쉬는 것을 들었다. 하지만 영업 사원들은 수천 년 동안 같은 일을 해 오지 않았나? 물론 그들은 그래 왔다! 우리 중에 우리의 버튼을 마법처럼 누를 수 있는 강렬한 대화 상대에 의해 (우리가 가지고 있지 않은) 쓸모없는 물건에 돈을 쓰도록 설득되지 않은 사람이 있는가? 포퓰리즘 정치인들은 유사 이래로 집회와 방송에서 대중에게 영향력을 행사하기 위해서 명시적 단서를 사용해 왔다. 그들의 속임수는 간단하다. 포퓰리즘적 인물에 취약한 사람은 자신에 대한 시각이 빈약하고 부정확할 가능성이 높다. 그들의 개인적인 서사는 부실하게 정신화된 정체성에 대한 취약한 감각을 해결하기 위해서 "나는 부당한 대우를 받았고, 힘이 있는 이기적인 사람들은 자신의 이기적인 이익을 위해 나를 이용하려고 하며 그래서 그들은 성공한다"는 식의 방어적인 내용으로 만들어질 가능성이 높다. 물론, 그 서사는 매우 강력해서 행위 주체로서 감각을 배제하며 그것으로 불운했던 모든 사례들을 설명해 버린다. 포퓰리즘은 이처럼 방어적으로 생성된 자기상을 악용하여 타당화하며, 인식론적으로 일치하는 것으로 경험하도록 계산된 개인적 서사에 대한 인식을 제공한다. 그리고 그들은 이러한 일치성에 대한 조작을 통해 사회적 영향력을 발휘할 기회를 만들어 낸다.

디지털 세계의 게임 체인저는 기계가 사회적 영향을 필터링하는 핵심 인간 시스템을 모방하는 기능이다. 그 기계는 표면적으로는 그 창조자보다도 더 우수한 지능을 가졌다. 최근에 구글의 인공지능 알파고는 이미 한국의 전설 이세돌 9단을 4 대 1로 물리쳤고 세계 최고의 기사 커제를 물리쳤다. 커제의 패배는 그것이 시작에 불과했다는 것을 보여 준다. 인간은 우리가 알 수 없고 볼 수 없는 영향력 앞에서 무방비 상태일까? 한 사람이 사적으로 관련된 정보를 수용하도록 조작하기 위한 대인관계적 이해의 환상을 만들어 내는 것이 인플루언서(봇[1]과 유사한)의 명백한 의도일 때 우리가 진정한 인식론적 신뢰에 대해 논할 수 있을까? 소셜 미디어와 그들의 '숨겨진 설득자(hidden persuaders)'(Packard, 1957)에 대한 높은 수준의 인식론적 경계가 항상 보장되었을 수 있지만, 소셜 미디어는 명시적 단서를 냉소적으로 활용해서 가상 네트워크에서 많은 아동, 심지어는 성인들을 사로잡는 데 성공한다.

가짜 뉴스(fake news)는 이전에는 쓰레기 뉴스(junk news), 황색 저널리즘, 선전(propaganda, 라틴어로 '널리 퍼지게 될 것'이란 뜻)으로도 알려져 있는 것으로, 전통적 미디어와 소셜 미디어를 통해 주로 정치적·상업적 목적을 갖고 잘못

1) BOTs: 알고리즘에 의해서 자동으로 움직이는 플레이어 캐릭터를 의미한다. 고스톱, 포커 같은 온라인 카드 게임부터, 많은 수의 대전 액션 게임에서 널리 사용되었다. 다른 의미로는 통신 중단 및 탈주 문제로 접속 종료된 플레이어가 있을 때, 이 캐릭터가 아무것도 하지 않고 멈추어 있으면, 다른 플레이어들이 불편할 수밖에 없다. 이때 일정한 규칙에 따라 자동으로 플레이하는 것을 의미한다. 현재는 가상의 채팅 캐릭터를 통한 인격적 구현을 우선시하거나, 질문에 응답하는 것을 우선시하는 봇들이 더 대중화되어 있기도 하다.

된 정보를 의도적으로 오도하고 퍼뜨리는 식으로 배포된다. 편향된 정보, 생각, 소문은 의도적으로 자신의 명분을 더 강화하거나 반대쪽의 명분을 훼손할 목적으로 관점, 의견, 선호를 바꾸기 위해 전달된다. 설상가상으로, 최근에는 가짜 뉴스라는 용어가 불편한 진실을 무력화하거나 의심하게 만드는 데 사용되어, 더 이상 어떤 정보를 믿어야 할지 모르는 소셜 미디어 사용자들의 혼란을 가중시키고 있다.

봇은 인식론적 신뢰의 발달에 대한 추가적인 문제를 제기했다. 이러한 알고리즘 기반의 컴퓨터 프로그램은 소셜 네트워킹 사용자들 사이 그리고 그 안에서 서비스나 연결을 구축하도록 설계되었다. 봇은 소셜 미디어 사용자들이 봇과의 관계를 발전시킬 가능성을 높이기 위해 의도적으로 사람 행세를 할 수 있다. 이러한 신뢰성은 표적이 된 소셜 미디어 사용자에게 가상의 적합성을 창출하는 매우 일반적이며 개인적인 서사를 제공하는 방식으로 만들어진다. 이것은 다른 사람에게 인정받고 싶은 욕구가 만연한 사람에게는 엄청난 일이 되지만, 다른 사람에게는 단지 봇일뿐 수 있다. 정교한 알고리즘은 사용자의 관점에 반하는 봇도 설정할 수 있는데, 이를 통해서 자신의 신뢰성을 크게 떨어뜨릴 수도 있다. 그런 경우 봇의 목적은 사용자가 이미 반감을 가진 집단의 다른 구성원에게 신뢰할 수 없는 견해를 전파하는 것이다. 인터넷 환경에서 편견은 인식론적 신뢰의 오용에 의해 유지된다.

그렇다면 그 함의는 무엇인가? 때로는 그것이 매력적인 선택 사항으로 보일 수도 있겠지만, 우리는 인터넷을 폐쇄하라고 권유하지는 않는다. 오히려 우리는 디지털식 이이제이(以夷制夷)로 싸울 것을 주장한다. 자연이 타인의 과도한 영향력에서 우리를 보호하라고 부여한 선천적인 능력은 인식적인 경계다. 그것은 사람들에게 그러한 경계가 필요함을 일깨우기 위한 모든 노력을 말한다. 또한 인공지능 제작자는 신뢰를 모방한 디지털 장치를 발명하는 것과 같은 빠르기로 그것을 감지해 낼 수 있는 프로그램을 만들어야 한다. IBM의 Deep Blue가 Kasparov를 이길 수 있다면,[2] 확실히 우리는 인간의 취약성을 악용할 가능성이 있는 디지털 행위 주체(digital agents)를 탐지하기 위해 유사하게 가장 강력한 인공지능을 배치할 수 있다. 우리 아이들을 위해 사회화를 하는 안전한 환경을 조성하는 것은 인간의 최우선 목표 중 하나이며, 이는 인간이 살아남기 위해 지구의 생태를 보존하는 정도의 중요성을 갖는다. 인간의 마음은 인공지능과 비교가 안 되지만, 인공지능은 인공지능과 비교할 할 수 있다. 어린 인류에게는 디지털 생활과 관련하여 '효과적인' 인식론적 경계를 발달시키기 위한 지원이 필요한 것이다.

아동의 디지털 정신건강에 대한 도전들

소셜 네트워킹 사이트가 점차 대중화되면서 가족 안에서도 다양한 논의 사항들이 발생했다. 이러한 문제로 인해 시스템 실무자들은 사이버섹스(온라인으로 하는 성적 대화 및 교환), 넷 강박(net compulsions), 온라인 게임 중독과 같은 양상에 대한 구체적인 개입을 고려하게 되었다(Delmonico & Griffin, 2008; Murphy, Lancy, & Hertlein, 2013). 빈번한 사용부터 과도한 사용, 의존성과 중독까지 소셜 미디어에 대한 의존이 늘어나는 것은 구분이 가능하다. 미국 정신의학회(2013)는 새로운 진단 범주인 인터넷 게임 장애(Internet Gaming Disorder: IGD)를 제안했지만, 현재까지는 국제 질병분류체계(ICD) 및 DSM 분류체계에 포함되지 않았다. 그러나 임상 실제에서 젊은이들이 비디오 게임을 박탈했을 때 금단 증상처럼 보이는 행동을 나타내는 것은 전혀 드문 일이 아니다. 그들은 비디오 게임으로 인해 이전에 누리던 취미와 여가에는 흥미를 잃는다. 그들

---

2) 1996년 2월 10일 IBM의 인공지능이 1985년부터 2000년까지 15년 연속 세계 체스 챔피언이었던 러시아의 Garry Kasparov를 이긴 사건을 말한다. 물론 이 시기의 인공지능은 초보적인 수준이었다.

은 자신이 게임을 하는 정도를 감추기 위해 가족 구성원, 치료자나 다른 사람들을 속인다. 그들은 부정적인 기분을 회피하거나 해소하기 위해 비디오 게임을 사용한다. 그리고 그들은 교육 및 직업적 기회뿐만 아니라 중요한 친구들도 잃게 된다.

체계적인 문헌 개관에 따르면, 대부분의 연구에서는 주로 지연된 취침 시간과 총 수면 시간 감소를 통한 스크린 기반 미디어의 소비와 수면 건강 간의 부정적인 연관성을 발견했다(LeBourgeois et al., 2017). 이러한 연관성의 기저에 있는 기제로 보이는 것으로는, ① 수면 시간 및 기타 활동을 대체하여 스크린에 소요된 시간, ② 미디어 콘텐츠에 기반한 심리적 자극, ③ 장치에서 방출되는 빛이 일주기 순환 시간, 수면 생리 및 각성에 미치는 영향이 포함된다. 기술의 활용과 웰빙 간 부정적인 연관성은 특히 현실 세계에서 이미 어려움을 겪고 있는 청소년들에게서 두드러졌다.

이러한 연관성에 강력하게 반대하는 주장으로는 인터넷, 특히 정신건강 애플리케이션에 의한 건강상 이점에 관한 것이 있다(Hollis et al., 2015). 상대적으로 덜 언급되는 이점은 심리치료를 전달하는 디지털 훈련 방식이다. 이러한 교육은 효과적이고 잘 수용되며 확장성이 크다(Fairburn & Patel, 2017). 디지털 플랫폼을 활용해서 치료효과를 실시간 및 원격으로 추적할 수도 있다. 조합되고 확장된 디지털 훈련법의 혁신은 효과적인 정신건강 개입에 대한 접근법을 변형시킬 수 있다. 이 모든 것은 이 장이 단지 디지털 러다이트 정신의 일종으로만 제시되지 않는다는 것을 나타내기 위한 것이다. 언제나처럼 기술이 우리에게 주는 도전은 기술 자체가 아니라 도구를 휘두르는 사람으로 인한 것이다.

치료적 자세

소셜 미디어를 오용하는 아동, 청소년, 성인과 함께 작업하는 정신화 기반의 체계적 가족치료자는 가족과 개인적인 신뢰관계를 구축하는 것에 우선순위를 두어야 한다. 대부분의 중독과 마찬가지로, 치료의 어려움은 미디어 오용이 충족시켜 주던 요구를 해결하는 동시에 더 기능적인 대안을 제공하는 데 있다. 이는 개인이 소셜 미디어의 정보와 메시지에 과도한 신뢰성을 보일 때 까다로울 수 있다. 그 사람은 다른 의견을 가진 사람과 하는 의사소통을 의심할 것이고 예측 가능한 치료적 의사소통으로부터 자신을 열심히 보호하려고 할 것이다. 내담자의 감각은 디지털 환경이 자신의 요구를 충족시켜 준다는 것이고, 치료자가 '잘못된 인식론적 신뢰'로 보는 것을 내담자는 완전히 적절한 인식론적 관계로 간주한다는 것이다. 따라서 치료자가 제공하는 모든 명시적 단서(ostensive cue)는 진짜이며 진짜가 아닌 것으로 오해석되기 어려워야 한다는 점이 중요하다. 그러한 단서들은 내담자들이 디지털 활동을 중단할 때 희생해야 할 것은 무시할 만하다는 치료자의 주장을 신뢰할 수 있는 것으로 바라보게 해 준다.

만약 내담자가 자신의 개인적인 서사를 바로 그 서사에 대한 신뢰할 수 있는 타인의 이해로 경험하는 것("그녀는 내가 생각하고 느끼는 것을 이해한다 …… 그리고 나는 인정받고 있다고 느낀다…… 우리는 우리가 딱 맞았다고 느낀다"), 즉 상상한 자기감(imagined sense of self)을 경험하는 것이 이익이 된다는 전제를 받아들이고 나면, 그다음으로 신뢰할 수 있는 그 정보 출처에서 스스로 벗어나는 것은 자신의 정체성, 안전, 자기감을 위협하는 일이 될 수 있다. 가령, 섭식장애 청소년들은 섭식장애를 지지하는 채팅방이나 웹 사이트, 예를 들어 프로아나(pro-anorexia)나 프로미아(pro-bulimia)를 방문하여 많은 다른 환자들로부터 인정받는 자신의 사적인 서사를 발견하고, '신스피레이션'[3]과 '마름 계명'[4]은 젊은 여성들이 '완벽해지기 위한 굶주림'[5]에 동참하도록 권장한다. 치료자

---

3) Thinspiration: 주로 굶어서 날씬해지는 방식과 그러한 생활방식을 추구하는 것.
4) Thin Commandments: 마른 몸에 대한 여러 인지적 신념을 반영한 일종의 신조들. 예를 들면, '마르지 않다는 것은 매력적이지 않다는 것이다', '마르는 것이 건강해지는 것보다 중요하다' 등이 있다.

는 내담자가 이전에 신뢰했거나 여전히 신뢰하는 정보원에 대해 비판적이 되려고 할 가능성이 있다.

내담자가 이러한 소셜 미디어 기반의 정보원을 신뢰할 때 치료자는 딜레마에 직면한다. 치료자들은 이러한 웹 사이트들이 오해를 유발하고, 그에 대한 내담자의 신뢰가 잘못되었다는 자신의 믿음에 대해 참이라는 시각을 갖고 있음에도 동시에 내담자의 관점을 타당화해야 한다는 요구를 느낄 수 있다. 그러나 그 시점에서 그 아동이나 청소년은 더 이상은 치료자에게 인정받지 못한다고 느낄 수 있으며, 이는 치료적 동맹의 형성을 더욱 어렵게 만든다. 그런 다음에 치료자는 초점을 전환해서 아동이 가진 소셜 미디어 기반 정보원에 대한 과도한 신뢰를 줄이려고 시도하여 아이의 인식론적 과경계를 증가시킬 수 있다.

가정에서 소셜 미디어 디톡스하기

빌의 부모님만 첫 번째 예약에 나타났다. 그들은 빌에게 함께 가자고 했으나 설득할 수 없었다고 했다. 빌은 부모에게 말했다. "저는 소셜 미디어 사용에 문제가 없어요. 부모님이 제 소셜 미디어 사용에 문제가 있다고 생각하는 거죠." 어머니는 빌의 동생들도 이제 '이 전자 아편' 사용 시간을 늘리고 있다고 말했다. 부모들이 소셜 미디어 사용에 대해 질문을 받았을 때 아버지는 "나도 약간은 중독자다"라고 했고, 그는 낮 동안 쌓인 모든 이메일(업무 및 개인적)에 답장할 때까지 잠들지 못한다고 설명했다. 때로는 그 양이 200~300통에 이른다고 했다. 어머니는 페이스북이 외부와의 주요 접촉 방식이었기 때문에 페이스북에서 많은 시간을 보냈다고 인정했다.

---

5) Starving for Perfection: 2023년에 개봉한 영화 제목이기도 하며, 거식증으로 사망한 팝그룹 카펜터즈의 멤버 Karen Carpenter의 삶을 나타내는 말이기도 하다. 이 영화를 통해서 많은 사람들이 섭식장애의 문제를 더 심각하게 받아들일 수 있게 되었다.

그들과 빌이 소셜 미디어 사용을 제한할 수 있는 방법을 어떻게 논의했는
지에 대해 질문받았을 때, 두 부모는 빌과 많은 논쟁을 벌였다고 대답했
다. "우리는 그에게 멈춰야 한다고 말했어요. 그렇지 않으면 우리는 컴퓨
터와 스마트폰을 빼앗을 거라고 했죠." 또한 그들은 다른 방법들도 시도했
고 빌이 그것들을 어길 경우의 결과들을 제시하며 위협했지만, 이것은 단
지 더 많은 논쟁을 불러올 뿐이었다.

정신화의 관점에서, 치료의 주요 목표는 소셜 미디어에 관한 아동과 부모의
인식론적 경계를 높이는 것이다. 부모와 청소년이 가족 내에서 소셜 미디어의
역할과 지위를 협상하는 방식은 청소년이 가족체계 밖에서의 잠재적 피해에
노출되는 것에 영향을 미친다(Williams & Merten, 2011). 자녀들의 소셜 미디어
사용 시간 증가에 놀란 대부분의 부모들은 어느 시점이 되면 규칙이나 지침을
부여하는 것을 고려할 것이다. 이럴 때 아동의 마음상태를 이해하는 것은 이
러한 규칙들을 확립하는 데 도움이 될 것이다. 이런 규칙들을 아동과 공동으로
작성하되 격한 논쟁 중이나 직후가 아니라 모든 것이 평온할 때 만든다면 아동
이 더 잘 따를 것이다. 예를 들어, 규칙과 규정이 또래 활동에서 소외되는 것과
같은 불안감을 유발한다면, 그 규정들이 작동할 가능성은 현저히 감소하게 된
다. 타협점을 찾는 것이 핵심이다. 만약 부모들이 관찰 가능한 레드 라인의 필
요성을 느낀다면, 아이들에게 그 이유를 설명하는 것이 도움이 된다. 위반 행
위에 대한 명확하고 균형 잡힌 결과는 아이들과 함께 고안하는 것이 가장 좋
다. 의문을 피하기 위해서 명료하게 작성하여 인쇄된 서면 계약서가 있다면 이
과정에 도움이 될 것이다.

고립된 상태에서는 아동 청소년들의 소셜 미디어 디톡스가 효과를 보는 경
우가 드물다. 목표는 가정에서 소셜 미디어를 완전히 절제하는 것이 아니라,
미디어를 허용 가능한 수준으로 가족 생활에 통합하는 것이다. 따라서 각 가족
구성원이 현재 소셜 미디어를 사용하는 정도를 정확히 파악하는 것이 해독의

첫 단계가 된다. 가족 구성원 개개인은 소셜 미디어에 있어 무엇을, 언제, 얼마나 오랫동안, 어디서, 누구 앞에서 사용하는가? 이 접근법은 '중독된' 것으로 알려진 아동이나 청소년에서 출발해 한 지붕 아래에 사는 모든 가족 구성원으로 초점을 옮겨 간다. 아동이 두 부모 집을 오가며 상당한 시간을 보낼 수 있는 분리된 가족의 경우, 두 개의 다른 지시문을 작성해야 한다.

　부모들은 자신의 소셜 미디어에 있어서 그것이 무엇이어야 하는지, 그리고 언제, 어디서, 누구의 앞에서 혹은 누가 없을 때 사용되어야 하는지에 대해 논의하기 시작할 수 있다. 이 문제를 논의할 때, 부모들은 스스로 책임감 있고 가족 친화적인 소셜 미디어 사용을 위한 모범을 보이는 것을 염두에 두고 있어야 한다는 점을 명심해야 한다. 어떤 식으로든 부모가 직접 모범을 보이지 않는다면 자녀들은 부모의 소셜 미디어 사용이 과도하다는 점을 떠올릴 가능성이 높다. 일단 부모들이 스스로 사용 방식(무엇을, 언제, 얼마나 오래, 어디서, 누구 앞에서)에 합의했다면, 자녀(들)과 회의를 열어서 입장을 제시하고 자녀들의 사용 방식에 대해 스스로 생각해 보라고 요청할 수 있다. 어떤 부모들은 소셜 미디어 사용을 위한 연령별 시간표를 협상하는 방법에 대한 아이디어를 제공하는 데 도움이 되는 부모 자신을 위한 시간표를 제시하기도 한다(예: [글상자 8-2] 참조).

글상자 8-2　**8세 아동을 위한 합의된 시간표의 예**

- 월요일-금요일: 부모는 30분 동안 스마트폰 또는 태블릿 PC 사용(알람 설정), TV 켜지 않음, 오후 7시 이후에는 어린이 방에 미디어 없음
- 토요일-일요일: 부모는 60분 동안 스마트폰 또는 태블릿 PC 사용(알람 설정), 영화 하루 1편, 오후 7시 이후에는 어린이 방에 미디어 없음
- 학교: 휴대전화 사용, 사용 시 인터넷 접속과 친구 맺기 및 욕설 금지
- 계약 위반 시: 2일간 미디어 사용 금지
- 부모의 PC, 태블릿 PC 및 스마트폰에는 각각 자녀가 모르는 암호 설정

보통은 며칠 후에 부모가 아이들과 다시 회의를 열어서 각자의 의견을 나누는 것이 도움이 된다. 이것은 치료자가 있든 없든 발생할 수 있는 협상 과정의 시작이다. 초점은 가정에서 가족 친화적인 소셜 미디어 환경을 어떻게 조성할 것인가에 맞춰져 있다. 각각의 인원들은 그들의 의견과 아이디어를 제공하고 그 의견들은 모든 가족 구성원들이 참여하는 서면 계약으로 이어질 수 있다. 치료자의 역할은 구체적인 방향을 제시하는 것이 아니라, 다른 가족들이 유사한 상황을 어떻게 다루었는지에 기초한 아이디어를 참고 수준에서 소개하는 것이다.

- "어떤 가정에서는 모든 기기(태블릿 PC, 스마트폰, Xbox 등)를 모두 공동으로 작성한 일정표에 따라 보관하기 위해 가족 디지털 기기 상자를 집에서 잘 보이는 곳에 배치합니다. 예를 들어, 학교에서 집으로 돌아올 때, 아이의 스마트폰은 디지털 가족 박스에 놓여 있고, 숙제나 다른 합의된 일들이 끝난 후에만 사용할 수 있습니다. 이것이 여러분들 집에서도 가능할지는 모르겠지만요."
- "일부 가정에서는 침실…… 혹은 밤 9시 이후에 스마트폰 사용을 금지합니다."
- 일부 가정에서는 숙제를 하거나 수정할 때 컴퓨터는 사용할 수 있지만 스마트폰은 사용할 수 없다는 규칙이 있으며, 특정 시간이 되면 전화기의 모든 문자 알림이 꺼지거나 비행기 모드로 전환됩니다."
- "일부 가정은 식탁에서 식사할 때 스마트폰을 금지합니다."
- "일부 가정은 인터넷이 없는 시간을 운영합니다."
- "일부 가정에서는 단순히 비밀리에 아이의 스마트폰을 확인하는 것은 허용되지 않는 것으로 결정했지만, 부모와 자녀가 함께 정기적으로 안전 기능은 점검해야 합니다."
- "일부 가정은 지난주에 가족 구성원들이 받았을 법한 이상하거나 수상한

메시지의 스크린샷을 살펴보는 등 소셜 미디어 안전 문제를 논의하기 위
한 주 1회 모임을 갖기로 했습니다."
• "일부 가정에서는 앱 알림을 금지하고 있습니다. 그들은 그냥 그것들을
꺼 둡니다. 다른 가정에서는 알림을 보기 전에 100을 세거나 정해진 시간
만큼 스마트폰을 비행 모드로 전환해 둡니다."
• "어떤 가정은 일주일에 한 번씩 모두가 함께 영화를 보거나 보드게임이나
오프라인 취미생활과 관심사를 위한 시간을 늘리기로 결정했습니다."
• "일부 가정은 온전히 온라인이 배제된 시간이나 소셜 미디어가 없는 주말
을 갖습니다."

다양한 대안을 도입하는 기법은 정신화의 재시동을 의미한다. 그걸 통해서
부모와 다른 가족 구성원들이 위의 대안 중 하나를 채택하는 것의 장단점을 고
려하기 시작하고, 가상의 반응을 상상하고, 행동으로 이어지는 토의에 참여하
기에 이른다. 이런 식으로, 빌의 부모는 아들의 마음 상태를 정신화하여 가상
세계에서 아들의 요구가 무엇인지, 그리고 이것이 이 단계에서 가족의 삶에 일
어나고 있는 것과 어떻게 연관될 수 있는지를 판단하라는 격려를 받았다.

학교에서 스마트폰 사용하기?

부모들이 소셜 미디어의 사용에 대해 자녀들을 교육하는 것이 학교의 일이
라고 생각하는 것은 드문 일이 아니며, 동시에 교사들이 소셜 미디어의 사용과
남용에 관한 교육은 부모들에게 맡겨야 한다고 말하는 것도 드문 일이 아니다.
많은 학교들은 스마트폰 사용을 금지하고 있다. 그 학교에서는 학생들이 도착
할 때 전화기를 제출하고 학교 수업이 끝나면 반납해야 하기 때문에 스마트폰
이 없는 구역임을 보장한다. 많은 교사는 디지털 인포바이트[6]와 소셜 미디어
의 메시지 보내기식 언어가 문해력 수준을 감소시킨다고 믿고 있으며, 그들은

모든 형태의 에듀테인먼트[7]에도 비판적이다. 그들은 인쇄된 단어를 읽는 학생들이 주로 화면을 통해 읽는 학생들보다 구체적인 세부 사항을 더 많이 기억하거나 이야기의 줄거리를 더 잘 재구성할 수 있다고 주장한다. 또한 그들은 구글이 사람들이 나중에 정보를 찾을 수 있다고 생각해서 정보를 회상하는 능력을 저하시킨다고 주장한다. 구글은 그것이 긍정적인 결과를 가져온다고 주장하는데, 그러한 과정이 기억의 거래적 요소로서 기억 자원을 여유 있게 해 준다는 것이다. 그러나 실제로는 단지 스마트폰이 물리적으로 존재한다는 것만으로도 스마트폰의 존재를 무시하는 데 필요한 노력에 정신적 주의가 사용되기 때문에 결국 인지적 작업의 수행은 저하된다.

학교가 참여해야 한다는 주장 중 주된 것은 초등학생들이 사이버 폭력 및 의존성과 같은 문제들을 다루어야 하기 때문에 책임감 있는 소셜 미디어 사용에 대해 교육이 필요하다는 것이다. 또 한 예시로, 스마트폰이 구글로 정보를 찾는 수업에서 집중적으로 사용된다면 도움이 된다는 주장도 있다. 그렇다면 그 이후에 교사와 학생은 정보의 신뢰성과 진실성에 대해 논의할 수 있을 것이다. 스마트폰은 종이 차트나 화이트보드에 있는 정보를 촬영하는 데 유용하게 사용될 수 있다. 하지만 스마트폰이 수업에 사용된다면, 그것들을 책상 위에 보이도록 올려놓거나 비행기 모드로 두는 것이 도움이 될 것이다. 만일 그것들이 쉬는 시간에 사용된다면 디지털을 통하지 않는 사회적 상호작용을 저해하게 될 것이다.

---

6) digital infobytes: 디지털 아카이브 또는 레코드 관리의 한 측면에 대한 정보의 간략한 페이지를 말한다.

7) Edutainment: 교육용 소프트웨어에 오락성을 가미하여 게임하듯이 즐기면서 학습하는 방법이나 프로그램. 교육(education)과 오락(entertainment)의 합성어로, 일반적으로 멀티미디어 영상을 바탕으로 한 입체적인 대화형 오락을 통해 학습 효과를 노리는 소프트웨어를 가리킨다.

원격치료

　웹 기반 심리치료 개입은 스카이프, 줌, 마이크로소프트 팀 등 여러 디지털 플랫폼에서 수년간 존재해 왔다. 화상원격회의(video teleconferencing: VTC), 온라인 혹은 e-상담, 인터넷 기반 혹은 웹 심리치료, 또는 간단히 '원격치료 (remote therapy)'로 알려진 것들은 원래 지리적 제한, 시간 관리 문제, 신체장애, 광장공포증 및 기타 불안 관련 상태와 같은 다양한 이유로 치료자의 상담실에 갈 수 없는 내담자들을 위해 도입되었다. 원격치료는 일반적으로 몇 가지 분명한 이점이 있다. 그중 하나는 유연성의 증진인데, 진료소의 근무 시간과 고정된 시간대를 벗어난 시간에 커플 및 가족을 볼 수 있다는 것이다. 또한 공간과 이동 시간의 영향력이 사라지면서 접근성이 향상된다. 게다가 온라인 치료가 더 저렴한 경향이 있다. 다른 장점으로는 전달의 유연성(내담자의 일과에 맞춤)과 익명성(여러 증거들은 청소년들이 대면보다 컴퓨터 화면을 통한 노출을 쉽게 여긴다는 점이 시사된다.)이 있다. 그리고 원격치료는 특히 대중교통을 두려워하거나 대면 환경에서 통제감에 어려움을 겪는 사람들(예: 눈에 띄는 것을 선호하지 않는 섭식장애 환자들)의 개인 선호에 더 잘 맞고, 가정환경에 대한 임상 기반 개입의 일반화를 지원해서 대면 전달을 보완하는 역할을 한다. 가정 기반 치료는 일반화 가능성 측면에서 유리하다. 임상가로서, 우리는 종종 상담실에서 기술에 대한 이해 및 수행 능력이 있다고 주장하는 내담자들이 집에서는 동일한 기술을 실행하는 것이 거의 불가능하다는 것을 발견하게 된다. 학습은 맥락의존적 처리 과정이기 때문에, 대부분의 가족치료 개입이 고려하는 환경인 가정에서 무언가를 배우고 연습하면 기억하기가 더 쉬워질 것이다. 아마도 체계치료적 관점에서 원격치료의 가장 중요한 장점은 VTC의 정보 제공과 민감한 활용을 통해 지리적으로 떨어져 있는 가족 구성원들이 연결되어 보다 풍부한 체계적인 대화가 가능해진다는 점에 있을 것이다(Dausch, Miklowitz,

Nagamoto, Adler, & Shore, 2009).

VTC를 지지하는 누적된 기초 증거들이 있다. 무작위 대조시험은 VTC가 환자 만족도(예: Backhaus et al., 2012), 치료 동맹(예: Simpson & Reid, 2014) 및 치료 결과(Backhaus et al., 2012; Morland, Hynes, Mackintosh, Resick, & Chard, 2015; Sucala et al., 2012) 측면에서 대면 치료만큼 효과적임을 입증했다. 가족 치료에 대한 원격치료의 효과성 연구는 더 적지만, 소규모 코호트 연구에 기반한 새로운 논문들은 VTC가 가족과 치료자 모두에게 잘 받아들여지고 가족에게 유익하다는 믿음에 도움이 될 것이다(Comer et al., 2017; Dausch et al., 2009). 치료 동맹에 대한 견해는 다양한데, 놀랍게도 많은 연구들이 VTC와 대면 회기 간의 작업 동맹에서 거의 차이를 발견하지 못했다고 한다(Morland et al., 2011).

원격치료에도 단점은 있다. 그것은 무엇보다도, 이름에서 알 수 있듯이 원격(remote), 즉 잘 선정된 치료 공간의 특수한 환경에서 개인적이고 직접적인 대면을 할 수 없다는 사실이다. 일부 사람들, 특히 역설적으로 젊은이들은 VTC가 그들의 요구에 적합하지 않다는 점을 알게 된다. 일반적으로, VTC는 보다 심각한 정신건강 문제를 가진 사람들이나 현재 위기를 겪고 있는 사람들에게는 덜 적합한 것으로 간주된다. 또한 우리는 종종 가장 걱정스러운 가정, 즉 경제적 어려움이 가장 심한 가정은 디지털 인터페이스, 와이파이 연결의 어려움, 성능이 떨어지는 스마트폰으로 인해 접근성이 상당히 제한적일 수 있으며, 따라서 그들이 다른 불평등과 더불어 디지털적으로 불리할 수 있다는 것을 기억해야 한다. VTC를 통해서는 제한된 디지털 정보(청각 및 시각)만 전달되며, 다른 감각은 유휴 상태가 된다. 개인적인 만남의 특징인 많은 뉘앙스와 명시적 단서들은 원격치료에서는 쉽게 포착될 수 없다. 또한 이러한 환경에서는 임상가 자신이 누구에게 말하고 있는지를 나타내거나 팔을 움직이거나 흔들어서 도움이 되지 않는 상호작용을 비언어적으로 차단하는 등의 신체언어를 사용할 때의 효용성이 감소하기 때문에 어려움이 있다. 치료자는 대면 상황과 동일한 강도로 비언어적 행동을 유지할 수 있지만, 그것이 카메라를 통해서만 목격될 때에는 동일한 제스처의 잠재적 영향력이 상당히 감소될 것이다. 실제 방에서는 눈맞춤이 쉽게 이루어지지만 보고 있는 얼굴의 물리적 위치가 카메라에 표시된 시선 방향과 일치하지 않을 때에는 화면 밖을 보는 것처럼 보여서 눈맞춤도 어려운 일이 된다. 치료자는 가족 구성원들의 이름을 더 자주 불러야 할 것이다. 그러한 필터는 양방향으로 모두 적용되며, 각 사람들이 화면에서만 보게 될 때는 관계 역동을 확립하기가 더 어려워질 것이다. 특히, 초기의 감정 신호(입술이 떨리거나 눈물을 참으려고 보이는 과도한 눈 깜박임)는 비교적 해상도가 낮은 화면에서는 인식하기가 더 어렵다. 대면 작업 시 치료자에게 풍부한 임상 데이터를 제공하는 상호작용의 관찰에 대한 확실한 대체물은 없다. 그러나 (우리가 이 책에서 설명하려고 노력한 것처럼) 인식론적 의사소통의 작동 방식을 이해하는 것은 원격치료 전략을 개발하는 데 큰 도움이 될 수 있을 것이다. MIST 기법이 VTC로 생성된 안개를 일부 제거할 수 있지 않을까?

원격 환경

원격치료는 한계를 갖고 있지만, MIST 실무자들에게 이전에는 고려되거나 사용되지 않았을 수도 있는 창의적인 개입을 발견할 수 있는 흥미롭고 새로운 가능성을 열어 주었다. 이러한 개입이 성공하려면 작업 맥락을 올바르게 파악하는 것이 중요하다. 첫째, 당연해 보일 수 있지만, 내담자들은 시청각 기술과 디지털 플랫폼을 편하게 사용할 수 있어야 한다. 둘째, 작업 맥락을 신중히 고려해야 한다. 적어도 치료자와 가족이라는 두 종류의 작업 환경이 있을 수 있다. 분리되거나 재구성된 가족들과 함께 작업할 때, 각각의 참가자들 사이의 가상적인 '공간', 즉 모든 사람들이 만나는 '장소'에 더해 세 개 이상의 작업 환경이 있을 수 있다. 내담자와 치료자 모두 적절한 물리적 · 시간적 경계가 있는 안전하고 사적이며 비밀스러운 치료 공간을 활용하는 것이 필수적이다. 아동 및 청소년들은 명확한 경계를 설정하고 관찰하는 것이 더 어려울 수 있으며,

회기 중에 다른 모든 소셜 미디어로 추가적인 의사소통을 동시에 시도할 수 있다. 또한, 아동 및 청소년들과 온라인으로 작업할 때, 그 사람의 나이에 따라 부모의 참여가 잘 정의되고 경계가 설정되어야 할 수도 있다.

　원격으로 치료를 수행할 때 치료자는 내담자의 개인 정보를 보호하기 위해 내담자에게 의지해야 한다. 배포된 기술(예: 종단 간 암호화)의 기밀성에 대한 우려 외에도, 치료자는 화면 각도 밖에 있는 다른 누군가가 비밀 대화를 훔쳐 듣지 않고 있음을 스스로 확인할 필요가 있다. 위치 또한 중요하다. 적절한 공간인지 확인하고 임시 치료 공간을 지정해야 한다. 매 회기마다 같은 방일 수도 있지만, 가끔은 다른 사고와 느낌을 자극하기 위해 다른 방이나 공간을 사용하는 것을 고려할 수도 있다. R-MIST(remote MIST) 치료자는 물리적 공간 외에도 조명, 소리, 각 가족 구성원과의 시각적 접촉에 전문가가 되어야 한다. 많은 내장 노트북 카메라들이 두 명의 성인과 두 명의 청소년을 한 화면에 쉽게 담을 수 없기 때문에, 추가 카메라가 도움 될 수 있다.

　R-MIST 회기를 준비할 때에는 온라인 회기 후에 개인, 부부, 가족이 무엇을 할 것인지에 대한 고려가 필요하다. 모든 사람들에게 일과를 재개하기 전에 '마음의 공간'을 만들도록 권유해야 한다. 대면 면담 후 치료자들은 종종 가족들이 차를 타고 집으로 돌아가는 길에는 대화를 하지 말라고 권고한다. 이렇게 하면 '냉각' 과정이 가능해진다. 아마도 집에 가는 길에는 편안한 음악을 듣는 것도 가능할 것이다. R-MIST 회기 후에는 임상가의 시선 밖에서 언쟁이 계속될 수도 있다. R-MIST 동의서를 작성하는 절차 중에, 가족들은 R-MIST 가족 회기 후에 원격으로 진정 시간을 활용하는 방법에 대해 유용한 브레인스토밍을 할 수도 있다.

　VTC의 주요 단점은 개별 통신의 안전성을 둘러싼 불확실성이다. VTC에 의한 누락되고 필터링된 사회적 단서를 보완할 수 있는 한 가지 전략은 MIST 치료자의 호기심 어린 자세를 과장하는 것이다. 확장을 위한 질문들은 이미 MIST 치료자의 기본 어휘에 있다. 즉, "어떤 생각을 하고 있나요?", "어떻게 그

걸 깨닫게 되었나요?", "아버지가 그런 말을 했을 때 어떤 느낌을 받았나요?"와 같은 것들이 있다(제2장 참조). R-MIST는 대면 상담보다 더 체계적인 명료화와 확인이 필요하다.

효과적인 정신화에 대한 또 다른 도전은 카메라의 제한된 시야각 때문에 인접할 수밖에 없는 좌석 배치로 촉발되는 갈등의 고조일 수 있다. R-MIST에서, 치료자들은 그러한 상황에서 통제력이 떨어지고, 적당한 신체 동작을 사용하여 방 안의 정서를 관리하는 능력이 제한된다. 하지만 치료를 시작할 때 모든 의사소통이 중단되어야 함을 알리는 '타임아웃' 신호(가장 흔히 두 손으로 문자 T를 간단하게 그려 냄)의 사용을 합의하는 것이 도움이 될 수 있다. R-MIST 치료자는 가족 구성원들이 비상 상황에서 취해야 할 조치를 인식할 수 있도록 안전 계획과 위기관리 계획에 대한 논의에 참여해야 한다.

R-MIST가 친밀한 파트너 간 폭력을 수반하는 경우, 그러한 안전 계획은 피해를 입은 파트너에게 필수적이다. 배경의 갈등을 내버려두고 한 명의 가족 구성원에게만 안전한 원격치료 환경을 조성하기는 어렵다. 치료자는 화면 밖에서, 또는 심지어는 다른 방에서 다른 가족 구성원들이 상담 내용을 듣고 있지 않다고 확신할 수 없다. 이러한 일대일 회기에서는 헤드폰을 사용하고 질문을 단순한 예/아니요로 대답하도록 제한하는 것이 도움이 될 것이다.

R-MIST의 핵심 과제는 가정환경 안에서 복수의 가족 구성원을 관리하는 것이다. 그들은 분명히 치료자보다 환경의 모든 측면에 더 익숙할 뿐만 아니라, 또한 환경의 경계선을 보다 잘 통제한다. 가정환경은 명백히 편리하지만 회기 중에 아이들의 방해, 돌아다니는 가족 구성원, 울거나 부모의 관심을 구하는 아이들, 그 외 광범위한 다른 간섭의 가능성이 증가하기 때문에 역균형(counterbalancing)을 맞추게 된다. 가정환경에서 갈등을 겪는 가족 구성원은 집안일과 관련된 여러 핑계로 회기에 잠시 자리를 뜨는 것이 더 쉽다는 것을 알게 될 수 있다. R-MIST에서는 원격치료 과정의 일부로써 한계를 설정하는 것에 대한 지속적인 주의가 필요하며, 이에 대해 처음부터 명시적으로 합의되

어야 한다. 치료자에게는 유연성과 주장성을 모두 보여 주어야 한다는 압박감이 상당할 것이다.

원격 MIST의 부부 및 가족 작업에서 협동치료(cotherapy)를 활용하는 것은 종종 도움이 된다. 이미 디지털 채널을 통해 이용할 수 있는 정보가 제한된다는 점을 고려할 때, R-MIST에서는 두 명의 치료자(한 명은 '적극적(active)' 치료자, 다른 한 명은 '관찰하는(observing)' 치료자)를 추가적으로 '투입'하는 것이 가능하다. 또한 이 접근법은 부부와 가족 앞에서 치료자들 간의 반영적인 대화를 통하여 부부나 가족이 일시적으로 경청하는 위치에 머무는 것을 허용한다.

원격 작업의 가상화 가능성

원격 작업의 어려움에도 불구하고, 기술의 활용은 치료적 개입에 대한 새로운 가능성도 열어 준다. R-MIST는 평소에는 억제된 사람이지만 온라인 작업 시에는 자신을 더 쉽게 표현한다고 생각하는 사람들에게 도움이 되며, 이는 원격성과 친밀함이라는 다소 기묘한 혼합물을 만들어 낼 수 있다. 참가자가 참석한 상태라도 시각적 의사소통 채널(카메라)에서 보기에는 참석하지 않은 것과 같다. 다른 사람의 마음이 보고 생각하고 있는 것을 관찰하고 상상하는 것은 자신에 대한 정신화 능력을 저해할 수 있다. R-MIST에서 카메라 기능을 꺼서 자신이 보이지 않게 하는 것은 제6장에서 언급했던 마스크와 마찬가지로 당혹감과 수치심 같은 특정한 감정을 더 자유롭게 표현하는 데 도움이 될 수 있다. 카메라를 끄면 일시적으로 자기 정신화가 다시 시작될 수 있다. 화면의 작은 창에서 스스로를 보지 않고 치료자에게 자신을 보여 주지 않는 것은 반영 기능을 자유롭게 할 수 있다. 치료자가 "우리 둘 다 카메라를 끄고 그냥 이야기하고 들어 봅시다"라고 말하는 것은 일시적으로 그렇게 하자고 초대하는 일이 된다. 카메라 기능을 다시 켜고 초기 작업 맥락을 재구성하여 화면이 사라졌을 때 각자의 마음에서 무슨 일이 일어났는지에 대한 회고적인 추측을 해 볼 수 있다. 즉, "그렇게 하니 당신의 사고가 자유로워졌나요?", "그렇게 하니 다른 감정이 만들어졌나요?"라고 물어볼 수 있다.

또한 치료자들은 컴퓨터나 전화기의 카메라 기능을 일시적으로 끌 수 있는데, 그렇게 하면 문자 그대로 전통적인 정신분석학자들이 한때 소중히 여기던 개념인 '빈 투사 스크린(blank projection screen)'을 만들어 낼 수 있다(Eagle, 2007). 그들에게 투사의 목적은 초기의 중요한 관계에서 파생된 감정을 정신분석가라는 인물에게 전달하는 것이었다. 하지만 그러한 전통과 달리, MIST 치료자는 내담자의 가장 깊은 내면의 생각, 희망, 두려움에 목소리를 부여하려고 하는(혹은 그렇지 않을 지라도) 내담자의 투사에 초점을 두지 않는다. 그 대신, 치료자의 얼굴이 안 보인다는 것이 어떻게 자기 초점화된 정신화를 촉진할 수 있는지에 중점을 둔다. 이러한 과정은 치료자의 카메라 기능이 꺼져 있을 때는 내담자가 화면에 표시되는 자신의 얼굴(있는 그대로 미러링 된)만 볼 수 있기 때문에 더욱 강화되는 것이다.

또한 부부 및 가족과 함께하는 R-MIST는 실제 치료실에서 함께 있는 것이 불가능할 정도로 까다롭게 느끼는 가족 구성원을 같은 가상 공간에 데려오는 것을 가능하게 해 준다. 그 한 가지 예로, 가족 회기에 참여하기에는 너무 멀리 살아서 디지털 방식으로만 '투입'될 수 있는 확장가족 구성원의 가상화 출석이 있다. 소셜 네트워크 개입(SpecK & Rueveni, 1969, 제3장 참조)은 가족의 사회적 연결망 내 주요 구성원들이 일시적인 마음의 소공동체를 형성할 수 있는 디지털 기술을 활용했을 때 실행 가능성이 더욱 높아진다.

갈등이 심한 가족을 대상으로 한 디지털 작업

디지털 미디어를 사용한 다른 구체적인 예시로는 분리 후에 갈등이 심해진 가족과 함께 작업하는 것이 있다(Asen & Morris, 2020). 이때 아동들은 종종 만성적인 가정 폭력을 배경으로 부모 중 한 명과 소원해지거나 '소외'된 상태다.

소원해진 부모와 장기간 접촉이 일어나지 않았을 때, 이 작업의 첫 단계는 짧은 시청각 메시지를 통해 아이에게 부모를 간접적이며 단계적으로 노출하는 것으로 구성된다. 이 메시지는 소외된 부모가 치료자의 도움을 받아 준비하되, 자녀의 현재 생활과 관심사에 대한 관련 정보는 자녀가 함께 사는 동거 부모로부터 제공받는다. 예를 들어, 아버지는 수년간 연락이 없었던 그의 아이를 위해 짧은 비디오 메시지를 제공하라는 요청을 받게 된다. 이것은 아버지가 아이에게 정신화하여 아이의 눈과 마음을 통해 스스로를 볼 것을 요구한다. 이 메시지를 설계할 때, 아버지는 아이 어머니도 정신화해야 한다. 그런 다음 아이 어머니는 처음에는 아이 없이 시청각 메시지를 보고, 그 메시지가 아이에게 도움이 된다고 생각하는지 여부에 대해 질문 받게 된다. 수정 제안이 있을 경우에는 이것을 상대방에게 전할 수 있다. 메시지를 아이가 보고 들어도 된다고 판단되는 경우, 아이가 비디오 클립을 볼 수 있도록 준비하는 것은 엄마의 책임이 된다. 예를 들어, 치료자는 아이가 당황하거나 비디오를 보는 것을 거부할 때와 같은 반응과 이러한 반응을 어떻게 다루어야 하는지, 혹은 어떻게 다룰 수 있을지 어머니에게 상상해 보라는 요청을 하게 될 것이다.

각 부모와 함께 하는 이 사전 작업은 부모 간 갈등이 극심하여 직접적인 작업이 불가능한 것으로 이미 판명된 경우에 양쪽 부모가 가상 공간에는 함께 있을 수 있다고 느낄 때까지 원격작업을 병행하여 수행할 수 있다. 거부된 부모를 향한 단계적 노출은 보통 약 4~6주의 단기간 동안 상당히 간격이 촘촘한 연속 세션을 통해 이루어지며(Asen & Morris, 2016), 마침내는 인터넷 기반 치료를 통해 자녀가 원격으로 부모를 만날 수 있게 된다. 첫 만남은 가상 공간에서 일어날 수 있는데, 아마도 첫 만남에서는 카메라가 꺼진 상태에서 점진적으로 거부된 부모를 '보이게' 만들게 될 것이다.

의존적인 자녀들과 적대적인 메시지를 주고받는 습관이 내재되어 있는 등 심한 갈등을 겪었던 이전 파트너들과 작업할 때, 치료자가 그들이 교환할 이메일을 복사하는 것이 도움이 될 수 있다. 파트너 각각은 전 파트너에게 이메일을 보내기 전에 치료자와 상대방의 생각을 정신화하라는 요청을 받을 수 있다. 치료자는 종종 부모 간 이메일 의사소통의 특정 측면에 대해 전자우편을 보내 직접 의견을 제시하게 된다.

인식론적 신뢰와 온라인 가족치료

　Covid-19 보건 위기는 많은 치료자들을 '현실' 치료 환경에서 내담자와 가족 간 대면에서 온라인 치료를 제공하는 쪽으로 전환하게 했다. 이러한 사례 중 많은 사례에서는 원격치료로 넘어가기 전에 미리 치료 관계가 설정되었으며, 이것이 치료 작업을 쌓고 유지하는 데 도움이 되었다. 원격으로 부부나 가족을 처음 만나는 경우는 상황이 사뭇 다르다. 실제로 가족 전체는 고사하고 직접 만나 본 적이 없는 개인들과 신뢰관계를 형성하는 것은 시작부터 어려운 일이 된다. 치료자들이 대면하지 않은 가족들과 인식론적 신뢰를 구축할 때에는 신뢰의 본질을 이해하고 공유된 지식을 만들어 가는 것은 중요할 것이다. 이 책 전반에서 우리는 명시적 단서들이 폭넓게 해석될 때, 심리치료 과정의 맥락에서 인식론적 신뢰를 되살리거나 지켜내는 데 있어 중요한 역할을 할 수 있음을 시사했다. 명시적 단서는 치료자가 가족 구성원에게 개인적으로 관계를 맺고 있다는 정보를 전달하고 있다는 신호를 보내는 것이다.

　명시적 신호는 물리적 신호다. 가장 단순하게, 명시적 신호는 수반성 반응(contingent responding)의 증거로 작용한다. 우리가 제7장에서 말했듯이, 수반성(contingency)은 앞에서 언급한 모든 특징을 바탕으로 의사소통의 일치 패턴 측면에서 시간, 음조, 내용 기반 및 의사소통 패턴으로 훨씬 더 복잡하게 맞춰진 의존성에 의해 전달되는 조건화된 반응이다. 대화의 순서를 따르는 것은 시간적인 수반성을 나타낸다(당신이 끝났으면, 이제 내가 시작합니다). 비언어적 표현, 즉 몸짓, 얼굴 표정, 눈맞춤, 과장된 억양, 어조의 변화, 그리고 가장 중요한 것으로 대화 순서 전환에 대한 세심한 주의와 같은 것들은 모두 명백하고 명확한 개인적 관심의 지표다. 비언어적 표현을 관장하는 처리과정은 대부분 의식적이지 않고 의도적으로 통제하기 어렵다. 치료자들에게 눈썹의 움직임(뚜렷한 놀라움을 나타내는 듯한)에 더 큰 관심을 기울이고, 그 움직임을 그들이 "정말?"이라고 외치는 억양에 맞추라고 제안하는 것은 별 의미 없는 조언이 될 것이다. 그러나 위에서 설명한 바와 같이, VTC는 비언어적 표현과 병렬 언어적 신호(paralinguistic cues)에 대한 하나의 필터, 보다 더 정확하게는 감쇠기(an attenuator)가 된다. 따라서 일반적인 경우에 가족 구성원들에게 분명한 수반성 반응을 보장하기 위해 그러한 신호를 약간의 과장해 달라고 제안하는 것이 하나의 지침이 될 수 있다. 보다 구체적으로는, 시선과 같은 필터링된 의사소통 채널에 의존하는 것은 피해야 하며 어조 윤곽(tonal contours)은 수반성을 제공하는 정동을 반영할 수 있게 과장되어야 한다. 그 사람의 감정 표현은 그 사람이 표현하는 정동과 일치해야 하며, 감정을 명명하는 것과 함께 수반성 표현의 신체적 제스처를 가족 구성원의 이름과 연계하여 표시한다(그 속성이 임시적임을 적절한 표현으로 명백하게 표현한다.). 이것이 VTC에 적용된 표시된 반영(marked mirroring)이다.

보다 일반적으로, 명시적 단서는 개인과 가족의 집단적인 사적 서사를 정확하게 식별하여, 인식론적 신뢰를 지지할 수 있게 설계된다. 집단적 서사는 가족 구성원들이 공유하여 구성한 것을 의미한다. 사적 서사는 정체성 구성개념의 일부이며, 과거와 현재의 세계에서 특정한 순간에 우리 자신과 다른 사람들을 이해하는 하나의 사고방식이다. 치료자가 가족이나 개인의 서사를 언어화하는 것은 MIST의 핵심 부분이 된다. VTC의 맥락에서, MIST 정신화 고리의 필수 구성 요소인 확인(checking; 제4장 참조)은 매우 중요하다. 이 서사에 대한 잠정성(Tentativeness)이 관건이다. 개인이나 가족 서사를 잘못 명명할 위험성은 일반적인 상황보다 VTC이 훨씬 높다. VCT에서는 치료자가 한 사례개념화의 기원을 꼼꼼하게 진술하는 것과 증거 기반을 파악하는 것이 일반적인 상황보다 더 중요해진다. 치료자의 추측과 사례개념화에 도달하는 데 사용된 언어적 · 시각적 단서 사이에 명시적인 연결을 형성하는 것이 핵심이다. 치료자가 가족 구성원이나 가족의 집단적 자기 경험을 상호작용에서 인식하여 명확하게 표현할 때, 공동 의도성(joint intentionality)이 성취될 수 있다. 아마도 VTC로의 전환 전에 사전에 확인된 것들과 연결해서 개인이나 가족 서사의 연속성을 유지한다면, 그것이 강력한 명시적 단서로 작용할 수도 있다. 일반적으로 이러한 연결은 원격 작업으로 옮겨 가기 전에 이미 높은 수준의 인식론적 신뢰를 성취한 치료 상황에서 더 효과적일 가능성이 높다. 인식론적 경계가 높고 자기정체성(사적 서사) 경험이 덜 견고한 사람들에게는 달라진 의사소통 양식에서의 연속성을 확립하기가 더 어려울 것이다.

특히, 과거력 상 연속성을 확립하기 어려운 가정에서는 장애물, 도전뿐만 아니라 새로운 의사소통 방식의 즐거움에도 초점을 맞추는 것이 도움이 될 수 있다. VTC 경험에 대해 호기심 어린 자세(inquisitive stance)를 취하는 것이 촉진적일 수 있다. 치료자가 가족 구성원들에게 VTC 경험을 함께 탐색하도록 이끌어서, 이러한 의사소통 방식에 대해 좋거나 싫은 것을 교대로 확인하는 것이 도움이 될 수 있다. 개인적인 경험이 가족체계에 미치는 영향을 고려할 때, 개인적인 경험을 공유하거나 특정한 가족 구성원에게 독특하고 존중받는 경험이 되도록 집단적인 경험으로 처리하는 방식을 확립하는 것이 중요하다. 어쩌면 VTC에서 '우리 모드(We-Mode)'라는 공동 의도성을 설정하는 것은 VTC 영역 안에서 가장 쉽게 만들어질 수 있을 것이다.

신호들은 플랫폼에 의해 왜곡되는 경우가 많고 보통 상황보다 모호성이 큰 매체 안에서 인식론적 신뢰를 잃을 위험성은 더 커진다. 더욱이 이미 인식론적 불신이 높고 부정성과 무관심(negativity and disinterest)의 표현에 경계가 높거나 심지어 과경계적인 사람들에게는 그 위험이 더 커진다. 보통 상황에서 이례적으로 대인관계에 과민한 사람은 치료자 반응의 작은 뉘앙스에도 매우 민감해서, VTC로의 전환은 생략 오류(omission error; 수반성 신호를 인식하지 못함)

또는 수행 오류(commission; 명시적 단서를 오해석함)의 치료적 오류 경험으로 인해 신뢰를 잃을 수 있다.

그럼 무엇을 할 수 있을까? 일반적으로는 개방성과 겸손함을 강조해야 한다는 조언이 있다. 치료자는 스스로는 필연적으로 이해하지 못할 어떤 방식을 따라 신뢰의 상실이 이어질 수 있다고 가정할 준비가 되어 있어야 한다. 그것은 스스로 충분히 알지 못하는 매체를 통해서는 이해를 전달할 수 없다는 사실과 관련이 있을 수 있다. 대부분의 경우에 양해를 부탁하며 시작하는 것이 도움이 된다. 그 가족이나 개인이 가진 불신에 대한 현재의 서사를 타당화하는 것이 핵심이며, 실제로 불충분하거나 부정확한 추론의 타당성을 받아들이는 것은 불가피한 단계로 보인다. VTC는 개인과 가족을 부적절하거나 비효율적인 정신화가 특징인 모드로 전환시키는 경향성이 있다.

이전 장에서와 같이 타당화와 명료화를 통해 신뢰의 상실을 관리하고 난 후에야 대안적 관점을 제시한다는 원칙은 계속해서 적용된다. 주장한 경험이 제대로 현실에 근거한 것이 아니더라도 공감적으로 타당화하는 것이 필수적이다. 치료자는 VTC의 경험을 가족의 관점에서 볼 의무가 있다. 치료자의 관점과 크게 다른 기대와 구성개념을 가진 가족의 관점을 타당하다고 인정해 주는 것은 인식론적 신뢰를 되살려서, 궁극적으로 치료 과정에서의 학습이 일어날 가능성을 높이는 잠재력을 갖는다. 치료자가 그 가족 서사에 대해 지나치게 상세한 자기만의 버전을 제시하려는 시도는 그다지 도움이 되지 않을 것이다. 왜냐하면 그 가족은 치료자의 이야기 표상을 명확하게 식별하는 데 실패할 가능성이 높기 때문이다. 하지만 설사 그게 가능하다 하더라도 치료자가 보고 있다고 그들이 믿는 표상의 왜곡과 자아상에 대한 왜곡은 인식론적 일치를 이루기에는 과도할 가능성이 크다. 이러한 가족들에게는 물리적 신호와 가장 단순한 명시적 단서를 우선시하는 기법이 가장 유용할 것이다. 치료자는 의식적 · 의도적으로 강조된 얼굴 표정, 수반성에 따른 순서 바꾸기(turn-taking) 반응성, 강조된 따라 하기(mirroring)를 활용할 수 있고, 치료자가 화면의 이미지를 보는 것이 아닌 카메라를 바라보는 것을 통해 지속적인 눈맞춤을 유지할 수 있다. 특히, 이런 것들이 가족 구성원들의 관점과 불일치할 때는 긴 언어적 정교화를 최소화하는 것이 가장 도움될 것이다. 원격 작업으로의 전환이 이루어진 후에 신뢰를 재확립하기 위해서는 이해를 나타내는 말을 풀어 설명하고, 가족들의 진술을 정교화하고 확장해 나가 달라고 부드럽게 요청하는 경험의 타당화가 필요하다. 그러나 이 경우에는 공동의 목적(joint purpose)을 가정하는 것은 적절치 않은데, 1인칭 복수형의 사용(즉, '우리는~'으로 시작하는 말들)은 수용되기보다는 거부될 가능성이 높다. 인식론적 과경계에는 공동의, 혹은 공유된 목적이 없다. 물리적 환경의 변화를 직접 언급하는 명시적 단서는 치료 환경의 물리적 측면이기에 가장 효과적일 수 있다.

치료자라는 사람

　VTC 맥락에서 인식론적 신뢰 및 취약성의 개념은 MIST에서 원격 작업을 조율하기 위한 몇 가지 지침으로 이어지는 아이디어를 제공한다. 우리가 제시한 기법들은 이 책 전체에서 강조해 온 것과 같다. 신뢰를 확립하는 것은 복잡한 과정이며, 우리가 상담실이나 원격치료 중 그들의 집에서 보는 사람들과 그 가족의 과거력에 따라 다양한 수준의 어려움을 보여 준다. 원격 작업의 일부 보편적인 측면(예들 들어, 공공보건의 제약으로 인해 치료자가 진료소가 아닌 자택에서 작업해야만 하는 경우)은 내담자와 경계를 유지하는 의사소통을 구축할 수 있는 역량을 시험하게 된다. (앞에서 제시된 생각과 같은) 절차를 따르고 조언에 귀를 기울이는 개인 치료자의 능력은 자신을 돌보는 책임감에 의해 유지되는데, 그들이 교실, 부엌, 식당처럼 부적절한 안전장소를 찾아야 하는 상황처럼 심각한 위기에 처해 있다면 그것이 쉽게 손상될 수 있다. 또다시 우리가 이 책을 통해 강조했듯이, 치료자 자신이 직면한 도전들을 충분히 인정하는 자기 연민은 매우 중요하다. 치료자는 외부의 요구를 충족시키는 일을 주관적인 만족을 얻기 위한 유일한 원동력으로 삼는 것을 피해야 한다. 치료자는 "다른 사람을 돕기 전에 (정신화) 마스크를 스스로 먼저 착용하라"는 입장을 유지하기 어렵게 하는 사회적 환경을 피해야 한다. 이러한 일은 팬데믹과 같은 위기 상황에서 일어날 수 있는데, 경험이 적은 치료자에게 내담자의 깊은 요구를 인식하고 치료적 영웅주의를 행사해야 한다는 압박을 가할 수 있다. 즉, 가족 상황의 복잡성으로 인해 MIST의 효과적인 실행을 방해하는 가족에게 경험이 적은 치료자가 원격 작업 접근법을 채택하도록 할 수 있는 것이다. 자신에 대한 연민 어린 정신화 자세를 가지고 그 태도를 겸손하게 활용해서 가족 및 가족 구성원들 각자에게 동정심과 공감을 모델링하게 해 주는 것은 궁극적으로 인식론적 신뢰와 치료적 변화를 달성하게 해 주는 강력하고 타당한 길을 제공하게 된다. 그들이 경험하는 압박감 때문에 최적의 상태에서 스스로를 정신화하지 못하는 치료자들은 내담자들의 요구를 정당화하지도 못하게 될 것이다. 치료자들이 기술을 개발을 위해 노력하고 있음에도 불구하고, 그들이 현재 상황에서 원격 작업에 불편함을 느낀다면 그것을 하지 않는 것이 최선이라는 사실을 의미한다.

요약하자면, 원격 작업은 동등하게 선별된 집단의 무작위 통제시험 결과와 무관하게 대면 작업과 같지 않다. 앞에서 제안한 바와 같이, 원격 작업은 공간적 제약 및 치료 비용의 절감을 통해 접근성을 높이는 데 이점이 있다. 이 책에서 우리는 한계점에도 불구하고 원격 작업을 지지한 바 있다. 우리는 치료자들이 R-MIST를 구현하는 과정에서 마주칠 가능성이 있는 몇 가지 도전을 극복하기 위한 전략을 제안하려고 노력했지만, 결코 그것이 전부가 될 수는 없을 것이다. 우리가 이러한 방식을 지지한다고 해서, 우리의 모든 치료법이 이 양식에서 원격으로 수행되기를 희망한다는 것을 의미하지 않는다. 그러나 치료자는 포괄성을 강화하고 거리가 멀어졌을 때 만남의 횟수를 늘리기 위해 대면 치료의 일부로 원격 작업을 시도해 볼 수는 있을 것이다.

결론적 성찰

인간의 마음이 단지 사회의 산물만은 아닐 것이다. 그것은 그 자체로 사회적인 것이다. 따라서 사회적 경험을 극적으로 변화시키는 매체가 인간의 마음에 영향을 미치지 않을 것이라는 것은 상상은 할 수가 없다. 디지털 매체는 사회적 맥락이 우리 존재의 가장 중요한 측면을 형성하는 방식, 즉 우리가 서로를 통해 배우는 방식을 변화시킨다. 우리가 배우는 방법의 중심에는 가족이 있다. 그리고 인간의 세계는 복잡한데, 왜냐하면 우리는 혼자서 모든 것을 발견하도록 한정되지 않기 때문이다. 우리는 공유된 유전자와 문화를 통해 우리의 지식과 이해를 확장하는 방식으로 다른 사람들과 관계를 맺는다. 우리는 타인으로부터의 배움을 통해서 무한히 확장되는 아이디어의 축적 속에 이전 세대의 모든 지식을 흡수하고 전달할 수 있다. 이것이 바로 문화다. 인공지능으로부터 배움으로써, 우리는 과도하게 명석해질 위험이 있다. 이는 기계의 의도가 선한 것인지 확신할 수 없는 경우에 위험해질 수 있다. 인공지능을 사용하기 위한 구체적인 항목들을 경계심 어린 눈으로 지켜보는 것이 아마도 현명할 것이다. 악의적인 행위자들로부터 보호하기 위해 그 지능을 사용하는 것이 더 현명한 일이 될 것이다.

디지털 개입, 심지어 앱도 대면 치료의 적은 아니다. 인터넷을 통한 디지털 의사소통은 대면 치료가 제공될 수 없는 환경에서 도움이 필요한 가족들에게 접근할 수 있게 해 주었다. 이로 인해 원격으로 MIST를 제공하는 것에 대해 다시 생각해 보게 되었다. 또한 치료 과정에서 원격 작업이 가능한 경로라는 사실이 확립된 경우에는 치료자가 가족의 후속 개입(follow-up)에 R-MIST를 포함하는 것을 고려해 달라고 요청할 수도 있다. 적절한 경우라면 원격 작업은 치료자들이 현재의 가족 위기에 대처하는 것을 돕는 비상 통로가 될 수도 있다. 지리적 거리, 또는 우리가 제안한 것처럼 가족 구성원들의 정서적 고립에 의해 분리된 가족을 위한 원격 작업의 다른 응용법들이 많을 수 있다. 이와 유사한 사례들에서 가장 중요한 고려 사항은 그것이 인간의 의사소통법 중 하나라는 점이다. 내담자에 대한 영향력을 얻으려고 하기 전에 인식론적 신뢰를 구축하는 것이 무엇보다 중요하다. 일부 가족과 개인의 경우에 원격 작업 환경에서 이러한 신뢰를 얻는 것이 더 어려우며, 그래서 추가적인 노력이 필요할 수 있다. 하지만 우리가 보기에, 원격 작업이 제공하는 이점은 치료자가 직면할 가능성이 있는 장애물보다 큰 것 같다.

다가족 집단 및 학교에서의 정신화 정보에 기반한 체계치료

Mentalization-Informed Systemic Therapy

mist

샐리(Sally)는 겨우 열네 살이었지만 이미 여러 차례 정신과 치료를 받은 경험이 있었다. 그중 가장 최근에는 중도의(severe) 신경성 식욕부진증으로 3개월간 병원에 입원했었다. 그 전에는 입원을 두 번 했고, 개인 및 가족 치료도 많이 받았다. 샐리와 부모에게 섭식장애 가족치료 프로그램 참여를 권했을 때, 그들의 첫 반응은 놀라움과 믿지 못하겠다는 반응이었다. "뭐요?!? 다른 가족들과 만난다고요? 우리가 모르는 사람들과요? 당신은 우리가 여러 사람 앞에서 추한 내면을 드러내길 바라는 겁니까?" 샐리의 아버지가 다른 여섯 가족과 연달아 4일 내내 참석한다는 것을 알게 되었을 때는 직장 일정을 언급하며 유보적인 입장을 표명했다. "저는 그냥 할 수 없을 것 같습니다. 내 직업은 그 정도 시간을 쉬는 것을 허용하지 않고 우리 가족은 그걸 할 여유가 없습니다." 하지만 그는 몇 주 후 샐리 및 아내와 함께 맛보기 행사에 참석하기로 했다.

자신과 타인을 행위 주체로 보고 (그것이 정확한지와는 무관한) 느낌과 생각에 따라 행동하는 일에는 상상력이 필요하다. 상상은 자아에 대한 현상학적 일관성을 만들어 내서 타인들과 관계를 맺고 복잡한 사회적 세계를 탐색할 수 있게 해 준다(Asen & Fonagy, 2017). 만약 마음을 본질적으로 사회적 및 대인관계적인 기관으로 간주할 수 있다면, 이미 우리가 제8장에서 보았듯이 정신화를 강화하려는 MIST의 목표는 한 사람의 사회적 의사소통과 상호작용을 개선하기 위해서 가정 및 다른 사회적 환경에서 그 사람이 개방적이 되도록 만드는 것이다. 효과적인 정신화를 위해 우리가 진화시켜 온 능력은 의사소통적 마음 읽기를 위해 형성된 기제에 의지한다(Sperber & Wilson, 1995). 이 장에서 우리는 다가족 그룹과 학교 상황에서 이러한 채널을 열기 위해 활용 가능한 다양한 접근법들의 가치를 설명할 것이다.

애착과 정신화 사이의 복잡한 관계와 애착체계의 활성화에 동반되는 높은 수준의 각성 때문에 효과적인 정신화는 가족 내에서 성취하기가 더 어렵다. 하지만 치료 작업 중에 다른 가족과 함께 있게 되면 효과적인 정신화를 촉진하는 독특한 환경을 조성할 수 있다. 다가족 치료(multifamily therapy: MFT)의 기본 목표는 가족들과 그 구성원들이 자신의 가족 문화에서 벗어나 유사한 문제를 가진 다른 가족이 어떻게 상호작용하고 문제해결을 시도하는지 관찰함으로써 새로운 관점을 얻을 수 있게 해 주는 것이다. 구체적인 상호작용과 행동상의 어려움을 외부에서 바라보면 더 쉽게 이해할 수 있고, 이전에는 비정상적으로 경험했던 느낌과 생각을 정상화하는 데 도움이 될 수 있다. 더 나아가, 타인에 비추어서 자신의 문제를 보는 것도 가족들의 자기성찰을 위한 가교가 될 수 있다.

다가족 집단 작업의 진화

다가족 작업은 수십 년간 존재해 왔다. 1940년대에 뉴욕의 한 임상가 집단은 조현병으로 보이는 입원 환자들을 대상으로 처음으로 다가족 치료를 하는 실험을 했다(Laqueur, Laburt, & Morong, 1964). 처음에 그들은 환자의 친척들을 병원 인근으로 초대하여 가족 간 및 가족 내 의사소통을 개선하기 위한 가정생활 및 치료문제에 대한 논의에 직접 참여시켰다. 여러 가족들이 하나의 큰 집단으로 함께 있는 것을 보게 되면서, 집단 구성원들은 그들의 아픈 친척들뿐만 아니라 다른 가족 구성원들에게도 집중하여 자신의 역할을 점점 더 잘 인식하게 되었다. 그들은 새로운 관점에서 환자와의 상호작용을 돌아보기 시작했다.

초기 다가족 집단은 '안전한 가족 의사소통에 대한 워크숍'으로 적당히 기술되었다(Laqueur et al., 1964). 그 워크숍은 2주당 몇 시간씩, 수개월에 걸쳐 개최되었다. 다른 가족 구성원들의 아이디어와 경험을 교환함으로써, 그들은 서로 '노트를 비교'하고 '유사성을 통해 학습'할 수 있었다(Laquur, 1973). 새로운 접근법은 '조율된 해체(modulated disenmeshment)', 의사소통 정상화, 구체적인 위기관리, 사회화, 낙인 역전(stigma reversal)을 목표로 했다.

1970년대 후반부터 영국에서는 또 다른 형태의 MFT가 발전하여 처음에는 소위 다중문제라고 불리는 것에 초점을 맞춘 작업을 진행했다. 이들은 가족 중 한 명 이상이 가정 내 폭력과 학대, 교육 실패, 사회적 소외를 동반한 다양한 진단 범위에서 심리적 증상을 보이는 가족들이었다(Asen et al., 1982; Cooklin, Miller, & McHugh, 1983). 이들 중 6~8가족은 한 지붕 아래서 매일 수개월씩 모임을 가졌는데, 이는 유사하면서도 상당히 심각한 문제를 공유하는 일종의 치료 공동체였다. 일상생활에서 마주치는 것과 유사하게 통제된 의도적인 위기 상황을 포함한 고도로 구조화된 프로그램은 이러한 가족들이 일상생활의 어려움과 갈등을 치료적 맥락에서 해결하도록 했다. MFT의 목표와 원칙([글상자

글상자 9-1 **다가족 치료의 목표 및 목적**

- 연대감을 조성하고 사회적 고립과 낙인을 감소시킴
- 새로운 관점을 자극하고 가족이 서로 배울 수 있는 환경을 제공함
- 다른 사람들을 관찰하고, 상호 지원과 피드백을 장려하고, 가족 간 실습을 검토함으로써 자신의 행동과 상황에 대한 성찰 능력을 강화함
- 역량 발견 및 구축, 상호작용 및 경험의 강화, 안전한 공간에서 새로운 행동을 연습함
- 회복에 대한 기대와 희망을 높임
- 관찰, 제안, 이해를 공유하여 타인의 어려움 해결에 기여함

9-1] 참조)은 행위지향적인 작업과 성찰적인 작업이 혼합되어 있으며, 가족들은 다른 가족의 자문자가 되도록 장려되고 서로를 지원하면서 자신의 문제를 성찰한다. 가족들이 우정을 형성하기 시작하면서는 치료 작업 외부에서 지지 연결망을 만드는 경우도 많아졌다.

[글상자 9-1]을 자세히 살펴보면 MFT와 MIST의 목표와 전략이 서로 근접해 있음이 드러난다. 가족을 하나로 묶음으로써 공통의 현실(we-ness)을 중심으로 함께 행동하는 사회적 협력의 기회를 창출하는 관점의 공동체가 만들어진다(제6장 참조). 공통의 사안으로 가족을 하나로 묶고 인식론적 신뢰를 최대화하여 효과적인 학습 전달 가능성이 극대화된 연결고리를 만든다. 물론 가족 공동체를 만들어 내는 것은 시각과 관점이 동일한지와는 무관하게 본질적으로 정신화를 강화하는 것인데, 유사성과 차별성을 확립하는 바로 그 행위가 정신화를 수반할 것이기 때문이다. 다가족 작업은 만성적인 가족문제에서 다른 사람들의 관심사로 주의를 분산시켜서 간단히 불안을 감소시킬 수 있는 잠재력을 가지고 있다. 문제해결에 관한 실습을 했던 경험도 행위 주체로서의 감각에 긍정적인 영향을 미칠 수 있다.

지난 40년 동안 MFT는 특히 다양한 유럽 국가에서 발전해 왔고 꽃을 피웠다(Asen & Scholz, 2010). 이것은 단독 접근법보다는 다른 치료법 및 중재와 함께 사용되는 경우가 많다. MFT의 빈도와 지속 기간은 다양하며, 심각한 정신건강 문제를 보이는 성인뿐만 아니라 아동 및 가족과의 작업에서 MFT를 통해 많은 다양한 장애와 태도들을 해결하게 된다. 여기에는 누적된 증거 기반이 있다(Cook-Darzens, Gelin, & Hendrick, 2018; Gelin, Cook-Darzens, & Hendrick, 2018을 참조할 것). 섭식장애 청소년 및 가족을 위한 MFT(Eisler et al., 2016)는 지금까지 약 20년 동안 지속되어 왔으며 유럽, 미주, 중국의 다양한 국가에서 제공되고 있다.

동료 멘토링, 자조 집단, 그리고 다가족 치료

MFT의 원칙 중 일부는 동료 멘토링 체계의 원칙과 다르지 않다. 거기에는 심각한 정신질환으로부터 회복한 이야기를 기꺼이 공유하고 멘토링, 코칭, 격려를 제공하는 동료(또는 동료에 가까운)와 짝을 이루는 것이 포함된다. 동료 멘토링은 표준적인 진료만 받는 환자보다 중증 정신질환 환자가 정신과 증상과 기능에서 더 큰 개선을 경험하도록 돕는 것으로 나타났다(O'Connell et al., 2018). 비슷한 힘든 경험을 한 사람과 대화하는 것은 정서적, 사회적, 실질적인 도움을 주고받을 수 있을 뿐만 아니라 수용, 희망, 포용과 같은 보상을 가져온다. 심리적 개입을 설계하고 제공하는 데 있어 서비스 사용자의 참여가 증가한 것은 긍정적인 발전이라 할 것이다(Campbell, 2009; Campbell & Rose, 2011). 수십 년간 다가족 패러다임에서 그 이점이 예상되었음에도 말이다. 공통의 문제를 공유한 결과의 일환으로, 자발적인 인원들로 구성된 자조 집단은 MFT를 그처럼 효과적인 개입으로 만드는 몇 가지 특징도 공유한다. 집단 구성원들은 상호 지원을 제공하고, 참여를 통해 자신의 사회적 기술을 향상시킬 수 있다. 우리가 앞에서 강조했듯이, 동료를 참여시키는 것의 중요한 장점은 개인과 가족의 과거력을 통해 외상화된 인식론적 과경계를 극복하는 것이다.

자조 집단은 가족 및 친구들의 전통적인 지원이 부족한 경우가 많은 포스트모던 산업사회의 현상이다. 자조 동료 참여형 모델에서 경험적 지식은 과학적 근거를 내세우는 객관적 전문가 모델보다 더 중요한 것으로 간주된다. 이러한 측면에서 전문가 주도의 표준치료나 가족 구성원의 의도적인 태도에 비해서도 동료 멘토링 및 지원은 모른다(not-knowing)는 자세와 탐구적이며 호기심 어린 입장을 채택할 가능성이 더 높다. 멘토들이 자신의 관점을 전개하는 방식이 충분히 잠정적이지 못해서(insufficiently tentative) 그들 자신의 사적인 경험에 근거하여 멘티에 대한 부정확한 가정을 할 수 있다는 약간의 위험이 있을 수는 있다. MFT는 여기에서 설명한 바와 같이, 두 세계를 모두 포괄한다. MFT는 다른 자조 집단만큼 자율적이지는 않은 면이 있겠지만, 정신화를 촉진하는 탐구적이며 호기심 어린 입장을 채택하고 모방하도록 장려하는 치료자에 의해 만들어지고 조율된 환경이 될 수 있다. 치료자들은 다양한 활동, 게임, 실습을 통한 주체적이고 의도적인 입장을 수용함으로 해서 가족들 관점의 변화를 촉진하고 자조의 잠재력을 활성화시킨다. 동료 참여형 작업이나 자조 집단과는 달리, 다가족 작업은 특히 가족과 가족 간 연결망의 변화를 이끌어 내는 것을 목표로 한다. 우리는 정신화 치료 작업의 사회적 맥락을 확장하는 것의 중요성이 이번 장과 다음 장을 통해 점점 더 명확해지길 바란다.

다가족 치료 맛보기

샐리와 부모님은 마지못해 맛보기 MFT에 참석했다. 그들은 자신들 외에 10명의 다른 가족들이 있는 것을 발견했는데, 각 가족들은 아주 깡마른 10대들을 동반하고 있었다. 두 치료자는 인사말에서 치료가 4일간의 집중적인 다가족 프로그램으로 시작하여 그 이후의 8회기는 9개월 동안 4~8주 간격으로 계속될 것이며, 매번 오전 9시부터 오후 5시까지 진행될 것이라고 설명했다. 치료자들은 식사 시간을 관리하는 것과 각 가정에 가장 효과적인 것, 그리고 부모들이 자녀가 먹고 살찌는 것에 대한 두려움을 극복하도록 도울 방법에 대한 지속적인 토론을 반복하며 실용적인 의견을 나누는 것을 강조했다. 그다음에 치료자 중 한 명은 각 가족에게 "여러분의 삶에 그 병이 어떻게 찾아왔고 그것이 모두에게 어떤 영향을 미치고 있는지에 대한 이야기"를 해달라고 요청했다. 먼저 각 가족에게는 해야 할 이야기에 대해 생각할 시간이 주어지고, 그다음에 각각 그 이야기를 말할 5분이 주어졌다. 샐리와 부모님이 자신들의 병에 대한 이야기를 할 때가 되었을 때, 그들은 이미 다른 세 가족의 이야기를 주의 깊게 들었고 약간의 유사점이 있다는 사실에 놀랐다. 그들은 이제 혼자가 아니라고 느꼈다. 샐리의 어머니는 다른 사람들의 이야기와 마찬가지로 딸이 항상 성취도가 높았다고 말했다. 그녀는 학업적으로 매우 똑똑했다. "딸은 항상 최고의 성적을 받았어요. 딸은 피아노와 바이올린을 연주했고, 합창단에서 노래를 불렀죠. 하지만 딸은 항상 자신을 몰아붙였어요. 늘 최고가 되기를 원했죠. 우리는 이렇게 훌륭한 딸이 있어서 너무나 행복했답니다. 그다음에 그 모든 것이 시작되었어요······. 그때가 열두 살 때였어요. 어쩌면 그 전에 시작된 것일지도 모르죠. 어쨌든, 당시에 우리는 어떻게 딸이 점점 적게 먹었는지, 먹는 것에 대해 점점 더 까다로워졌는지, 걱정할 정도로 과도하게 운동했는지, 항상 돌아다니게 되었는지를 알아채지 못했어요. 그리고 마침내 우리는 딸이 음식을 숨기고 있다는 것을 발견했죠. 우린 그걸 아주 이상한 곳에서 발견했어요. 저는 처음에 아이 아빠에게는 말하고 싶지 않았어요. 아이 아빠는 매우 엄격했기 때문에, 저만 샐리에게 말을 걸었죠. 딸은 부인했고 나는 그걸 믿었지만, 그녀는 매일 점점 더 말라갔어요."

그럼에도 불구하고 자기 가족 안에서 이러한 문제를 찾거나 해결하기 어렵게 만드는 관계 문제를 가진 성인 및 자녀들은 다른 가족에게서 거의 동일한 문제를 발견할 수 있다. 그러나 그때 그들은 가족 간의 상호작용과 높은 갈등을 유발하는 사안들에 따라오는 증가된 각성 없이도 거리를 유지하며 토의할 수 있는 경우가 많다. 다른 가족 구성원들의 행동을 정신화하는 것은 자기 가족을 정신화하는 것에 비해 상대적으로 쉽기 때문이다. 심지어는 자기 가족들이 더 친숙함에도 불구하고 그렇다. 따라서 다른 가족에 대한 성찰은 거의 자유롭게 일어난다. 자신의 가족에 대한 성찰이 요구되는 상황은 고통스러운 경험의 과거력을 끄집어내게 만들고, 이러한 기억만으로도 정신화 가능성을 부정할 정도로 과도한 각성을 일으킬 수 있다. 다가족 환경은 다른 사람들의 애착관계를 중심으로 한 정신화를 구현하기 위한 좋은 연습 공간이 된다. 더 나아가서, 비슷한 문제로 어려움을 겪는 다른 가족들을 마주하게 되면 섭식장애의 낙인, 최선을 다하지 못한 양육이라고 느끼는 죄책감, 부모로서 실패자가 되었다는 수치심이 줄어든다. 섭식장애를 가진 청소년 자녀를 둔 많은 부모들은 이러한 느낌을 경험하고, 다른 사람들의 고통에 대한 공감적인 반응을 하며 참여하여 이차적으로나마 자기자비를 만들어 낼 수 있다. 이 모든 것은 부모들이 마음으로 자유롭게 협동하고 학습하기 위한 새로운 의사소통 채널을 여는 데 도움이 된다.

맛보기 회기는 효과적이었다. 샐리와 부모님은 그 경험을 통해 크게 안도했고 다가족 프로그램에 참여하는 것에 동의했다. 처음 며칠은 특히 어려웠는데, 주요한 초점이 매일 네 끼를 먹는 것에 맞춰졌기 때문이었다. 이른 아침식사, 두 번째 아침식사, 점심식사, 오후 간식의 순서였다. 이러한 식사 시간마다, 일곱 가족들은 커다란 타원형 테이블에 둘러앉았고 섭식장애가 있는 청소년들은 각각의 부모 사이에 위치했다. 부모들은 자신의 딸이 접시에 차려진 것을 먹도록 도우라는 독려를 받았다. 당연한 일이겠지만 이러한 식사 시간은 많은 고통을 야기했는데, 10대들은 필사적으로 먹지 않으려고 발버둥 쳤고 부모들은 딸들에게 더 노력해 달라고 간청했다. 식탁 건너편을 보면서 샐리의 부모는 다른 부모들이 딸의 식사 거부에 어떻게 대처했는지, 혹은 대처하지 않았는지를 알게 되었다. 그들은 또한 어떤 부모들은 다소 통제적이고 가혹한 반면, 다른 부모들은 그들의 딸에게 굽신 대며 맞춰 주고 있는 것처럼 보였다. 또한 샐리의 부모는 자신들은 시도해 보지 않았던 다른 부모들이 사용한 전략들을 발견했고, 동시에 그들이 과거에 시도했지만 성공하지 못했던 전략들도 인식할 수 있었다. 식사 시간은 비디오로 촬영되었고, 나중에 모든 가족이 참석해서 녹화된 내용을 보았다. 치료자들은 모든 집단 참가자들에게 자신의 가족에게 집중하지 말고, 다른 가족의 10대들과 부모들의 마음속에서 무슨 일이 일어나고 있는지 상상해 보라고 말했다.

하루 종일 다양한 식사를 마련해 놓은 것은 의도된 것이다. 그것은 문제적 사안들, 즉 장애적인 식사를 '상연(enact)'하는 역할(Minuchin, 1974)을 하며, 더 중요하게는 치료자뿐만 아니라 모여 있는 가족들이 서로의 상호작용을 **있는 그대로**(in vivo) 관찰할 수 있게 해 준다. 식사가 진행되고 부모와 자녀 모두에게 좌절감과 각성이 증가함에 따라 거의 항상 효과적인 정신화는 감소하고 자녀와 부모에 대한 목적론적 사고가 자리 잡게 된다. 하지만 다른 가족들이 어려워하거나 성공하는 방식을 관찰하는 것은 주의를 분산하고, 호기심을 유발하며, 정신화를 회복하는 데 도움이 되어서, 경직된 사고 양식의 역균형을 잡아 준다. 식사 시간의 기록을 시청할 때 그것은 더 이상 실시간의 사건이 아니기 때문에, 각성이 더 낮아지는 경향이 있다. 따라서 효과적인 정신화가 더 쉽게 재시동될 수 있다. 가족 간의 상호작용을 관찰하고 다른 가족 구성원의 정신상태에 대해 추측하는 것은 상상력을 활성화시키며, 작은 행동(및 작은 행동에 대한 반응)과 정신상태를 연결하는 데 주의를 부여하게 해 준다. 식사에 관한 이 모든 감각은 딸–부모 관계 기저의 역동을 드러내는 미묘한 상호작용을 이해하려는 노력으로 이어지게 해 준다. 여기서 모든 섭식장애를 가진 딸들이 동일하다는 가정은 가족 특수적 사고에 자리를 내주게 되고, 섭식장애에 기여하는 가족 역동의 이질적이며 고유한 진짜 결정인이 드러날 수 있다.

한때 샐리의 아버지는 샐리에게 상당히 강압적이었다. 샐리의 어머니는 샐리에게 애정으로 보상하는 식으로 반응했다. 샐리는 어머니에게는 가까이 다가가고 아버지로부터는 멀어지며 반응했다. 아버지는 이런 것을 아주 좋아하지 않았기 때문에 스스로 물러섰고, 샐리의 어머니에게 "좋아, 당신이 계속해! 당신 딸이니까."라고 말하는 것처럼 샐리의 식사를 도우려는 생각을 포기했다. 그 순간 그 테이프를 보던 사람들은 샐리의 아버지가 샐리를 완전히 '거부'하는 것처럼 보였다는 사실에 충격을 받았다. 바로 전에 그는 딸에 대해 유난히 염려하고 돌보는 태도를 보였기 때문이었다. 연속된 장면에서 극적인 것은 없었지만, 그 내용을 정교화하면서 관계가 어떻게 전환되면 사람들이 소외되고 거의 버림받았다고 느낄 수 있는지에 대한 대화가 시작되었다. 그다음 회기에 모두가 함께 만났을 때, 사람들은 아버지의 가혹한 개입이 있었고 어머니의 명백하게 대조적인 반응이 뒤따랐다는 것에 주목했다. 아버지는 "여러분은 제가 너무 가혹하다고 생각하나요? 제가 여러분들처럼 더 참을 수 있어야 할까요? 저는 제가 기분이 상했음을 드러내지 않는 것이 매우 어렵다는 걸 알게 되었습니다."라고 말했다.

　참가자들이 관찰하고 충격 받은 것에 대한 묘사는 매우 통찰력이 있는 경우가 많아서 조언자의 경험에 의한 정보가 제공될 수 있다. 풍부한 다중관점적 조언은(정신화 고리에서처럼) 확인을 위해 관찰된 가족들에게 제공된다. 때때로 그것들은 인정되지만, 관찰된 당사자들에 의해 거부되는 경우가 더 많다. 하지만 그러한 경우라고 해도 모든 참가자가 급성 불안 속 환경에서의 상호작용을 관찰하는 것은 참가자들이 "어떻게 하면 내 아이를 먹게 할 수 있을까?"와 같은 정신화할 수 없는 큰 도전을 '한 입 크기의(bite-sized)' 정신화 가능한 행동과 반응으로 쪼개는 데 도움이 된다는 점은 분명하다. 이러한 방식은 상호 호기심과 탐구의 분위기를 조성한다. 특히, 오지각과 오해는 따뜻하게 포용되는데, 때로는 주관적인 경험의 정확성이 저하되더라도 중요하게 여겨진다. 오지각과 오해로 이어질 수 있는 생각과 느낌을 탐색하는 것은 흥미를 유발하는 경우가 많다. 가장 일반적으로, 청소년의 행동은 두 부모에 의해 부정확하게 해석되고, 그에 따라 부모의 행동은 아이에 의해 오지각되고 오귀인된다.

　일반적으로 치료자는 전문가적 입장 취하기를 피하는 것을 목표로 하는데, 종종 부모들은 치료자에게 전문적인 의견을 물어볼 수도 있다. 그래서 치료자들은 전문적 의견 대신에 자신이 목격한 상호작용을 기술하고, 필요할 때는 자신의 생각을 소리 내어 드러냄으로써 정신화를 자극하려고 한다. 예를 들어, 세 어머니들 간의 토의 중에 나온 중요한 세대 간 문제를 감지한 한 치료자는 "저는 상당히 혼란스럽군요. 저는 방금 세 명의 여성, 사실상 세 명의 어머니가 10대였을 때 자신의 몸에 대해 얼마나 자주 당혹스러웠었는지 이야기하는 것을 들었습니다. 그것은 저에게 아버지들은 10대 때 자신의 몸에 대한 이런 종류의 당혹감을 단 한 번도 언급하지 않았다는 떠올리게 만들었습니다. 아버지들은 10대 때 그들의 신체에 대해 너무 자신이 있어서 그에 대해 말할 필요가 없었던 걸까요? 아니면 수치심과 당혹감은 남자들이 경험하는 것이 아닐까요? 아니면 아버지들은 딸의 몸에 대해 생각하는 것을 견딜 수 없는 것일까요? 저는 모르겠습니다. 여기 누가 좀 도와줄 수 있을까요? 아버지들은 자신들의 몸에 대해 부끄러워한다고 말하지 않는다는 것을 눈치 챈 사람이 또 있나요? 저는 확실히 청소년 시절 제 체격에 대해 혼란감을 느꼈던 것을 기억합니다." 여기서의 일반적인 목적 중 하나는 새로운 맥락에서 신체와 관련된 담론을 장려하는 것으로, 방에 있는 여성들이 느끼는 압박감을 제거하고 이러한 집단에서 다소 거만한 태도를 보일 수 있는 남성들에게 초점을 돌리는 것이다.

다가족 프로그램 4일 차에, 치료자들은 각각의 10대들에게 다른 청소년의 부모들과 식사시간을 함께 해야 한다고 제안했다. 샐리는 클라우디아(Claudia)의 부모 사이에 앉았고, 클라우디아는 샐리의 부모와 함께 식사했다. 처음에 샐리는 매우 혼란스러워 보였다. 그리고 나서 샐리는 클라우디아의 부모에게 접시를 비우는 것을 도와달라는 요청을 수용하면 안 된다고 말했다. 클라우디아의 어머니는 샐리에게 물었다. "만약 네가 우리와 함께 있을 때 더 많이 더 잘 먹게 되면 부모님을 실망시킬 것 같니?" 샐리는 충격을 받은 것처럼 보였고 아무 말도 하지 않았다. 대신 그녀는 클라우디아가 샐리의 부모님과 어떻게 있는지 일거수일투족을 자세히 관찰했다. 클라우디아는 비교적 편안해 보였고 천천히 먹기 시작했다. 치료자는 클라우디아의 어머니에게 고개를 돌려 이렇게 물었다. "만약 샐리의 머리에서 말풍선이 나와서 그걸 읽을 수 있다면, 그것이 무엇일 거라고 생각하나요?" 그러자 샐리는 말없이 포크를 집어 들고 먹기 시작했다.

단기간 다른 가족의 부모가 아동이나 청소년을 교차 양육하는 기법은 부모와 자녀 모두에게 다양한 형태의 부모-자녀 상호작용을 직접 경험할 수 있게 해 준다. 이는 거의 필연적으로 강한 감정을 유발하는 복잡한 관계 문제를 건드리게 되며, 또한 많은 상호작용이 얼마나 맥락 의존적인지를 드러나게 해 준다. 샐리는 보통 다른 가족들을 방문할 때는 먹지 않기 때문에, 교차 양육하는 환경에서 식사를 할 것이라고는 기대하기 어려울 것이다. 그러나 이 상황에서, 클라우디아의 어머니는 샐리에게 부모에 대한 복종심과 부모의 기분이 상하지 않는 것이 그녀에게 얼마나 중요한지를 누군가가 이해하고 있다는 것을 느끼게 해 주는 무언가를 건드렸다. 그다음에 샐리는 클라우디아가 먹는 것을 보기 위해 건너편을 향했다. 클라우디아의 어머니에게 자신의 통찰에 대해 자세히 설명해 달라고 요청한 치료자의 개입은 '과도했을' 뿐이었다. 아마도 그냥 먹는 것이 더 쉽게 느껴졌을 것이다. 생각과 느낌을 회피하려는 욕구가 이 임상 집단의 깊은 곳에 자리 잡고 있었다. 때때로 굶는 것은 생각하는 것을 피하게 해 준다. 때로는 먹는 것도 같은 일을 할 수 있다.

다가족 치료를 위한 활동 및 즐거운 게임들

우리는 제6장에서 한 가족을 위한 MIST 치료에서 정신화를 재시동 걸고 향상시키는 데 도움이 될 수 있는 다양한 활동과 즐거운 게임들에 대해 설명한 바 있다. 우리는 독자들에게 우리가 제안한 접근법이 다가족 상황에 어떻게 적용될 수 있는지 고민해 볼 것을 권장한다. 많은 재미있는 실습, 게임, 활동들이 다가족 작업을 위해 특별히 개발되었다(Asen & Scholz, 2010). 그러한 방법들은 가족 구성원들이 까다롭게 여기거나 금기시하는 문제라고 해도 그 결과와 무관하게 상상력을 장려하는 방식으로 실험할 수 있게 해 준다. 이러한 맥락에서 우리가 정신화의 핵심이라고 생각하는 관점의 공유는 가족체계를 넘어서서 생성될 수 있게 된다. 관계적 정신화에 대해 논의할 때, 우리는 가족 구성원들에게 다른 관점을 유발하는 현실의 동일한 측면에 대한 공동 주의(joint attention)의 중요성을 강조했다. 여기에서 우리는 이 원칙을 가족을 넘어선 가족 밖의 사회적 세계에 대한 안전한 대용물로 작동하게 될 다가족 집단으로 확장하는 것을 고려하고 있다. 이것은 핵가족이나 확장가족 체계를 포함하는 지와는 무관하게, 타인을 신뢰하는 능력을 변화시킴으로써 정신화 기능의 일반화를 강력하게 향상시킬 수 있다. 이러한 게임들 중 많은 것들은 한 가족 치료에서는 어렵고, 집단 환경에서의 유희적 상호작용에 적합한 것들이다. 한 가족에 대한 집중은 다른 가족의 존재에 의해 희석된다. 이것은 정서적 압력을 감소시킴으로써 정신화의 가능성을 높이고 관계적 정신화를 강화함으로써 잠재적 치유 가능성을 증진시킨다. 유희적 태도는 두 가지 기능을 모두 촉진하며, 유머는 익숙한 문제를 다른 시각에서 보게 하는 또 다른 수준의 맥락을 창출한다. 우리는 여기에서 그러한 과정을 한 사례를 통해 설명할 것이다.

　　4주 후 다가족 회기에서, 한 치료자는 그 집단의 각 구성원들에게 음식 잡지에서 잘라낸 사진들로 상징적인 식사를 만들어 보자고 제안했다. 그들은 가위와 스카치테이프로 잘라낸 부분을 적당한 접시에 붙였다.

　　치료자는 다음과 같이 말했다. "지금이 일요일이고 가족끼리 점심을 먹을 시간이라고 상상해 봅시다. 여기에 있는 모든 사람들이 각자의 접시를 가지고 일요일의 한 끼를 만들어 봤으면 좋겠군요. 만약 푸딩이 있어야 한다고 생각한다면 여기에 푸딩을 위한 유리그릇도 있습니다. 이 잡지의 식사를 위한 모든 코스들을 실제 크기로 잘라 접시에 붙이세요."

치료자가 샐리에게 말했다. "좋아요, 샐리, 어머니가 당신에게 먹이고 싶어 할 것 같은 일요일 점심식사를 이 접시에 올려 주세요."

그다음에 어머니에게 말했다. "그리고 어머님, 샐리가 일요일 점심식사 때 모든 사람들을 위해 준비해 줬으면 하는 음식을 접시에 담아 주시겠어요?"

그리고 나서 아버지에게 말했다. "아버님, 당신의 일은 샐리가 원하는 일요일 점심식사를 그대로 접시에 담는 것입니다."

그 후에 치료자는 집단의 각 구성원들에게 가서 모든 작업에 약 15분이 주어진다고 말하면서 비슷한 지시를 내렸다. 곧바로 많은 활동과 웃음이 이어졌고, 가족들이 서로 다른 접시를 보여 줄 때는 더 큰 웃음이 나왔다. 샐리가 준비한 접시에 대해 이야기할 때, 치료자는 샐리에게 역할극에서 최선을 다해 접시에 있는 모든 것을 먹어 달라고 말하는 엄마 역할을 해달라고 했다. 샐리는 모든 사람들이 큰 재미를 느낄 수 있게 엄마의 모든 익숙한 행동과 뉘앙스를 만들어 냈다. 어머니 역할의 샐리는 식사에 대해 수년간 들어왔던 엄마의 말을 모두 사용했다. 그것을 듣고 어머니는 크게 놀랐다. 역할극이 끝난 후, 그녀의 어머니는 "저는 샐리가 실제로 그동안 제 말을 듣고 있었는지 몰랐어요."라고 말했다.

역할극은 다른 가족들이 관찰하기 때문에 특별한 의미가 있다. 엄마(샐리가 연기하는)는 딸에 대한 인식을 드러내고, 샐리(엄마가 연기하는)는 엄마가 어떤 사람인지를 공개적으로 밝히고 있다. 두 사람에게 상당한 인식론적 부정의(epistemic injustice)가 나타날 것으로 예상할 수 있다. 인식론적 부정의는 듣는 사람이 편견이나 의심에 근거해서 어떤 사람의 증언에 대한 신빙성에 의문을 제기할 때 나타난다. 이러한 상호 교환에서 서로는 상대방을 조종하려 한다는 동기를 탓하며 신뢰할 수 없는 설명을 제공해서 행위 주체성과 의도성에 대해 과하게 탓하거나 부정확하게 귀인할 것이라고 예상한다. 이들의 과거력에서 인식론적 부정의는 자기 강화적인 의사소통이라는 난국(self-reinforcing communicative impasse)을 만들어 냈다. 샐리의 인식론적 과경계는 인식론적 부정의(동기화된 오해)라는 어머니의 성향에 의해 더 복잡해졌다. 역할극에서는 엄마와 샐리가 모두 정신화적 자세를 유지해야 한다는 요구가 생기는데, 이는 MFT의 사회적 환경 조건에 의해 더욱 강력해진다. 모두가 놀랐던 사실은 그 묘사가 각자 예상했던 것보다 훨씬 덜 왜곡되어 있었다는 점이다. 예상됐던 인식론적 부정의는 바로 그 자리에는 있지 않았다. 사실, 그 역할극은 서로가 진정으로 상대방에 대해 느끼는 존중을 보여 준다. 만약 그러한 존중이 없었다면 인식론적 부정의와 왜곡이 상호작용을 지배했을 것이다. 그 후에 두 주인공들은 단순한 문제를 직면하게 되었다. 그동안 계속 존중과 관심을 배경에 두고서, 그들은 어떻게 상대방에게 그렇게 오해와 오지각, 부정의한 대우를 받고 있다고 느끼게 되었을까?

상담에서 다가족 MIST를 구현하려고 할 때에는 어려움이 있을 수 있다. 이러한 과제에는 스케줄링, 적절한 공간의 파악, 주의가 분산될 가능성이 높은 환경에서 집중력 유지하기와 같은 실제적인 문제가 포함된다. 또한 가족 구조, 문제, 아동의 연령 등 이질성으로 인해 발생할 수 있는 임상적 어려움들도 있다. 이러한 어려움의 원천들은 다른 사람들의 분명하고 명백한 선의가 불러일으킨 압도적으로 긍정적인 환경적 분위기에 의해 쉽게 상쇄된다. 우리는 도움을 구하는 사람-도와주는 사람의 구조가 유발한 치료적 환경에 내재된 힘의 불균형이 역설적으로 정신화에 해가 될지도 모른다는 인상을 갖게 되었다. 확실히 어떤 면에서, 힘의 불균형은 개인적 행위 주체성을 위태롭게 한다. 하지만 한 가족이 고통스러운 문제에 대해 다른 사람에게 조력을 줄 수 있는 위치에 있게 해 주는 것은 거의 필연적으로 자유로운 상호 조력에서 오는 만족감에 기초한 강력한 유대를 형성할 수 있는 평등주의적(egalitarian) 역학을 창출한다. 문제의 동질성이 가족의 이질성을 상쇄하는 데 도움이 되는 것은 맞겠지만, 아마도 함께 애쓰는 상황에서 협력할 기회가 주어진다는 것이 가장 중요한 신뢰 촉진자가 될 것이다.

학교에서 정신화하기

더 나아가 다가족 접근법을 학교에서 하기 위한 구체적인 적용법이 있다. 즉, 학교에서 학업 성적이 나쁘고 파괴적 행동을 하는 학생들과 작업하는 것이다. 이러한 경우에 학교는 전형적으로 학생들의 파괴적인 행동에 대해 부모들의 양육을 비난하는 반면, 부모들은 자신의 아이가 집에서는 그러한 행동을 보이지 않는다고 주장하면서 더욱 학교를 비난한다. 부모는 학교와 학교교육에 부정적인 태도를 강화하게 되고 아이는 그것을 인식하며, 아이의 문제를 악화시킨다. 상호 비난은 주위 모든 사람들의 마음을 닫히게 만드는 경향이 있다. 부모들을 학교로 데려와서 학생, 부모, 교사들이 참여하는 공동 작업을 하는 것이 이 교착 상태에 대한 논리적인 해답으로 보인다. 만일 그 문제가 해결되지 않으면, 그 아동은 정학을 당하거나 심지어 영구적으로 학교에서 배제될 위험성을 갖는다. 이러한 상황에서 교육부는 대안교육의 제공을 고려할 수 있다. 그러나 대안교육은 아동의 교육적 요구를 충족시키지 못하는 경우가 많다(House of Commons Education Committee, 2018; IFF Research Ltd, Mills, & Thomson, 2018).

행동문제가 있는 아동들은 부모 집단과 함께 한 양육 개입에서 가장 빈번하게 그리고 가장 효과적으로 도움을 받게 된다. 다른 부모들과 함께 작업하면서, 이 집단의 구성원들은 체계적이고 행동적인 양육 원칙에 대한 이해를 얻을 수 있고 집에서 자신의 자녀와 함께 그것들을 활용하는 방법을 배울 수 있다(Gardner, Hutchings, Bywater, & Whitaker, 2010). 일반적인 문제는 가장 도전적인 (종종 더 나이가 많은) 아동의 부모들이 양육 집단에 참석하는 것을 어려워한다는 것이다. 클리닉에 정기적으로 방문하는 것은 다소 혼돈스러운 가족들에게는 불편할 수 있으며, 또한 그러한 프로그램의 낙인 효과를 우려하기도 한다. 심각한 문제가 있는 가족을 지원하기 위한 대안적인 접근법에는 치료자가 가정에서 24/7 지원[1]에 가까운 서비스를 제공하는 것이 포함된다(Henggeler, 2011). 이와는 대조적으로, 학교에서 양육 지원을 제공하는 것에는 많은 이점이 있다. 적어도 어린 아이들의 경우에, 대부분의 부모들은 매일 학교에 모인다. 학교는 아동들뿐만 아니라 부모들에게도 자녀들을 더 효과적으로 양육하는 방법을 배울 수 있는 배움의 장소가 된다. 학교에서 문제 행동이 두드러지는 자녀를 둔 부모들은 학교 기반 접근법이 특히 도움이 될 것이다. 학교에서 부모들을 학습자로 참여시키게 되면 아동들이 가정과 학교의 두 세계를 연결하는 데 도움이 될 수 있다. 다가족 접근법은 학교에 가족들을 불러들이고 아동들 삶의 장벽 중 하나를 무너뜨려 두 세계 사이에 자연스러운 연속성을 만들어 낸다. 학교 기반 환경에서 학교에 초점을 둔 문제에 도움을 제공하는 것은 임상 환경에서 도움 받기를 꺼리는 부모들에게는 상대적으로 감당할 만한 것이라는 사실이 입증된 바 있다.

가족 학급

학교와 대학 환경에서 활용 가능한 다양한 정신화 접근법이 있다. 아마도 가장 단순한 형태는 1980년대 런던에서 시작되어 주류 초등학교와 중등학교에 설치된 가족 학급(the Family Class)일 것이다(Dawson & McHugh, 2005; Asen, Dawson, & McHugh, 2001). 가족 학급은 현재 영국뿐만 아니라 많은 다른 유럽 국가들에도 존재한다. 여기에는 매뉴얼화된 버전(Dawson, McHugh, & Asen, 2020)도 있고 안나 프로이트 국립 아동 및 가족 센터에서 이용할 수 있는 온라

---

1) 24/7 support: 연중 무휴로 24시간 전화 혹은 온라인 서비스로 질문에 응답하는 서비스를 말한다.

인 교육 프로그램도 있다(www.annafreud.org).

가족 학급을 설치하기 위해서 학교에서는 심각한 행동장애가 있는 학생과 영구적인 퇴학 위기에 처한 학생 6~8명을 선발한다. 학생들은 연령과 학년이 다를 수 있으며, 부모 중 한 명과 함께 등교하게 된다. 가족 학급은 한 학기 동안 운영되며, 매주 2시간씩 10회기가 진행된다. 보통은 MIST 치료자가 교사나 여타 학교 직원인 학교 파트너와 공동으로 주최한다. 학급은 정상적인 수업 시간 중 혹은 그 전후에 열리지만 항상 학교 내 교실에서 진행된다. 위에서 살펴본 바와 같이, 비슷한 문제와 경험을 가진 가족들을 함께 모으는 것에는 많은 치료적 목적이 추가된다. 그 목적들은 낙인을 줄이고, 사회적 협력을 촉진하며, 학부모와 교사들에게 학업 및 사회적 배제와 관련된 일반적인 문제를 해결하기 위한 새로운 자원을 제공하는 것이다. 가족들이 주류 학교의 교실에서 수업을 들을 때에는, 문제가 되는 상황과 위기를 자발적으로 설정하여 그 자리에서 해결할 수 있다. 가족 학급은 문제를 공유하는 부모들의 소공동체가 만들어지는 문제해결 환경인 것이다. 치료자는 해결 초점적인 태도로 기능하여 문제가 발생했을 때 협력적으로 문제를 처리할 수 있다. 이처럼 혹은 다른 경우에, 대상 가족과 다른 가족 모두가 알게 된 해결책을 평가할 수 있지만, MIST 치료자는 가족들이 해결책에 도달하는 과정에 더 큰 가치를 둔다. 그 과정은 학급 구성원들이 경험하는 협력적 정신화와 인식론적 신뢰를 향상시킨다.

가족 학급은 교실 내 역동(학생과 학생 사이; 학생과 교사 사이)과 가족 내 역동(자신의 가족 구성원 간, 다른 가족의 구성원 간)을 관찰하고 다룰 수 있는 이중적 환경이다. 이러한 접근법은 가정과 학교의 문제를 동시에 탐색하고 그 사이의 연관성을 확인할 수 있게 해 준다. 중요한 것은 학교 맥락은 문제 학생들의 가정 문제가 학교에서의 심리상태와 행동에 미치는 영향뿐만 아니라 학교문제가 아동들이 가정 내 행동에 미치는 영향에 대한 고려를 할 수 있게 해 준다는 것이다. 다시 한번, 관점들을 연결하는 기회가 생긴다는 것이 가장 중요한 결과일 수 있다.

8세 아동 샘은 글쓰기 곤란으로 수치심과 굴욕감을 느꼈는데, 그러한 감정은 학교에서 지시를 따르지 않는 것과 부모님이 이해하기 어려운 평소와는 다른 공격적 행동으로 표현되었다. 샘의 호전성은 부모님들이 행동 통제에 집중하게 만들었다. 결국 그들은 샘의 굴욕감에 대해 평상시의 동정심을 보이지 않게 되었다. 학교와 가정의 관점을 연결하는 것은 샘의 형을 가르쳤고 샘의 부모님에게 지지하고 돌보는 방법을 알려 준 선생님을 포함한 관련된 모든 사람들에게 샘의 경험을 명확하게 해 주었다. 그녀는 샘이 학교에서 성적 부진에 대한 지원 외에는 아무것도 경험하지 못했다고 확신했다.

가족 학급의 구조와 조직에는 교실의 물리적 환경, 교육과정, 시간표, 수행되는 다양한 활동 등 교육과 치료적 맥락의 결합이 반영되어야 한다. 비록 부모의 참여에 의해 풍부해진 것임에도 불구하고 이것은 어쨌든 학교 상황이다. 교실에서 문제를 일으키는 행동들은 부모들의 관점에서는 자연적으로 진화한 것으로 보일 수 있다. 많은 부모들이 집에서는 아무런 문제를 드러내지 않는 아이가 학교에서 다르다는 것을 믿기 어려워하기 때문에 이것은 중요한 고려 사항이 된다. 이와 유사하게, 교사들은 일반적으로 교실에서 정서 조절이 잘 안 되는 것처럼 보이는 아이가 집에서는 완벽하게 침착하고 순종적일 거라는 가능성에 대해 회의적이다. 그러나 일례로 아이가 정서적으로 취약한 어머니의 파국화 반응을 두려워하거나, 아이에게 어머니의 취약함을 견디지 못하고 아내와 아이들을 떠나겠다고 빈번하게 위협하는 아버지가 있다면 그런 사례가 가능할 수 있다. 이러한 역동은 아동이 한쪽 또는 양쪽 부모에게 도전하는 것을 회피하게 만들어서 마치 가정에서는 정서가 조절되는 것처럼 보이게 할 수도 있다.

본질적으로 가족 학급은 아동들의 삶에서 핵심적인 역할을 하는 사람들, 즉 양육자들과 교사들의 정신화에 도움이 되도록 기능한다. 가장 극적인 진전은 교사—부모 관계에서 일어나는데, 이 관계들은 종종 부적절한 정신화, 심적 동일시, 목적론적 사고와 같은 가장 심각한 문제들을 초기에 드러낸다. 양측은 어려움의 본질에 대해 상당히 자동적이고 자기 고양적인 가정을 하는 경향이 자주 있으며, 상대방을 문제에 대한 책임이 있는 것으로 간주한다. 교사는 '부모가 아동의 교육적 목표를 우선시하는데 실패했다'고 생각할 수 있지만, 어떤 부모는 '이미 익숙해진 소재들로 '단순히 지루해진' 아이에 대한 이해가 부족했다'고 주장할 수 있다.

이상적으로는 가족 학급에서 교사, 학생, 부모들은 각자의 정신상태 및 이러한 상태가 가정에서 일어나는 방식과 그 사후 결과가 촉발되는 방식에 대해 보다 잘 깨닫게 됨에 따라서 방어성을 낮추고 일정 수준의 겸손함을 발달시키게 된다. 부모들에게는 스스로 참여자들을 가르치고 구체적인 과제를 제공하는 역할이 권장된다. 비록 그들의 상상 속에서의 일이지만, 그들은 이전에는 거의 냉소적으로 상상했던 한 사람에 대한 정신적 관점을 추정하며 동참하게 된다. 그러한 진보는 정신상태 심상화의 정확성 증가에서 비롯되는 것이 아니라(물론 이것이 거의 필연적인 결과가 될 수도 있지만), 오히려 교사들이 보고 있는 것과 같은 세계를 지켜보고 참여하는 행위에서 비롯된다. 하지만 어떻게 그러한 진전이 성취될 수 있을 것인가?

가족 학급에서의 유희적 접근법 중 하나는 참가자들에게 안경 세트를 제공하는 것이다. 부모를 위한 뿔테 안경 하나, 선생님을 위한 반달 모양 안경 하나, 그리고 학생을 위한 플라스틱 안경 하나씩을 제공한다. 부모들은 교사의 안경을 쓰고 세상을 볼 때 단순히 교육자로 보는 것이 아니라 아예 자신과 교사의 관점을 일치시키라는 요구를 받을 수 있다. 이런 식으로 그 부모들은 자녀의 행동이 자기 고양적인 왜곡이 일어난 비효과적인 정신화를 통해서만 의미를 갖는, 분열되거나 파편화된 세계의 정반대가 되는 공유된 단일 세계를 경험할 수 있다. 그와 유사하게, 교사들은 학부모나 학생의 안경을 쓸 수 있다. 또한 학생들도 교사와 부모의 안경으로 실험해 볼 수 있다. 그리고 하나의 예시로서 가족 학급의 수업 중에 문제가 되는 연속 장면들을 비디오로 녹화하는 것도 매우 유용할 수 있다. 그런 다음 교사들이 먼저 학부모 안경을 착용하고 그다음에 학생 안경을 착용해 볼 수 있다. 다음으로, 각 부모들은 교사 안경을 쓸 수 있고 마지막으로 학생들은 교사 안경으로 그 장면을 볼 수 있다. 우리가 제6장에서 설명했던 것처럼, 소품들은 과도한 성찰없이 낯선 관점을 통한 신속한 암묵적 사고를 촉진함으로써 유사정신화의 위험을 우회하여 성찰적 사고를 향한 자동적 정신화의 그림자를 활용할 수 있게 해 줄 것이다.

평화로운 학교 환경 창출하기

몇 년 전 우리는 미국 중부의 학교 장면에서 중재를 수행했던 적이 있다 (Twemlow, Fonagy, Campbell, & Sacco, 2018; Twemlow, Fonagy, & Sacco, 2005a, 2005b; Twemlow et al., 2001). 우리가 당면한 문제는 어떤 학군 내에서 나타난 높은 수준의 공격성에 대해 조사하는 것이었다. 그 개입은 열 살 소년이 여덟 살 소녀를 강간한 충격적인 사건에 의해 시작된 것이었다. 평화로운 학교 프로젝트는 복합적 정신화 초점의 매뉴얼화된 개입으로, 평화로운 학교 학습 환경 조성하기(Creating a Peaceful School Learning Environment: CAPSLE)로 불렸다. CAPSLE의 시행 과정에서는 학교의 청소년들과 접촉하는 모든 관련 직원들에 대한 교육이 필요했다. 한 학교에서 시작된 연구는 이후 전체 학군에서 군집 무작위 시행으로 구현되었다(Fonagy et al., 2009).

CAPSLE은 학교폭력 가해자, 피해자, 방관자 간에 공동으로 창출해낸 관계를 다루는 심리역동적 사회체계 접근법(psychodynamic social systems approach)이다. 여기에서는 교사를 포함한 학교 공동체의 모든 구성원이 학내 괴롭힘 관련 역기능에 기여한다고 가정한다. 이 모델은 폭력적인 행동에 대한 통합적 설명의 일부로 부적절한 정신화가 있다는 가정을 한다. 가해자가 타인들과 협력을 할 때는 그들의 주관적인 상태에 우선순위를 둘 것이 요구되며,

이를 통해서 집단 내 덜 강한 구성원들의 행동을 폭력적으로 통제하려는 충동에 제한을 둔다. CAPSLE 프로그램은 다섯 가지 장치를 활용해서 학교 환경에서의 정신화를 강화한다. ① 학교폭력 가해자, 피해자, 방관자의 주관적 경험을 조명하기 위한 긍정적인 분위기의 캠페인; ② 교사들이 교실에서의 공격적인 행동에 관한 생각과 느낌을 상세히 설명하도록 요구하는 교실 관리 계획; ③ 마음챙김의 원칙에 기초한 호신술 프로그램; ④ 성찰적 대인관계의 부가적 기회를 창출하는 또래 또는 성인 멘토링; ⑤ 성찰 시간, 이것은 학급에서 집단으로 공유된 즉각적인 과거 경험에 대해 생각해 볼 수 있는 기회를 제공한다. 이러한 장치를 통해 CAPSLE은 대인 간 폭력에 연루된 모든 사람들의 정신상태에 초점을 맞춘다.

고위험군 초등학교에서 CAPSLE의 구성 요소를 활용한 사전 연구는 성공적이었으며(Twemlow, Fonagy, & Sacco, 2001; Twemlow, Fonagy, Sacco et al., 2001), 통합적 실행을 통한 연구는 행동(Fonagy et al., 2009), 교육(Twemlow et al., 2008), 건강(Vernberg, Nelson, Fonagy, & Twemlow 2011), 감정(Biggs et al., 2010)에서 좋은 결과를 산출했다.

개입에는 몇 가지 요소가 담겨 있지만, 가장 중요한 점은 교사가 학생들의 행동을 통제하기 위한 새로운 징계 규정(disciplinary code)을 도입한 것이다. 교사는 수업에 차질이 생기면 수업을 중단하고 혼란의 원인에 대해 질문하는 권한을 위임받았다. 교사가 피해자나 가해자에게 혼란의 의미가 무엇이었는지 묻는 것과 다르게, 교사는 방관자들에게 그들이 목격한 것과 갈등의 근원에 대한 감각이 어땠는지에 대해 질문해야 했다. 그들은 주요 인물의 선행 맥락에 기반한 생각과 느낌(예: 가해자가 공격적인 행동을 하기 전에 생각하고 느낀 것과 피해자가 한 행동)의 관점에서 보고하라는 격려를 받았다.

예를 들어, 교사들에게는 아무리 방해가 되더라도 고함을 지르거나, 아동을 세워 두거나, 교실 밖 교장실에 가 있게 하는 등 교실 내 정서적 긴장을 가중시키는 것이 허용되지 않았다. 오히려 어떠한 중대한 혼란에 대해서도 정서적 각성을 줄이고, 주관적인 경험에 대한 호기심 어린 태도를 취하며, 사건에 연루되지 않은 대다수 아동들의 주의를 모으고, 그들의 지지를 구함으로써 정신화를 회복하는 것이 최우선 순위였다. 이 프로그램은 정신화된 마음챙김을 향상시키기 위해 고안된 평화로운 호신술 훈련 프로그램을 통해 자기 통제와 자기 평가를 장려하는 것을 포함한 학교와 학생들의 흥미를 끄는 많은 다른 요소들을 가지고 있었고(Jain & Fonagy, 2020), 교실 밖에는 평화로운 행동을 의미하는 특별한 깃발을 세워 큰 폭력이 없었던 날들을 기념했다. 중요한 것은 교사들뿐만 아니라 운동장을 감독하는 사람들, 학교 조리사와 학생들에게 식사를 제공하는 직원들, 청소 직원을 포함한 지원부서 직원들도 교육을 받았다는 점이다. 이것이 우리가 공동체에 정신화 원칙을 택하는 프로그램에서의 첫 번째 시도였다(우리는 다음 장에서 이러한 류의 개입에 기초가 되는 원칙들로 돌아갈 것이다.).

시범 개입은 성공했지만, 가족 학급과는 달리 광범위한 적용으로 이어지지는 않았다. 그 프로그램은 원칙을 시연하는 것이었다. 어떤 규모에 이르면 프로그램은 실행하기에 너무 비용이 커졌다. 그럼에도 불구하고 무선화된 군집화 시행에서는 프로그램에 의해 달성된 행동 변화가 프로그램이 공식적으로 종료된 1년 후에도 유지된다는 사실을 증명했다. 교사들은 "이제 나는 가르칠 수 있는 시간과 기회를 확보했다"고 말했다. 학교 환경에서 정신화의 후속 조치에 활용할 수 있는 많은 흥미로운 추가적인 발견들이 있었다. 학급 내 아동들의 교실 내 행동과 공격성에 대한 또래 평가는 교사들이 요구 수준이 높은 이 프로토콜을 준수할 수 있는 정도에 근접해 있음을 반영해 주었다(Biggs, Vernberg, Twemlow, Fonagy, & Dill, 2008). 우리는 몇몇 교사들이 그 과제를 불가능하지는 않더라도 어렵게 생각하는 것이 분명하다는 것을 알게 되었다. 이어서 우리는 다른 교사와 아동들을 괴롭히는 교사들에 의해 학교폭력 문화가 유지되는 방식들을 보여 주는 간단한 논문을 작성했다(Twemlow & Fonagy, 2005; Twemlow, Fonagy, Sacco, & Brethour, 2006). 폭력과 공격성은 사회체계의 속성이며 그 사회 집단 구성원들의 정신상태에 대한 진정한 호기심을 지속하는 체계의 능력을 밀접하게 반영한다.

학교에서 인식론적 신뢰와 부모의 참여

복잡한 CAPSLE 프로토콜 없이 학교 전체의 정신화를 향상시킬 수 있는 방법이 있을까? 우리는 위에서 설명한 가족 학급의 몇 가지 원칙을 CAPSLE 프로젝트의 일부로 개발한 학교 환경에서의 정신화 원칙과 결합하여, 학부모, 교사, 학생이 함께 참여하는 개입을 위한 지침을 제공하려고 했다. 이는 주류 학교에서 배제된 아이들이 겪게 되는 연속적인 실패의 환경을 대체하는 촉진적인 교육 환경을 조성하기 위한 것이었다.

우리가 가족 학급 접근법의 경험에서 본 바와 같이, 교육과정에 부모를 참여시키는 것은 아동들의 이익을 위해 적용할 수 있는 귀중한 에너지를 이끌어 낼 수 있다. 런던의 피어스 가족 학교(Pears Family School: PFS)에서 시작된 부모 참여 모델은 심각하고 만성적인 파괴적 행동을 가진 아동(6~13세)의 학습과 행동 변화를 다루는 데 상당한 진전을 이루어 냈다. 이러한 아동들은 보통 '대안' 교육적 배치를 받게 되는데, 이는 비극적으로 암울한 전망을 미연에 방지하는 데 실패하는 경우가 대부분이다. 그러한 아동들이 정상적인 교육을 제공받는 환경으로 돌아갈 가능성은 제한적이다. 많은 경우에 앞에 놓여 있는 것은 교육적 실패라는 미래이고 종종 범죄와 약물 남용으로 얼룩진 청소년기와 초기 성인기로 이어진다.

PFS에서 사용되는 접근법은 애착이론과 학습에 대한 개방성의 결정인인 인식론적 신뢰 이론에 뿌리를 두고 있다. 학부모는 아동이 진정한 교육과정에 지속적으로 참여하는 것을 보장하는 데 중요한 역할을 한다. 인식론적 경계는 특히 그 주체의 과거가 역경으로 점철되어 있을 때 인간 정신의 기본 상태가 된다. 행동문제와 학습곤란이 함께 진행된다는 것을 보여 주는 증거들은 충분히 많다. 합리적인 행동 없이는 학습이 있을 수 없고 신뢰 없이도 학습이 있을 수 없다. 이러한 교육적이고 행동적인 우선순위는 PFS에서의 생활을 구성하게 된다. 의미 있는 교육적 참여가 없다면, 교실 내 그러한 청소년의 행동은 다른 학생들의 학습을 방해할 수밖에 없다. 체계이론적인 관점에서, 교육과 행동의 결정인들이 서로 상호작용해서 각자 피드백을 받으며, 교정에 대한 저항력이 높아지는 체계를 만들어 가는 것을 예상할 수 있다.

이전 장에서 요약했듯이, 우리는 MIST 모델에서 정신화가 인식론적 신뢰를 달성하는 열쇠라고 제안했다. 정신화는 학습과 사회적 영향력의 잠재력을 열어줄 수 있게 생물학적으로 만들어진 열쇠다. 우리의 사적인 서사, 우리의 의도와 현재 상태에 대한 표상이 타인에게 인식되었다고 느끼는 것은 인식론적 신뢰의 가능성을 창출한다. 우리가 인정받고 있다는 감각은 일관성 있는 자기 지식을 가정한다. 그것은 다른 사람이 일관성 있게 인식하고 반영할 수 있는 일관성 있는 사적 서사에 의존한다. 또한 의사소통자가 스스로에 대한 학습자의 이미지를 그려내는 것을 아동이 정확하게 인식해야 한다. 이것이 우리가 인식론적 일치(epistemic match)라고 부르는 것이다.

우리는 스스로가 교육 경험의 일부임을 진정으로 이해하지 못하는 아동들에게는 인식론적 일치가 실제적인 학습을 가능하게 하는 소통의 채널을 여는 데 필수적이라고 제안한다. 학생들의 학습 의도를 더 잘 인식하는 교사들이 가장 중요한 공동 주의(joint attention)를 유발할 수 있다는 증거가 있다(Hattie, 2013).

우리는 주류 교육에서 영구적으로 배제된 청소년들이 인식론적 과잉경계 상태에서 대안 교육의 환경에 도달한다고 가정한다. 그들은 깊은 인식론적 부정의, 즉 아무도 자신을 이해하지 못한다는 느낌을 받는다. 그들에게는 정상적인 교육뿐만 아니라 사회적 학습 능력도 차단되어 있다. 그러한 청소년들은 그들의 관점을 이해하려하는 교사의 어떤 시도에도 더 이상 관심을 갖지 않는다. 그들은 깊은 불안으로부터 자신을 보호하는 역할을 하는 의심, 때로는 공격성, 실제로 위해를 가하려는 소망으로 가득 차 있다. 그들은 자신들이 태어난 사회에서는 적합할 수 있지만 교육적 환경에서는 적합하지 않은 행동 전략을 사용하는 경향성이 있다. 그들은 다른 아동들은 알고 있는 지식의 전달이 시작될 것이라는 태도의 단서를 알아채지 못한다. 그들의 교육적인, 종종 사적인 과거력은 신뢰하는 능력을 엉망으로 만들었고, 그들의 마음은 정보 처리에 거의 폐쇄되어 있다. 그들이 다른 행동 및 반응 방식을 탐색하는 접근은 매우 제한되어 있는 경우가 많다. 우리가 가족 학급과 CAPSLE 프로그램에서 보았듯이, 가족 역동에 뿌리를 둔 역경이 여기서 작동할 수 있다. 교육 환경은 그 자체로 비정신화적인 규율을 통해 인식론적 신뢰의 회복을 저해할 수 있다. 우리는 다르게 접근해야 한다.

피어스 가족 학교 프로토콜

PFS는 접근성이 높은 교육과 낙인찍지 않는 치료를 제공하는 것을 목표로 한다. 교육과정은 인식론적 신뢰 이론의 영향을 받은 학습 원리를 따른다. 이것은 한 학급 내 모든 학생들의 다양한 요구를 충족시키기 위한 맞춤형 교육과정이다.

이처럼 상호 연관되고 서로 밀접하게 짜여진 교육과정은 치료적인 교육과정과 밀접하게 연관된 광범위하고 다양한 기술, 지식, 이해를 습득할 수 있는 신중한 순서 배치를 필요로 한다. 그 과정은 청소년이 직면한 주요 어려움에 대한 정신화 정보에 근거한 체계치료적 개념화를 기반으로 한다. 학교 생활 중 어느 부분에서든 학생의 가장 시급한 요구는 자신의 발전을 방해할 수도 있는 감정을 이해하고, 토의하고, 표현하는 것일 수 있다. PFS에서 학생들은 학부모와 함께 작업하며 전문 자격을 갖춘 교사 및 치료자를 만날 수 있다. 그들은 협력하여 일시적인 정신화 실패에서 발생하는 인지적·정서적 취약성을 다룬다. 이러한 취약성을 식별하게 되면 학생들이 가능한 한 빨리 학습에 다시 참여할 수 있게 된다.

동기부여, 인식론적 신뢰, 실행기능 기술에 초점을 맞추기 위한 개인 맞춤형 통합 교육과정을 개발하고 지속적으로 개선하는 것이 학교의 목표다. 이러한 것들은 회복탄력성과 효과적인 감정 및 행동 조절의 핵심 요소로 간주된다. 여기에서는 각 학생들의 학업 성장을 위해 PFS가 학교와 가정 모두에서 실행기능 기술과 신뢰로운 사회적 이해를 발전시켜서 문제가 되는 행동을 개선할 자원을 제공해야 한다고 가정한다. 학교는 가족 학급의 원칙을 바탕으로 학습에 가치를 부여하고 지원하는 가족의 역량을 향상시키고, 가능하다면 가족 내 애착관계도 회복하는 것을 목표로 한다. 이 과정은 정신화의 개선을 통해 수행되며, 가족체계 내외에서 신뢰하는 능력을 창출한다. 이것은 교실에서 아동들의 학습과 행동을 개선하는 학부모들의 기술을 개발하는 것을 의미한다.

PFS에서는 일주일에 1일이나 2일간 부모가 자녀의 회복 여정에 적극적으로 참여해야 하며, 6~18개월이 소요된다. 학부모들은 교실에 앉아서 교육과정의 진행을 관찰해야 한다. 그들은 자녀의 학습에 참여하고 그 발전을 관찰함으로써 보상을 받게 된다. 그들은 교사들을 관찰해서 전문 교육자들이 제공하는 숙련된 개입을 모델로 삼는다. 심리교육학적 회기 내 별도의 부모 코칭은 공식적인 부모교육의 일부가 되며, 참여를 위한 교육적 동기를 제고한다. 학부모들은 교직원들이 지도하는 학부모 동료 코칭 모델을 활용하여 교실에서 자신들이 한 관찰과 서로에 대한 의견을 교환한다. 부모-자녀 주간 독서 프로그램에서도 가족 간 연계가 제공된다. 가족 개입은 시간이 지남에 따라 부모가 자녀의 행동 및 감정 코치가 되도록 장려하는 것을 목표로 한다. 가정에서의 가족 역동, 자녀들을 관리하는 문제, 다른 사회적 및 정서적 도전들은 동료 지원과 심리학적 조언과 상담을 포함해 부모 집단에서 다루어진다.

그러나 아마도 이 프로그램의 가장 중요한 부분은 특수 훈련을 받은 교직원들이 보살핌을 받는 아동들 사이에서 신뢰를 만들어 내겠다는 결심을 하게 되는 일이다. 학급 규모는 작고, 각 교사가 제공할 수 있는 개별적인 관심의 양은 커진다. 행동 프로그램은 파괴적인 행동이 각 아동들과 강한 개인적 관계를 만들기 위한 교사들의 통상적이며 성공적인 시도를 방해하지 않도록 하기 위해 들어간 것이다. 그 목적은 파괴적인 행위가 신뢰 관계를 형성하고 유지하는 과정을 저해하는 악순환을 역전시키는 것이다. 사고, 느낌, 욕구를 가진 개인으로 인정받는다고 느끼는 것은 이러한 악순환을 차단하고 파괴적인 행동을 억제할 수 있다.

이러한 아동들이 PFS에 있는 동안에는 학업을 따라잡을 수 있다는 기대를 하지는 않지만 교육의 질은 눈에 띄게 높아진다. 그래서 이 학교가 학생들의 학업 저하를 역전시킬 수 있다는 좋은 증거가 있으며, 이는 그들이 교육과정의 요구에 따라 이득을 볼 수 있게 해 준다. 이 학교는 매우 높은 비율로 아동들을 주류 교육에 되돌리는 데 성공했고, 보통 이러한 아동들은 표준 교육 환경에 머무를 수 있었다. 이는 학습과정을 촉진하는 데 있어서 체계 전반에 걸쳐 신뢰를 구축하는 것의 가치를 잘 보여 준다.

그러한 개입은 너무 복잡하고 그 특성은 우리가 단일 유효 요소를 구분해내기에는 너무나 상호 의존적이다. 그러나 그러한 학교의 핵심 특징들은 있다. 부모들은 존경받고, 교사들로부터 낙인찍히지 않고 이해를 받는다. 학교 공동체는 부모들이 서로 주고받는 지지를 통해 결속된다. 학교는 학부모들에게 사회적 학습을 창출할 수 있는 방식으로 자녀의 경험을 이해하는 기회를 제공한다. 교실에 앉아 학습하는 것에는 배움에 있어 교육적인 이점이 있다. 궁극적으로 신뢰는 대부분 교사들이 과경계와 불신, 인식론적 부정의의 악순환을 극복하고 진정한 교육 환경을 조성할 수 있는 능력에서 나오는 것이다.

결론적 성찰

다가족 작업은 정신화에 대한 정보에 근거한 체계치료적 작업을 수행할 때 강력한 맥락이 된다. 병원, 가족 학급, 학교를 막론하고 가족을 하나로 모으는 것은 핵가족이나 심지어 대가족을 넘어서는 체계를 생성해낸다.

　우리가 학교 전체에 대해 정신화 정보에 근거한 접근을 할 때, 우리는 하나의 조직화 수준에서 개입한다. 우리는 그러한 체계 내에서 상호작용의 본질을 관찰하고 그들이 개인 주관성의 중요성을 인정하는 정도를 반영할 수 있다. 공동체 정신화의 질은 가족이 함께 있을 때의 행동 방식, 개인에게 공감적인 지지를 제공하는 정도, 발달적 과제를 지속하는 유대감과 헌신을 통해서 확인할 수 있다.

　다가족 치료, 평화로운 학교학습 환경 조성, 가족 학급, 피어스 가족 학교 등이 정신화 정보에 근거한 체계적 치료의 개념화에서 앞서 나갔고, 여전히 우리는 이러한 프로그램들에 참여하고 있다. 이러한 접근법에 대한 우리의 기여는 이 책에 설명된 전략과 개념을 반영한 아이디어를 담고 있다. 따라서 우리는 MFT, 가족 학급, CAPSLE, PFS를 MIST 관련 접근법의 범주에 포함하는 것이 적절하다고 생각한다.

다른 문화와 사회에 정신화하기

정신화에 있어서 문화적 차이
사회적 체계들과 정신화
결론적 성찰

Mentalization-Informed Systemic Therapy

하크(Haq) 씨 가족은 진료소에서 첫 예약을 했다. 비교적 최근에 이 나라에 온 하크 씨는 출신국인 방글라데시의 먼 친척의 친구가 소유한 가게에서 일하고 있었다. GP는 가족 내 유일한 딸인 열세 살 된 베굼(Begum)을 우울증과 자살 가능성 소견으로 우리에게 의뢰했지만, 이것은 가족이 이해하고 있는 의뢰 사유가 아니었다. 그들은 베굼의 행동문제에 대한 도움을 원했다. 하크 씨는 즉시 말했다. "우리는 우리 딸과 갈등이 있어서 여기에 왔습니다. 딸이 어떻게 옷을 입는지 좀 보세요……. 딸이 이런 피어싱을 하고 있는 걸 좀 보세요. 그녀는 무례합니다. 딸은 우리의 말을 듣지 않습니다." 하크 씨는 아내와 방글라데시 시골의 작은 마을에서 왔다는 사실을 설명했다. "거긴 이곳과 같지 않고, 단순한 삶을 삽니다. 사람들은 전통을 믿습니다. 우리는 베굼을 거기로 데려갈 수 없고, 가족과 친구들을 만나볼 수 없습니다. 우리는 여기 런던에서 그런 것들을 전혀 할 수 없습니다. 그녀가 어떻게 옷을 입는지 보세요." 이때 치료자는 하크 씨의 흐름을 막고서, 베굼에게 아버지가 이런 생각들과 강한 감정들을 갖게 된 이유를 아는지 물어보았다. 그녀는 말없이 바라보았고 하크 씨는 계속 말했다. "우리는 베굼이 우리처럼 자라기를 바랐지만, 그건 여기 런던에서는 가능하지 않습니다……. 우리는 여기에 가족이 없고 베굼은 우리 가족, 우리 민족에게 관심이 없습니다. 딸은 잘못된 친구들만 사귀고 있습니다. 딸은 하루 종일 전화를 하죠……. 우리는 딸의 친구들을 알지도 못합니다. 우리는 딸이 학교를 마치고 어디에 있는지 모릅니다. 우리는 그녀가 더 이상 우리의 딸이 아니라고 느낍니다……. 우리는 수치스럽습니다." 치료자는 다시 한번 하크 씨를 가로막고 이번에는 베굼의 어머니에게 물었다. "하크 부인, 제가 당신 남편의 마음에 무슨 일이 일어나고 있는지 알 수 있게 도와주실 수 있나요?" 하크 부인은 대답하지 않아서, 치료자는 말을 하도록 촉구했다. "저는 제가 하크 부인과 베굼에게 질문할 때마다, 그들이 즉시 하크 씨를 바라보고 대답하도록 한다는 점을 알아차렸습니다. 제 말이 맞나요?" 하크 씨는 "내가 온 곳에서는 한 가족의 가장이 새로운 사람들을 만날 때 모든 질문에 답합니다."라고 대답했다. 치료자는 포기하지 않았다. "그래서 당신 딸이 지금 무엇을 느끼고 있다고 생각합니까? 그녀의 얼굴을 보세요. 당신이 방금 말한 것에 대해 딸이 어떻게 생각하고 느끼고 있다고 생각합니까?" 하크 씨가 답했다. "우리는 딸을 위해 모든 것을 합니다. 저는 딸이 원하는 모든 것을 가질 수 있도록 하루에 14시간씩 가게에서 일합니다. 딸은 열 살이 될 때까지는 착한 아이였습니다. 그런데 그다음에…… 저는 딸의 친구들이 너무 많은 영향을 주었고, 우리의 것은 아무것도 남지 않았다고 생각합니다." 치료자는 하크 씨에게 잠시 멈추고 딸의 입장이 되어 달라고 부탁했다. "하크 씨, 당신이 말할 때, 지금 베굼에게 어떤 일이 일어나고 있다고 생각하는지 물어봐도 될까요? …… 만약 당신이 딸의 생각과 감정을 읽을 수 있다면, 무엇을 발견할 수 있을까요?" 그가 대답했다. "저는 모르겠어요. 저는 심리학자 같은 사람이 아닙니다……. 저는 독심술사도 아니에요.", "글쎄요, 제가 당신에게 바로 지금 무엇을 느끼고 있는지 직접 물어봐도 될까요?"라고 치료자가 물었다. 하크 씨는 "제가 지금 어떻게 느끼고 있는 것이요? 무슨 뜻이죠? 우리가 그녀를 수치스럽게 생각한다고 말했어요."라고 답했다.

심리학적 이론과 개념은 문화적 가치와 인격에 대한 지배적인 서사를 반영한다. 치료자는 아동의 사회정서 발달에 대해 전통적인 서구 모델의 훈련을 받았고 청소년의 심리적 자율성이 증가하는 것이 중요하다고 굳게 믿었다. 그는 그 아버지의 세계관이 자신과 다르다 하더라도 맞서거나 명시적으로 타당한 관점이라고도 지지하지 않았다. 어쩌면 누군가는 치료자가 문화적으로는 적절한 아버지의 정신화에 맞서지 않았다고 주장할 수도 있다. 대신 그는 아버지와 가족 구성원 간의 상호작용에 의문을 제기하며 부모의 문화적 이상과 기대를 인식하지 못하는 척하며 그 상호작용을 암묵적으로 병리화했다.

효과적인 심리적 개입을 위해서는, 내담자, 가족, 공동체라는 문화적 체계 내에서 이해되어야 할 필요가 있다. 하크 씨의 고통은 가족이 높은 가치를 부여하는 공동체로부터 잠재적으로 배제되는 것에 대한 정당한 우려라는 최선의 이해를 받고 있는가? 아니면, 단지 문화적 충격, 즉 딸의 복종, 갈등, 고통에 대한 그의 인식에 도전하는 낯선 환경에 대한 심리적 반응일 뿐인가? 그렇게 베굼과 아버지는 서로 반대 방향으로 끌어당기고 있는 것처럼 보이는데, 그것을 가족 내에서 어떻게 고려해야 하는가?

이 장은 정신화와 문화에 대한 사고에서 발생하는 두 가지 질문을 고려한다. 첫 번째 질문은 주로 임상적인 것이다. 치료자와 내담자가 다른 문화에서 왔을 때 어떤 일이 일어나게 될까? 우리 직업의 사회적 구성은 충분히 빠르지는 않지만 변화하고 있고, 점점 더 다양한 목소리가 심리치료에 사고와 경험의 풍부함을 더해 줄 것이라는 희망을 담고 있다. 이 책의 저자들은 나이가 많은 백인 남성으로 정의되고, 그들은 다른 집단의 희생으로 전통적으로 그 직업을 지배해 온 사회경제적 군집을 대표한다. 우리 중 한 명(PF)은 청소년기에 가족 없이 동유럽에서 런던으로 이민을 왔고 취약한 나이에 문화 주류로부터 고통스러운 사회적 배제, 차별, 소외를 경험했다. 불가피하게 이 장은 우리 관점의 한계를 따라가게 되겠지만, 우리가 모든 것에 동일하게 사려 깊게 접근한다면 문화들 사이에서 작업하는 것이 어떻게 창조적인 작업을 자극할 수 있는지 보여 주려 한다. 우리는 관점을 정신화하는 것이 문화 간 이슈에 접근할 때 도움이 될 수 있다고 제안한다.

정신화와 문화에 관한 두 번째 질문은 좀 더 이론적인 것이다. 개인과 가족의 사회적 환경은 정신건강과 장애에 대한 취약성을 이해하는 데 어떤 역할을 할 것인가?

정신화에 있어서 문화적 차이

정신화의 문화적 차이에 대한 연구를 개관하는 것이 도움이 될 수 있다. 우리가 이 책 전반에서 자주 강조해 온 것처럼 정신화는 아동의 사회적 환경에 따라 다른 비율로 발달하는 역량의 복합체다. 정신화에 관한 범문화 연구의 최근 개관(Aival-Naveh et al., 2019)은 타인에 대한 인지적·정서적 이해에서 서양 아동과 비서양 아동 간의 중요한 차이를 보여 주었다. 이 개관에 따르면, 개인 주의 문화의 서양 아동은 먼저 자신과 타인의 신념 차이를 인식할 수 있는 역량을 발달시킨다. 집단주의 문화의 비서양 아동은 먼저 타자에 대한 지식의 부족을 인식할 수 있는 역량을 발달시킨다. 이러한 발견은 앞서 서양 문화의 방향은 정신화의 자기-극성(self-polarity)에 더 초점이 맞춰질 수 있는 반면, 비서양 문화는 외부의 '타자'에게 초점이 맞춰질 수 있다는 우리의 주장과 일치한다.

그러나 문화적 차이와 함께 보편성도 있다. 암묵적 정신화의 측면에서 문화적 차이는 우리가 기대하는 것보다 작은 것으로 나타난다. 가장 큰 문화적 차이는 참가자들에게 명시적 정신화와 관련된 언어적 과제에 참여하도록 요청했을 때 관찰된다. 그러한 관찰은 모집단의 차이와 관계없이 정신화의 암묵적인 핵심이 공유된다는 앞선 우리의 견해와 일치한다. 암묵적인 비언어적 정신화는 서양 문화와 비서양 문화 모두에서 정신화의 발달적 출현을 나타낼 수 있다.

아마도 서양 문화들보다 그렇지 않은 문화가 더 공감적 염려를 보여 준다는 것이 우리에게 놀라운 일은 아닐 것이다. 서구의 아동들은 자신의 입장을 취함으로써 다른 사람들에 대해 배우기 때문에, 명시적 관점 취하기는 서양 문화에서 더 앞설 수 있다. 그러나 서구가 아닌 문화들에서 다른 사람의 고통을 목격하는 것은 서양 사람들과 비교하여 유의미하게 더 큰 개인적 고통으로 이어진다. 그러한 관찰에 따라서, 서양인이 아닌 사람들은 타인의 느낌을 해석하는데 있어 더 정확하다. 서양인들은 관점 취하기 능력에 자기중심적 편향을 보이는 반면, 서양인이 아닌 사람들은 타인지향적 편향을 보인다는 결론을 피하는 것은 쉽지 않아 보인다. 부모들의 정신상태 언어의 사용과 부모의 마음챙김(Meins, Centifanti, Fernyhough, & Fishburn, 2013)은 자기-타인 초점의 관점에서 문화들 간의 차이를 매개하는 데 결정적일 수 있다.

이 모든 것은 우리가 이 책에서 전개한 양육의 역할이 정신화의 발달에 보편적으로 관련이 있을 수 있다는 관점과 일맥상통하는 것으로 보인다. 특히, 유아기와 아동기 초기에서 이자 관계나 삼자 관계에 중점을 둔 전형적인 서양 중산층 가족 모델은 시각 및 청각을 대면 접촉에서 주요 의사소통 채널로 사용하면서 말단의 상호작용 스타일(a distal interactional style)을 만들어 낸다. 서구 세계에서 인지, 정서, 소망, 요구에 초점을 맞춘 정교한 구어 대화는 사람들에게 그들의 신체보다는 정신에서 더 많은 결함을 찾도록 한다. 비서구 문화에서는 신체 경험이 심리적 표현 기능을 할 가능성이 더 높다는 증거가 있다. 예를 들어, 신체화의 지표이자 위험 요인인 감정표현불능증(정서 인식의 부족)은 중국, 일본, 인도, 페루가 미국이나 유럽보다 평균적으로 높다. 부모의 정서적 사회화가 감정표현불능증의 문화적 차이를 매개한다는 것을 시사하는 증거가 있다(Le, Berenbaum, & Raghavan, 2002).

사회적 체계들과 정신화

이 장에서 우리는 보다 넓은 맥락, 즉 MIST 치료자의 임상 활동을 침해하는 상담실 밖의 사회적 경험을 강조할 것이다. 만약 정신화가 단순히 어머니와 자녀의 이자 관계, 또는 치료자와 내담자의 이자 관계가 아닌 그 사람의 공동체에서 발생한다는 가정이 옳다면, 우리는 개인이나 가족의 공동체가 정신화를 지원하거나 지원하지 않는 방식도 반드시 고려해야 한다. 하크 부부는 그들의 문화적 배경과 가치가 인정되지 않는 적대적인 환경 속의 이민자로서, 보다 넓은 사회적 세계를 깊게 비정산화하는 것으로 경험하기에 충분하다. 아마도 배굼은 다른 사람들, 특히 또래들이 그녀를 정신화한다고 느끼는 유일한 방법(즉, 그녀를 생각, 느낌, 신념을 가진 행위 주체로 인정하는 것)이 공유된 또래 문화와 그 신체적 표현을 채택하는 것이라고 느낄 것이다.

우리는 실무적인 관점에서 모든 심리치료 모델에서는 공동체의 중요성에 대한 체계적인 무시가 있었다고 느낀다. Twemlow는 특별히 폭력과 정신장애의 예방에 관심을 두고 정신화를 사회체계의 변화와 연결시킨 선구자다(Twemlow et al., 2005a). 어쩌면 우리 및 다른 사람들이 실제로 그랬듯이, 좋은 돌봄은 이자 상호작용(dyadic interaction)에서 관찰되는 민감성에 의해 일정하게, 그리고 배타적으로 정의된다고 제안해 왔던 것은 오래된 순진한 관점이었을지도 모른다. 결국, 우리는 정신화에 초점을 맞추는 것이 다가족 부모 집단의 기능을 강화하고, 그들 공동체의 숙고하는 기능이 그 안에 속한 모든 아동들의 발달을 보호하고 강화하는 것을 관찰할 수 있었다. 함께 행동하는 집단 구성원들은 집단 외부에서 마주치는 문제를 해결하기 위해 서로 돕는다. 다가족 개입(임상 환경이나 가족 학급 같은 교육적 맥락)에서, 우리는 가족들이 협력하고 특정한 스트레스 상황을 해결하기 위해 서로를 대변하는 것을 자주 볼 수 있었다. 이것은 WEIRD(Western, Educated, Industrialized, Rich, and Democratic)한 심리사회적 환경에서도 자녀 양육이 일어나는 사회문화적 맥락을 고려하지 않고는 좋은 돌봄을 생각할 수 없다는 것을 우리에게 가르쳐 주었다(Bronfenbrenner, 1979, 1986). 그것은 사회문화적 맥락에서 대가족, 학교, 지역사회, 이웃 및 아동이 발달하고 있는 더 넓은 사회체계를 의미한다.

이러한 사회체계는 정신화의 측면에서도 특징적일 수 있다. 예를 들어, 우리는 어떤 체계의 규칙과 규정들이 얼마나 정신화되어 있는지 물어볼 수 있다. 체계가 스스로를 교정하고 유연하게 활동할 수 있는 역량은 얼마나 되는가? 체계가 변화에 대한 생각을 균형 잡힌 방식으로 즐길 수 있는가? 체계가 반성적이고 스스로를 의미 있는 방식으로 검토할 수 있는가? 체계가 자발성을 장려하는가? 현실적으로 사건을 설명하는 이슈에 집중할 수 있는가, 아니면 오류가 발생하기 쉬운 가정과 오귀인을 생성하는가? 체계가 극단적인 반응에 취약한가, 아니면 충격에 탄력성이 있는가? 체계가 의견 충돌과 다른 관점에 대처할 수 있고, 개인의 주도성을 장려할 수 있는가? 체계는 상상력이 풍부하고, 스스로를 다른 형태로 재창조하고 변화시키는 상황에 적응할 수 있는가? 사실상, 우리가 정신화하는 개인에게 귀인하는 거의 모든 특성들이 체계 기능에 적용될 수 있다.

우리가 이미 주장한 바와 같이, 한 개인의 보다 넓은 정신화 환경은 효과적인 심리치료를 하는 데 중요하다. 우리는 심리적 개입으로 인한 변화는 내담자의 환경에서 나온 특정한 형태의 사회적 학습의 결과이며, 효과적인 치료는 본질적으로 우리가 세 가지 의사소통 체계로 개념화한 것의 변화에 의해 촉진되는 사회적 재학습의 한 형태라고 제안한 바 있다(제7장에서 언급한 바와 같이).

1. **의사소통 체계 1**(인식론적 경계의 저하). 모든 효과적인 심리치료는 의미 있고 자기 관련성이 있다고 느끼는 특정한 마음의 모델을 내담자에게 전달한다. 흔히 치료자는 내담자에게 이상적으로 사회적 학습을 활성화시키는 특정한 명시적 단서를 사용한다. 내담자가 선의로 인식하고 독립적인 행위 주체로 인정받는다고 느끼는 정도에 따라 학습 채널이 개방된다. 인식론적 신뢰의 성장은 학습과 변화의 가능성을 창출하는 반면, 인식론적 경계는 이를 감소시킨다. 이 과정에서 치료자는 자신의 개입을 특정한 내담자에게 맞춰 나갈 필요가 있기 때문에 상호 정신화는 핵심적인 역할을 하

며, 내담자의 문제를 자신의 관점에서 볼 수 있는 능력을 발휘한다. 그다음에 내담자는 이를 인식할 수 있어야 한다(즉, 공동 의도성).

2. 의사소통 체계 2(사회적 학습 기제의 활성화). 체계 2는 내담자의 인식론적 신뢰 증가(체계 1)에 의해 활성화된다. 내담자 정신화 역량의 재활성화는 신뢰의 배경과 치료의 사회적 경험에 의해 촉진된다. 이상적으로, 내담자는 치료자가 채택한 정신화 입장을 모델링한다. 정신화의 재등장은 인식론적 신뢰를 더욱 용이하게 한다. 따라서 비록 우리는 여전히 정신화가 대부분의 심리적 개입에서 공통 요인이라고 믿지만, 이제는 정신화를 증가시키는 것이 아니라 증가된 정신화로 학습의 가능성을 여는 것이 치료의 목표라고 주장한다. 그래서 인식론적 신뢰가 증가함에 따라, 내담자는 치료자와의 의사소통에서 이득을 얻고, 새로운 기술을 배우고, 자기 지식을 습득하며, 내적 작동모델을 재구성하게 된다. 새로운 학습은 치료와 치료 환경 밖의 대인관계 세계에서 보다 긍정적인 사회적 영향이라는 이득을 얻게 해 주는 내담자의 역량인 유익성 생성(salutogenesis)으로 특징지어지는 선순환을 가능하게 해 준다.

3. 의사소통 체계 3(사회적 세계에 재참여). 다른 사람에 의해 정신화되는 것은 내담자를 일시적이거나 만성적인 사회적 고립 상태에서 벗어나게 해 주고 학습할 수 있는 역량을 (재)활성화시킨다. 그리고 치료 외적인 관계의 맥락에서 한 사람의 성장을 자유롭게 한다. 이러한 견해는 치료에서 교육하는 내용과 기법만 중요한 것이 아니라, 내담자의 사회적 학습 및 마음의 사회적 재측정(social recalibration) 역량이 활성화되면 새로운 경험을 탐색할 수 있음을 시사한다. 기존 관계를 재구성하는 것은 적응력을 향상시킬 가능성이 있다. 내담자는 자신의 환경을 다른 방식으로 활용할 수 있게 된다. 물론 추가적인 함의는 만일 적절하거나 필요하다면 심리학적 개입도 사회적 환경의 수준에 따라서 적용할 필요가 있다는 점이다.

이 장의 앞부분에 기술된 사례는 범문화적 작업에서 나타나는 특별한 도전과 기회들을 말해 준다. 적어도 첫 번째 장면에서 하크 씨는 단순히 치료자가 그의 딸이 멀어지고 있다고 느끼고 있는 문화의 가치와 중요성을 이해할 수 없다고 느꼈을 것이다. 이와 비슷하게, 베굼은 치료자가 자신이 경험하고 있는 문화적 영향력의 복잡성을 이해할 수 없다고 느꼈을 수도 있다. 처음에 치료자가 '가족들이 서로를 정신화하게 하려고' 어설픈 시도를 했던 것은 명시적 단서에 두드러지게 반하는 것으로 보였을 수 있다. 약간 기계적으로 표현하자면, 의사소통 체계 1과 2의 작동을 방해하는 것 말이다. 이러한 어려움은 그 가족이 경험하고 있는 딜레마에 관한 호기심과 '모른다'는 '정신화 자세'를 채택함으로써, 더 많은 것을 이해하려고 시도하는 임상가에 의해 치료 관계 전반에 걸쳐 극복될 수 있다. 행위 주체성의 인정을 통해서 치료자와 가족의 각 구성원은 문제에 대한 공유된 관점을 만들고, 가족이 경험하고 있는 매우 실제적인 문화적 교착 상태 속에서 서로에게 어떻게 반응할 것인지에 대한 공유된 접근법을 개발(의사소통 체계의 언어로는 '학습')할 수 있다. 물론 이 지점은 심리치료적 개입의 범위를 넘어서는 무대이기 때문에, 세 번째 의사소통 체계는 더 어려운 도전으로 나타난다. 하지만 인식론적 신뢰의 관계를 구축하는 치료자의 작업은 관련된 개인들이 유익성 생성적(salutogenic) 경험에 보다 개방적이게 해 주는 사회적 학습에 대한 개방성을 창출할 수 있을 거라는 기대하게 해 준다.

MIST에서 사회적 불평등을 다루기

우리는 정신화가 맥락에 의존하고 특정한 문화와 하위 문화에 의해 영향을 받는다고 반복해서 언급한 바 있다. 어떤 사람은 한 문화적 맥락에서는 사고와 정서를 경험할 수 있지만 다른 문화에서는 정신화를 거부할 수 있다. 게다가 단순히 특정한 문화에서는 정신화를 하지 않거나 할 수 없다는 것을 받아들이는 것은 과학적이고 발달적인 증거를 눈앞에 두고는 힘든 일이 된다. 보다 적절하게는, 치료자들이 정신화 시도에 저항하는 서구 세계에 온 개인과 함께 그들이 따를 길을 따라가야 한다. 치료자는 다른 사람의 견해를 타당화함으로써 그 사람의 신뢰를 먼저 얻어야 하며, 그다음에 그들이 말하는 맥락을 명확히 해달라고 요청해야 한다. 다시 말해서, 그 사람이 자신의 관점이 확고하게 파악되었고, 잘 이해되었으며, 그래서 재진술할 필요가 없다고 느끼도록 해야 한다. 그럴 때 비로소 인식론적 신뢰의 배경에서 정신화가 시작될 수 있다. 정신화에 대한 저항을 오해하고, 잘못 받아들인 문화 상대주의에 굴복하여, 결국 정신화 접근법을 포기하는 것은 도움이 되지 않는다. 실제로, 다른 사람의 정신화 역량을 부정하는 것은 아마도 타인을 비인간화하는 데 핵심이 될 것이다. 호기심을 표현하고 탐구적인 자세를 포용하는 전략은 대화를 자유롭게 만드는 경우가 많을 것이다.

대부분의 다른 사회적 상황과 마찬가지로 치료적 환경은 힘의 불균형을 반영한다. 만일 치료자가 이것을 인식하지 못하고 한 수 위의 전문가라는 입장을 가정한다면, 정신화는 영원히 억제된 상태로 남을 것이다. 그러나 일단 우리라는 감각(we-ness)이 확립되고 정신화가 관계적인 것이 된다면 저항 같아 보이는 것은 사라지게 되는 경우가 많다. 여기에는 종종 시간이 걸리는데, 그 시간은 충분한 가치가 있는 투자가 될 것이다. 예를 들어, 출신 국가의 사진에 대해 물어보고 전통과 가치, 그리고 내담자의 사회적 연결망에 대해 논의하며 진정한 관심을 보이는 것(만약 그것이 문화적 규범에 위배되지 않는다면)은 의미 있는 관계를 형성하는 데 도움이 될 것이다. 이것은 내담자가 치료자를 스스로 조명하고 싶은 주제로 안내할 수 있는 지점에 대해 폭넓게 열린 질문을 할 때 가장 잘 달성된다. 가능한 주제는 다음과 같다. 사회적 집단에서 중요한 사람들 및 무엇이 그들을 특별하게 만들거나 만들었는지, 어린 시절 친구와 그들에게 일어난 일, 하고 놀았던 게임, 좋은 선생님들과 가망이 없던 선생님들, 군대에서 보낸 시간, 음식과 요리에 대한 기억, 심지어 날씨와 극한의 기후 경험에 대해 이야기하는 것 등 이 모든 것들은 정신화를 시작할 수 있는 공통된 기반을 만들 수 있다. 그러나 공동 주의(joint attention)를 시작하는 사람은 힘이 약하다고 느끼는 사람이며, 소통하는 사람에게 흥미로운 것을 이야기할 수 있는 사람이어야 한다. 그들은 모두 논의 중인 대상을 함께 바라보고, 치료자는 내담자의 시선을 따라 배울 준비가 되어 있어야 한다. 만약 힘의 불균형이 존중되지 않거나 치료자가 관심의 초점을 너무 일찍 지시하게 되면, 불신과 인식론적 부정의에 직면하여 상상하는 능력이 사라질 것이다.

WEIRD 세계에서 효과적인 정신화는 자기중심성(egocentricity)을 가치 있게 여기지 않거나, 인지적 관점 취하기를 우선시하지 않거나, 자신과 타인들의 정신상태 사이의 균형을 추구하지 않는 문화에서는 부적절한 정신화일 수 있다. 그렇다면 어떻게 MIST가 다른 문화의 가족들에게 WEIRD의 개념과 관행을 강요하는 것을 피하고 '문화적으로 적절한 정신화'를 격려할 수 있을까? 아마도 기본적인 정신화 자세의 중요한 요소들을 채택하는 것이 도움이 될 것이다. 타당화, 수용, 다른 문화적 관행에 대한 긍정적인 호기심, 지속적인 확인 및 재확인, 자신의 전제들에 대한 지속적인 질문 등이 있다. 이러한 자세는 가족 구성원들이 점점 개방적이 되도록 할 것이고 아마도 천천히, 점진적으로 유사한 자세를 채택하도록 돕게 될 것이다.

범문화적 이슈에 대한 치료자의 자기 정신화하기

모든 치료자들은 그들의 지향점 및 역사적 · 사회경제적 · 영적 · 정치적 맥락에 영향을 받는 문화적 렌즈를 통해 개인과 가족을 바라보고 이해하려는 노력을 하게 될 위험성을 갖고 있다. 이러한 위험을 줄이기 위해, 치료자들은 문화와 자신의 관계를 검토해 볼 수 있다. 여기에는 자신의 문화적 뿌리, 가치 및 편견을 포함하여 그들 안에서 작동하는 (하위) 문화적 맥락을 '타고난' 신념 및 관행과 어떻게 통합할 수 있는지 검토하는 것이 포함된다. 여기에는 타자, 외국인, 이방인에 대한 자신의 존중(혹은 그렇지 않은 것)에 대해 반성하고 가능한 편견에 직면하는 것도 포함된다. 문화적 차이에 대한 존중의 부족은 어떤 차원에서는 부적절한 정신화의 지표가 된다. 이를 해결하기 위해, 치료자는 가능한 빠르고 통합적으로 정신화를 회복할 필요가 있다. 이것은 내담자보다 치료자에게 훨씬 더 강력하게 적용되는 원칙이다.

정신화를 회복하기 위해서는 고정관념화된 문화적 지식 없이 다른 문화와 관습에 호기심을 가져야 한다. 내담자가 가져오는 비서구적인 변화 모델에 관심을 가지도록 하자. 이것은 잠재적인 또는 실제적인 문화적 격차를 해소하는 데 도움이 될 것이다. 이와 관련된 빈번한 성찰들은 다음과 같다. 내가 제안한 치료적 개입이 내담자의 집단주의 성향과 부합하는가? 또한 치료자는 내담자의 이웃 집단, 교회, 영적 치료자 등 자연적이고 비공식적인 지역사회 지원 연결망과 연계하여 작업하는 것의 장단점을 고려할 필요가 있다. 정신화의 기초가 될 수 있는 지역사회를 마련해 주는 것이 필수적인 첫 단계일 수도 있다. 마지막으로, 사회에서 자신의 지위를 살펴보자. 예를 들어, 당신이 지배적인 집단에서 왔다면, 당신은 이 상황이 사회적으로 소외되거나 권리를 박탈당한 내담자 및 가족과의 관계에 어떤 영향을 미칠 수 있는지 고려해야 한다. 당신은 스스로를 특권을 가진 엘리트 집단에 속한다고 보는가 아니면 소수 집단에 속한다고 보는가? [글상자 10-1]은 다른 문화의 개인 및 가족과 함께 작업할 때 치료자가 수행해야 할 몇 가지 고려 사항을 요약한 것이다. 또한 그것은 잠재적으로 인종, 피부색, 믿음 및 성차에 관한 가설적인 이슈를 탐색하는 것이기도 하다.

글상자 10-1 **범문화적 작업을 할 때 치료자의 고려 사항** mist

- 부부나 가족의 관계 문제에는 각각의 출신 가족에 대한 문화적 경험, 그들이 성장한 문화, 중심 문화(host culture)가 반영되고 형성된 정도가 얼마나 되는가?

- 만약 문화적 이슈가 있다면, 나는 첫 만남에서 어떤 것들을 탐색하거나 다룰 수 있을까? 만약 내가 이 이슈들을 공개적으로 언급한다면, 그들은 나를 어떻게 생각할 것인가?

- 나는 제시된 문제들이 문화(들)에 의해 형성되는 것으로 볼 수 있는 틀을 어느 정도까지 개발할 수 있을까?

- 내담자들은 나를 백인이나 흑인(그리고 남성이나 여성)으로서 어떻게 볼 것인가? 지배적인 문화에 속하는 것으로 볼 것인가? 이주민, 외국인, 무신론자로 볼 수 있을 것인가?

- 이 사회에서 흑인 여성이자 흑인 치료자인 내가 그 가족들에게 아무 권위 없는 약자로 인식될 가능성은 얼마나 될 것인가?

- 내담자가 흑인이나 백인 여성과 남성에 대해 가질 수 있는 편견은 무엇이며, 이러한 편견이 각 가족 구성원이 나에게 뭔가 말할 수 있다는 느낌에 어떤 영향을 미칠 수 있을까?

- 만약 그들이 미묘한 인종차별적 발언을 한다면 나는 어떤 자세를 취할 것인가? 내가 얼마나 자유롭거나 억제된 답변을 할 수 있을까?

- 혼혈인으로 평가된 그들만의 경험은 무엇인가? 내가 이러한 문제들을 이른 시기에 연결할 수 있을까?

- 흑인이나 백인 치료자에게 기대해야 하는 바에 대한 그들의 첫인상이나 가정을 극복하려면 어떤 접근법을 취해야 할 것인가?

- 나의 주변인으로서 경험이 내담자의 주변화(marginalization) 경험과 어떻게 연결될 수 있을까?

- 내 신앙과 종교가 그들에게 알려지면 그 부부나 가족에게 어떤 영향을 미칠까? 그들은 더 개방적이 될까, 덜 개방적이 될까?

- 동성 간의 친밀한 관계에 대해 어떻게 생각하고 느끼는지 묻는다면 나는 어떤 자세를 취해야 할 것인가?

전문가 공동체를 정신화하기: 적응 정신화 기반 통합 치료

이 장은 공동체 연결의 강화를 통해 정신화를 강화하고, 이러한 강화를 통해 다시 정신화를 발달시킬 수 있는 기반을 창출하는 데 초점을 맞추고 있다. 이 책에는 명확하게 묘사할 수 없고 단편적으로 기술하는 것 외에 다른 방도가 없는 우리의 지식으로는, 이 단계들은 성공적인 심리치료 작업과 연계하여 사회적 연결을 유지하고 개선하기 위한 생산적인 공동체를 구축하기 위해 따라야 할 것들이다. 적어도 광범위한 정신건강 및 사회적 문제를 가진 아동들과 함께 작업하는 팀들에게 있어 정신화 치료 공동체를 만들기 위해 시도된 접근법은 적응 정신화 기반 통합 치료(Adaptive Mentalization Based Integrative Treatment: AMBIT; Bevington, Fuggle, Cracknell, & Fonagy, 2017)가 있다.

AMBIT 모델은 약물 남용, 범죄 성향, 심각한 정신건강 문제, 사회적 돌봄의 문제 및 실패한 취업 배치의 이력이 있는 보통의 청소년들을 관리하기 위해 개발되었다. 특징적으로, 많은 수의 전문가와 전문 서비스가 동시에 이 집단에 개입한다. 이러한 청소년들과 함께 작업하는 사람들은 그들이 제공하려는 도움이 거절당하면서 용기와 동기를 잃는 경우가 많았다. 심지어 도움을 받아들인다고 하더라도, 일반적으로 그 도움은 불충분했다. AMBIT는 복합적인 문제가 있는 청소년들이 체계에 드러내는 어려운 문제에 대한 관점을 공유할 수 있는 가능성을 높이기 위한 공통 언어로서 정신화적 틀을 채택했다. 이 접근법은 잘 문서화되어 있고, 자체 웹 사이트와 역동적으로 업데이트된 치료 위키 매뉴얼(https://manuals.annafreud.org/ambit)을 가지고 있다. 이 접근법은 현재 그러한 접근법으로 훈련받은 수천 명의 직원들을 보유한 서비스 연합에 의해 열렬히 받아들여졌다.

AMBIT은 아마도 그 청년이 합당한 이유로 도움을 거부했을 것이고, 그들의 불신이 정당하며, 그들의 태도가 적응적 가치를 가지고 있다는 가정에서 출발한다. 마찬가지로, 그러한 사례에 해당하는 치료 작업자들에 대해서도 정신화적인 입장을 채택한다. 그러한 사례에서 느끼는 불안은 대부분의 경우 정당화되지만, 만족스럽지 않은 진행에 대해 부끄러워하는 것은 작업자들이 다른 자원들의 도움을 구할 기회를 감소시키기 때문에 역효과를 낳을 수 있다. AMBIT은 청년들을 위한 서비스 '통합성의 해체(dis-integration)'에 초점을 맞추고, 이것이 게으름, 무능, 심지어는 악의의 결과로 해석되는 개별적인 행동의 결과라기보다 복잡한 연결망의 자연스러운 상태라는 것을 수용한다. 이 접근법에서는 역전되어야 할 것은 체계의 분해(disaggregation) 및 동시적인 사기 저하이며, 이는 전문가 간 신뢰의 붕괴를 반영한다고 가정한다. 체계가 인식론적 신뢰를 거의 또는 전혀 담고 있지 않을 때, 변화는 불가능하다.

복합적인 사례에서 일반적으로 지지되는 모델은 '내담자를 둘러싼 팀'이다. 이러한 사례에서, 관련된 헌신적인 각각의 전문가들은 청소년을 지원하기 위해 필수적이고 고유한 기여를 하고 있다고 느끼는 경우가 많다. 그러나 가족이나 청소년 개인에게 다수의 전문가와 팀의 참여는 혼란스러워 보인다. 교육, 사회복지 및 정신건강 같은 전문 기관의 다양한 관점과 이질적인 철학을 통합해야 하는 것은 누구에게나 어려운 일일 것이다. 큰 곤란을 겪는 사람에게 많은 이해를 조화시켜서 진정으로 파악하게 해 주는 작업은 난해한 일이다.

인식론적 신뢰의 원리와 애착이론의 근거해서, AMBIT은 내담자와 강한 관계를 맺고 있고 신뢰받을 가능성이 가장 높은 개별적인 핵심 작업자의 활용을 선호한다. 종종 관심과 조율이 필요한 일은 이 사람을 관련된 다른 전문가 및 팀에 연결하는 것이 된다. 그러한 특별한 접근 권한을 가진 핵심 작업자는 다른 모든 팀원의 존중과 포괄적인 지원을 받을 자격이 있다. 이 모델에서는 모든 전문가들, 즉 치료자, 정신과 의사, 사회복지사, 청소년 사법 작업자들이 핵심 작업자를 통해 작업한다. 모두가 훨씬 더 단순하고 덜 혼란스러운 경로를 통해 체계적인 자원을 투입할 수 있다. 따라서 비록 여러 영역에서 작업하는 것이 가능하다고 하더라도, 핵심 작업자는 이러한 영역을 통합하는 책임을 갖게 된다.

AMBIT은 이례적인 복잡함을 단순화한다는 놀라운 미덕을 가지고 있다. AMBIT은 신경과학, 학습이론, 인지행동치료, 사회생태학, 체계이론, 애착이론, 정신분석학에서 나온 고차원적 사고의 산물을 있는 그대로 제시하는 접근법 대신에, 공동의 언어를 제공하는 정신화 이론을 거쳐 AMBIT이 이루어 내고자 하는 통합을 모델로 한다. 이와 유사한 방식으로, 핵심 작업자의 역할은 전문가 공동체 연결망 내에서의 원래 위치와는 무관하게 청소년이 신뢰할 수 있는 사람이 관리하는 청소년과 전문가 체계 간의 단일 경로를 나타낸다. 아동을 둘러싼 팀 접근법에서는 규칙과 기술에 중점을 두는 경향이 있고, AMBIT이 제안한 '작업자를 둘러싼 팀' 접근법에서는 관계에 중점을 둔다.

정신화는 기본적인 치료 입장이며 전체 전문가 연결망이 책임을 공유하는 것이다. 그것은 단지 내담자가 정신화하도록 돕는 것이 아니라 전체 전문가 집단의 책임인 체계 내에서 단일 수준의 의도성, 일관된 사고 및 조절된 느낌을 보유하고 유지하는 것이다. 이 접근법은 핵심 작업자가 협조를 요청받은 전문가 집단으로부터 충분하지만 과도하지 않은 자원을 받을 수 있게 보장하는 데 초점을 맞추고 있다. 목표는 핵심 작업자가 청소년의 단일하고 명확하며 최신의 이미지를 유지할 수 있도록 보장하는 동시에, 동료들이 갖는 관점의 다양성을 존중하는 것이다.

결론적 성찰

인간으로서 우리는 의사소통이 가능하고, 집단이 효과적으로 협력할 수 있게 해 주는 의사소통상 '마음 읽기'의 전용 기제를 사용하도록 진화해 왔다(Tomasello, 2019). 우리는 MIST에서 그러한 사회적 마음-두뇌를 조금만 다시 조율하려고 한다. 우리는 나쁜 생각을 좋은 생각으로, 나쁜 느낌을 좋은 느낌으로 대체하려고 노력하지 않는다. 그 대신에 우리는 사고와 느낌의 자발적이고 긍정적인 처리과정을 차단한 그 모든 것을 제거하려고 노력한다.

이 책에서 우리의 여정은 각각의 유아들과 그 유아들이 아주 초기에 정신화를 시작하는 방식에 대한 좁은 초점에서 시작해서, 문화, 하위 문화, 실제 전문가 연결망을 막론한 '체계'에 대한 정신화(그리고 비효과적인 정신화)를 검증하도록 우리를 이끌었다. 우리는 체계이론적 사고와 실무에 기초해서 많은 개입들을 설명했으며, 개인, 부부, 가족, 및 더 큰 사회체계와의 작업에서 활용할 수 있는 정신화 틀과 기법을 풍부하게 제공했다. 또한 우리는 급성 위기에서 정신화 자세를 채택하는 것이 전체 체계 내에서 정신화를 유지하기 위해 스스로 문제의 근원에서 거리를 두게 해 주는 데 어떻게 도움이 되는지도 설명했다. 주된 주제는 개인, 가족, 전문가가 각자의 호기심을 회복하고 유연성을 포용하며 놀이의 가치를 수용하도록 돕는 방법이었다. 변화의 동기는 모두에게 있다. 전문가 및 정치적 공동체는 특정한 체계의 균형을 재조정할 기회를 갖고 있지만, 진정한 변화는 우리가 서로 관계를 맺는 방식을 핵심으로 한다. 사회적 고립은 마음을 모으도록 지원하고 동기를 부여하기 위한 정서적 유대를 형성하지 않고는 대응할 수 없다. 그를 위해서는 신뢰가 있어야 하며, 이는 다시 의사소통을 가능하게 하고 마음을 변화시키는 놀라운 과정을 이루어 낸다. 우리는 독자들이 정신화 체계의 맥락에서 치료적인 작업을 고려할 수 있도록 우리와 충분한 신뢰를 맺을 수 있기를 바란다. 이 책의 주제에 충실하게, 우리는 사람들의 사고방식을 우리의 것으로 바꾸기를 바라지 않는다. 단지 우리는 이처럼 가장 깊이 뿌리 깊은 인간의 역량을 약간 더 깊이 탐구할 수 있는 충분한 호기심이 생겨나길 희망할 뿐이다. 그렇게 함으로써, 우리는 MIST에서 권고하는 질문하기, 즉 모른다는 자세를 치료자의 임상적 경험에 적용할 수 있는 능력이 향상되기를 바란다.

참고문헌

Aival-Naveh, E., Rothschild-Yakar, L., & Kurman, J. (2019). Keeping culture in mind: A systematic review and initial conceptualization of mentalizing from a cross-cultural perspective. *Clinical Psychology: Science and Practice, 26*, e12300.

American Psychiatric Association. (2013). *Diagnostic and statistical manual of mental disorders* (5th ed.). Arlington, VA: Author.

Andersen, T. (1987). The reflecting team: Dialogue and meta-dialogue in clinical work. *Family Process, 26*, 415-428.

Andersen, T. (1995). Reflecting processes: Acts of informing and forming. In S. Friedman (Ed.), *The reflecting team in action* (pp. 11-37). New York: Guilford Press.

Anderson, H., & Goolishian, H. (1992). The client is the expert: A not-knowing approach to therapy. In S. McNamee & K. Gergen (Eds.), *Therapy as social construction* (pp. 25-39). London: SAGE.

Anderson, H., Goolishian, H. A., & Windermand, L. (1986). Problem determined systems: toward transformation in family therapy. *Journal of Strategic and Family Therapy, 4*, 1-13.

Asen, E. (2002). Multiple family therapy: An overview. *Journal of Family Therapy, 24*, 3-16.

Asen, E. (2004). Collaborating in promiscuous swamps—the systemic practitioner as context chameleon? *Journal of Family Therapy, 26*, 280-285.

Asen, E., Campbell, C., & Fonagy, P. (2019). Social systems: Beyond the microcosm of the individual and family. In A. W. Bateman & P. Fonagy (Eds.), *Handbook of mentalizing in mental health practice* (2nd ed., pp. 229-243). Washington,

DC: American Psychiatric Publishing.

Asen, E., Dawson, N., & McHugh, B. (2001). *Multiple family therapy: The Marlborough model and its wider applications*. London: Karnac.

Asen, E., & Fonagy, P. (2012a). Mentalization-based family therapy. In A. W. Bateman & P. Fonagy (Eds.), *Handbook of mentalizing in mental health practice* (pp. 107-127). Washington, DC: American Psychiatric Publishing.

Asen, E., & Fonagy, P. (2012b). Mentalization-based therapeutic interventions for families. *Journal of Family Therapy, 34*, 347-370.

Asen, E., & Fonagy, P. (2017). Mentalizing family violence: Part 2. Techniques and interventions. *Family Process, 56*, 22-44.

Asen, E., & Morris, E. (2016). Making contact happen in chronic litigation cases: A mentalising approach. *Family Law, 46*, 511-515.

Asen, E., & Morris, E. (2020). *High-conflict parenting post-separation— The making and breaking of family ties*. London: Routledge.

Asen, E., & Scholz, M. (2010). *Multi-family therapy: Concepts and techniques*. London: Routledge.

Asen, E., Tomson, D., Young, V., & Tomson, P. (2004). *10 minutes for the family: Systemic practice in primary care*. London: Routledge.

Asen, K. E., Stein, R., Stevens, A., McHugh, B., Greenwood, J., & Cooklin, A. (1982). A day unit for families. *Journal of Family Therapy, 4*, 345-358.

Austen, J. (1815/2003). *Emma*. London: Penguin Classics.

Backhaus, A., Agha, Z., Maglione, M. I., Repp, A., Ross, B., Zuest, D., . . . Thorp, S. R. (2012). Videoconferencing psychotherapy: A systematic review. *Psychological Services, 9*(2), 111-131.

Banich, M. T. (2009). Executive function: The search for an integrated account. *Current Directions in Psychological Science, 18*, 89-94.

Barlow, D. H., Sauer-Zavala, S., Carl, J. R., Bullis, J. R., & Ellard, K. K. (2014). The nature, diagnosis, and treatment of neuroticism. *Clinical Psychological Science, 2*, 344-365.

Barrett, L. F., & Satpute, A. B. (2013). Large-scale brain networks in affective and social neuroscience: Towards an integrative functional architecture of the brain. *Current Opinion in Neurobiology, 23*, 361-372.

Bateman, A., & Fonagy, P. (2008). 8-year follow-up of patients treated for borderline personality disorder: Mentalization-based treatment versus treatment as usual. *American Journal of Psychiatry, 165,* 631-638.

Bateman, A., & Fonagy, P. (2009). Randomized controlled trial of outpatient mentalization-based treatment versus structured clinical management for borderline personality disorder. *American Journal of Psychiatry, 166,* 1355-1364.

Bateman, A., & Fonagy, P. (2016). *Mentalization-based treatment for personality disorders: A practical guide* (2nd ed.). Oxford, UK: Oxford University Press.

Bateman, A., & Fonagy, P. (2019). A randomized controlled trial of a mentalization-based intervention (MBT-FACTS) for families of people with borderline personality disorder. *Personality Disorders: Theory, Research, and Treatment, 10,* 70-79.

Beauchaine, T. P. (2015). Future directions in emotion dysregulation and youth psychopathology. *Journal of Clinical Child and Adolescent Psychology, 44,* 875-896.

Beauchaine, T. P., & Cicchetti, D. (2019). Emotion dysregulation and emerging psychopathology: A transdiagnostic, transdisciplinary perspective. *Development and Psychopathology, 31,* 799-804.

Beauchaine, T. P., & Crowell, S. E. (Eds.). (2018). *The Oxford handbook of emotion dysregulation.* New York: Oxford Handbooks Online.

Bebbington, P. E., Cooper, C., Minot, S., Brugha, T. S., Jenkins, R., Meltzer, H., & Dennis, M. (2009). Suicide attempts, gender, and sexual abuse: Data from the 2000 British Psychiatric Morbidity Survey. *American Journal of Psychiatry, 166,* 1135-1140.

Bevington, D., Fuggle, P., Cracknell, L., & Fonagy, P. (2017). *Adaptive mentalization-based integrative treatment: A guide for teams to develop systems of care.* Oxford, UK: Oxford University Press.

Biggs, B. K., Vernberg, E. M., Little, T. D., Dill, E. J., Fonagy, P., & Twemlow, S. W. (2010). Peer victimization trajectories and their association with children's affect in late elementary school. *International Journal of Behavioral Development, 34,* 136-146.

Biggs, B. K., Vernberg, E. M., Twemlow, S. W., Fonagy, P., & Dill, E. J. (2008). Teacher adherence and its relation to teacher attitudes and student outcomes in an elementary school-based violence prevention program. *School Psychology Review, 37*, 533-549.

Blankers, M., Koppers, D., Laurenssen, E. M. P., Peen, J., Smits, M. L., Luyten, P., . . . Dekker, J. J. M. (2019). Mentalization-based treatment versus specialist treatment as usual for borderline personality disorder: Economic evaluation alongside a randomized controlled trial with 36-month follow-up. *Journal of Personality Disorders.* [Epub ahead of print].

Bleiberg, E., & Safier, E. (2019). Couples therapy. In A. Bateman & P. Fonagy (Eds.), *Handbook of mentalizing in mental health practice* (2nd ed., pp. 151-168). Washington, DC: American Psychiatric Association Publishing.

Boscolo, L., Cecchin, G., Hoffman, L., & Penn, P. (1987). *Milan Systemic Family Therapy: Conversations in theory and practice.* New York: Basic Books.

Botto, S. V., & Rochat, P. (2019). Evaluative Audience Perception (EAP): How children come to care about reputation. *Child Development Perspectives, 13*, 180-185.

Brainstorm Consortium, Anttila, V., Bulik-Sullivan, B., Finucane, H. K., Walters, R. K., Bras, J., . . . Murray, R. (2018). Analysis of shared heritability in common disorders of the brain. *Science, 360*(6395), eaap8757.

Bronfenbrenner, U. (1979). *The ecology of human development: Experiments by nature and design.* Cambridge, MA: Harvard University Press.

Bronfenbrenner, U. (1986). Ecology of the family as a context for human development: Research perspectives. *Developmental Psychology, 22*, 723-742.

Budde, M., Anderson-Schmidt, H., Gade, K., Reich-Erkelenz, D., Adorjan, K., Kalman, J. L., . . . Heilbronner, U. (2019). A longitudinal approach to biological psychiatric research: The PsyCourse study. *American Journal of Medical Genetics, Part B: Neuropsychiatric Genetics, 180*(2), 89-102.

Bullinger, A. F., Wyman, E., Melis, A. P., & Tomasello, M. (2011). Coordination of chimpanzees (*Pan troglodytes*) in a stag hunt game. *International Journal of Primatology, 32*, 1296-1310.

Byrne, G., Sleed, M., Midgley, N., Fearon, P., Mein, C., Bateman, A., & Fonagy, P. (2019). Lighthouse Parenting Programme: Description and pilot evaluation of mentalization-based treatment to address child maltreatment. *Clinical Child Psychology and Psychiatry, 24,* 680-693.

Campbell, P. (2009). The service user/survivor movement. In J. Reynolds, R. Muston, T. Heller, J. Leach, M. McCormick, J. Wallcraft, & M. Walsh (Eds.), *Mental health still matters* (pp. 46-52). Basingstoke, UK: Palgrave Macmillan.

Campbell, P., & Rose, D. (2011). Action for change in the UK: Thirty years of the user/survivor movement. In D. Pilgrim, A. Rogers, & B. Pescosolido (Eds.), *The SAGE handbook of mental health and illness* (pp. 452-470). New York: SAGE.

Carver, C. S., Johnson, S. L., & Timpano, K. R. (2017). Toward a functional view of the p factor in psychopathology. *Clinical Psychological Science, 5*(5), 880-889.

Caspi, A., & Moffitt, T. E. (2018). All for one and one for all: Mental disorders in one dimension. *American Journal of Psychiatry, 175,* 831-844.

Cecchin, G. (1987). Hypothesising, circularity and neutrality revisited: An invitation to curiosity. *Family Process, 26*(4), 405-413.

Cleveland, E. S., & Morris, A. (2014). Autonomy support and structure enhance children's memory and motivation to reminisce: A parental training study. *Journal of Cognition and Development, 15,* 414-436.

Cole, P. M., Hall, S. E., & Hajal, N. J. (2017). Emotion dysregulation as a vulnerability to psychopathology. In T. P. Beauchaine & S. P. Hinshaw (Eds.), *Child and adolescent psychopathology* (3rd ed., pp. 346-386). Hoboken, NJ: Wiley.

Comer, J. S., Furr, J. M., Kerns, C. E., Miguel, E., Coxe, S., Elkins, R. M., . . . Freeman, J. B. (2017). Internet-delivered, family-based treatment for earlyonset OCD: A pilot randomized trial. *Journal of Consulting and Clinical Psychology, 85*(2), 178-186.

Cook-Darzens, S., Gelin, Z., & Hendrick, S. (2018). Evidence base for multiple family therapy (MFT) in non-psychiatric conditions and problems: Part 2. A review. *Journal of Family Therapy, 40,* 326-343.

Cooklin, A., Miller, A., & McHugh, B. (1983). An institution for change: developing a family day unit. *Family Process, 22,* 453-468.

Csibra, G., & Gergely, G. (2009). Natural pedagogy. *Trends in Cognitive Sciences, 13,* 148-153.

Cummings, C. M., Caporino, N. E., & Kendall, P. C. (2014). Comorbidity of anxiety and depression in children and adolescents: 20 years after. *Psychological Bulletin, 140,* 816-845.

Danese, A., & Widom, C. S. (2020). Objective and subjective experiences of child maltreatment and their relationships with psychopathology. *Nature Human Behaviour, 4* 811-818.

Dausch, B. M., Miklowitz, D. J., Nagamoto, H. T., Adler, L. E., & Shore, J. H. (2009). Family-focused therapy via videoconferencing. *Journal of Telemedicine and Telecare, 15*(4), 211-214.

Dawson, N., & McHugh, B. (2005). Multi-family groups in schools: The Marlborough Model. *Context, 79,* 10-12.

Dawson, N., McHugh, B., & Asen, E. (2020). *Multifamily groups in schools: A practical and theoretical guide.* London: Anna Freud Centre.

Delmonico, D. L., & Griffin, E. J. (2008). Cybersex and the E-teen: What marriage and family therapists should know. *Journal of Marital and Family Therapy, 34,* 431-444.

Depue, R. A., & Spoont, M. R. (1986). Conceptualizing a serotonin trait: A behavioral dimension of constraint. *Annals of the New York Academy of Sciences, 487,* 47-62.

Duval, J., Ensink, K., Normandin, L., Sharp, C., & Fonagy, P. (2018). Measuring reflective functioning in adolescents: Relations to personality disorders and psychological difficulties. *Adolescent Psychiatry, 8,* 5-20.

Eagle, M. N. (2007). Psychoanalysis and its critics. *Psychoanalytic Psychology, 24,* 10-24.

Egyed, K., Király, I., & Gergely, G. (2013). Communicating shared knowledge without language in infancy. *Psychological Science, 24,* 1348-1353.

Eisler, I., Simic, M., Hodsoll, J., Asen, E., Berelowitz, M., Connan, F., . . . Landau, S. (2016). A pragmatic randomized multi-centre trial of multifamily and single family therapy for adolescent anorexia nervosa. *BMC Psychiatry, 16,* 422.

Elklit, A., Michelsen, L., & Murphy, S. (2018). Childhood maltreatment and school problems: A Danish national study. *Scandinavian Journal of Educational Research, 62,* 150-159.

Ensink, K., Leroux, A., Normandin, L., Biberdzic, M., & Fonagy, P. (2017). Assessing reflective parenting in interaction with school-aged children. *Journal of Personality Assessement, 99*(6), 585-595.

Fairburn, C. G., & Patel, V. (2017). The impact of digital technology on psychological treatments and their dissemination. *Behaviour Research and Therapy, 88,* 19-25.

Fonagy, P., Campbell, C., & Allison, E. (2019). Therapeutic models. In A. Bateman & P. Fonagy (Eds.), *Handbook of mentalizing in mental health practice* (2nd ed., pp. 169-180). Washington, DC: American Psychiatric Publishing.

Fonagy, P., Gergely, G., Jurist, E., & Target, M. (2002). *Affect regulation, mentalization, and the development of the self.* New York: Other Press.

Fonagy, P., & Luyten, P. (2009). A developmental, mentalization-based approach to the understanding and treatment of borderline personality disorder. *Development and Psychopathology, 21,* 1355-1381.

Fonagy, P., Luyten, P., & Allison, E. (2015). Epistemic petrification and the restoration of epistemic trust: A new conceptualization of borderline personality disorder and its psychosocial treatment. *Journal of Personality Disorders, 29,* 575-609.

Fonagy, P., Luyten, P., Allison, E., & Campbell, C. (2017). What we have changed our minds about: Part 2. Borderline personality disorder, epistemic trust and the developmental significance of social communication. *Borderline Personality Disorder and Emotion Dysregulation, 4,* 9.

Fonagy, P., Luyten, P., Allison, E., & Campbell, C. (2019). Mentalizing, epistemic trust and the phenomenology of psychotherapy. *Psychopathology, 52,* 94-103.

Fonagy, P., Luyten, P., Moulton-Perkins, A., Lee, Y. W., Warren, F., Howard, S., . . . Lowyck, B. (2016). Development and validation of a self-report measure of mentalizing: The Reflective Functioning Questionnaire. *PLOS ONE, 11*(7), e0158678.

Fonagy, P., Rossouw, T., Sharp, C., Bateman, A., Allison, L., & Farrar, C. (2014). Mentalization-based treatment for adolescents with borderline traits. In C. Sharp & J. L. Tackett (Eds.), *Handbook of borderline personality disorder in children and adolescents* (pp. 313-332). New York: Springer.

Fonagy, P., & Target, M. (1995). Understanding the violent patient: The use of the body and the role of the father. *International Journal of Psycho-Analysis, 76,* 487-501.

Fonagy, P., & Target, M. (1996). Playing with reality: I. Theory of mind and the normal development of psychic reality. *International Journal of Psycho-Analysis, 77,* 217-233.

Fonagy, P., & Target, M. (1997). Attachment and reflective function: Their role in self-organization. *Development and Psychopathology, 9,* 679-700.

Fonagy, P., & Target, M. (2000). Playing with reality: III. The persistence of dual psychic reality in borderline patients. *International Journal of Psycho-Analysis, 81,* 853-874.

Fonagy, P., Twemlow, S. W., Vernberg, E. M., Nelson, J. M., Dill, E. J., Little, T. D., & Sargent, J. A. (2009). A cluster randomized controlled trial of child-focused psychiatric consultation and a school systems-focused intervention to reduce aggression. *Journal of Child Psychology and Psychiatry, 50,* 607-616.

Freud, S. (1923/1961). The ego and the id. In J. Strachey (Ed.), *The standard edition of the complete psychological works of Sigmund Freud* (Vol. 19, pp. 1-59). London: Hogarth Press.

Fudenberg, D., & Levine, D. K. (2006). A dual-self model of impulse control. *American Economic Review, 96,* 1449-1476.

Gallotti, M., & Frith, C. D. (2013). Social cognition in the we-mode. *Trends in Cognitive Sciences, 17,* 160-165.

Gardner, F., Hutchings, J., Bywater, T., & Whitaker, C. (2010). Who benefits and how does it work?: Moderators and mediators of outcome in an effectiveness trial of a parenting intervention. *Journal of Clinical Child and Adolescent Psychology, 39,* 568-580.

Gelin, Z., Cook-Darzens, S., & Hendrick, S. (2018). The evidence base for multiple family therapy in psychiatric disorders: Part 1. A review. *Journal of Family*

Therapy, 40, 302-325.

Goldberg, D. (2015). Psychopathology and classification in psychiatry. *Social Psychiatry and Psychiatric Epidemiology, 50*, 1-5.

Gopnik, A., & Wellman, H. M. (2012). Reconstructing constructivism: Causal models, Bayesian learning mechanisms, and the theory theory. *Psychological Bulletin, 138*, 1085-1108.

Gray, J. A. (1982). *The neuropsychology of anxiety*. Oxford, UK: Oxford University Press.

Gross, J. J. (2014). Emotion regulation: Conceptual and empirical foundations. In J. J. Gross (Ed.), *Handbook of emotion regulation* (2nd ed., pp. 3-20). New York: Guilford Press.

Ha, C., Sharp, C., Ensink, K., Fonagy, P., & Cirino, P. (2013). The measurement of reflective function in adolescents with and without borderline traits. *Journal of Adolescence, 36*, 1215-1223.

Harden, K. P., Engelhardt, L. E., Mann, F. D., Patterson, M. W., Grotzinger, A. D., Savicki, S. L., . . . Tucker-Drob, E. M. (2020). Genetic associations between executive functions and a general factor of psychopathology. *Journal of the American Academy of Child and Adolescent Psychiatry, 59*(6), 749-758.

Hattie, J. (2013). *Visible learning: A synthesis of over 800 meta-analyses relating to achievement*. Abingdon, UK: Routledge.

Heller, S. B., Shah, A. K., Guryan, J., Ludwig, J., Mullainathan, S., & Pollack, H. A. (2017). Thinking, fast and slow?: Some field experiments to reduce crime and dropout in Chicago. *Quarterly Journal of Economics, 132*, 1-54.

Henggeler, S. W. (2011). Efficacy studies to large-scale transport: The development and validation of multisystemic therapy programs. *Annual Review of Clinical Psychology, 7*, 351-381.

Heyes, C. M., & Frith, C. D. (2014). The cultural evolution of mind reading. *Science, 344*(6190), 1243091.

Hill, J., Fonagy, P., Safier, E., & Sargent, J. (2003). The ecology of attachment in the family. *Family Process, 42*, 205-222.

Hinton, K. E., Lahey, B. B., Villalta-Gil, V., Meyer, F. A. C., Burgess, L. L., Chodes, L. K., . . . Zald, D. H. (2019). White matter microstructure correlates of general and specific second-order factors of psychopathology. *Neuroimage Clinical, 22,* 101705.

Hollis, C., Morriss, R., Martin, J., Amani, S., Cotton, R., Denis, M., & Lewis, S. (2015). Technological innovations in mental healthcare: Harnessing the digital revolution. *British Journal of Psychiatry, 206,* 263-265.

House of Commons Education Committee. (2018). Forgotten children: Alternative provision and the scandal of ever increasing exclusions. Fifth Report of Session 2017-19. London: Author. Retrieved from https://publications.parliament.uk/pa/cm201719/cmselect/cmeduc/342/342.pdf.

IFF Research Ltd, Mills, M., & Thomson, P. (2018). *Investigative research into alternative provision.* London: Department for Education. Retrieved from https://assets.publishing.service.gov.uk/government/uploads/system/uploads/attachment_data/file/748910/Investigative_research_into_alternative_provision.pdf.

Jain, F. A., & Fonagy, P. (2020). Mentalizing imagery therapy: Theory and case series of imagery and mindfulness techniques to understand self and others. *Mindfulness, 11*(1), 153-165.

Kahneman, D. (2011). *Thinking, fast and slow.* New York: Farrar, Straus & Giroux.

Kalisch, R., Muller, M. B., & Tuscher, O. (2015). A conceptual framework for the neurobiological study of resilience. *Behavioral and Brain Sciences, 38,* e92.

Keaveny, E., Midgley, N., Asen, E., Bevington, D., Fearon, P., Fonagy, P., . . . Wood, S. D. (2012). Minding the family mind: The development and initial evaluation of mentalization-based treatment for families. In N. Midgley & I. Vrouva (Eds.), *Minding the child.* Hove, UK: Routledge.

Kelly, Y., Zilanawala, A., Booker, C., & Sacker, A. (2018). Social media use and adolescent mental health: Findings from the UK Millennium Cohort Study. *EClinicalMedicine, 6,* 59-68.

Kessler, R. C., Chiu, W. T., Demler, O., Merikangas, K. R., & Walters, E. E. (2005). Prevalence, severity, and comorbidity of 12-month DSM-IV disorders in the National Comorbidity Survey Replication. *Archives of General Psychiatry, 62,* 617-627.

Kessler, R. C., Ormel, J., Petukhova, M., McLaughlin, K. A., Green, J. G., Russo,

L. J., . . . Ustun, T. B. (2011). Development of lifetime comorbidity in the World Health Organization world mental health surveys. *Archives of General Psychiatry, 68*, 90-100.

Kircanski, K., Sisk, L. M., Ho, T. C., Humphreys, K. L., King, L. S., Colich, N. L., . . . Gotlib, I. H. (2019). Early life stress, cortisol, frontolimbic connectivity, and depressive symptoms during puberty. *Development and Psychopathology, 31*, 1011-1022.

Koss, K. J., & Gunnar, M. R. (2018). Annual Research Review: Early adversity, the hypothalamic-pituitary-adrenocortical axis, and child psychopathology. *Journal of Child Psychology and Psychiatry, 59*, 327-346.

Lahey, B. B., Zald, D. H., Perkins, S. F., Villalta-Gil, V., Werts, K. B., Van Hulle, C. A., . . . Waldman, I. D. (2018). Measuring the hierarchical general factor model of psychopathology in young adults. *International Journal of Methods in Psychiatric Research, 27*(1), e1593.

Lakoff, G., & Johnson, M. (1999). *Philosophy in the flesh: The embodied mind and its challenge to Western thought.* New York: Basic Books.

Laqueur, H. P. (1973). Multiple family therapy: Questions and answers. *Seminars in Psychiatry, 5*, 195-205.

Laqueur, H. P., Laburt, H. A., & Morong, E. (1964). Multiple family therapy. *Current Psychiatric Therapies, 4*, 150-154.

Le, H. N., Berenbaum, H., & Raghavan, C. (2002). Culture and alexithymia: Mean levels, correlates, and the role of parental socialization of emotions. *Emotion, 2*, 341-360.

LeBourgeois, M. K., Hale, L., Chang, A. M., Akacem, L. D., Montgomery-Downs, H. E., & Buxton, O. M. (2017). Digital media and sleep in childhood and adolescence. *Pediatrics, 140*, S92-S96.

Leslie, A. M. (1987). Pretense and representation: The origins of "theory of mind." *Psychological Review, 94*, 412-426.

Leslie, A. M., Friedman, O., & German, T. P. (2004). Core mechanisms in "theory of mind." *Trends in Cognitive Sciences, 8*, 528-533.

Luyten, P., Campbell, C., & Fonagy, P. (2019). Reflections on the contributions of Sidney J. Blatt: The dialectical needs for autonomy, relatedness, and the emergence of epistemic trust. *Psychoanalytic Psychology, 36,* 328-334.

Luyten, P., Campbell, C., Allison, E., & Fonagy, P. (2020). The mentalizing approach to psychopathology: State of the art and future directions. *Annual Review of Clinical Psychology, 16,* 297-325.

Luyten, P., Mayes, L. C., Nijssens, L., & Fonagy, P. (2017). The Parental Reflective Functioning Questionnaire: Development and preliminary validation. *PLOS ONE, 12,* e0176218.

Macdonald, A. N., Goines, K. B., Novacek, D. M., & Walker, E. F. (2016). Prefrontal mechanisms of comorbidity from a transdiagnostic and ontogenic perspective. *Development and Psychopathology, 28,* 1147-1175.

Makin, S. (2018). Searching for digital technology's effects on well-being. *Nature, 563,* S138-S140.

Mason, B. (1993) Towards positions of safe uncertainty. *Human Systems, 4,* 189-200.

McTeague, L. M., Huemer, J., Carreon, D. M., Jiang, Y., Eickhoff, S. B., & Etkin, A. (2017). Identification of common neural circuit disruptions in cognitive control across psychiatric disorders. *American Journal of Psychiatry, 174,* 676-685.

Meins, E., Centifanti, L. C., Fernyhough, C., & Fishburn, S. (2013). Maternal mind-mindedness and children's behavioral difficulties: Mitigating the impact of low socioeconomic status. *Journal of Abnormal Child Psychology, 41,* 543-553.

Midgley, N., Alayza, A., Lawrence, H., & Bellew, R. (2018). Adopting Minds—A mentalization-based therapy for families in a post-adoption support service: Preliminary evaluation and service user experience. *Adoption and Fostering, 42,* 22-37.

Minuchin, S. (1974). *Families and family therapy.* Cambridge, MA: Harvard University Press.

Minuchin, S., Montalvo, B., Guerney, B., Rosman, B., & Schumer, F. (1967). *Families of the slums.* New York: Basic Books.

Moreno, J. L., Moreno, Z. T., & Moreno, J. (1963). *The first psychodramatic family.* Beacon, NY: Beacon House.

Morland, L. A., Hynes, A. K., Mackintosh, M. A., Resick, P. A., & Chard, K. M. (2011). Group cognitive processing therapy delivered to veterans via telehealth: A pilot cohort. *Journal of Traumatic Stress, 24*(4), 465-469.

Murphy, L. S., Lancy, K., & Hertlein, K. M. (2013). Attending to social network usage in teen and family treatment: A structural-developmental approach. *Journal of Family Psychotherapy, 24,* 173-187.

Nelson, M. R. (2008). The hidden persuaders: Then and now. *Journal of Advertising, 37,* 113-126.

Niederkrotenthaler, T., Stack, S., Till, B., Sinyor, M., Pirkis, J., Garcia, D., . . . Tran, U. S. (2019). Association of increased youth suicides in the United States with the release of 13 Reasons Why. *JAMA Psychiatry, 76*(9), 933-940.

Nisbett, R. E., & Wilson, T. D. (1977). Telling more than we can know: Verbal reports on mental processes. *Psychological Review, 84,* 231-259.

O'Connell, M. J., Sledge, W. H., Staeheli, M., Sells, D., Costa, M., Wieland, M., & Davidson, L. (2018). Outcomes of a peer mentor intervention for persons with recurrent psychiatric hospitalization. *Psychiatric Services, 69,* 760-767.

Odgers, C. L., & Jensen, M. R. (2020). Annual Research Review: Adolescent mental health in the digital age: Facts, fears, and future directions. *Journal of Child Psychology and Psychiatry, 61,* 336-348.

Omer, H. (2004). *Non-violent resistance: A new approach to violent and self-destructive children.* Cambridge, UK: Cambridge University Press.

Ormel, J., Raven, D., van Oort, F., Hartman, C. A., Reijneveld, S. A., Veenstra, R., . . . Oldehinkel, A. J. (2015). Mental health in Dutch adolescents: A TRAILS report on prevalence, severity, age of onset, continuity and co-morbidity of DSM disorders. *Psychological Medicine, 45,* 345-360.

Packard, V. (1957). *The hidden persuaders.* New York: McKay.

Padilla-Walker, L. M., Coyne, S. M., & Fraser, A. M. (2012). Getting a highspeed family connection: Associations between family media use and family connection. *Family Relations, 61,* 426-440.

Paul, S. E., Boudreaux, M. J., Bondy, E., Tackett, J. L., Oltmanns, T. F., & Bogdan, R. (2019). The intergenerational transmission of childhood maltreatment: Nonspecificity of maltreatment type and associations with borderline personality pathology. *Development and Psychopathology, 31,* 1157-1171.

Pollak, S. D., Cicchetti, D., Hornung, K., & Reed, A. (2000). Recognizing emotion in faces: Developmental effects of child abuse and neglect. *Developmental Psychology, 36*, 679-688.

Przybylski, A. K. (2019). Digital screen time and pediatric sleep: Evidence from a preregistered cohort study. *Journal of Pediatrics, 205*, 218-223.

Przybylski, A. K., & Weinstein, N. (2017). A large-scale test of the Goldilocks hypothesis. *Psychological Science, 28*, 204-215.

Raymond, C., Marin, M. F., Majeur, D., & Lupien, S. (2018). Early child adversity and psychopathology in adulthood: HPA axis and cognitive dysregulations as potential mechanisms. *Progress in Neuro-Psychopharmacology and Biological Psychiatry, 85*, 152-160.

Romano, E., Babchishin, L., Marquis, R., & Frechette, S. (2015). Childhood maltreatment and educational outcomes. *Trauma, Violence and Abuse, 16*, 418-437.

Ross, L., & Nisbett, R. E. (2011). *The person and the situation: Perspectives of social psychology.* London: Pinter & Martin.

Rossouw, T. I., & Fonagy, P. (2012). Mentalization-based treatment for selfharm in adolescents: A randomized controlled trial. *Journal of the American Academy of Child and Adolescent Psychiatry, 51*, 1304-1313.

Royal Society for Public Health. (2017). *Status of mind: Social media and young people's mental health and wellbeing.* London: Royal Society for Public Health.

Ryan, R. M., Deci, E. L., & Vansteenkiste, M. (2016). Autonomy and autonomy disturbances in self-development and psychopathology: Research on motivation, attachment, and clinical process. In D. Cicchetti (Ed.), *Developmental psychopathology: Vol. 1. Theory and method* (3rd ed., pp. 385-438). Hoboken, NJ: Wiley.

Seikkula, J., Alakare, B., Aaltonen, J., Holma, J., Rasinkangas, A., & Lehtinen, V. (2003). Open dialogue approach: Treatment principles and preliminary results of a two-year follow-up on first episode schizophrenia. *Ethical Human Sciences and Services, 5*, 163-182.

Selvini Palazzoli, M., Boscolo, L., Cecchin, G., & Prata, G. (1978). *Paradox and Counterparadox: A new Model in the Therapy of the Family in Schizophrenic*

Transaction. New York: Jason Aronson.

Selvini Palazzoli, M., Boscolo, L., Cecchin, G., & Prata, G. (1980). Hypothesizing—circularity—neutrality: Three guidelines for the conductor of the session. *Family Process, 19,* 3-12.

Seyfarth, R. M., & Cheney, D. L. (2013). Affiliation, empathy, and the origins of theory of mind. *Proceedings of the National Academy of Sciences of the USA, 110*(Suppl. 2), 10349-10356.

Shai, D., & Fonagy, P. (2014). Beyond words: Parental embodied mentalizing and the parent-infant dance. In M. Mikulincer & P. R. Shaver (Eds.), *Mechanisms of social connection: From brain to group* (pp. 185-203). Washington, DC: American Psychological Association.

Sharp, C., Ha, C., Carbone, C., Kim, S., Perry, K., Williams, L., & Fonagy, P. (2013). Hypermentalizing in adolescent inpatients: Treatment effects and association with borderline traits. *Journal of Personality Disorders, 27,* 3-18.

Sharp, C., Pane, H., Ha, C., Venta, A., Patel, A. B., Sturek, J., & Fonagy, P. (2011). Theory of mind and emotion regulation difficulties in adolescents with borderline traits. *Journal of the American Academy of Child and Adolescent Psychiatry, 50,* 563-573.

Siegel, D. (2015). *The developing mind: How relationships and the brain interact to shape who we are* (2nd ed.). New York: Guilford Press.

Simpson, S. G., & Reid, C. L. (2014). Therapeutic alliance in videoconferencing psychotherapy: A review. *Australian Journal of Rural Health, 22*(6), 280-299.

Smits, M. L., Feenstra, D. J., Eeren, H. V., Bales, D. L., Laurenssen, E. M. P., Blankers, M., . . . Luyten, P. (2020). Day hospital versus intensive out-patient mentalisation-based treatment for borderline personality disorder: Multicentre randomized clinical trial. *British Journal of Psychiatry, 216*(2), 79-84.

Speck, R. V., & Attneave, C. (1972). *Family networks.* New York: Pantheon.

Speck, R. V., & Rueveni, U. R. I. (1969). Network therapy—a developing concept. *Family Process, 8,* 182-191.

Sperber, D., Clement, F., Heintz, C., Mascaro, O., Mercier, H., Origgi, G., & Wilson, D. (2010). Epistemic vigilance. *Mind and Language, 25,* 359-393.

Sperber, D., & Wilson, D. (1995). *Relevance: Communication and cognition* (2nd ed.). Malden, MA: Blackwell.

Sucala, M., Schnur, J. B., Constantino, M. J., Miller, S. J., Brackman, E. H., & Montgomery, G. H. (2012). The therapeutic relationship in e-therapy for mental health: A systematic review. *Journal of Medical Internet Reearch, 14*(4), e110.

Taleb, N. (2007). *The Black Swan: The impact of the highly improbable.* New York: Random House.

Target, M., & Fonagy, P. (1996). Playing with reality: II. The development of psychic reality from a theoretical perspective. *International Journal of Psychoanalysis, 77,* 459-479.

Tomasello, M. (2019). *Becoming human: A theory of ontogeny.* Cambridge, MA: Belknap Press of Harvard University Press.

Tomm, K. (1988). Interventive interviewing: Part III. Intending to ask lineal, circular, strategic, or reflexive questions? *Family Process, 27,* 1-15.

Tuomela, R. (2005). We-Intentions revisited. *Philosophical Studies, 125,* 327-369.

Twemlow, S. W., Biggs, B. K., Nelson, T. D., Vernberg, E. M., Fonagy, P., & Twemlow, S. W. (2008). Effects of participation in a martial arts-based antibullying program in elementary schools. *Psychology in the Schools, 45,* 947-959.

Twemlow, S. W., & Fonagy, P. (2005). The prevalence of teachers who bully students in schools with differing levels of behavioral problems. *American Journal of Psychiatry, 162,* 2387-2389.

Twemlow, S. W., Fonagy, P., Campbell, C., & Sacco, F. C. (2018). Creating a peaceful school learning environment: Attachment and mentalization efforts to promote creative learning in kindergarten through fifth-grade elementary school students with broad extension to all grades and some organizations. In W. J. Livesley (Ed.), *Handbook of attachment-based interventions* (2nd ed., pp. 360-374). New York: Guilford Press.

Twemlow, S. W., Fonagy, P., & Sacco, F. C. (2001). An innovative psychodynamically influenced approach to reduce school violence. *Journal of the American Academy of Child and Adolescent Psychiatry, 40,* 377-379.

Twemlow, S. W., Fonagy, P., & Sacco, F. C. (2005a). A developmental approach to mentalizing communities: I. A model for social change. *Bulletin of the Menninger Clinic, 69,* 265-281.

Twemlow, S. W., Fonagy, P., & Sacco, F. C. (2005b). A developmental approach to mentalizing communities: II. The Peaceful Schools experiment. *Bulletin of the Menninger Clinic, 69,* 282-304.

Twemlow, S. W., Fonagy, P., Sacco, F. C., & Brethour, J. R. (2006). Teachers who bully students: A hidden trauma. *International Journal of Social Psychiatry, 52,* 187-198.

Twemlow, S. W., Fonagy, P., Sacco, F. C., Gies, M. L., Evans, R., & Ewbank, R. (2001). Creating a peaceful school learning environment: A controlled study of an elementary school intervention to reduce violence. *American Journal of Psychiatry, 158,* 808-810.

Vernberg, E. M., Nelson, T. D., Fonagy, P., & Twemlow, S. W. (2011). Victimization, aggression, and visits to the school nurse for somatic complaints, illnesses, and physical injuries. *Pediatrics, 127,* 842-848.

Watzlawick, P., Bavelas, J. B., & Jackson, D. D. (1967). *Pragmatics of human communication: A study of interactional patterns, pathologies, and paradoxes.* New York: Norton.

Williams, A. L., & Merten, M. J. (2011). iFamily: Internet and social media technology in the family context. *Family and Consumer Sciences Research Journal, 40,* 150-170.

Wise, T., Radua, J., Via, E., Cardoner, N., Abe, O., Adams, T. M., . . . Arnone, D. (2017). Common and distinct patterns of grey-matter volume alteration in major depression and bipolar disorder: Evidence from voxel-based meta-analysis. *Molecular Psychiatry, 22*(10), 1455-1463.

Yablonsky, L. (1981). *Psychodrama: Resolving emotional problems through role-playing.* New York: Gardner.

찾아보기

인명

내용

저자 소개

Eia Asen

의학박사(MD), 영국왕립정신의학대학 펠로우십(FRCPpsych)

영국 런던 안나 프로이트 국립 아동 및 가족 센터 소속

아동, 청소년, 성인 정신의학 자문가

University College London(UCL) 초빙교수

Peter Fonagy

OBE(대영제국 4등 훈장) 서훈자, FMedSci 수상자, FAcSS 수상자

University College London(UCL) 심리학 및 언어과학 교수

현대정신분석 및 발달과학 전공

영국 런던 안나 프로이트 국립 아동 및 가족 센터 대표

Mentalization Based Therapy의 공동 개발자

역자 소개

이준득(Lee, Jun Deuk)

서울대학교 심리학 박사(임상, 상담 전공)

성균관대학교 중어중문학/심리학과 졸업

임상심리전문가/정신건강 임상심리사(1급)

전 서울아산병원 정신건강의학과 수련감독자

　　서울대학교병원 신경정신건강의학과 외래 임상심리전문가

　　서울대학교 인문대학 상담소 전문상담원

현 심리상담연구소 사람과 사람, 과천점 소장

　　한양사이버대학교 상담심리학과 겸임교수

〈주요 역서〉

정신증의 로샤 평가(2020)

심리평가 보고서 작성의 핵심(2021)

가족들과 정신화 치료하기
Mentalization Based Treatment With Families

2024년 7월 15일 1판 1쇄 인쇄
2024년 7월 25일 1판 1쇄 발행

지은이 • Eia Asen · Peter Fonagy
옮긴이 • 이준득
펴낸이 • 김진환
펴낸곳 • (주) **학지사**

04031 서울특별시 마포구 양화로 15길 20 마인드월드빌딩
대표전화 • 02-330-5114   팩스 • 02-324-2345
등록번호 • 제313-2006-000265호

홈페이지 • http://www.hakjisa.co.kr
인스타그램 • https://www.instagram.com/hakjisabook

ISBN 978-89-997-3142-6 93180

정가 23,000원

출판미디어기업 **학지사**

간호보건의학출판 **학지사메디컬** www.hakjisamd.co.kr
심리검사연구소 **인싸이트** www.inpsyt.co.kr
학술논문서비스 **뉴논문** www.newnonmun.com
교육연수원 **카운피아** www.counpia.com
대학교재전자책플랫폼 **캠퍼스북** www.campusbook.co.kr